HISTOIRE ABRÉGÉE
DE L'ABBAYE DE
SAINT-FLORENTIN
DE BONNEVAL

DES RR. PP. DOM JEAN THIROUX ET DOM LAMBERT
CONTINUÉE
PAR L'ABBÉ BEAUPÈRE ET M. LEJEUNE

PUBLIÉE SOUS LES AUSPICES DE LA SOCIÉTÉ DUNOISE

PAR LE DOCTEUR V. BIGOT
Directeur-Médecin de l'Asile public d'Aliénés de Bonneval

INTRODUCTION

CHATEAUDUN
IMPRIMERIE HENRI LECESNE
RUE D'ANGOULÊME, 21

—

1875

HISTOIRE ABRÉGÉE

DE L'*ABBAYE DE*

SAINT-FLORENTIN

DE BONNEVAL

HISTOIRE ABRÉGÉE

DE L'ABBAYE DE

SAINT-FLORENTIN

DE BONNEVAL

DES RR. PP. DOM JEAN THIROUX ET DOM LAMBERT

CONTINUÉE

PAR L'ABBÉ BEAUPÈRE ET M. LEJEUNE

PUBLIÉE SOUS LES AUSPICES DE LA SOCIÉTÉ DUNOISE

PAR LE DOCTEUR V. BIGOT

Directeur-Médecin de l'Asile public d'Aliénés de Bonneval

CHATEAUDUN

IMPRIMERIE HENRI LECESNE

RUE D'ANGOULÊME, 21

—

1875

INTRODUCTION

PREMIÈRE PARTIE

Du rôle civilisateur des monastères et de celui de Bonneval en particulier.

A LA page 504 de la seconde partie du quatrième tome des *Actes des saints de l'ordre de Saint-Benoît*, on trouve une petite chronique latine, intitulée *Breve Chronicon,* écrite par un moine du Xe siècle, et qui commence par ces mots :

« L'an huit cent quarante-unième de l'incarnation du Seigneur, et le troisième du règne de Charles, frère de Lothaire et fils de Louis, le monastère de Bonneval fut construit par cet empereur Charles lui-même, et par un chevalier nommé Foulques, en l'honneur des saints martyrs Marcelin et Pierre, qu'Éginard avait apportés dans les Gaules des contrées de la Romagne. »

Cette entrée en matière suffirait à des érudits, mais ne saurait satisfaire l'esprit de beaucoup de personnes, et nous sommes de ce nombre, qui ne se font pas une idée bien nette de ce qu'était un monastère en ce temps-là, et comment un empereur se faisait gloire d'en être le fondateur. Il a donc fallu jeter un coup d'œil rétrospectif sur l'histoire religieuse de cette époque; et, comme il arrive souvent dans ces sortes d'études, de recherches en recherches nous sommes remonté peut-être un peu trop loin : jusqu'au commencement du monachisme.

Du reste, l'impression dominante de cette longue course pourrait se formuler ainsi : *Tout ce qui est nécessaire arrive.* Vérité ou banalité, comme on voudra, qui a besoin du style de Bossuet pour reluire; *l'homme s'agite et Dieu le mène.*

En effet, pendant la chaleur de l'action, les moyens peuvent faire illusion dans la main de la Providence et ses desseins rester cachés à la plupart des hommes qui les voient mettre en œuvre. Mais, si l'on considère à distance le fait accompli, on distingue aisément deux sortes d'instruments bien divers : les uns qui démolissent le présent, les autres qui rebâtissent sur sa poussière. C'est ainsi que les vertus des Césars, aussi bien que leurs vices, consommèrent progressivement la ruine de l'Empire, tandis qu'en même temps les représentants de l'idée chrétienne enfonçaient, dans le sol nivelé de la civilisation païenne, les fondements du nouvel et puissant édifice.

La chute de l'ancien monde et sa rénovation sur d'autres bases étant décidées, qui peut nier que les couvents ne furent un des moyens de prédilection dont se servit la Providence pour mener à bien cette vaste entreprise ?

Ce n'est pas que le clergé populaire ou séculier n'eût pas suffi peut-être à cette tâche; mais, dans les conditions de l'époque, il y aurait fallu plus de temps, et, telle qu'elle fut, elle ne demanda pas moins de dix siècles.

Pendant ce laps de temps, le clergé des villes combattit à découvert, au milieu des dangers d'un état social, pourri d'abord par la décadence romaine, et puis devenu insupportable par la conquête barbare. Les moines, au contraire, retirés en des retraites respectées, y donnèrent presque en sécurité l'exemple de leur orthodoxie qui brillait comme un phare dans cette longue nuit.

Ensuite un mouvement d'oscillation se produisit entre ces deux alliés de la même œuvre et modifia leur situation respective, lorsque le schisme et les rébellions contre l'autorité de l'Église eurent à peu près disparu. Dès lors, l'espèce de tutelle des monastères devint inutile, et nécessairement leur influence tendit à décroître dans la mesure de la prépondérance renaissante du clergé séculier, resté relativement pauvre, toujours dévoué à son peuple, et désormais suffisamment éclairé.

La révolution idéale était terminée. Les arts et les sciences, qui sont les fruits d'une civilisation, commencèrent à se produire avec le cachet particulier de l'origine chrétienne, qu'ils conservent encore.

Mais il est bien évident que, si les desseins providentiels, l'influence des temps et des mœurs ont déterminé la formation et l'affermissement des monastères, comme d'ailleurs ils ont décidé plus tard de leur décadence, toutes ces circonstances ne firent que développer un sentiment immuable, inné au cœur de l'homme, et qui l'a tourmenté depuis ses premiers pas sur la terre. Je veux parler du rapport insoluble, toujours offert à sa pensée, entre le désir de l'infini et la brièveté de sa vie terrestre.

Ce simple exposé laisse apercevoir que, pour apprécier l'influence monastique sur l'idée chrétienne, il est impossible de passer sous silence l'avènement de la religion nouvelle sur les ruines du paganisme.

Nous serons donc forcément induits à décrire, au moins en quelques mots, l'état de vétusté de la société païenne qui nécessita sa chute et son remplacement.

Nous dirons ensuite comment l'Asie mineure reçut en dépôt le nouveau germe qui menaçait de périr sans l'intervention des moines d'Orient, au IVe siècle, qui dès leur apparition resserrèrent les liens de la discipline ecclésiastique et de l'orthodoxie.

Alors, passant en Gaule, nous raconterons l'institution des premiers monastères de cette province, sous la protection éclairée du Saint-Siége, leur réforme par la règle de saint Benoît et leurs rapports temporels et spirituels avec le milieu dans lequel ils vécurent.

I

Il n'est peut-être pas indispensable de recourir au dogme de la religion révélée, pour comprendre comment l'intuition d'un Dieu créateur et d'une vie future apparut chez tous les peuples à leur berceau. Ce mouvement de l'âme ne dut-il pas naître aussitôt que l'homme, assuré pour quelques jours contre les soucis de la faim, put contempler en paix la grandeur de la nature? aussitôt que, privé de l'être qu'il aimait, il le revit longtemps dans ses rêves? ou lorsque, ayant souffert d'une injustice insurmontable, il en appela dans son cœur à cette puissance supérieure qu'il sentait sans pouvoir la définir? Ainsi, dès le principe, furent posés pour tous les hommes les mêmes termes du problème éternel dont la solution devait différer seulement d'après le point de vue où chacun se plaçait. Ici, le Ciel semblait si loin, la vie était présente ; là, au contraire, la vie n'offrait qu'amertume et brièveté, mais le Ciel était si beau !

Le premier homme qui domina sa tribu inclina la question vers son goût particulier et lui imprima ce pli moral, ou spiritualiste, ou sensuel, que l'on retrouve à l'aurore des civilisations.

Mais on conçoit qu'il fallut un homme de génie pour coordonner et fixer en formules adaptées au sens de chaque peuple, ces aspirations instinctives, comme une mère arrête en un langage précis les bégaiements de son enfant.

Les Juifs, plus spiritualistes, eurent Moïse, qui fut inspiré d'un seul Dieu. Les Grecs et les Romains, plus sensualistes, eurent Hésiode et Numa, qui fixèrent le polythéisme.

Quoi qu'il en soit de leur tempérament religieux, tous les peuples ont cru plus ou moins fermement à une autre vie, où l'homme, après sa mort, serait récompensé selon ses mérites, et l'on distingue dans leurs mœurs une préoccupation de ces éventualités d'outre-tombe.

Les déistes avaient conformé de bonne heure leur état social à cette croyance. Moïse mit littéralement en articles de loi la religion de son peuple. L'éducation en fut si profondément imprégnée, qu'elle produisit deux effets tout particuliers et connexes : le détachement d'un monde transitoire, et cette indomptable énergie individuelle de l'homme qui se sent immortel.

On pense bien qu'il arriva pourtant, même en ces âges héroïques, que les vices l'emportèrent sur les vertus. Ce spectacle épouvanta les âmes d'élite, la crainte de Dieu s'empara d'elles et poussa au désert ces premiers ermites dont le prophète Élie apparaît dans la Bible comme le patriarche. Pendant ce temps, et sous l'empire de pareilles mœurs, surgissait une civilisation exaltée par la certitude qu'un Dieu veillait sur elle et lui destinait le royaume de la terre en attendant celui du Ciel.

Les polythéistes étaient plus matériels. Séduits par les courtes joies de la terre, ils avaient bientôt abandonné la voie incertaine qui conduit aux espérances éternelles. Leur culte, au lieu de condamner les passions, les avait divinisées ; il n'exigeait pas le sacrifice des jouissances terrestres, il y conviait. A peine ses ministres, hommes supérieurs à leur milieu, se préparaient-ils par quelques cérémonies à célébrer les mystères d'une secte inconnue à la foule, réservée à quelques adeptes choisis. Le peuple en était arrivé à se contenter des plus vagues notions sur un souffle, un esprit qui survivait peut-être à sa dépouille mortelle dans le triste séjour des mânes.

En sorte que la brièveté de la vie pouvait également les porter aux plaisirs comme au suicide, selon les circonstances.

En Égypte, où les Juifs avaient inutilement passé, méprisés d'ailleurs comme des vaincus, on promenait autour des festins le simulacre d'une momie, pendant que les convives chantaient en chœur : *Regardez donc ce mort, buvez et vous divertissez*. Les sociétés grecque et romaine, filles de l'Égypte, ne disaient pas autre chose dans les vers d'Anacréon et d'Horace, si mélodieux et si désespérants, car, si le but unique de la vie est de jouir, qu'avaient besoin de naître tous les déshérités de la fortune ?

C'est ainsi que le judaïsme et le polythéisme apparaissent dès le début de notre histoire classique, avec les caractères de plus en plus accusés d'une antithèse. Pendant que l'un préparait comme une conséquence longtemps attendue la doctrine divine du Christ, l'autre descendait de jour en jour jusqu'à ce matérialisme si grossier que l'art même y périt.

Car voilà comment tomba cette société païenne si polie à la surface, où l'esclave n'avait d'autre appui que la grâce du maître et d'autre espérance que le néant, où l'idée d'une âme immortelle était ridicule aux yeux des grands philosophes comme Épicure et Lucrèce. C'est en vain qu'autrefois, alors que les grands et le peuple croyaient encore à Jupiter et à la patrie, les beaux-arts avaient orné les places, peuplé les temples, enrichi les bibliothèques de tous ces chefs-d'œuvre que notre âge admire encore. L'infini seul est inépuisable; sans lui, le sentiment du beau et du juste s'altère, et la brutalité revient à la surface.

II

Les prêtres furent donc les premiers civilisateurs; et, ce qui leur était bien dû, les premiers princes des peuples. Plus tard, le pouvoir religieux se déplace : au temps des archontes grecs et des consuls romains, les prêtres ne sont plus souverains; les chefs politiques de l'État président au culte, partagent l'honneur des sacrifices. Enfin, Octave usurpe le grand pontificat; mais il restait à ses successeurs un rival de puissance à dépouiller : les empereurs se firent et passèrent Dieu.

Il est de règle que, plus un pouvoir se sent disputé, plus il est ombrageux. Le sacerdoce était dans ce cas à Athènes, aussi fut-il âpre à la défense. On sait comment périt Socrate pour avoir discrédité l'Olympe, et comment Alcibiade, tout favori du peuple qu'il était, faillit payer aussi cher une plaisanterie après boire envers la majesté de Minerve.

A Rome, un empereur pontife et dieu pouvait être plus tolérant, parce qu'il se croyait inébranlable. Cependant, personne n'osait prononcer devant Auguste le nom du poète Lucrèce, contempteur des dieux. On voulait laisser au peuple ses superstitions. C'est à peine si, sous ses successeurs, quelques philosophes stoïques étonnaient par l'affectation d'une austérité vaine. Dès qu'ils prétendirent donner une leçon au pouvoir, ils gênèrent. On abattit les têtes des plus illustres, et la secte se le tint pour dit. Et en vérité qu'avait-elle à gagner, sinon la mort sans plus? Mais un exemple rendra beaucoup mieux qu'aucune réflexion l'idée que la cour et le peuple se formèrent tout d'abord de la majesté impériale; je l'emprunte à Velléius Paterculus, panégyriste de Tibère.

Le lieu de la scène est au bord de l'Elbe. Le fils adoptif d'Auguste va soumettre les Germains révoltés; déjà la frayeur a dispersé leurs hordes; un des chefs, un vieillard revêtu d'armes éclatantes, quitte la rive opposée.

Il gouvernait lui-même un bateau fait d'un arbre creusé, et, s'avançant jusqu'au milieu du fleuve, il demanda un sauf-conduit pour venir voir César. Cela lui fut accordé. Alors, ayant mis à terre sa petite barque, il considéra longtemps Tibère en silence. « Nos jeunes gens sont fous, dit-il, qui, lorsque vous êtes éloigné d'ici, adorent sous le nom de Mars la même divinité que vous, et refusent, quand vous approchez, de se mettre sous votre protection. Pour moi qui, par votre grâce, ô César, ai vu aujourd'hui les dieux que je ne connais que par ouï-dire, j'avoue que je n'ai, dans ma vie, ni souhaité, ni vu de plus heureuse journée. » Après cela, il obtint la permission de lui toucher la main et rentra dans sa nacelle, d'où, tournant sans cesse les yeux du côté de César, il gagna la rive où étaient les siens.

Ainsi, l'idolâtrie impériale avait gagné jusqu'aux habitants des forêts germaniques. La civilisation païenne avait accompli son cycle. Après avoir matérialisé le Ciel, elle allait déifier un homme; erreur des âmes qui pressentaient l'infini, qui le cherchaient partout, à travers mille obstacles.

C'est à ce moment même qu'un enfant étonnait, dans le temple de Jérusalem, les docteurs et les princes des prêtres.

Vingt ans plus tard, il sapait et l'empire et le paganisme avec ces quelques mots : *Rendez à César ce qui est à César, et rendez à Dieu ce qui est à Dieu.*

Soudain, la conscience échappa à la politique, l'âme se dégagea du corps. Le César resta commandant des armées, souverain des provinces, mais il ne fut plus qu'un homme et Jupiter qu'un faux dieu. Le fauteur de cette doctrine subversive mourut bientôt sur la croix, mais ses disciples survécurent; et, quand leur voix se fit entendre jusqu'à lui, le césarisme romain, qu'ils osaient attaquer, leur déclara la guerre la plus longue et la plus cruelle dont l'histoire fasse mention.

III

Il y eut, après la mort du Christ, bientôt suivie du lapidement de saint Étienne, un moment d'effroi qui dispersa le noyau de ses fidèles dans toutes les directions où ils devaient aller, selon la prophétie, prêcher la bonne nouvelle. Leur petit nombre les protégea d'abord, mais le dogme nouveau répondait si bien à l'attente générale, que le parti grandit vite, au point d'appeler l'attention d'un pouvoir qui se sentait menacé. Le premier empereur qui s'offensa sérieusement de n'être pas traité en dieu par une poignée de Juifs, fut Néron. Celui qui avait tué sa mère avait, plus que tout autre, besoin d'un tel prestige. Les persécutions sanglantes commencèrent.

On dut voir alors trois sortes de néophites se dessiner selon leur caractère, et concourir à la cause commune avec des moyens différents. Les plus hardis volaient au-devant des répressions et du supplice; ce furent les martyrs, cohortes illustres dont les membres sans cesse renouvelés avaient pour mission de ramener le zèle indécis de la foule.

Quant à celle-ci, moins enthousiaste et sollicitée également par l'amour de la vie et par l'horreur de l'idole, elle trouvait un abri dans elle-même.

Enfin quelques-uns, les plus compromis peut-être, s'enfuirent dans des lieux ignorés, en attendant une période de calme ou de lassitude de la part des persécuteurs. Mais ces refuges étaient bien rares sous l'œil vigilant de l'administration romaine.

Les chrétiens plus ou moins timides qui persistèrent à pratiquer chez eux durent forcément s'inspirer de prudence, quand le besoin de s'instruire et de prier en commun les réunissait. Cette contrainte nécessita une organisation de défense et de propagation toute spéciale. Comme saint Pierre en Occident, saint Paul en Orient, et les apôtres disséminés entre ces deux extrémités de l'empire avaient besoin de diriger les néophytes qu'ils laissaient derrière eux, ils déléguèrent ceux qui par leur caractère étaient les plus capables d'imposer aux autres leur autorité morale. Chaque groupe se divisa en dizaines avec son doyen; plusieurs groupes formèrent une église ou réunion secrète dans le principe, à la tête de laquelle un citoyen recommandable fut placé. Ce chef d'église était ordinairement un homme âgé; on le nomma le vieillard ou le prêtre; la régularité des mœurs lui était surtout recommandée, mais non le célibat absolument. On se trouvait encore au plein de cette civilisation païenne dont tous les sacerdotes étaient chefs de famille. Les groupes d'églises furent eux-mêmes placés sous la surveillance d'un prêtre plus autorisé, qu'on appela l'évêque et qui fut élu par le peuple et les prêtres. Les évêques d'un pays se rassemblaient souvent, à leurs risques et périls, pour s'entendre sur l'interprétation des Écritures et des préceptes du divin Maître.

Du reste, les aspirants au baptême étaient soumis à de longues épreuves, jusqu'à ce qu'on fût assuré de la pureté de leurs mœurs et de la solidité de leur foi. Pendant leur stage, ces catéchumènes avaient une place séparée à l'église, ils n'assistaient qu'à certaine partie de la messe. Si l'on ajoute à ce noviciat la gradation des dignités que conférait successivement la religion aux simples chrétiens et à ses ministres, on comprendra l'émulation de sainteté qui devait animer tout le corps des fidèles, et comment le peuple allait se joindre à eux, attiré par un contraste frappant avec la corruption du paganisme expirant. On verra plus tard les monastères modeler leur institution sur les moyens de cette nouvelle société.

Cependant, au milieu des dangers, la persécution effective ou imminente était encore un excitant perpétuel de perfectionnement. Mais quand ce lien terrible se relâcha, et, longtemps même avant la fin des persécutions, quand un long intervalle de repos rassura les chrétiens, ils en profitèrent pour soulever des schismes : ce qui s'explique autant par le défaut d'unité dans la direction que par la faiblesse de la nature humaine. En effet, un petit concile qui réunissait quelques évêques d'une région n'était pas certain de trancher un litige dans le sens d'un autre, rassemblé à plusieurs centaines de lieues de distance.

Ainsi, les divisions nées dès le IIe siècle purent se multiplier sans être réprimées par une autorité suffisante et grandir en proportion du talent de leur auteur. Au IVe siècle, Arius complétait Origène et contestait nettement au Christ la divinité de son essence. La religion allait être livrée aux inspirations de chaque individu et perdre cette unité nécessaire que la divinité seule de son auteur pouvait imposer à tout le monde. Le mal était donc arrivé à son *summum*, quand, le culte étant libre, on put opposer à l'hérésie un remède efficace.

En 325, tous les évêques de la chrétienté se réunirent à Nicée, en un concile général, où l'arianisme fut condamné.

Ils reconnurent et ordonnèrent absolument comme dogme fondamental la divinité de Jésus-Christ. Ils recommandèrent aussi, mais seulement comme un vœu, le célibat aux ministres de la religion. Tentative prématurée, car il fallut encore bien des conciles pour déraciner l'arianisme et l'usage du mariage que saint Paul lui-même n'avait peut-être pas assez nettement déclaré incompatible avec le sacerdoce.

Il y eut encore, du IIIe au IVe siècle, un actif ferment de discorde dans cette école néo-platonicienne d'Alexandrie, à laquelle ne manquaient pas les professeurs les plus illustres, et qui cherchait une impossible union entre la doctrine si précise du Christ et le polythéisme épuré du noble Platon. Personne cependant ne croyait plus à tous ces dieux si peu exemplaires de l'Olympe, et les vertus chrétiennes servaient déjà de modèles même à leurs plus implacables ennemis. Ainsi, cinquante ans après le concile de Nicée, Julien l'Apostat, désespérant d'appliquer ses réformes néo-platoniciennes, écrivait à ses sacerdotes d'innombrables et pressantes circulaires où l'on trouve des phrases pareilles à celle-ci : « Ne penserons-nous jamais, dit-il, aux moyens par lesquels l'impiété s'est le plus accréditée dans le monde? Je veux dire l'hospitalité, le soin d'ensevelir les morts, une vie extérieurement réglée. Ils jouent toutes les vertus, c'est à nous de les pratiquer. — Il ne suffit pas, écrit-il au pontife Arsacius, que tu sois irréprochable ; tous les sacerdotes de la Galatie doivent l'être comme toi. Avertis-les, par menace ou par persuasion, qu'un sacrificateur ne doit pas se montrer au théâtre ni dans les tavernes, ni avoir dans sa bibliothèque des contes licencieux. » Ailleurs, il dit encore : « Établis des hôpitaux, il est honteux qu'aucun Juif ne mendie, et que les maudits Galiléens, outre leurs pauvres, nourrissent encore les nôtres, qui manquent de tout par notre faute. Si les sacerdotes négligent mes ordres, non-seulement ils sont coupables, mais, j'ai peine à le dire, ils ressentiront ma colère indignée. »

Voilà certainement un tableau tracé de main de maître, qui met dans tout son jour la différence des deux sociétés ennemies.

IV

Mais le monachisme ne vint guère qu'au IVe siècle se mêler à toutes ces péripéties. Tant que les prêtres et leurs catéchumènes furent opprimés, les solitaires ne pouvaient ostensiblement s'établir. Il est plus difficile de se cacher dans la solitude d'un pays ennemi et civilisé que dans la foule des villes, où des partisans avérés et prudents se favorisent entre eux. Il fallait donc que le christianisme fût, non pas reconnu, mais du moins toléré, pour qu'il pût aussi s'illustrer au désert. Ce temps ne vint que longtemps après que la masse remuante et redoutée des grandes cités eut imposé au pouvoir un certain respect pour la religion. C'est pourquoi le premier solitaire historique, saint Paul l'ermite, n'apparaît qu'en 250, sous l'empereur Decius. C'est pour le même motif que saint Antoine de Côma, le père des cénobites, n'institua qu'en 305 le premier monastère. Cette dernière date est d'ailleurs significative. L'année précédente, en 304, Dioclétien avait abdiqué. L'année suivante, en 306, Constantin, qui prétendait à l'empire, lançait le premier édit favorable aux chrétiens; en 313, il reconnaissait officiellement le christianisme.

Mais les commencements des deux patriarches de la vie monastique, l'un demeurant seul au désert, l'autre tendant à la communauté, et les événements au milieu desquels ils se sont produits, méritent une attention, si rapide qu'elle soit, et quelques détails qui feront mieux saisir la concordance des temps et des institutions.

En 250, lorsque Decius inaugura la septième persécution, l'on vit sortir de sa ville natale, en Égypte, un jeune chrétien déjà célèbre par ses vertus et placé en évidence par la richesse et par la célébrité de sa famille. Paul, vénéré plus tard sous le nom de saint Paul l'ermite, prenait à vingt-deux ans le chemin de l'exil. Il ne se cachait pas, son départ était public, ses concitoyens indignés lui faisaient une escorte triomphale. Naguère encore, et sous deux ou trois empereurs qui suivirent, il n'en eût pas été quitte pour l'exil. Il s'en fut au désert de Thèbes, où, dit-on, végétaient déjà quelques anachorètes obscurs, réfugiés dans des retraites inaccessibles. Il y vécut quatre-vingt-dix ans dans la plus étroite solitude.

Cet illustre exemple, autant que la persécution et le navrant spectacle des guerres civiles, enflamma les âmes et suscita dans le même temps un si grand nombre d'imitateurs de saint Paul que les auteurs ecclésiastiques portent à plus de 5,000 les ermites disséminés dans la Thébaïde avant la fin du IIIe siècle.

En 285, le gouverneur d'Alexandrie fut encore plus tolérant, lorsque, au début de la persécution dioclétienne, il permit au peuple d'acclamer dans le forum l'apparition de saint Antoine de Côma, qui depuis vingt ans remplissait la renommée du bruit de ses austérités. Comme son contemporain saint Paul, il avait laissé le monde et la fortune pour la pauvreté dans le désert; mais, touché de leur péril, il accourait soutenir ses coreligionnaires. La foule le reçut avec acclamation, ne pouvant se lasser d'admirer son éloquence et cette mâle beauté que les jeûnes n'avaient pas altérée, selon l'expression de son historien saint Athanase.

Mais, lorsque Constantin proclama le triomphe officiel du christianisme, il se passa un vrai phénomène psychologique, tant le fait paraît étonnant et contradictoire avec le résultat qu'aurait pu produire la liberté du culte!

Le christianisme ayant enfin conquis sa place, c'était, semble-t-il, pour les exilés de la Thébaïde, l'occasion de rentrer dans leur famille. C'est le temps, au contraire, où l'émigration religieuse inaugurée par saint Paul s'accroît et s'aggrège définitivement à la voix de saint Antoine, en vue de fonder une institution spéciale et durable. Le mouvement gagne la Syrie, les communautés vont se former une à une sur cette longue surface, de Memphis au mont Carmel ; on y court, non plus pour chercher une libertée discutée, mais les rigueurs d'une discipline austère, la pénitence des ascètes, les visions de l'extase.

Si l'on jette un coup d'œil sur l'état social pendant ce IVe siècle, qui vit les horreurs de l'invasion passer à l'état chronique, les premières dissidences de l'Église dégénérèr en hérésies sanglantes, et les exactions du fisc s'accroître jusqu'à la ruine et la dépopulation, pendant que trente compétiteurs armés se disputaient la pourpre dans les provinces, on comprend de reste ce sauve-qui-peut des âmes, et que les citoyens qui demeurèrent furent peut-être les plus courageux.

Les auteurs de la vie des solitaires au désert nous ont renseigné sur leur existence. Ils ne travaillaient que pour gagner un morceau de pain qu'ils échangeaient contre des nattes de jonc aux faubourgs de Thèbes ou de Memphis. Le reste du temps se passait en prières, en macérations, en combats contre les démons : c'est-à-dire les passions humaines, que le paganisme avait déifiées. En un mot, ils s'offraient à Dieu comme des victimes expiant d'avance les péchés du monde.

Le plus grand nombre n'avait trouvé d'autre refuge que des ruines ou quelque caverne sauvage ; quelques-uns, un coin de terre abandonné, avec un peu d'eau. Saint Paul l'ermite eut ce bonheur ; il habitait un antre, jadis occupé par de faux monnayeurs au temps de Cléopâtre, et qui laissait jaillir une source limpide. Quelques arbres, qu'il eut le temps de voir grandir, décoraient sa retraite. Il se fit ainsi comme une oasis microscopique, l'idéal des ermites, qui fut longtemps un lieu de pèlerinage.

C'est là que put le voir enfin saint Antoine, déjà fondateur de plusieurs monastères, pendant qu'il poursuivait sa mission dans les solitudes de l'Égypte.

Athanase a raconté la suprême rencontre de ces deux vieillards, également vénérés dans les cloîtres ; l'un, comme le premier des ermites ; l'autre, comme le premier des abbés. C'était en 342, sous le règne de Constance, fils arien de Constantin-le-Grand. Quels récits ils avaient à se faire l'un et l'autre !

Tous deux, nés un siècle auparavant, sous le règne abominable de Maximin, qui fit couler à flots le sang chrétien, se retrouvaient après quatre générations de martyrs en pleine persécution arienne. « Voici donc, dit saint Paul à son visiteur, celui que vous avez cherché avec tant de peine ! Vous voyez un corps cassé par la vieillesse, une tête couverte de cheveux blancs, un homme arrivé à la fin de sa course, qui sera bientôt réduit en poussière ; mais, puisque la charité souffre tout, dites-moi, je vous prie, comment va le monde. Y a-t-il encore des hommes assez aveugles pour adorer les démons ? »

Saint Paul expira très-peu de jours après. L'éclat de sa fuite, son âge, le bruit de ses austérités quasi-séculaires avaient fait une légende autour de son nom. On dit que deux lions vinrent creuser sa tombe.

Si le dégoût du monde était le sentiment qui dominait l'esprit de saint Paul l'ermite et des solitaires, il n'abandonna pas non plus celui des nouveaux cénobites : saint Antoine ne pouvait songer, d'après sa vie propre, à changer ce sentiment, mais il lui donna les premières apparences d'une méthode, comme l'attestent ses suprêmes paroles à ses disciples : « Ayez, leur dit-il en mourant, une foi inébranlable dans la divinité de Jésus-Christ, conservez-vous dans une grande pureté de corps et d'esprit. Ne cédez jamais aux attraits de la gourmandise. Détestez la vaine gloire. Priez souvent, chantez les psaumes le matin, à midi, le soir. »

Comme on le voit, saint Antoine n'était pas seulement un régulateur de la vie ascétique ; il fut aussi un réformateur par ses préceptes sur l'essence divine du Christ et sur le célibat, qu'il ordonna.

Il se posait tout d'abord, vis-à-vis de l'institution naissante des monastères, comme le champion convaincu de l'orthodoxie du fameux concile de Nicée, qui, quelques années auparavant, avait anathématisé la doctrine d'Arius et exprimé le vœu que les ministres de l'Église, de tous les rangs, observassent le célibat.

Les préceptes de saint Antoine ne pouvaient qu'être suivis ponctuellement par les nombreux couvents qui lui étaient soumis. Déjà ses collaborateurs avaient propagé sa règle. Saint Pacôme l'avait rédigée et appliquée de son vivant et sous ses yeux ; c'est par lui qu'on a pu connaître la vie monastique en ces temps reculés. Les anciens solitaires étaient réunis par dizaines en des maisons séparées, dont chacune renfermait quatre dizaines ; quarante de ces maisons formaient un monastère, qui n'avait pas moins de 1,200 moines.

Le monastère était régi par un abbé, la maison par un supérieur, la dizaine par un doyen. Toutes les dizaines des quarante maisons s'assemblaient une fois par semaine pour prier dans un oratoire.

Tous les monastères soumis à un chef commun se réunissaient une fois par an, au jour de Pâques. Le temps, comme au désert, se partageait en travaux et en prières.

Le premier couvent de filles date aussi de cette époque ; il est dû à la sœur de saint Pacôme, qui rassembla des religieuses de l'autre côté du Nil et leur donna la règle de saint Antoine, écrite par son frère. Celui-ci mourut jeune encore, en 348 ; son patron lui survécut six ans.

Mais bien d'autres disciples continuèrent son œuvre. L'un des plus illustres, Athanase, qui avait suivi quelque temps la vie cénobitique auprès de saint Antoine, retourna en Syrie transmettre les préceptes du maître sur la vie en commun ; il les vit adopter avec empressement par les solitaires du mont Carmel et les propagea lui-même jusqu'à Rome en 341. Enfin, dix ans plus tard, Basile perfectionna l'idée première de saint Antoine, et lui donna tout son développement. Les monastères étaient fondés.

V

On saisit déjà le rôle orthodoxe qu'étaient appelés à jouer les couvents dès leur naissance. Ce serait méconnaître leur plus incontestable utilité religieuse que de ne pas insister autant que possible sur ce point capital.

Les malheurs des temps avaient poussé à la formation des couvents ; mais une autre cause toute morale et d'une plus longue portée les multiplia à ce point qu'ils dominèrent le monde par leur puissance et, il faut le dire, par leurs vertus.

Si des périls inévitables menaçaient d'engloutir la société politique au IVe siècle, la religion n'en courait guère de moindres, pressée qu'elle était entre l'hérésie d'Arius et le paganisme réformé de l'école d'Alexandrie. Ce danger grossit le courant qui portait aux monastères. On fut y chercher un abri contre le schisme, comme au désert contre le paganisme. Le cloître devint le refuge de l'orthodoxie, en attendant d'être celui des sciences et de la civilisation.

Les moines, dès qu'ils vécurent en société, créèrent par la force des choses un foyer lumineux d'où la foi rayonna pure sur les fidèles qui demeuraient soumis aux vicissitudes du siècle. La discipline conventuelle dut former merveilleusement des reclus à l'orthodoxie. Leur croyance accepta sans combattre, par le seul ascendant de l'autorité, les décisions des conciles et des pères de l'Église.

Le clergé séculier, au contraire, vivant au milieu des passions, était fatalement exposé à l'erreur ambiante. Quand l'hérésie le séduisait par la voix d'un Origène ou d'un Arius, il avait bien des chances d'y succomber ; et que devaient penser de simples clercs, si des évêques vénérables, élus par le corps des fidèles, consacrés par leurs confrères, ne résistaient pas toujours à de spécieuses argumentations ? Les quatre cents évêques que rassembla le concile de Nicée ne s'étaient pas tous présentés purs de l'hérésie arienne. C'est en vain que les dissidents, un instant subjugués, avaient fait amende honorable : on sait que de combats et d'anathèmes, répétés pendant trois siècles, coûta la fatale doctrine. Alors, où trouver un appui plus incorruptible que dans les cloîtres, où vivait une milice ardente, garantie par la solitude ?

L'arianisme a été depuis cette époque exhumé par des publicistes admirables, qui confiaient aux couvents leurs filles, pendant qu'ils attaquaient le divin principe sans lequel ils ne subsisteraient pas. C'est à peine si le bruit de cette brillante polémique frappait les oreilles distraites : on eût dit que le monde moderne, solidement campé sur le roc chrétien, souriait à ces réminiscences alexandrines.

Mais, au IVe siècle, la divinité du Christ était une question de vie ou de mort pour le monde. Il ne s'agissait de rien moins que d'arrêter la civilisation spiritualiste qui nous fait vivre, jusqu'à des temps inconnus. Si l'hérésie d'Arius l'emportait, qu'allait devenir cette société disloquée, sans un lien intellectuel commun qui la resserrât au milieu de la ruine universelle ? Où resterait le but de cette existence si tourmentée ? Où brillerait une espérance après tant de misères ? Quand on avait rêvé la vie immortelle, il fallait se contenter des plaisirs de la terre, dans ces temps atroces ; quelle ironie ! C'était donc pour cela qu'un Dieu était mort sur la croix, que des légions de martyrs avaient scellé le pacte de la terre et du Ciel avec leur sang !

Certes, les rivalités de doctrine enflèrent bien des colères et des indignations pieuses, puisque le sang coula de part et d'autre. Mais le péril de la foi enflammait par dessus tout les cœurs. Des hommes tels que saint Athanase, saint Basile, saint Grégoire de Nazianze, voyaient plus haut qu'une question d'école ou de personne. Ce furent les couvents qui les formèrent.

Athanase, avant d'être évêque d'Alexandrie et de confondre Arius lui-même à Nicée, avait suivi saint Antoine au désert. Grégoire de Nazianze, patriarche de Constantinople et son éloquent émule contre l'hérésie, n'avait pour ainsi dire laissé le couvent de saint Basile que pour combattre, et il revint y mourir. Ainsi, les vrais athlètes du Christ vivaient au monastère, et les séculiers orthodoxes allaient s'y retremper. Aussi, ne peut-on s'étonner si la faveur des plus grands évêques et des pères de l'Église favorisa cette institution, que les papes devaient bientôt considérer comme la forteresse de la foi. On pourrait dire que les moines furent dès lors comme les prétoriens fidèles du Christ sur la terre, si cette expression n'était pas trop profane.

Mais il est temps de terminer cette esquisse de la naissance des monastères, par quelques mots sur saint Basile, le continuateur immédiat de saint Antoine. Il vint bien à son heure, comme les hommes qui résument les idées de leur époque. Son tempérament souple et vigoureux avait cet esprit de conciliation si cher aux temps de transition et de péril social, qui demande aux parties adverses une concession mutuelle et sait l'obtenir. Véritable ascète, il préféra cependant et fit prévaloir l'idée de la communauté. Orthodoxe convaincu, il ménagea certaines erreurs peu importantes, pour mieux saper celles qui importaient le plus. Cette habile tolérance ne fut pas sans lui susciter parmi les siens de cruelles accusations. Mais son influence fut souveraine et durable en ce qui concernait la réforme cénobitique. Basile était d'ailleurs armé de toutes pièces pour ces luttes de l'éloquence et du dogme. On le voit d'abord étudier les lettres à Constantinople, puis à Athènes, où il se lie avec Grégoire de Nazianze et Julien, qui fut plus tard *l'Apostat*. Ensuite, il s'exerce au prétoire de Césarée, sa ville natale, et, quand il a pris suffisamment de science profane, il vend son bien, parcourt la Thébaïde, la Judée, la Cappadoce, et va se fixer au bord du Pont-Euxin, où il prépare dans la retraite son esprit et son corps au grand combat qu'il a dès longtemps médité. Son éloquence, son austérité, appellent une foule de disciples qu'il réunit dans les couvents. La vie commune s'exerce dans les privations ; il y enseigne les dogmes consacrés par le grand concile. Mais l'hérésie arienne, qui relevait la tête, provoque son ardeur. Cinq ans après sa fuite, en 351, il quitte sa cellule, se fait ordonner prêtre et laisse à ses confrères la règle monastique perfectionnée qu'ils suivent encore en Orient.

Comme saint Antoine, et toujours de plus en plus, il accentue la différence qui existait entre le clergé des villes et les cénobites, qui, pour la plupart, n'étaient pas même alors de simples clercs.

Il ordonne expressément la chasteté absolue, qui n'était encore que pieusement recommandée au clergé. Lui-même était pourtant le fils d'un évêque marié et vénéré par ses contemporains, comme saint Grégoire de Nazianze et tant d'autres prélats célèbres qui succédèrent à la dignité paternelle. On sait que cette coutume, reste des temps païens, qui n'étonnait alors personne, ne disparut en Occident qu'au XIe siècle, malgré la défense de plus en plus énergique des conciles et des papes, et qu'elle subsiste encore en Orient dans l'église grecque.

Mais la communauté ne pouvait, on le conçoit, supporter le mariage. Et si le clergé séculier voulait être conséquent avec son principe, qui est un dévouement inaltérable et de tous les instants au salut des fidèles, il devait imiter la chasteté de son divin maître Jésus-Christ.

Cependant la piété de saint Basile respecta les chefs-d'œuvre de la littérature païenne. C'est à son influence sur les couvents, qui devinrent bientôt les seuls refuges de l'Asie contre la barbarie turque et mahométane, que nous sommes redevables de la conservation des débris qui nous sont parvenus à la chute de Constantinople. On trouve avec surprise, dans ses propres ouvrages, un discours sur l'utilité des livres païens, à côté d'un traité sur l'ascétisme. Cette opposition d'idées étonnerait davantage, si l'on ne se rappelait la brillante éducation de sa jeunesse.

Ainsi, pour résumer en quelques lignes cette période du christianisme en Orient pendant les quatre premiers siècles :

Le clergé séculier naquit avec les apôtres, sous une forme familiale qu'il conserva longtemps et que sa mission même lui devait faire abandonner, lorsqu'il eut adopté définitivement le corps des fidèles comme sa seule et sa vraie famille. Dès la fin du IIIe siècle, il avait renouvelé la société par l'application des préceptes chrétiens qui relèvent l'homme à ses propres yeux, et surtout par une charité inépuisable, incessamment pratiquée, qui réveilla la pitié dans les cœurs. Mais l'esprit de secte allait tout remettre en question.

Les moines, d'abord solitaires, ne vinrent qu'alors, avec le rôle évident de régulariser les forces du christianisme triomphant. Le premier couvent, créé en 305, donna le célibat en exemple aux hommes dévoués à l'œuvre divine et prépara dès lors des défenseurs à l'orthodoxie menacée.

Eh! qui eût dit que bientôt la secte grossière de Mahomet allait détruire tant de nobles efforts et d'aspirations sublimes? Triste et singulière destinée du christianisme, au pays même où il était né!

On vit donc, en Orient et en Occident, la même cause ou le même germe produire des effets différents. Cependant, ce n'est pas le génie qui manquait aux Chrysostôme, aux Basile, aux Antoine, aux Grégoire de Nazianze, aux Athanase, chrétiens sublimes, orateurs entraînants, et tels que l'Occident n'en posséda jamais. Car saint Augustin, qui peut seul leur être opposé, est un Numide de Sagaste, et il fut encore moins heureux dans son peuple et pour les mêmes motifs que ses illustres rivaux d'éloquence. Il vit tomber sa ville natale et son diocèse et ceux de ses collègues d'Afrique ruinés jusqu'au sol, et périt avec eux. C'est que les populations de Carthage, d'Alexandrie et d'Antioche se valaient moralement, et que, si le christianisme les avait éblouies à force d'éloquence, il n'avait pu les régénérer. Il leur manquait ce nerf que donne seul le travail quotidien, nécessaire, qui dispose l'homme à la vertu par la souffrance et par l'effort constant.

Dans ces pays où l'hiver est inconnu, la facilité de la vie et l'oisiveté avaient engendré tant de vices qu'il semble qu'il n'était pas encore temps pour leurs peuples d'entendre utilement la loi de Jésus-Christ. Quand Augustin disait à ses Carthaginois : *L'homme qui ne travaille pas ne doit pas manger*, ils devaient lui répondre ces paroles symboliques de l'Écriture : *Voyez les oiseaux du ciel, ils ne sèment pas, et les lys des champs, ils ne filent pas.* Ces singuliers néophytes auraient certainement changé de mœurs et de langage, s'ils avaient supporté la faim sous la bise glacée du Nord.

Mais il est temps d'arriver à l'histoire religieuse et politique de la Gaule, qui nous intéresse plus particulièrement dans les premiers siècles du christianisme, et dont les considérations qui précèdent nous ont rapprochés par une transition naturelle.

VI

La Gaule ne manqua pas de ressentir le contre-coup des persécutions anti-chrétiennes et des vicissitudes qui en furent la suite ; mais, comme elle était loin du centre des idées nouvelles, elle ne les reçut et n'en souffrit qu'assez tard. On dit qu'elle resta insensible aux prédications des disciples de saint Pierre, sous le règne de Claude. Le mouvement s'y fit sentir enfin dans la seconde moitié du IIe siècle, par les efforts des missionnaires d'Orient qui pénétrèrent dans la province après avoir converti Marseille.

La première persécution de la Gaule fut la cinquième de l'histoire, celle que provoqua Marc-Aurèle en 177, et qui fit périr un grand nombre de chrétiens. Lyon, notamment, vit tomber quarante-huit citoyens considérables devant le célèbre Athénée, aux pieds des statues de Minerve et de Marc-Aurèle. Étrange effet de la sagesse humaine, lorsqu'on songe que Tibère avait proposé publiquement au Sénat de placer Jésus-Christ au rang des dieux !

Après la persécution de Marc-Aurèle, la société chrétienne, troublée, chercha les mêmes moyens de salut qu'en Orient, les circonstances étant les mêmes. Pour ceux qui fuirent, les montagnes des Alpes et des Cévennes remplacèrent la Thébaïde et la Syrie ; puis vinrent des temps plus propices : saint Irénée, successeur de saint Pothin, réunit les membres épars de son Église.

Chaque persécution dut produire un mouvement semblable ; et, avec le temps, l'habitude d'émigrer devint une tradition religieuse jusqu'à Constantin, en attendant que des motifs politiques redoublassent cette ardeur de séparation.

En effet, à ces causes de détachement du monde, qui dérivaient d'une suite de persécutions et sur lesquelles il serait inutile de revenir, il s'en joignait beaucoup d'autres dont la source était moins pure et qui n'agissaient pas moins énergiquement contre l'Empire. Tels étaient le trouble inspiré par la crainte permanente de l'invasion, la ruine croissante et bientôt consommée des classes moyennes et des colons de l'agriculture, le plus affreux paupérisme, auquel ne suffisait plus la charité chrétienne elle-même à cette époque de charité, et ce sentiment humain, peu généreux, qui est de tous les temps et qui fait abandonner des vaincus. Les vieilles provinces gauloises, si longtemps heureuses et soumises, sentirent dans ce vaste malheur renaître une idée vague de nationalité; des généraux ambitieux en profitèrent pour s'y tailler un État indépendant. Mais Rome avait encore assez de force pour châtier les provinces incapables de conquérir avec le fer leur indépendance, si elle n'en avait plus pour les protéger contre l'ennemi.

Pour bien apprécier le rôle que joua le christianisme dans cette œuvre de réparation qui servit de base à la société moderne, il faut donc se représenter la décadence romaine au moment du choc qui acheva de la précipiter. Montesquieu en a tracé le tableau dans un style inimitable, et il semble impossible après lui d'aborder un pareil sujet. Cependant un auteur sérieux, qu'une mort prématurée a dérobé à ses recherches sur l'histoire des temps mérovingiens, n'a pas craint, à toutes les causes connues de la chute de Rome, d'en ajouter une autre dont l'influence ne s'impose pas moins à l'esprit : la misère des peuples.

Montesquieu a donné justement comme un des signes les plus visibles de cette décadence, l'exemption du service militaire, qui efféminait les mœurs des cités italiques et provinciales. Lehuérou attribue une aussi grande part de responsabilité à la croissante avidité du fisc, que rendaient chaque jour plus lourd l'abus du patronage et l'exemption de l'impôt. Cette opinion peut se soutenir en étudiant les monuments de l'époque transitoire où nous sommes parvenus, et qui ne montrent à chaque ligne que des paroles de ruine et de désolation.

Alors, certes, le mal venait de loin, puisqu'on rapporte à Marius et à Sylla le triste honneur d'avoir inauguré le système de pressurer la fortune privée et publique, pour payer aux soldats le souverain pouvoir. Leurs successeurs des guerres civiles allèrent plus loin et ne reculèrent pas devant l'application des idées spéculatives des Gracques, en dépouillant les citoyens de leur héritage au profit d'utiles partisans. Plus tard, quand l'empire fut à vendre, il fallut des sommes énormes pour l'acheter et ensuite pour le faire agréer de la foule, des spectacles de gladiateurs, des fêtes et des largesses qui coûtaient le revenu d'un royaume. Ajoutez qu'à chaque usurpation c'étaient de nouveaux dons forcés ou volontaires; à chaque victoire, de nouveaux présents; à chaque défaite, une nouvelle rançon; et que les provinces payaient toujours également dans la bonne et la mauvaise fortune, au profit du peuple innombrable d'une seule cité qui dévorait les fruits de vingt États comme un revenu légitime et conquis par les armes. On comprend sans peine alors, qu'à la fin, après trois siècles, les vaincus détestèrent un joug devenu insupportable, et qu'aux jours du danger les membres de l'Empire demeurèrent inertes pour le défendre. Le nom de patrie romaine n'avait plus de signification qu'à Rome, d'où partaient ces gouverneurs, ces préfets, ces généraux plus avides d'argent que de gloire.

Considérez encore que, pendant cette longue oppression, les mœurs réformées par le christianisme ne comprenaient plus les sanglantes agapes impériales, dont le souvenir seul révoltait, au point que Carinus, un des imitateurs attardés de Néron et d'Héliogabale, était tombé sous le mépris public autant que sous les coups de son compétiteur. Dans ces conjonctures, une catastrophe depuis si longtemps préparée était inévitable. On pourrait la nommer la banqueroute à Rome des provinces romaines ; et c'est ainsi qu'il convient d'entendre cette grande désertion que l'on a voulu rejeter sur le prétendu parti des chrétiens, quand au contraire ce fut l'idée chrétienne qui répara avec quelle peine, on le sait! toutes ces ruines et celles que l'invasion barbare allait encore y ajouter.

La majorité des peuples était chrétienne avant qu'un Allemand se fût établi de vive force sur la rive gauche du Rhin. La Gaule était encore intacte quand Constantin décréta la reconnaissance officielle de la religion; sa politique même indique alors la prépondérance des chrétiens d'Occident, puisque, en partant d'Arles dès 311 pour conquérir l'Empire, il crut devoir placer une croix sur le casque de ses soldats, lui qui n'était pas encore chrétien.

Mais en vain Constantin ajouta la liberté politique à la liberté religieuse; en vain il supprima les combats de gladiateurs, remit les arrérages de plusieurs années aux municipalités, licencia les prétoriens insatiables, donna le droit d'appel en dernier ressort aux gouverneurs des provinces; permit à chaque ville d'élire un Défenseur pour porter à ce tribunal suprême les réclamations de ses concitoyens; institua partout des crèches pour les nouveau-nés qui couvraient les chemins; multiplia les maisons de secours pour les misérables, et octroya enfin toute l'indépendance administrative qui se pouvait alors accorder aux membres d'un État sans aller jusqu'à la séparation : Salvien, Victor

Vitens, saint Augustin, nous ont conservé le résultat d'une organisation aussi libérale en apparence.

Les besoins du fisc n'avaient fait qu'augmenter avec les malheurs publics. Il fallait payer cher des légionnaires introuvables, plus cher encore la neutralité ou la victoire des barbares; et le nombre des contribuables diminuait à mesure que les besoins d'argent augmentaient. Par des immunités d'impôt qui s'accordaient à tout ce qui avait une certaine dignité dans l'État, et particulièrement aux citoyens de presque toutes les villes d'Italie, on avait vu peu à peu ce privilége, ruineux pour le Trésor public, descendre du comte palatin au simple duumvir des cités provinciales elles-mêmes. Cependant, ce dernier représentant de l'autorité n'en demeurait pas moins chargé de recueillir sous sa responsabilité un impôt de plus en plus lourd et difficile à percevoir. Chacun voulut en être exempt par fonction ou par faveur; et, comme les plus riches avaient plus d'influence, il en résulta que les autres restèrent seuls chargés d'alimenter le Trésor. Il en advint ce qui était facile à prévoir. Les petits et moyens propriétaires du sol, la seule matière imposable, abandonnèrent leur fonds ou le placèrent sous le patronage de ceux qui ne payaient pas d'impôts. Les uns devenaient ainsi de simples colons, en abandonnant une grande part de leur liberté, mais le fisc n'avait rien. Les autres désertaient leur patrimoine, s'insurgeaient, ruinaient les campagnes qu'ils ne pouvaient plus cultiver, assiégeaient les villes qu'ils prenaient d'assaut et pillaient. Il fallut des armées commandées par des empereurs tels que Probus et Dioclétien pour disperser les Bagaudes qui renaquirent sans cesse du sein de leurs défaites et de leur misère. Quoi d'étonnant alors si les terres étaient aux trois quarts abandonnées, les villes dépeuplées de citoyens solvables! Salvien dit et répète que les camps des barbares, qui apparurent sur ces entrefaites, se remplirent de vagabonds qui cherchaient un abri chez eux et un morceau de pain.

Et cependant, à quoi s'occupait cette société si menacée? A célébrer sa décadence. On faisait ses délices du roman de Tacite sur la Germanie, que chacun portait aux nues; comme ces Français du XVIIIe siècle qui n'avaient pas assez d'expressions, après Rosbach, pour exalter l'armée prussienne. On déclamait, dans les salons et sur les places, les satires de Juvénal, comme si Claude et Messaline avaient quelque chose à faire à l'heure présente! Mais une opposition, légitime ou puérile, et vieille de trois siècles, peut-elle désarmer devant la patrie en danger!

Ce fut donc au milieu de cette démoralisation profonde, à causes multiples mais aggravée par une misère insurmontable, que les barbares, frottés de civilisation par un long contact avec l'Empire, forcèrent des frontières que disputaient seuls des mercenaires, leurs compatriotes, enrôlés dans les armées romaines. Le bruit se répandit que ces étrangers étaient de mœurs grossières, mais relativement pures; que l'orthodoxie, parfois persécutée par des empereurs ariens, n'en avait rien à craindre et les soumettrait à son joug; qu'ils devaient arriver comme des hôtes plutôt qu'en conquérants; qu'ils partageraient la terre avec équité, et daigneraient laisser aux possesseurs la moitié de leurs biens et de leurs esclaves, comme ils faisaient déjà dans la deuxième Lyonnaise. C'est ainsi qu'ils apparurent aux mécontents, c'est-à-dire à presque tout le monde, sinon comme un moyen de salut, au moins comme l'occasion d'un changement qui ne pouvait être pire que ce qui existait. On cherchait à colorer la mollesse d'une société qui ne songeait pas même à se défendre.

Les hordes passèrent le Rhin, les Alpes, se succédant à de longs intervalles, poussées l'une par l'autre et comptant des amis, des frères dans la place : Alaric saccagea Rome en 410, et dans Carthage même, où par une ironie du sort une foule de Romains fut chercher un refuge, ces malheureux entendirent saint Augustin maudire la capitale du monde détruite.

Et la Gaule, que fit-elle devant ces bandes germaines indisciplinées, qui traînaient avec elle leurs femmes, leurs enfants, leur bétail, et qui ne parurent, il ne faut pas l'oublier, que successivement, et tantôt avec une attitude incertaine, tantôt avec le fer et la flamme à la main? De quel nom appeler l'égoïsme ou la résignation patiente de ces soixante nations gauloises qui avaient résisté dix ans à Jules César? Les cités éloignées des frontières, se détachant de la cause commune, semblaient croire que jamais l'étranger ne viendrait jusqu'à elles; les plus proches, depuis longtemps, comme toutes les autres, inhabiles au métier des armes qu'elles méprisaient d'ailleurs profondément, ne savaient que se soumettre. Cependant il fallait mourir, quoique sans combattre, et supporter bien d'autres outrages. Aussi, comme l'opinion changea vite sur les prétendus libérateurs! Mais il était trop tard, en Gaule comme en Afrique, où l'évêque d'Hippone put regretter, en 430, dans sa ville assiégée par les Vandales, ses éloquentes inspirations contre cette Rome dont il avait, vingt ans auparavant, exalté la ruine.

Pour comble de malheur, tous ces Goths, Visigoths, Alains, Suèves, Vandales, étaient infestés d'arianisme, ils en étaient fanatiques, ou plutôt ils affectaient de l'être, prétexte commode pour piller les églises non moins que les cités. La future orthodoxie des barbares était donc une illusion, si leur cruauté était bien une réalité. Et, par dessus tous ces maux, le fisc romain devenait de plus en plus intolérable à mesure que ses provinces devenaient plus rares et ses dépenses plus impérieuses.

VII

L'histoire de Sidoine Apollinaire reflète assez bien la situation des citoyens gaulois à cette époque si vacillante. Né en Auvergne d'une illustre famille du pays, et gendre de son compatriote Avitus, qui fut empereur quelques jours par la grâce du Goth Ricimer, on le voit tour à tour Gaulois, Goth ou Romain; comte, soldat, poète, évêque; louant Ricimer, l'assassin de son beau-père; défendant Lyon avec les Visigoths ariens contre les troupes romaines, et Clermont, sa ville natale, contre les Visigoths. C'est en vain que, lassé de tant de changements, il embrasse le sacerdoce avec l'assentiment de sa femme, et qu'il est fait évêque par ses concitoyens. Ses dernières années se passent à disputer sa vie; sa religion même était devenue un danger, car les barbares ariens valaient encore moins pour l'église orthodoxe que les faibles empereurs. Quel chaos! et que cette époque de transition paraît terrible même aux fils du XIXe siècle, qui a tant vu de bouleversements! Mais le destin de Rome était bien le dernier souci de ce patrice romain, comme l'attestent ces vers qui traduisent, dans un style de pure décadence, le sentiment de la lassitude générale :

> Sanctumque putamus
> Rem veterem per damna sequi, portavimus umbram
> Imperii, generis contenti ferre vetusti
> Et vitia, et solitam vestiri murice gentem
> More magis quam jure pati.

La vie de Salvien est aussi instructive. Après avoir vanté et souvent opposé la pureté des mœurs germaniques aux vices des Gallo-Romains, quand il vit les barbares à l'œuvre, il fut pris d'un tel dégoût qu'il abandonna tout et se réfugia dans le monastère de l'île de Lérins, où ensuite il se fit prêtre.

Mais la fuite n'est pas une solution pour une société qui tombe. Il fallait autre chose, une résistance commune, impossible à trouver dans des cœurs sans patriotisme et que la religion menacée pouvait seule susciter : la conscience remplaça la patrie. Le prêtre vénéré des autres prêtres, qui résidait à Rome, souffla sur tous ces hommes désunis l'esprit de l'Église unique, universelle. Les moines l'y aidèrent puissamment. Mais, sans le secours séculier de Clovis, qui sait ce qui fût advenu?

Ainsi, durant ces premiers siècles, les événements propices ou contraires retenaient ou portaient en avant le mouvement social et le mouvement religieux, et, lorsque l'on contemple ce progrès intermittent des idées sur la matière, on ne peut s'empêcher de le comparer à celui de la mer montante, dont chaque flot recule et puis avance jusqu'à ce qu'elle ait atteint sa plénitude. C'est aussi dans ce sens que les historiens ont décrit l'influence, tour à tour destructive ou rénovatrice, de la grande invasion barbare dans la vieille civilisation romaine, qu'elle n'aurait renversée que pour la reconstruire sur de nouvelles bases.

On se demande parfois si ce n'est pas prendre le change et confondre le résultat de l'esprit qui féconde avec celui de la force brutale qui renverse. Ne peut-on pas avec autant de vraisemblance admettre que, sans l'invasion qui compromit tout et faillit tout détruire, les anciennes provinces se fussent dégagées par elles-mêmes du joug romain de plus en plus affaibli? Les nouveaux États, formés de ces débris, n'auraient pas seulement reconquis leur indépendance, ils auraient encore conservé les traditions des arts et des sciences qui s'éclipsèrent en Occident sous la domination des premières dynasties germaniques. Que de temps, au contraire, et que de maux on dut subir pour songer seulement à recomposer pièce à pièce tant de ruines! Mais alors il fallait combattre. L'indépendance est un besoin naturel, sans doute, comme la faim et la soif, et non un droit qui se peut satisfaire sans peine ou sans travail. Un peuple qui désarme n'a droit qu'à la clémence du vainqueur.

Mais, avant d'arriver à cette époque de réparation sociale, le catholicisme eut à supporter des variations qui intéressent l'institution monastique de la Gaule, dont il est temps d'indiquer les commencements.

VIII

Nous savons que, au milieu du IVe siècle, la sécurité du christianisme avait permis d'essayer en Occident une imitation des moines de la Thébaïde et de la Syrie. Les solitaires y vivaient alors au grand jour, et l'histoire ecclésiastique mentionne leur existence sous le nom d'ermites, quand saint Martin fonda en 360, près de Poitiers, le monastère de Ligugé. Ce grand homme, ancien tribun militaire, avait lui-même précédemment mené la vie érémitique à Milan, ville infestée d'ariens, qu'il fut obligé de fuir, chassé par des confrères jaloux de son austérité. Saint Martin se réfugia dans l'île d'Albengues, où il fut heureusement rencontré par saint Césaire, évêque de Poitiers, grand ennemi des hérétiques et soutien inébranlable de l'orthodoxie romaine, qu'il venait de défendre, non sans danger, devant l'empereur Constance. Saint Césaire l'emmena dans sa ville épiscopale. Là, protégé par une amitié puissante, le religieux put donner carrière à ses idées sur la discipline et appliquer en commun les maximes ascétiques de saint Basile, qui remplissait alors l'Orient du bruit de sa renommée.

Les Germains, qui ne forcèrent décidément les frontières qu'en 400, ne tyrannisaient pas encore la Gaule par leurs persécutions ariennes : saint Martin put suivre son œuvre de propagande monastique. En 372, étant archevêque de Tours, il fonda l'abbaye de Marmoutier, qui devint si célèbre. Son exemple fut partout imité, du nord au sud de la Gaule. A la même époque, des couvents de religieuses s'instituaient à Rome et à Naples. C'est vers ce temps, en 391, que saint Honorat cherchait une retraite dans l'île de Lérins, où il créa un monastère qui reçut plus tard Salvien de Marseille. L'élan était donné : presque toutes les Églises se régularisèrent en chapitres, en communautés, suivant autant que possible les règles des monastères, leur esprit, leur manière de vivre et leur orthodoxie.

Comme en Orient, la ferveur des premiers siècles renaquit, se préparant à lutter contre l'arianisme. On vit, dans ces nouveaux établissements et dans les ermitages, des solitaires chercher l'inspiration. Et comme la méditation, la prière, le dédain du travail qui engendre l'aisance, devaient fatalement conduire au mysticisme, il se développa dans la Gaule, aussi bien qu'en Syrie, une rivalité de zèle et de mortifications. Plus d'un, sans doute, de ces pieux combattants essaya d'imiter l'exemple que saint Siméon Stylite, leur contemporain, donnait depuis vingt-six ans sur sa colonne au pied du mont Télénisse.

Il est certain qu'un tel esprit ne pouvait se régler facilement, que ces aspirations sans frein devaient souvent s'égarer, et que la recherche de la perfection en soi-même devait conduire au mépris de la discipline. Les visions de l'extase récompensaient d'ailleurs tant de sacrifices, car les vies merveilleuses des saints ne sont autre chose qu'une véridique histoire psychologique.

Mais de quelle utilité sociale ou politique pouvait être une institution religieuse qui aurait persévéré dans ces voies toutes mystiques? Quand la prétendue rénovation barbare eut fait voir ce qu'elle était, et que le seul flambeau qui n'eût pas été tout à fait éteint se retrouva comme un charbon sous les cendres dans ces retraites respectées, un rôle plus humain échut aux monastères d'Occident.

D'ailleurs, sous notre âpre climat, si on le compare à ceux de l'Asie et de l'Égypte, les pratiques ascétiques ne pouvaient guère durer qu'un temps et qu'une saison. En tous cas, elles ne pouvaient servir de base à une institution générale, et il était à prévoir qu'après saint Martin la règle basilienne finirait par se modifier selon le milieu où elle était transportée. Les événements politiques du Ve siècle ne lui donnèrent pas même le temps de terminer progressivement cette nécessaire métamorphose, car les barbares ariens détruisirent les couvents aussi bien que les églises; tout fut à recommencer.

IX

En 486, l'Italie était livrée aux successeurs d'Alaric; la Gaule, traversée successivement par les Suèves, les Alains, les Vandales; le pays entre la Loire et les Pyrénées, occupé par les Visigoths; la vallée du Rhône, par les Burgondes, et la Belgique par les Francs-Saliens, qui n'osaient, après de sanglantes défaites, s'aventurer plus loin. Seul au milieu de ces hordes, comme une île battue par la tempête, le petit pays de Laon résistait encore avec Syagrius, que l'histoire a nommé le dernier des Romains.

Tous ces envahisseurs étaient ariens, excepté les Francs, et martyrisaient le catholicisme depuis le Rhin jusqu'à Carthage. Dans cet abîme de malheurs, on ne savait plus vers quelle puissance tourner ses regards. C'est alors que des évêques songèrent à ces Francs tenus en échec par une poignée de Gallo-Romains. Ces peuplades avaient pour chef Clovis, un homme de génie, qui saisit d'un coup d'œil le bon parti à prendre. Grégoire de Tours a rapporté comment se forma ce pacte religieux et politique entre l'habile et ambitieux barbare et les évêques persécutés dans leurs Églises et leurs concitoyens.

Clovis exécuta, avec quelques variantes, le programme de Constantin. Il commença par écraser Syagrius. Baptisé en 496 par saint Rémy, il remporta en 507 la victoire de Vouillé, sur le roi arien des Visigoths, qu'il tua de sa main. Il s'empara de l'Aquitaine, et toute la Gaule, enfin, jouit de l'unité catholique.

Il y avait vingt ans à peine que Sidoine Apollinaire était mort évêque d'Auvergne, sans avoir pu trouver ni repos ni sécurité.

Sans doute les guerres continuèrent entre les vainqueurs, sans doute aussi les partages des provinces et des grands bénéfices militaires démembrèrent encore plus d'une fois la Gaule, mais une religion uniforme, orthodoxe, était définitivement acquise comme la base de la société qui se recomposait dans ce pétrissement des peuples. Il ne fallait plus que du temps pour relever ces ruines et les coordonner sur un nouveau type, suivant les lois d'une morale supérieure. La période des martyrs était donc bien close désormais, les solitaires n'avaient plus de raison d'être, et c'était d'ouvriers plutôt que d'ascètes que le monde avait besoin.

Les événements ne répondent jamais tout à fait aux désirs les mieux justifiés. Il arriva précisément que les Visigoths vaincus s'étaient déjà fort adoucis dans leurs mœurs barbares et dans leur hérésie arienne quand les Francs détruisirent leur domination, tandis que les vainqueurs, tout fraîchement sortis de la Germanie, se ruèrent sur la Gaule avec toute l'ardeur de l'assouvissement. On a conservé le tableau plein de contrastes entre la politesse de la cour des Goths de Toulouse, qui conservèrent beaucoup de libertés romaines, et l'aspect farouche des leudes du Franc Clovis, qui partagèrent la conquête comme un butin.

Le vainqueur attardé prit tout, excepté les églises, que la crainte de Dieu et surtout la politique lui firent respecter. Les historiens prétendent même que plus d'un martyre, mis au compte des ariens, fut consommé par les nouveaux-venus. L'esclavage, condamné par le christianisme, avait fait place seulement au servage, état qui pesa longtemps sur le peuple, sans autre adoucissement que la crainte et l'ascendant de la religion ; les grands Gallo-Romains ne se rachetèrent qu'à grande peine et dans la suite, à force de sacrifices. Chaque guerrier Franc domina dans son bénéfice comme un ancien patrice; il n'y eut pas si chétif porteur de framée qui n'eut sa part d'hommes, de bétail, de terre et de butin. Presque tous les anciens maîtres furent remplacés par d'autres maîtres, seulement plus avides.

Heureusement on n'osa pas déposséder le clergé, qui put ainsi traverser cette longue tempête et reparaître ensuite, non intact assurément, mais suffisamment fort pour recommencer sa mission réparatrice. Tel fut, à peu près jusqu'à la deuxième race, le sort de la Gaule livrée aux partages et aux querelles de ses libérateurs.

Mais déjà, grâce à la faveur de cette protection relative, on avait vu s'étendre la réforme de saint Benoît de Nursia, qui écrivit sa règle, vers 530, au Mont-Cassin. Ses préceptes, plus humains que ceux de saint Basile, s'adaptaient mieux, par un heureux mélange de soins matériels, aux besoins de l'époque présente et des sept ou huit siècles qui suivirent ; et c'est pourquoi l'on peut dire que saint Benoît fut l'homme providentiel de la rénovation sociale.

X

L'honneur d'avoir doté la Gaule des monastères bénédictins revient à saint Innocent, évêque du Mans. En 543, il envoya son archidiacre Flodegard et son intendant Harderard solliciter du célèbre abbé du Mont-Cassin la fondation d'un de ces établissements dans le Maine. Saint Maur, un des disciples chéris du maître, partit ausitôt avec quatre moines, dont les noms ont été conservés : Simplice, Antoine, Fauste, Constantinien ; mais, arrivés à Orléans, ils apprirent que l'évêque du Mans venait de mourir, et que son successeur, homme peu recommandable, ne les désirait pas. Ils furent dans l'Anjou et bâtirent sur le bord de la Loire, à Glanfeuil, le premier monastère bénédictin de la Gaule ; source féconde, dit Hélyot, qui en a produit une infinité d'autres.

Selon les anciennes chroniques, saint Maur aurait eu le temps de voir 160 nouveaux monastères s'établir sous ses ordres, et d'en réformer un plus grand nombre qui végétaient alors ou sans discipline ou dans un mysticisme démodé.

Les donations furent assez considérables tout d'abord, sous l'impulsion d'une piété plus ou moins politique. Les annales bénédictines laissent assez comprendre que ces premiers présents n'étaient pas choisis. Les nouveaux maîtres, riches du pillage amassé, mais pauvres en revenu au milieu de vastes domaines dont la guerre avait tari la fécondité, gardaient les meilleures terres, donnaient volontiers les plus mauvaises. Les actes de donation parlent toujours de terres cultivées et incultes, et de forêts ; mais les moines reçurent surtout les hameaux dépeuplés et entourés de terres incultes, circonstance qui tourna à leur gloire, parce qu'ils étaient prêts au travail manuel comme à la prière et aux austérités.

Ces vaillantes associations firent bientôt voir ce qu'on pouvait en attendre. L'aisance, dont les communautés ne profitaient pas elles-mêmes, se répandit en aumônes sur un peuple abrité à leur ombre ; elles enseignèrent de nouveau les labeurs productifs, et empêchèrent littéralement la barbarie d'étouffer la science la plus élémentaire, la lecture et l'écriture, qu'on ne connaissait plus qu'aux couvents. La justice, honorée sous l'habit du religieux, servit forcément d'obstacle aux seigneurs les plus farouches. On vit revivre, au moins dans les limites du cloître et de son territoire, la douceur des mœurs certainement inconnue ailleurs pour bien longtemps. Une ferveur véritable ne devait pas tarder à se répandre sur les grands aussi bien que dans le peuple, par l'imitation et par l'ascendant de cette incontestable supériorité. Les dons les plus riches et les plus sincères affluèrent au couvent pour être distribués à des pauvres innombrables et pour servir à l'embellissement du culte. Mais un mobile moins pur que la piété, quoiqu'il en dérivât directement, la peur de la fin du monde, irrévocablement fixée à l'an 1000, grossit énormément ce courant de donations, dont les actes passés aux IXe et Xe siècles ne manquaient pas de commencer par ce préambule : *Fine mundi appropinquante.*

Ce zèle profita aux églises dans une large mesure, mais ce fut bientôt aux monastères qu'il s'adressa de préférence, car on vit se produire, par les mêmes causes qu'en Orient, cette juxtaposition des deux clergés séculier et régulier, espèce de renfort de l'un par l'autre qui par son mode de vivre était plus strictement obligé de pratiquer les pénibles sacrifices d'un ministère tout entier dévoué à son œuvre. Ainsi qu'en Orient, les monastères créés par saint Martin sous le patronage de l'évêque orthodoxe saint Césaire, et réformés ensuite par saint Benoît de Nursie avec la protection du Pape, représentèrent ostensiblement l'obéissance étroite aux dogmes, fortifiée par le célibat. Ils devaient dès lors être comblés de bienfaits et de priviléges par les évêques de Rome, qui commençaient à diriger sérieusement leurs collègues. Il arriva sans doute, et cela était fatal, que tant de puissance porta dans la suite une atteinte sérieuse à l'institution bénédictine, aussi bien qu'aux autres ordres religieux ; mais, avant que les moines eussent pu profiter pour eux-mêmes de ces terres incultes, de ces forêts en friche, de ces villages détruits et de ces serfs misérables, leur influence civilisatrice avait rallumé sur tout le territoire une foule de foyers de lumière dont tout couvent était le centre.

XI

Cependant cet ordre si vivace de saint Benoît fut menacé gravement, dès son arrivée en Gaule, par une congrégation rivale nourrie des idées ascétiques de saint Basile et de saint Martin. Colomban avait quitté, vers 590, le couvent de Benchor en Irlande, sa patrie, pour venir vivre dans une solitude de l'Austrasie. Il y réunit quelques disciples qui passaient leur temps en prière, souffrant la faim et le froid dans les ruines du vieux château d'Annegray, abandonné par son seigneur au milieu d'un pays stérile. La légende raconte qu'ils mouraient littéralement d'inanition quand un ange leur apporta du pain. Ce généreux protecteur continua de pourvoir à leur subsistance. Saint Colomban fonda un premier couvent dans le château et fit une règle dont voici les principales ordonnances : les religieux, suivant l'usage des ascètes, devaient se partager entre eux pour chanter l'office divin jour et nuit, sans interruption. Tout commerce extérieur était absolument prohibé, le silence étroit ordonné. On ne faisait qu'un seul repas par jour, le soir, toujours maigre, avec des légumes et un tout petit pain. Ce règlement tenait en neuf articles, tant il était simplement austère. On comprend que de tels hommes pouvaient gagner le Ciel pour eux, et qu'ils étaient impropres à reconstituer la société. Leur costume était tout blanc, comme il convient à des anachorètes dont l'occupation consiste dans la prière et le jeûne.

La liste des punitions était interminable ; celles-ci s'appliquaient à des fautes si légères qu'un auteur ecclésiastique n'a pas craint de qualifier de « minutieuse » une pareille sévérité. La correction la plus fréquente était le fouet : six coups pour les moindres fautes, on allait jusqu'à deux cents pour les cas graves. Celui qui n'avait pas fait le signe de la croix sur sa cuillère, qui avait toussé au commencement d'un psaume ; qui, en communiant, avait touché le calice avec ses dents, ce qui prouve qu'alors la communion se faisait sous les deux espèces ; celui qui, étant prêtre, n'avait pas rogné ses ongles avant d'officier ; celui qui, étant diacre, n'avait pas rasé sa barbe ; tous ces menus coupables recevaient six coups de fouet ; si quelqu'un avait manqué de fermer la porte de l'église, il disait douze psaumes ; s'il avait craché à terre et touché l'autel, vingt-quatre psaumes ; s'il avait touché la muraille, six psaumes. Ils portaient toujours l'Eucharistie sur eux ; celui qui la perdait demeurait une année en pénitence, c'est-à-dire condamné au silence absolu, au pain et à l'eau ; comme ces ascètes jeûnaient constamment, on appelait cette série de jeûnes une superposition.

Heureusement, pour l'ordre de saint Benoît, que Colomban, si sévère pour tout le monde, osa soutenir une doctrine schismatique au sujet de la célébration de la Pâque. Il avait maintenu certaines coutumes étrangères qui froissèrent non-seulement les évêques et le clergé du pays, mais encore l'orthodoxie de Brunehaut et de Thierri, sans doute parce que Colomban était du parti de Théodebert. Il lui fallut se réfugier en Italie, où il fonda le monastère de Bobio, dans lequel il mourut en 615.

Il avait précédemment créé auprès d'Annegray les célèbres monastères de Luxeuil et de Fontaine, à une lieue l'un de l'autre, et dont le moins important comptait plus de soixante religieux. Mais à la fin du VIIe siècle, cinquante ans à peine après sa mort, la règle de

Colomban s'était déjà confondue avec l'observance bénédictine. Chose assez remarquable d'ailleurs et qui peint bien les aspirations utilitaires des couvents à cette époque, ce fut l'administration temporelle du moine irlandais qui laissa le plus de traces dans cette conjonction avec l'ordre qui l'absorbait. C'est à Colomban que l'on devrait l'institution des prieurés qui relèvent de la maison mère ou abbaye. Ainsi, le monastère de Luxeuil était le chef des deux annexes de Fontaine et d'Annegray ; cela ne veut pas dire assurément que saint Maur, venu trente ans auparavant et grand fondateur de couvents lui-même, n'était pas, en qualité d'abbé de Glanfeuil, supérieur spirituel d'un grand nombre de communautés. Saint Benoît avait aussi exercé son autorité sur les douze maisons qu'il créa près de Tivoli, et dans chacune desquelles, après y avoir placé douze religieux, régis par un supérieur, il allait de temps en temps comme abbé ou supérieur. Mais il s'agit de la domination temporelle en même temps que spirituelle de l'abbaye sur ses dépendances conventuelles, qui étaient sa propriété et qu'elle faisait administrer par des religieux choisis dans un conseil capitulaire.

Cette administration exigea la création d'une dignité spéciale en faveur d'un moine de l'abbaye, chargé de centraliser les recettes et de surveiller les dépenses des biens appartenant à la communauté ; ce fut l'économe, dont il est fait mention, selon Hélyot, pour la première fois, dans l'institut de saint Colomban. Dès lors, il apparaît que les monastères ne vécurent plus de charités au jour le jour, mais du produit des terres et des dons en argent qu'ils avaient reçus. C'était, comme on le voit, l'organisation complète d'un petit État, qui ne manqua pas d'étendre et de consolider l'influence de ces nouveaux établissements.

XII

On dit, car les historiens ecclésiastiques les plus autorisés sont en opposition sur ce point important avec les annalistes bénédictins, que saint Maur apporta en Gaule les statuts de l'ordre, écrits de la main de saint Benoît. Il avait pris la précaution de se munir du poids destiné à peser le pain de chaque moine, et de la mesure nommée hémine pour rationner le vin du jour, afin qu'il n'y eût pas d'erreur dans l'application du règlement sur le régime. Chaque religieux avait deux mets ou portions maigres par jour, et quelquefois, dans les grandes fêtes, un plat de légumes de supplément ; une livre de pain, une hémine de vin, c'est-à-dire un demi-setier. Les jeûnes abondaient pendant l'année ; ils étaient quotidiens depuis le 13 septembre jusqu'à Pâques. L'abstinence de la viande était perpétuelle en état de santé. Mais, sur ce dernier article, une omission, ou l'obscurité du texte, fut le motif d'un grand nombre de disputes qu'explique trop bien la fragilité de la sagesse humaine.

Saint Benoît avait défendu la chair des animaux à quatre pieds. On en conclut, dès les premiers temps, qu'il avait tacitement permis l'usage des volatiles, tandis qu'il ne voulait sans doute parler que du régime exceptionnel des malades. Si l'on s'en rapporte à Grégoire de Tours, qui vivait en ce temps-là, la volaille était si rare qu'on ne la voyait plus qu'à la table des rois, ce qui donne en passant une idée de l'état où ses libérateurs avaient mis la pauvre Gaule. On était bien loin de la poule au pot du roi Henri !

Cette diversité de sentiments qui a toujours existé dans l'ordre de saint Benoît n'a pas empêché que les plus illustres Pères de l'ordre ne cessèrent de protester pour établir partout un régime uniforme et tout à fait monacal.

Les offices sont plus soigneusement coordonnés dans onze chapitres spéciaux de la règle, en ce qui concerne le nombre des leçons, des cantiques, et le temps où ils doivent avoir lieu. Depuis la mi-septembre jusqu'à Pâques, les moines bénédictins se levaient à deux heures pour assister à matines ; ce qui restait de temps jusqu'au jour était employé à des lectures ou à la méditation. Ensuite, tous se livraient à leur travail respectif jusqu'à la quatrième heure du jour, c'est-à-dire de huit heures jusqu'à dix, en hiver, et de six heures jusqu'à dix, en été. Après quoi chacun se rendait à la messe, qui, dans les premiers temps, ne se disait que le dimanche et les jours de fête. Nous avons vu qu'il en était ainsi dans les monastères de saint Pacôme, en Égypte.

Le travail manuel ou la lecture recommençait après le dîner, et, quand sonnait un office, ceux qui étaient retenus à la culture des champs se contentaient de s'agenouiller et de prier sur place. Ainsi, la règle admettait que les religieux remplissent leurs devoirs aussi bien en travaillant qu'en priant.

Beaucoup de ces couvents renfermaient d'habiles écrivains occupés à transcrire les Écritures et les ouvrages des saints Pères ; d'autres, à copier des livres du droit romain, d'histoire, de poésie. Le plus habile de ces religieux avait l'inspection sur les uns et sur les autres et corrigeait les fautes. La plupart de ces livres étaient envoyés à d'autres couvents où il n'y avait pas de copistes, et vendus soit aux églises, soit aux particuliers. On sait avec quel soin ces manuscrits étaient enchaînés et renfermés dans des armoires, lorsqu'ils devaient servir au public. D'autres monastères servaient d'école : celui de Fleury-sur-Loire avait plus de 5,000 écoliers; chacun d'eux, en quittant, devait deux livres manuscrits à la bibliothèque du couvent. Les calvinistes d'Henri de Condé détruisirent dans un jour cette récolte de plusieurs siècles. Le même sort fut réservé à Cluny, dont les livres étaient si nombreux que le catalogue formait un volume in-folio. Ces exemples suffisent.

La règle bénédictine ordonnait que l'on reçût dans l'ordre des personnes de toute condition, prescription qui ne fut pas exécutée. Longtemps avant que Mabillon les en eut blâmés, beaucoup de couvents bénédictins n'admettaient plus au rang de religieux profès que des personnes nobles. Ce mal procédait d'un bien, comme beaucoup d'autres. Dans le principe, les fils des seigneurs furent rares dans les nouveaux couvents, qui se recrutaient surtout de Gallo-Romains. Mais bientôt, et déjà sous les fils de Clovis, quand le mouvement des esprits leur devint favorable, les seigneurs, les princes, les rois mêmes s'y précipitèrent, à l'envi des pauvres et des manants. Ceux-ci y trouvèrent une protection impossible ailleurs, les autres, une puissance incontestée et respectable, sans parler de la ferveur chrétienne qui les animait tous. L'entraînement était tel, qu'on recevait, d'accord avec la règle, jusqu'à des enfants au-dessous de cinq ans, qui étaient eux-mêmes soumis à l'abstinence. Les parents les engageaient en enveloppant leurs petites mains et leur offrande dans la nappe de l'autel ; et ces enfants, parvenus à l'âge de puberté, ne pouvaient rompre cet engagement sans apostasie. Mais, comme la passion humaine ternit les choses les plus saintes, il arriva que les familles, par esprit de cupidité, n'offrirent plus guère que des enfants disgraciés ou stupides, impropres pour le monde. Un concile de Tolède, dès 656, voulut parer à cet abus, en élevant l'âge des enfants offerts à dix ans, et en leur laissant la liberté d'opter à seize.

Les abbés refusèrent catégoriquement, dès le XIIe siècle, tous les candidats ineptes ou disgraciés.

Le pape Clément III sanctionna ces restrictions. Plus tard, le concile de Trente fixa l'âge d'admission à seize ans comme le minimum ; cette règle existait encore à la fin du XVIIIe siècle.

Après les enfants, venaient les novices, puis les profès qui avaient prononcé des vœux ; ensuite les officiers de la communauté qui remplissaient un emploi, puis un prieur qui dirigeait le couvent, enfin un abbé résidant dans le couvent principal et commandant aux autres maisons qui lui étaient agrégées.

L'abbé avait, pour l'aider dans le gouvernement, les moines les plus lettrés et les plus capables, qu'on désignait d'après leur fonction.

L'économe, chargé de la gestion des biens, s'appela aussi le procureur et le cellerier. Le prévôt était chargé de la justice temporelle sur le territoire du couvent. Le notaire écrivait les actes. Le sacristain ou maître de chapelle avait soin de l'église et de préparer les cérémonies. Le camérier s'occupait du vestiaire. Le maître des hôtes recevait les étrangers dans des appartements séparés, où ils étaient nourris comme les religieux. Peut-être le désir de bien traiter des bienfaiteurs fut-il un des premiers prétextes d'enfreindre l'abstinence. L'armoirier était le bibliothécaire, il tirait son nom de l'usage d'enfermer les livres dans une armoire spéciale. L'aumônier avait la charge la plus honorable, il distribuait chaque jour à la porte du couvent de nombreuses aumônes aux malheureux qui vinrent se fixer auprès des monastères. L'infirmier veillait sur les malades de la communauté, il prodiguait ses soins au dehors, avec la permission de l'abbé. Des hôpitaux publics, situés dans le bourg ou la cité, ou dans l'intérieur du couvent, perpétuèrent par les moines les premières institutions charitables du christianisme.

A côté de ces religieux, prêtres ou clercs, vivait toute une population d'ouvriers demi-laïcs, qu'on nommait frères lais ou convers. On cite, pour la première fois, cet ordre inférieur dans un concile qui se tint dans la ville d'Arles, l'an 461. A ce propos, Mabillon faisait remarquer qu'alors les clercs n'étaient pas ainsi appelés à cause de leur tonsure, mais à cause des offices ecclésiastiques qu'ils exerçaient, comme de chantre, de sacristain, d'économe, de notaire, de défenseur, et qu'ils étaient appelés ministres de l'autel, lorsqu'ils avaient reçu les ordres majeurs ou mineurs du prêtre.

A l'égard des simples moines, qui n'avaient ni ordre ni office, ils étaient appelés laïques, et, pour les distinguer des séculiers, on les nommait *laici majoris propositi*. Mabillon ajoute que le concile d'Arles, parlant de ces moines, les appelle une multitude de laïques, parce que leur nombre était beaucoup plus grand que celui des clercs, mais que, dans la suite, le nombre des clercs engagés dans les ordres majeurs surpassa celui des simples moines. Dans le principe, les uns et les autres concouraient à l'élection de l'abbé.

Comme il arrivait souvent, dans les commencements, que la population totale de la communauté s'élevait à plus de mille personnes, on dut établir des catégories distinctes. Les enfants, les novices, les profès, dormaient dans des dortoirs différents. Chacun avait son lit séparé par des toiles ou des planches, principe des cellules, qui ne vinrent que plus tard, quand le nombre des moines eut considérablement diminué. Chaque dortoir avait un moine chargé de veiller sur la conduite des autres. On retrouve ainsi, à l'origine des monastères d'Occident, la division de la communauté en plusieurs dizaines, dont chacune avait son doyen.

Il existe une grande latitude dans le texte de saint Benoît, relativement au costume qu'il recommanda à ses disciples. Ce défaut de précision était intentionnel et permettait de s'accommoder à la diversité des climats. Dans les pays tempérés, c'était assez d'une coule ou cuculle et d'une tunique, légères en été, épaisses en hiver. Un scapulaire remplaçait la coule pour le travail. Chaque moine avait deux habillements complets, soit pour les laver, soit pour changer la nuit, car il couchait tout habillé. L'étoffe était celle du pays, et du meilleur marché. L'abbé donnait à chacun d'eux, et c'était leur seule propriété, un couteau, un mouchoir, une aiguille, plus un poinçon et des tablettes pour écrire, aux religieux lettrés. Saint Benoît avait recommandé de recevoir les doctes et les ignorants. Les lits consistaient en une natte, un drap de serge, une couverture et un chevet.

La couleur de l'habit n'était pas indiquée. Il paraît, par d'anciennes peintures, et notamment par une gravure placée au premier tome des Annales bénédictines, que la robe ou tunique était blanche, la coule et le scapulaire noirs.

La robe ou tunique n'avait pas tout d'abord l'ampleur qu'elle eut plus tard. Le scapulaire était sans manches, il embrassait tout le corps jusqu'au genou et portait un capuchon, ce qui le faisait ressembler au caban des marins : il n'était pas ouvert par devant. Dans la suite, on le fit plus large, ainsi que la tunique, avec de grandes manches, au scandale des réformateurs, qui virent dans ses plis flottants un signe de relâchement et de mépris de la règle, tandis que la vieille mode était à leurs yeux un signe d'humilité chrétienne. On dit qu'en effet ces scapulaires primitifs furent copiés sur l'habit ordinaire des paysans des premiers siècles. Le costume était le même pour tous les religieux. Le portrait de saint Benoît, reproduit dans les annales, le représente vêtu d'une longue tunique blanche à manches étroites, et d'une autre noire, avec un capuchon, posée par dessus. L'abbé tient une crosse très-simple, ce qui paraît être un anachronisme. Les autres religieux du même ordre ont la face rasée et la tête couronnée de la tonsure monacale. Quant aux simples convers, ils portaient alors toute la barbe, et, pour ce motif, on les nommait aussi frères barbus.

Il n'y avait d'exempts de la tonsure que certains frères lais, nommés oblats. C'étaient d'anciens soldats estropiés par les guerres on rendus impropres au service par leur grand âge, que les rois de France faisaient admettre dans les monastères qu'ils avaient contribué à fonder. Louis XIV réunit les oblats à l'hôtel des Invalides, en 1671. Ils différaient encore des frères lais et convers en ce qu'ils ne portaient pas d'habits monastiques et n'avaient pas fait de vœux. On les utilisait aux menus travaux de l'intérieur.

Cette énumération des personnes qui composaient la population d'un couvent explique les divers services que l'institution de saint Benoît était tout particulièrement appelée à rendre. Aux moines laïques, la tâche des travaux manuels, comme la ferme, la culture, le charpentage; aux clercs, le soin des offices ecclésiastiques, la culture des belles-lettres, la gestion des biens, la justice, les aumônes, l'hospitalité. C'est avec ces éléments que les couvents se disposaient à réorganiser la société et formaient comme autant de petits États libres et supérieurs au milieu dans lequel ils se trouvaient.

Si l'on excepte un abbé du nom d'Arnaud, ami et contemporain de saint Bernard, le monastère de Bonneval ne semble pas avoir brillé par la culture des lettres. Mais les travaux des champs, le soin des malades, occupèrent plus spécialement ces moines un peu rustiques.

XIII

Dès le commencement du IX⁵ siècle, l'observance bénédictine avait déjà si bien démontré sa vertu régénératrice, que l'on vit Charlemagne lui-même, dans l'assemblée d'Aix-la-Chapelle tenue en 802, demander que tous les moines suivissent la règle de saint Benoît. Ainsi, le pouvoir séculier s'alliait au Saint-Siége pour protéger ces utiles couvents. L'appui des évêques ne leur faillit pas davantage : les conciles d'Arles, de Châlon-sur-Saône, de Tours, de Reims et de Mayence, tenus en 813, sous les mêmes auspices, renouvelèrent aux abbés des couvents cette recommandation sous la forme d'un ordre.

Dom Morice, auteur de l'Histoire de Bretagne, raconte le fait suivant : « En 818, l'empereur Louis-le-Débonnaire soumit les Bretons, révoltés contre ses officiers. Pendant qu'il était campé sur les bords de la rivière d'Ellé, il reçut la visite et les hommages de l'abbé de Landevenech. Surpris de voir l'habit de cet abbé, il lui demanda de quel ordre il était; l'abbé lui répondit qu'il suivait la règle des moines d'Écosse. L'empereur lui ordonna de quitter ces usages étrangers et de se confondre à l'Église romaine, dont les moines suivaient la règle de saint Benoît. L'abbé se soumit à des ordres si respectables, et ses successeurs s'y sont conformés jusqu'à présent. »

Ces conciles que rassembla Charlemagne, et le patronage avéré du Saint-Siége ne pouvaient manquer, surtout si l'on a égard aux services rendus par les Bénédictins, de leur assurer une prépondérance incontestée. Mais le grand rôle de moniteurs du catholicisme, qui incombait aux moines, ne pouvait se soutenir qu'avec une grande indépendance matérielle et spirituelle. Voyons comment la propriété du sol pourvut à la première, et l'appui des papes à la seconde.

Quand l'invasion eut triomphé, on vit que les cités, par la force d'inertie du nombre, avaient résisté presque seules à la destruction. Les villages eurent plus de peine à se réorganiser en paroisses autour des églises abandonnées ou détruites, mais, solitude ou population, tout eut son maître. Il n'y a pas de terre sans seigneur, disait la loi du conquérant, et tous ces seigneurs furent d'abord des soldats. **Cependant,** les anciens *Défenseurs* des municipalités, les évêques, participèrent bientôt à ces suzerainetés, particulièrement dans les villes où la masse des fidèles préférait et favorisait leur préséance, tandis que les barbares, plus à l'aise dans les plaines où l'on peut chasser, y fixaient leur famille et s'y fortifiaient. Il y eut donc partout, dès la conquête, deux influences presque rivales : celle de la force matérielle et celle de la force morale; celle-ci dans les villes, celle-là dans les campagnes, et la royauté militaire prédominant sur le tout, avec des chances diverses, selon le hasard des batailles.

Les donations faites aux premiers couvents procèdent de ces différentes puissances. Quelquefois, comme saint Colomban, qui s'empara d'un vieux château ruiné dans un pays désert, les religieux s'établirent d'eux-mêmes dans un pays qui n'avait qu'un maître nominal. D'autres fois, ils furent favorisés par un évêque, seigneur de son diocèse, comme saint Martin, ami de saint Césaire, et saint Maur, appelé par saint Innocent, évêque et seigneur d'une partie du Maine. Clovis dota quantité de monastères, et ses successeurs s'empressèrent de l'imiter.

Les couvents, dès lors, constituèrent une troisième espèce de seigneurie temporelle des terres que les évêques et les conquérants voulurent bien leur donner.

Ce fut un laïc, Foulques, toparque de Bonneval, qui donna, en 841, la ville et ses dépendances au bénédictin Gausmar, avec la permission de Charles-le-Chauve. Bonneval devait être une petite cité, vivant de sa vie propre et point central d'un gouvernement de deuxième ou troisième ordre, qui relevait directement de l'empereur, nonobstant l'opinion contraire du respectable curé Bordas, qui s'appuie sur une erreur présumée de texte, puisqu'un toparque commandait un chef-lieu de canton, et que, selon le moine chroniqueur de la translation des cendres des martyrs saint Hilaire et saint Florentin, qui eut lieu en 875, ces reliques furent préalablement déposées dans l'église de Saint-Savin de Bonneval.

En 967, Eudes, fils de Thibaut-le-Tricheur, ayant eu l'intention de relever l'abbaye ruinée en 911 par les Normands, le roi Lothaire non seulement l'approuva, mais confirma les donations anciennes et nouvelles et l'abandon de tous les droits de propriété sans restriction. Bien plus, il défendit que le donateur lui-même ou quelqu'un de ses juges prétendît s'immiscer dans les droits de suzeraineté du couvent.

En 1646, la ville de Bonneval est encore désignée comme relevant de l'abbaye, par une déclaration de titres au duc d'Orléans, frère unique du roi, lorsqu'on préparait l'affiliation du couvent à la congrégation de Saint-Maur. Mais, à cette époque de décadence, les religieux partageaient depuis longtemps leurs droits de justice avec le prévôt royal.

L'introduction du clergé séculier d'abord, et bientôt après du clergé régulier à ce partage de la puissance temporelle, était d'ailleurs la conséquence inévitable de l'instruction des clercs et de l'ignorance des nouveaux venus. Nous savons que les survivants de la science latine, les clercs, étaient seuls en état d'opposer aux coutumes barbares la loi romaine, dans laquelle ils avaient été nourris. Ne fût-ce que pour aider au partage des terres et à la répartition du tribut, ils devaient assister aux conseils des rois et des chefs de territoire conquis. Cette opposition constante du droit écrit qu'ils représentaient à la violence du droit du vainqueur, devait triompher avec le seul secours du temps, qui apaise les passions. Le pouvoir contesté des rois n'eut pas plus tôt compris combien de ressources lui apportait la loi, qu'il tenta de la faire prévaloir à son profit, et qu'il l'appuya en favorisant le corps respecté qui en était le dépositaire. Les évêques furent même très-souvent choisis, sous le nom de *missi dominici*, pour surveiller des provinces.

Tous les auteurs s'accordent à reconnaître la douceur relative du gouvernement des évêques, seigneurs spirituels et temporels de leur diocèse. Ils étaient élus par ceux qu'ils gouvernaient, mais tant de puissance ne pouvait manquer de corrompre parfois les électeurs et les élus. On en vit un assez grand nombre usurper leur siége par la force ou la corruption, comme Burchard, plus soldat que prêtre, qui gouvernait Chartres avec le titre de commissaire de Charles-le-Chauve. D'autres, nommés par la même influence à des siéges placés dans les États d'un grand vassal indépendant, mettaient au service du suzerain leur influence spirituelle et la part du pouvoir temporel qui leur était donnée. Ce rôle politique unitaire n'était pas toujours heureux. Ce fut ce qui advint pour Actard, évêque de Nantes, et tous ses autres collègues de Bretagne qui furent dépossédés par Noménoé, vainqueur du petit-fils de Charlemagne.

Il resta, de ce gouvernement épiscopal des villes, un mouvement communal que les rivalités des rois et des autres seigneurs favorisèrent ou combattirent, selon leur intérêt. On sait tout le profit qu'en retira la centralisation française.

XIV

Mais, si ces préoccupations mondaines et politiques démontraient bien l'influence de la religion et l'aidaient à se faire dans le nouvel état social la place nécessaire pour accomplir sa mission réparatrice, ce ne pouvait pas être sans endommager souvent la discipline ecclésiastique. Les monastères eurent donc encore à remettre dans la voie de l'humilité les puissants ministres d'une religion qui recommande particulièrement cette vertu.

Il y avait aussi un autre danger dans cette immixtion forcée du clergé séculier dans les affaires politiques auxquelles les employaient les puissances temporelles. C'était l'investiture des évêques par les rois et les grands feudataires, au mépris du droit exclusif du pape, l'évêque des évêques. L'ambition allait rompre le lien ecclésiastique que les schismes avaient respecté.

Le Saint-Siége agit alors dans l'intérêt de la religion menacée, comme le roi dans celui de l'État, et réserva l'élection des abbés.

Le roi s'appuyait indistinctement sur les deux clergés pour civiliser son peuple. Le pape s'appuya plus spécialement sur le clergé régulier pour garder l'unité de direction dont il ne pouvait se démunir.

Ce serait travestir la vérité aussi bien que la pensée de cette étude, si l'on voyait dans la dualité des deux clergés qui résulta de l'institution des couvents, autre chose qu'une émulation à concourir au même but. La guerre ouverte qui en serait sortie inévitablement entre deux pouvoirs laïques n'exista jamais. Mais, était-il possible que, dans la suite des temps, une certaine rivalité ne se fît pas jour quand les droits des deux alliés étaient obscurs et prêtaient à la discussion. L'intrusion, si l'on peut s'exprimer ainsi, des monastères au milieu d'un diocèse et souvent la prétention de se soustraire à cette puissance immédiate pour ne relever d'abord que d'eux-mêmes et ensuite d'un chef éloigné, le pape, comportaient évidemment une source de difficultés et de compétitions.

L'abbaye de Lérins venait à peine d'être fondée en 410 par saint Honorat, qu'un conflit s'éleva entre l'abbé et son évêque. Saint Honorat était convenu avec l'évêque Léonce de Fréjus, dans le diocèse duquel se trouvait l'abbaye, que les clercs et ceux qui approchaient des autels ne seraient ordonnés que par l'évêque, mais que tout le corps des autres moines laïques ou lais serait sous la dépendance de l'abbé qu'ils avaient élu. Théodore, successeur de Léonce, prétendit, contradictoirement avec l'abbé Fauste, successeur de saint Honorat, avoir une juridiction absolue sur le monastère. Ravenius, du diocèse d'Arles, dans le but de faire cesser le scandale, convoqua, en 450, un concile de treize évêques : il fut décidé que les clercs et les ministres de l'autel seraient ordonnés par l'évêque, mais que la foule des moines laïques, c'est-à-dire le reste des moines, resterait sous la conduite de l'abbé, sans que l'évêque pût même en ordonner aucun pour clerc, si ce n'était à la prière de l'abbé.

Le pape n'intervint pas encore dans ce conflit. Mais ses successeurs réglèrent plus d'une fois les droits des parties de la manière suivante, dont nous choisirons un exemple qui intéresse plus particulièrement notre abbaye :

Il y avait dans les archives de Bonneval une bulle de Pascal II, qui fut donnée à Troyes, en 1107, pour défendre les propriétés et les droits du monastère contre les envahissements des seigneurs et confirmer aux moines le droit exclusif d'élire leur abbé. Si l'abbé, dit-elle textuellement, vient à mourir, il ne peut être remplacé que du consentement commun de tous les frères, ou des plus âgés. Il doit appartenir au couvent même ou venir d'un autre du même ordre de saint Benoît. L'élu sera béni par l'évêque de Chartres, à condition cependant que ledit évêque ait reçu l'ordination du Siége apostolique et qu'il accorde sa bénédiction gratuitement. S'il voulait rien exiger, que l'on recourre à l'archevêque de Sens.

Cette abbaye prétendait, il est vrai, qu'elle était de fondation royale, et, comme telle, qu'elle ne relevait que du roi et du pape. C'est pourquoi, lorsque Fulbert, évêque de Chartres, invitait les moines de Bonneval à venir expliquer leur conduite envers l'abbé Tetfridus, qui s'était retiré du couvent, les moines lui répondirent qu'ils étaient pour lors occupés des travaux de la moisson, mais qu'ensuite ils aviseraient à se rencontrer avec l'évêque au prochain concile d'Orléans. En 1100, l'abbé de Vendôme Goffridus refusait, ses bulles à la main, la consécration de l'évêque saint Yves, et n'acceptait que celle du souverain pontife. L'abbé Pontius, de Cluny, alla plus loin; il se croyait l'égal du pape Honorius II, mais il fut excommunié.

Cette indépendance, ou plutôt cette prépondérance ecclésiastique, ne tarda pas à franchir les limites du couvent et à grandir avec sa richesse territoriale. Comme les religieux, dans le principe, se mêlaient peu au monde, ils durent confier à des clercs séculiers le soin des offices publics dans les paroisses qui leur appartenaient. C'était le droit qu'avaient les possesseurs de la terre de désigner les ministres de l'église placée sur leur territoire, et qui était commun aux seigneurs, aux évêques, aux abbés.

Mais cette sujétion, regardée d'abord comme tout à fait naturelle, devint choquante avec le temps; elle l'était davantage de la part des laïques, qui présentaient encore au XVIIIe siècle le curé de la paroisse dont ils étaient seigneurs.

Il suffit de parcourir les manuscrits de quelques séculiers du dernier siècle pour se rendre compte de l'impatience avec laquelle le clergé supportait cette ingérence trop intime qui était devenue de plus en plus inopportune.

L'un d'eux écrivait vers 1760 ces paroles qui ne sont pas exemptes d'amertume : « Les papes, qui, pour leur intérêt particulier autant que pour l'intérêt général, ont donné la préférence aux moines sur les corps des fidèles de chaque paroisse où il y avait de ces moines, obligèrent ces troupeaux et leurs pasteurs de se reléguer dans des chapelles ou dans le bas de la nef, dès qu'il y aurait au moins quatre moines attachés à ces églises. C'est ce qu'Alexandre III, étant à Bourges, fit spécialement en faveur de l'abbaye de Saint-Pierre de Chartres par une bulle du 28 avril 1167. Il y interdit le grand autel aux prêtres et aux chapelains dans les chapelles ou obédiences de ladite abbaye, où il y avait quatre moines. Je dirai en passant, ajoute le chroniqueur, que, dans la même bulle, ce pape donne pouvoir à l'abbé de Saint-Pierre de présenter à l'évêque de Chartres des prêtres pour desservir les paroisses dépendantes de l'abbaye qui seront sujets de l'évêque pour le spirituel, et de l'abbé et des moines pour le temporel. »

Voici, d'ailleurs, un exemple de cette opposition croissante et qui donne en même temps l'idée de la manière dont ces religieux conduisaient l'exploitation d'une terre.

En 1202, l'abbé Girard, de l'abbaye de Bonneval, acheta la terre de Jupeau, et cette transaction fut confirmée dans ces termes par la comtesse de Blois, dont le mari guerroyait alors en Palestine :

« Je, Catherine, comtesse de Blois et de Clermont, fais connaître à tous présents et futurs, que Richer de Jupeau et Havise, son épouse, et leurs héritiers, ont vendu leur tenure de Jupeau, c'est-à-dire les droits d'hébergement, les vignes, les prés, les terres cultivées et incultes, et tout ce qui leur appartient en ce lieu, en bois et plaine, au vénérable abbé Girard et au couvent de Bonneval, et qu'ils ont agi légitimement et d'un unanime assentiment, etc... »

C'était au temps des croisades. Mais, à la fin du XVIIIe siècle, un curé, nommé par ces religieux mêmes, qui lui avaient inutilement proposé de prendre les dîmes de sa paroisse au lieu de sa maigre portion congrue, s'exprimait ainsi, précisément à l'occasion de cette terre de Jupeau :

« Jupeau est presentement une métairie, située dans la paroisse de Saint-Maurice-sur-Loir, faisant partie de la mense abbatiale, composée de sept muids de terre et de trois arpents de prez, affermée trois cents livres, douze livres de sucre et quatre nombres de paille. Il y a des bois dépendans de cette ferme : le grand et le petit Brosse-Moines, la Cotière et la Fontaine-des-Malades, dont les moines jouissent en qualité de fermiers de l'abbé. On voit par les mazures qui sont dans la cour de cette ferme et surtout par une grange qui est en bon état et qui a soixante et huit pieds de longueur et cinquante-deux de largeur, qu'elle n'a pas toujours été une simple ferme. Les religieux de notre temps en conviennent et disent que, lorsque l'abbaye avait un très-grand nombre de moines, on y conduisait les malades, qui y étaient soignés et y restaient jusqu'à leur parfait rétablissement... Cette grange dont nous parlons n'a pas été faite pour y engranger la récolte de cette terre, qui doit être fort modique. Les bancs de pierre de taille que j'ay vu dans les deux côtés et la petite guéritte qui est dans le pignon du côté du midy le prouvent. Cette ferme était remplie de religieux, dont les uns étaient occupés à labourer la terre, les autres à faire paître les troupeaux; les uns à les traire, les autres à faire du beurre; les uns à faucher et à faner les prez, les autres à couper, serrer et battre les grains; les uns à tondre les brebys, les autres à apprêter la laine, à la filer et à l'employer en bas ou en étoffe pour eux et pour ceux qui restaient au couvent et pour les colonies dispersées de côté et d'autre. La grange était le laboratoire et l'endroit où celui qui avait la surintendance de ces travailleurs les entretenait les jours de dimanche et des fêtes; et la guéritte lui servait à veiller sur ceux qui travaillaient au dehors, et avec une cornemuse il les appelait de là aux heures des repas et de la retraitte. Ceux qui habitaient ce lieu ne venaient au grand couvent que pour y apporter les provisions qu'ils lui y amassaient, ou quand l'abbé les y appelait les dimanches et fêtes. Comme les habitans de ce village, ils allaient entendre la messe à Saint-Maurice et demandaient par grâce au curé de porter la croix aux processions, car c'est tout ce qu'ils pouvaient faire alors. *Quantum mutatus ab illo!...* etc. »

L'église de Notre-Dame de Bonneval, propriété du couvent sur le domaine duquel elle fut bâtie vers le milieu du XIIe siècle, leur était soumise comme toutes les autres églises ou chapelles de la ville et de leurs dépendances extérieures.

Le chœur était fermé par des murs à demi-hauteur des arcades pour y laisser officier les religieux; la nef et les bas-côtés étaient abandonnés au clergé séculier et au public.

Un accord passé en 1212 entre l'abbé de Bonneval et le curé de Notre-Dame régla à nouveau les droits de l'abbé, qui prélevait alors les trois quarts des offrandes. Entre autres restrictions, on lit celle-ci : le curé n'aura pas plus de quatre cloches et ne les sonnera pas, à certaines heures convenues, quand les moines sonneront celles du couvent.

Ainsi, tout s'était accordé pour développer l'institution monastique : les papes, en favorisant leur autorité spirituelle ; les rois, leur autorité temporelle. Ces deux puissances n'agissaient d'ailleurs que dans l'intérêt général, si l'on considère l'état du monde pendant les douze premiers siècles, où la patrie commune était la religion dont le représentant visible résidait à Rome.

XV

Mais cette suprématie avait des causes de décadence, comme toute suprématie. L'une, toujours proche, était la jalousie incessante des seigneurs laïques, qui reprenaient de la main gauche ce qu'ils avaient donné de la main droite dans un moment de piété sincère ou de peur de l'enfer. L'autre, éloignée, était plus inévitable encore; c'était le progrès de la civilisation que les couvents avaient conservée et qui devait, avec le temps, élever le disciple et le maître au même niveau. Le disciple chassa le maître, selon la morale humaine.

Examinons d'abord l'effet de l'envahissement des pouvoirs séculiers sur les monastères.

Les comtes de Chartres, par exemple, à force d'obsessions, obtinrent d'abord le droit d'établir à leur profit le marché du lundi de Bonneval, et d'y construire une maison qui dégénéra en salle prévôtale ; ensuite, sous prétexte que des religieux ne pouvaient guerroyer, les comtes et leurs lieutenants, qui s'intitulaient leurs champions, arrachèrent chaque jour un droit de justice à ces hommes de paix ou quelque lambeau de terre à ces pieux travailleurs qui avaient repeuplé la solitude de leurs grands fiefs. Il était temps que Philippe-le-Bel achetât le comté de Chartres en 1286, pour arrêter une usurpation totale. Néanmoins, le roi se garda bien de rendre à l'abbaye tous ses droits.

La centralisation marchait. Louis XI aurait bien voulu ne pas plus respecter la riche indépendance des moines que celle des grands feudataires. Il essaya, mais en vain, de porter la cognée dans le vieux pouvoir monastique.

Du reste, il aurait pu prendre pour motif, vis-à-vis de ses conseillers, que les lieux réguliers devenaient de moins en moins fréquentés; que beaucoup n'étaient plus, comme celui de Saint-Claude, que de véritables apanages des cadets de famille ; que la couronne trouverait dans ces riches prébendes d'admirables moyens pour doter les soutiens de sa politique ; et, surtout, qu'il voulait échapper à l'ingérance trop immédiate des seigneurs et des papes dans les affaires ecclésiastiques de son royaume.

Ce coup d'indépendance et de souveraineté était réservé à François Ier, tout puissant du prestige de la victoire de Marignan et favorisé par la condescendance de Léon X. En 1516, les deux souverains signèrent le concordat qui remettait au roi la présentation aux évêchés et aux abbayes.

Je n'ai pas à juger la valeur d'un acte de cette importance ; mais qui ne voit d'un coup d'œil la conséquence fatale, pour les ordres monastiques, de leur sujétion à la royauté ? Dès que le chef de l'État fut en possession de nommer les abbés, le lien qui rattachait les couvents à la papauté et qui faisait leur force, se relâcha tout à coup. Ce ne fut plus à Rome que les élus cherchèrent à plaire, mais à la cour, les moines comme les évêques. Les deux clergés devinrent nationaux, particularistes ; au point de vue romain, ils menaçaient de n'être plus suffisamment catholiques, c'est-à-dire soumis aux décisions du Saint-Siége. L'unité religieuse était en péril ; ce fut un moine, Luther, qui donna le signal de la séparation. Alors on vit apparaître sur la scène un autre ordre, fameux par son orthodoxie et son obéissance absolue, qui venait relever, auprès du Saint-Siége, la garde dix fois séculaire des couvents.

En 1524, Ignace de Loyola fonda les Jésuites, dont la tâche, il convient de le remarquer, était fort simplifiée. La civilisation avait retrouvé les sources perdues de l'antiquité ; un immense et nouveau progrès, l'invention de l'imprimerie, prêtait aux idées un secours formidable ; la découverte de l'Amérique étendait à l'infini les relations des peuples. Le monde reprenait sa marche interrompue. Les Jésuites n'avaient plus qu'à défendre le catholicisme, tâche suffisante si l'on considère que les attaques se multipliaient à mesure des nouvelles conquêtes intellectuelles.

Depuis longtemps déjà, la Sorbonne avait centralisé l'instruction publique, tout en lui conservant son caractère religieux. Le Collége de France tendit à la séculariser. L'hospitalisation, délaissée ou oubliée par les monastères, retrouva une nouvelle ardeur dans l'ordre des Frères de la Charité, institué par saint Jean de Dieu, qui essaya dès lors une réforme des asiles d'aliénés. Mais, sur ce dernier point, le noble religieux devançait son temps, qui considérait encore la folie comme une possession du diable.

En 1525, le roi nomma le premier abbé commandataire de Bonneval, et choisit son confesseur, Charles de la Chambre, pour cette dignité. Les moines protestèrent. Le chancelier Duprat jeta leur remontrance au feu, devant ceux qui l'apportaient.

Dès lors, là comme ailleurs, les couvents ne furent plus guère habités par leurs abbés, qui n'y avaient pas vécu. Le relâchement qui avait commencé à s'y introduire depuis les guerres continentales ne put se réformer comme cela avait eu lieu maintes fois dans les temps antérieurs, et ne fit qu'augmenter. Le pouvoir séculier qu'ils tenaient de leur qualité incontestable de seigneurs, avec haute, moyenne et basse justice, déclina de plus en plus. Au XVIIIe siècle, leur prévôté sur Bonneval n'était plus guère que nominale.

Pendant ce temps, l'état social marchait toujours ; et les intelligences, relevées par leur influence à la hauteur des nombreux emplois que l'état nouveau réclamait, dans les sciences, les arts, le commerce, la politique, échappèrent à leur tutelle, comme le clergé séculier, dans un ordre de choses plus élevé. Il n'y avait plus à combattre pour la civilisation, il s'agissait seulement d'en goûter les fruits.

Les couvents devinrent presque déserts. Quelques-uns, devenus inutiles, passèrent dans le domaine des évêques de leur diocèse; on les sécularisa, comme autrefois ils avaient régularisé certains chapitres d'églises trop libres ou trop opulents. Et pourtant, c'est pendant ces derniers siècles qu'on vit les monastères se ruiner, par ordre du roi, à construire ces somptueux bâtiments, élevés à la place des anciens, qui étaient plus modestes, mais aussi plus habités.

Dans ces immenses solitudes, quelques moines erraient encore sans discipline, chacun doté d'un office prébendé et vivant à peu près à sa guise, pourvu qu'il observât les indispensables préceptes de la règle : la prière et la chasteté. Il y avait six religieux dans l'immense abbaye de Bonneval, au XVIIe siècle, et lorsque l'on regarde sa masse imposante, on voit qu'elle eût suffi pour deux cents religieux au moins. Mais on se tromperait fort si l'on croyait que les rares demeurants y profitaient d'un plus gros revenu. L'abbaye nommait sans doute à trois chapelles, dix-huit prieurés, trente-deux cures; mais elle devait payer, à chacun de ces dignitaires qu'elle faisait, une rente variant de 100 à 500 francs; elle donnait aux pauvres de Bonneval une aumône annuelle de près de 4,000 livres, en blé; elle servait à son abbé commandataire un bénéfice de 6,000 livres. Il lui fallait encore réparer les églises, les prieurés, les couvents. Ce qui restait était si peu de chose pour la mense conventuelle, et les prébendes des officiers composant seuls la population de l'abbaye étaient si peu rétribuées, qu'on n'y voyait plus depuis longtemps venir même un cadet de famille.

Cependant, au moment de périr, on eût dit que les couvents voulussent jeter un plus vif éclat, ceux de saint Benoît surtout, comme un adieu au monde qu'ils avaient éclairé. Chacun a sur les lèvres les noms de Luc d'Achéry, de Mabillon, de Montfaucon, etc.; dont les travaux se rattachent, à travers la chaîne des temps, aux annales de saint Denis et de saint Martin, et sans lesquels l'histoire des Français serait aussi obscure que celle des Assyriens.

L'abbaye de Bonneval essaya elle-même un effort dans ce sens. De 1754 à 1757 elle ouvrit un petit séminaire qui ne réussit pas.

Mais l'heure fatale avait sonné. La révolution des idées, que les couvents avaient depuis si longtemps préparée, se changea en voies de fait et détruisit, au lieu de les réformer, ces vénérables officines de la civilisation.

Le vieux couvent, après dix siècles et demi d'existence, fut vendu le 27 avril 1791 au district de Châteaudun, et ses nombreuses dépendances suivirent la même fortune. On fit du cloître une filature.

SECONDE PARTIE

Chronique et Chroniqueurs de l'abbaye de Bonneval.

I

Il y avait quatre abbayes ou couvents du nom de Bonneval :
Le couvent de Bonneval, dans l'évêché de Rhodez, *Bonavallis* ou *Bonaldis*, fondé en 1147.

Celui de Bonneval, *Sancta Maria Bonavallis*, situé à deux lieues de Poitiers, sur la route de la Rochelle, fondé en 1124.

Celui de Bonnevaux, *Bonavallis* ou *Bonævalles*, relevant de Cîteaux, situé à cinq lieues et dans le bailliage de Vienne, fondé en 1119 par Guy, archevêque de Vienne, depuis pape Calixte II.

Enfin, Saint-Florentin de Bonneval, situé sur la rivière du Loir, dans le pays Dunois, fondé en 841, en l'honneur des saints Pierre et Marcellin, dont les noms restèrent au second plan des martyrs vénérés dans l'abbaye, depuis la translation des reliques des saints Florentin et Hilaire, qui y furent apportées du monastère d'Aisnay, à Lyon, en 875.

Ces deux faits, la fondation de l'abbaye et la translation des saints Florentin et Hilaire, ont été racontés dans deux chroniques très-importantes. Celle de la translation est la plus ancienne ; elle est l'œuvre d'un moine contemporain de cette imposante cérémonie qui impressionnait alors si profondément les populations chrétiennes. L'histoire de la fondation est plus récente d'un siècle ou deux.

Jusqu'aux bénédictins Luc d'Achery et Mabillon, ces deux documents étaient restés manuscrits dans le chartrier de l'abbaye, ou plutôt leurs copies, car, depuis l'an 841 jusqu'au règne de Louis XIV, le vieux monastère avait subi le contre-coup de toutes les guerres civiles et étrangères.

En effet, selon la petite chronique latine de la fondation de l'abbaye, dont les premières lignes ont servi de début à cette introduction, presque dès sa naissance et sous son premier abbé, un vicomte de Châteaudun, nommé Lambert, était obligé de protéger le couvent de Bonneval et d'offrir un refuge à ses habitants dans les grottes qui existaient déjà sous la capitale du pays Dunois. On ne dit pas à quelle occasion, mais le fait correspond à l'année qui suivit la mort de Charles-le-Chauve, c'est-à-dire à 875, et concorde avec le temps du sac de Chartres par les Danois, qui, de retour d'Italie, traversèrent la Beauce pour regagner la Manche.

Châteaudun résista, ou même ne fut pas menacé, et l'abbaye en fut quitte cette fois pour la peur d'Hastings ; du moins la petite chronique ne dit pas le contraire. Mais il en advint autrement sans doute en 911, lors de la prise d'assaut de Châteaudun par Rollon.

Cependant l'ancien chroniqueur, sans préciser l'année, dit seulement, un peu après, que, le monastère ayant été dévasté et les religieux dispersés, ceux-ci ne firent plus que végéter jusqu'à la restauration de la communauté par Odon, fils du comte Thibaut, lequel la mit sous la protection du roi Lothaire, comme on le verra par une charte royale de l'année 967, insérée je ne sais comment dans ladite chronique.

Plus tard, ce sont les Anglais qui pillent Bonneval en 1376, le reprennent deux fois encore en 1420 et 1425 et incendient le couvent, dont l'église brûla pendant dix-sept jours. En 1568, les calvinistes de Condé remettent le feu à ces ruines à peine réparées. Les chartes et les autres documents, soit par la négligence des moines, soit par la nécessité fatale de ces ravages, furent donc autant de fois ou dispersés avec les religieux en fuite, ou brûlés en partie par les flammes qu'allumaient ces barbares d'origines diverses. Aussi, quand il fallut rebâtir vers 1700 le monastère de Bonneval, les moines résolurent-ils de faire un chartrier à couvert du pillage et même des flammes. La chambre existe encore aujourd'hui : son escalier étroit rampe dans l'épaisseur du mur; et le cabinet lui-même, large comme une petite cellule, est voûté et entouré de pierres de taille. Quand, en 1715, dom Thiroux, un des religieux de Bonneval, entreprit d'écrire l'histoire de son abbaye, le cartulaire contenait encore assez de pièces importantes, malgré les plaintes de l'auteur sur leur rareté qu'il attribue naturellement aux malheurs des temps, et c'est avec ce qui restait des vieilles chartes et les travaux des célèbres pères Luc d'Achery et Mabillon, imprimés dans la *Gaule chrétienne*, dans les *Annales bénédictines* et les *Actes des saints de l'ordre de saint Benoît*, qu'il commença son *Histoire abrégée de l'abbaye de Bonneval*, que dom Lambert continua jusqu'en 1612.

Un curé de Saint-Sauveur de Bonneval, M. Beaupère, qui eut à loisir communication du cartulaire et de l'*Histoire abrégée*, a fait aussi avec ces documents une chronique beaucoup plus volumineuse sur Bonneval et son abbaye. Mais, outre que les chartes qu'il copia sont quelquefois mal comprises, les anecdotes oiseuses et les interprétations trop personnelles des faits ôtent à son travail une grande partie de l'intérêt qu'il eût pu lui donner avec le secours de tant de matériaux. Il conduisit l'histoire jusqu'en 1765, et mourut deux ans après.

Enfin, M. Lejeune, ancien notaire à Bonneval, termina l'œuvre inachevée de dom Thiroux et de dom Lambert avec des extraits de la longue chronique de M. Beaupère, et les renseignements ultérieurs qu'il put trouver sur le couvent jusqu'à sa chute définitive. Il écrivait sous la Restauration. Entre autres choses il nous donne la description de l'église abbatiale, dont il reste à peine quelques fragments, et nous apprend que la belle maison qui fait face à la grande porte d'entrée et compose le côté nord du cloître, fut construite en 1784 sur la moitié du bas de la nef de l'église, devenue depuis longtemps trop grande pour ses habitants et qui tombait en ruine. Les moines eux-mêmes avaient jugé cette diminution nécessaire.

Le tout forme un volume qui appartient à la bibliothèque de la ville de Chartres, et c'est lui que je me propose de publier à la suite de cette Introduction, grâce à l'extrême obligeance de M. de Mianville.

En effet, de ce qui précède il résulte naturellement que le texte de l'*Histoire de l'abbaye de Bonneval* est tout trouvé dans l'œuvre successive, quoique bien dissemblable, de personnes qui ont rédigé ces chroniques pour ainsi dire sur le vif du sujet. Mais des documents du Xe et du XIe siècle, qui nous racontent, d'après les contemporains eux-mêmes, la translation des reliques des saints Florentin et Hilaire à l'abbaye de Bonneval et les actes qui ont créé la vieille abbaye méritent, quoique imprimés, d'être restitués ici intégralement.

Je n'ai guère trouvé dans les auteurs bénédictins Mabillon et Luc d'Achéry de faits oubliés assez intéressants pour être mis en lumière. Dom Thiroux et dom Lambert les avaient parcourus avec soin; et j'ai fait comme eux, presque inutilement, dans le but de glaner quelque chose après eux. Mais je donnerai d'assez importants extraits de la compendieuse histoire manuscrite de l'abbé Beaupère, qui n'ont pas été reproduits par M. Lejeune. Enfin, quelques pages du manuscrit de l'abbé Bordas sur le pays Dunois et comprenant des pièces relatives à l'abbaye, complèteront ce qui peut manquer aux autres documents.

Pour éviter les coupures et les grandes parenthèses, je mettrai ces suppléments dans cette seconde partie de l'Introduction, et selon l'ordre et la date des auteurs, recommandant d'ailleurs aux lecteurs qui s'intéressent à l'œuvre en général, de recourir, pour l'interprétation des noms de lieux cités, à l'excellent dictionnaire topographique du département d'Eure-et-Loir, de M. Lucien Merlet.

II

Le moine chroniqueur de la translation des restes des martyrs Florentin et Hilaire raconte le voyage et les miracles opérés par le mérite des saintes reliques, comme des choses qu'il a vues et qu'il voit encore journellement : *Sed et Martinus nomine, a cunabilis contractus, virtutem sanctorum in incessu suo ubique divulgat.*

Cette translation est généralement attribuée à l'année 875, pour des motifs mûrement discutés par dom Thiroux et dom Lambert dans leur *Histoire abrégée*, et par dom Mabillon dans les *Annales bénédictines*. La chronique en a été éditée par ce dernier aux *Actes des saints de l'ordre de saint Benoît*; cependant je la reproduis, estimant qu'il serait malaisé de se procurer autrement la lecture de ce document qui explique comment le monastère naissant changea son nom et ses patrons qui, depuis vingt-cinq ans à peine, étaient saint Pierre et saint Marcellin.

Mais, avant de reproduire la translation des reliques des saints Florentin et Hilaire, il est peut-être intéressant de connaître le lieu d'où elles venaient. Quant aux saints eux-mêmes, on verra, dans le texte de dom Thiroux, qu'il discute assez longuement la légende de leur martyre et les opinions des contradicteurs qui prétendaient même que leurs reliques manquaient d'une suffisante authenticité.

Le monastère d'Aisnay était situé à Lyon même, au confluent du Rhône et de la Saône, et sur l'emplacement de ce fameux temple que les soixante nations gauloises élevèrent à César-Auguste, que l'empereur Galigula changea en Athénée, et qui vit tomber, sous le règne de Marc-Aurèle, les premiers martyrs gallo-romains. Depuis cet événement le lieu devint sacré pour les chrétiens, qui démolirent le temple et en firent une église, puis un couvent, avant saint Benoît. Mais, les Burgondes ayant tout saccagé, la reine Brunehaut, vers 612, fit rebâtir l'église en l'honneur des quarante-huit martyrs du règne de Marc-Aurèle — *martyres Athanacences* — et un couvent de bénédictins pour la desservir régulièrement.

Vers 870, le couvent était à peu près abandonné, quand Aurélien, son abbé, depuis archevêque de Lyon, entreprit de le relever et de lui rendre son ancien éclat. A cet effet, il demanda à l'abbaye de Bonneval douze religieux bien instruits de leur règle; et quelques années après, en 875, il les renvoya avec les reliques des saints Florentin et Hilaire, comme récompense de leur zèle et de leurs succès. C'est ce fait capital dans l'histoire de l'abbaye de Bonneval que raconte l'auteur de la translation, dont il est inutile de faire remarquer l'enthousiasme et la vigueur de style.

Acta SS. ord. S. B. sæcul. 4, pars 2; (page 494 et suivantes).

Incipit qualiter beatorum martyrum Florentini et Hilarii corpora translata sunt.

Sanctorum martyrum Florentini atque Hilarii corpora venerabiliter quidem ab antiquis curata et condecenti loco sepulta sunt, sed emergentibus annis quorumdam incuria ipsum locum eorum venerationi ornatum ad ruinam deduxit. Processit ita non parvum temporis spatium, et magis magisque structura corporibus sanctorum supposita infirmior (facta est) ita ut vetustate nimia soluta pæne delitescerent, et pluviis ac ventis tumuli beatorum martyrum paterent; ac per hoc veneratio circa locum illum frigidior, concursus populi fieret tepidior.

Hoc cum quidam venerabilis abba nomine Aurelianus, qui tunc temporis Augustudunensi ecclesiæ archidiaconus datus fuerat, cum diligenter sollicitudine ecclesiastica singula lustraret, pervidisset, insuper et meritum sanctorum martyrum tam obscuris et ruinosis parietibus sepultorum, perdidicisset, anxia secum consideratione volutare coepit, quomodo inde beata martyrum ossa ad decentiora loca transferret. Cumque tam pium animum suum non modo clericis, verum et episcopo dioecesis ipsius aperuisset, tandem quod ardenter cupiebat, Deo auxilium ferente, perfecit, et sanctos Dei alio quo placuit transposuit. Namque isdem venerabilis abba postmodum Lugdunense civitate habitaturus, in monasterio S. Martini confessoris Athanao, tam carum thesaurum non contulit aliubi recondere, sed secum ad prædictam civitatem deferre, suoque loco venerabiliter patrocinium illorum habitum componere.

Tunc temporis etiam Athanacense quondam coenobium monachis derelictum erat, quod idem pius vir ad antiquitatem reformare desiderans, annitentibus illustribus personis comite et præclara conjuge ipsius, sollicitus huc illucque coepit exquirere, qui servi Dei locum implerent, et hinc inde quos monastico ordine fervere videt colligere. Sed cum totam inde spem suam Deo commendasset, ecce misericordia omnipotentis Dei consolationem in hac parte dedit. Est namque quoddam monasterium religiosis viris bene fundatum religioso prelato caute permunitum, quod Vallem Bonam circummanentes dicunt. Inde Dei munere clarum numerum monachorum a patre loci expostulavit. Ille autem benigne postulata contulit, monachos regulari ordine nutritos dedit : hic vero non segnius recepit, et ut sacrum locum religioni pristinæ reformarent, viribus quibus valuit, juvando incitavit et munus de quo ardebat se accepisse, incomparabiliter lætatus est; est quippe isdem vir boni desiderii.

Igitur cum eorumdem monachorum provectu ac proposito regulariter incedenti ultra quam dici possit delectaretur, et de eorum sollicita in Dei vigilia nimium gratularetur, accidit ut iidem venerabiles monachi amore Dei instaminati, humiliter prædictorum sanctorum martyrum Florentini et Hilarii reliquias expostularent quatinus ad monasterium suum unde ipsi venerant, transferentes, eas pignus maximum fratribus suis largiri possent. Sed quid ex caritate viri non obtinerent, in quorum caritate ipse requiescebat? Dedit eis partem sanctorum corporum precipuam egitque pia caritate, ut et pars illi, immo totum maneret, et pars fratribus, immo similiter totum tribueretur; factumque est, ut fratres reverendi sanctum Florentinum sanctumque Hilarium ad Bonam Vallem totos secum ferrent, et sanctus abba qui dederat eosdem beatum Florentinum ac beatum Hilarium, totos sibi suoque monasterio retineret.

Portitores igitur sanctorum membrorum Florentini et Hilarii cum aliquantulum ab Athanao et civitate processissent, tandem secunda die cum quiescendi gratia in confinio ecclesiæ beatæ virginis Mariæ substitissent, Deo miracula in martyribus suis operante, ut cujus meriti apud eum essent foris hominibus monstraretur, puella dæmonio vexata horrendis vocibus clamare coepit : *Florentine et Hilari, vos Lugduno egressu vix evasi, quid me iterum ita persequimini ?* Cumque his vocibus frenderet, tandem Dei tertia martyrum ope curata est; ac sic pro salute sua gaudens choris admixta *Kyrie eleison* concinebat.

Prospero itinere deinde Aurelianis pervenitur, et quia dominica dies instabat, sabbato ad ecclesiam beati Anniani confessoris declinatum est, ubi Christus quid per sanctos operatus sit, breviter prosequendum credidi. Quidam omni corpore debilis, insuper anno uno mutus, Solomon nomine, fide plenus opem martyrum exquisivit, oravit, mox sanus recessit. Huic simile factum est in Romano per aliquot annos membris contracto, qui ante fores basilicæ sancti Petri apostoli fere sex annis jacuerat. Anstrudem feminam dextro latere paralyticam memorabo. Hæc ut cum fiducia accessit, ilico sana recessit. Sed et puerulus nomine Rodulfus cum haberet brachium dextrum debilitatum, a parentibus martyribus exhibitus est; continuo quæsitam sanitatem meruit. Illic Lupus puer a nativitate cæcus ætatis trium annorum lumen invenit. Sed et mulier quædam, nomine Romana, annis duodecim infirma, ut martyrum meritum imploravit, valetudinem obtinuit. Cæcus Martinus puer a nativitate sex annorum, et Balduina ab annis octo cæca, gratiam luminis sortiti Deo gratiam reddiderunt. Ecce quam mira in sanctis suis Deus operator omnis creaturæ, ut visibilibus miraculis mentes hominum ad invisibilia quærenda et expetenda permoveat! Sed nec te, Osanna puella, preterierim; genu corporis debilis, genu cordis prostrata, pietatem martyrum implorasti et mox sanitatem ex meritis ipsorum reportasti. Senex Eligius hic ministerialis ex domo salutiferæ crucis, in qua Christus pro salute nostra pependit, cum teneretur membris contractus, auxilium martyrum imploraturus ope suorum advenit, fidem ad Deum misit, pro salute rogavit, incolumitatem de martyrum virtute reportavit.

Hec et his similia stupenda populis cum fièrent, ad civitatem martyrum venerabilia membra extolluntur, concursus populi fit innumerus, undique gloriam Christo prædicantes concurrunt plebes. Cujus hæc, Domine, nisi tua sunt, qui pro te mortificatis gloriam cum nomine æterno rependis!

Una die pedestris itineris prelatæ sunt reliquiæ sanctorum ad ecclesiam, beati Sebastiani martyris memoriam gestantes. Hic advenit mulier debilis, et altera similiter mulier, quæ per annum in lecto dolore renium decubuerat; ambo sanatæ, alacres repedant. Jam et hic occursus fuit venerabilis abbatis monasterii Bonæ Vallis, qui audiens tanta beneficia et miracula munere omnipotentis Dei per martyres fieri, processit cum agmine sancto monachorum, ipsas sanctorum reliquias recepturus, venerari. Jam ferebantur concinentibus choris, et laudes Christo personantibus, antecedentibus crucibus et luminibus prænitentibus, et subito in foribus beati Andreæ apostoli Berta nomine, cæcitate per duodecim annos misera, his qui presentes erant videntibus inluminata est. Deinde summo tripudio et cœtu psallentium devecta sunt martyrum venerabilia ossa ad basilicam nondum dicatam, quæ duobus millibus a monasterio distabat; ubi quid operatus sit per sanctos suos ille qui dixit : *Sine me nihil potestis facere,* ut fastidium legenti auferam, breviter comprehendam.

Cæcus Leutfridus, cæca et quædam mulier a tribus annis calamitatem infelicitatis evaserunt. Juxta hanc ecclesiam cum quidam orbus jaceret, eique pertranseuntes dicerent, ut sanctorum obsequiis celerrime se offerret, in puncto inluminatus, credo quia illuc fide accesserat, subito exclamavit : *Deo gratias, ecce jam video!* Sequebatur præterea dies venerabilis dominica, quando celebris concursus in toto orbe et solemnior ad sacramenta Christi conficienda populi in ecclesiam fit; qua die sacra egit venerabilis abba prædicti monasterii Bonæ Vallis, ut sanctorum reliquiæ ad monasterium idem defferrentur. Factum est consequente innumera populi multitudine. Ut autem primum ab ecclesia eadem sublatæ sunt mox puer quidam lumen recepit. Cumque jam resonantibus choris procul a domo esset Anastasia, dextra manu imbecillis, sanitatem vidente populo subito sibi venisse mirata est. Adalbertus oculis infeliciter captus, sed et Odolindis eadem passione miserabilis, necnon et Amalberga, Bernegildis quoque simili passione deformes, sanctorum obsequiis dum fida mente insistunt, cæcitate tenebras se evasisse gratulantur; ac benedictum Deum in sanctis suis vocibus et nutibus quibus valent extollunt.

Inde beati Sabini[1] meritis dicatam ecclesiam apud Bonam Vallem sanctorum ossa inferuntur, ac in altario, ut decuit, martyres reponuntur. Adfuit mulier luminibus a quinque annis capta, adfuerunt Baltarius

---

1. Voir la note 4 de la page LXIV.

cæcus et Christina consimili passione turpis, sed et Wimerna trium annorum membris contracta, quibus virtus omnipotentis Dei ad merita martyrum prædicanda vim suam potentialiter exhibuit. Multa alia quæ per servos suos operatur et operata est virtus divina, prætereo, ne nauseam legenti potius quam jucunditatis fructus pariam. Credo enim quia boni viri animum et pietatis æmulatorem hec pauca de pluribus in laudem omnipotentis Dei amplius accendent, et ut meritis ipsorum quorum mira audit, et gloriæ simpiternæ particeps fiat, ferventius et perseverantius inflammabunt, et quousque convallem lacrymarum et plorationis evadat, adscensiones in corde suo disponat et imitatione sanctorum de virtute in virtutem transiet, donec pro factis suis coronatus mereatur videre deum deorum in Sion.

Precibus sanctorum supervictus ad laudem omnipotentis Dei, postquam prius facta miracula dictaveram, hec compendiatim subjunxi. Gaudius quidam ætate decem annorum, ab ventre matris totusque contractus, ope martyrum valitudinem recepit. Puer nomine Hildradus VII. annis natus cum esset æger membris, ad ambulandum cruribus impeditus, monitus in somnis quatinus mater ejus candelas ad memoriam martyrum simul cum eodem nato deportaret; factum est; læta mater cum sanato puero suo rediit. Nec preteribo te, infans Amalgari. Hunc pater a tribus annis cum cæcum detulisset, mox quod optaverat in filii luminibus martyrum precibus inspexit. Puella ex utero matris muta pariterque surda, vigiliis noctis cum matre sua recipiendæ valetudini insistens, ut vocem cantantis galli virtute martyrum exaudivit : *Deo gratias*, inquit, *quod speravi adepta, gaudeo.* Bertohildis cæca et surda per XVI. annos de memoriis martyrum sanata et inluminata rediit. Consimile Dei munere cuidam ab annis cæcæ provenit. Quidam infantulus, ut putabatur, annorum V., cui adhærebant calcanei in natibus conligati, pæne ut ad fores oratorii perlatus est, intercessione sanctorum, pedum membrorumque usum expertus incolumis degit. Sed et Martinus nomine, annorum X., a cunabilis contractus, virtutem sanctorum in incessu suo ubique divulgat. Nec præterierim duas feminas simili sorte debiles, dum diu, credo minoris fidei, ad memoriam martyrum decumberent, tandem sanari et usum membrorum invenire meruerunt. Multa sunt quæ cotidie per servos suos Christus dominus noster operatur. Ad quorum gloriam quicumque pervenire desiderat, sic miracula visibiliter facta miretur, ut vitam illorum potius imitari ad retributionem sempiternam non desistat.

III

La première moitié seulement de la petite chronique est imprimée dans le même volume des *Actes des saints de l'ordre de saint Benoît*. Ce document précieux paraît être au moins d'un siècle postérieur à la relation. Il est intitulé : *Breve chronicon;* il raconte la fondation de l'abbaye.

On comprend, en le lisant, que le moine qui l'écrivit était de cette époque où le latin avait subi une aussi grande décadence que la civilisation franco-romaine des Carlovingiens. Les lettres étaient descendues elles-mêmes à la barbarie comme les habitants de la Gaule sous l'invasion destructive des Normands, qui pillèrent et ravagèrent durant trois quarts de siècle ce que la religion avait pu soustraire à la rapacité des premiers conquérants. Mais, outre la preuve tirée de l'orthographe particulière à ce temps de décadence absolue, on retrouve dans cette œuvre du moine de Bonneval, des mots, des membres de phrase empruntés à la relation des reliques des saints Florentin et Hilaire. Les auteurs bénédictins et les religieux de Bonneval, qui ne possédaient plus sans aucun doute l'original, ont attribué ce *Breve chronicon* à un moine du couvent du Xe siècle. Il pourrait être aussi bien du XIe, et voici pourquoi :

Après avoir raconté les commencements de l'abbaye, énuméré les donations primitives, et décrit sommairement la translation des cendres des saints Florentin et Hilaire, il passe à la réédification du monastère par Eudes, fils de Thibaut-le-Tricheur, ce qui n'eut pas lieu avant 960 ou 967, et ensuite aux donations de ces princes et de leurs vicomtes de Châteaudun.

De plus, il est aisé de voir que les notes qui suivent et qui ont rapport au même objet, c'est-à-dire qui font le compte des biens donnés aux religieux, sont écrites avec la même orthographe et dans le même style. Elles vont ainsi jusqu'au XIIe siècle, sous l'abbé Arnaud, onzième abbé de Bonneval, de 1130 à 1154, contemporain et ami de saint Bernard. Mais ces deux hommes, quoique d'une valeur littéraire différente, étaient certes de bons latinistes. D'où il faudra conclure que les copistes de cette époque étaient au moins peu instruits, qu'ils fussent des moines de Bonneval ou de simples tabellions chargés de faire les catalogues des biens appartenant au couvent.

Les *Actes des saints de l'ordre de saint Benoît*, autrement dit les PP. Mabillon et Luc d'Achéry, n'ont imprimé que la première moitié du *Breve chronicon*. A la suite du manuscrit de dom Thiroux et de dom Lambert, M. Lejeune a essayé de restituer ce précieux recueil où l'on trouve intercalés des lambeaux d'une charte de Lothaire, de 967, d'une bulle de Pascal II, de 1108, et des donations postérieures dont je parlais à l'instant. Mais le copiste, ou M. Lejeune, avait sans doute entre les mains un *Vidimus* difficile à lire. D'innombrables lacunes rendent inintelligible ce qu'il a voulu ajouter à l'imprimé du P. Mabillon et au manuscrit de dom Lambert.

Grâce à l'obligeance de M. Brossier-Géray, de Châteaudun, qui m'a procuré une copie plus complète, écrite de sa main, je puis donner ici cette importante pièce. La voici telle qu'elle m'a été confiée ou à peu près. On y verra sans doute encore, mais rarement, des mots impossibles ou difficiles à bien comprendre.

BREVE CHRONICON

D'après le Vidimus de Gauthier, tabellion royal de la prévôté de Bonneval.

A tous, ces presentes lettres verront et orront, Pierre de Gives, prevost du Roy notre sire à Bonneval, salut. Scavoir faisons que l'an de grâce mil CCCC quatre vingt et trois, le cinquième jour de mars, par Simon Gauthier, clerc tabellion juré pour le Roy notre dit seigneur, et garde des scaulx d'icelle prevosté aud. Bonneval, fut extrait d'un livre contenant neuf quahiers en parchemin en grosse lettre, trouvé au lieu appelé le Trésor de l'Église de l'abbaye de saint Florentin dudit Bonneval, du commencement du livre, du quatrième feillet duquel en suit ; led. commencement avait signature, d'escriptures en rondeau figurées (saines); en ce présent extrait appert ce qui suit : Anno etc., et du septiesme quahier de ce dit livre fut aussy extraist ce qui en suit : Notare et c^{ra}, et escript tout d'une main; et premièrement :

Anno ab incarnatione Domini octogentesimo D CCC LII [1], regnante Karolo Clotarii filio, fratre autem Ludovici, III° anno regni ipsius Karoli, constructum est cenobium Bonevalense per ipsum imperatorem nostrum (Karolum) et quemdam militem, Fulconem nomine, in honore sanctorum martirum Marcelini et Petri, quos Eynardus a partibus Romanie in Galliis transtulluit. Tunc predictus miles bone memorie Fulco videns locum habillem et ad edificationem monachorum adortum sicut ordo regule commendat, auxit de suo fisco per licentiam regis, et de suis hereditariis ad cenobium monachile instruendum quantum placuit. Deinde misit monachos quantos voluit. Tradidit itaque predictis sanctis et monachis totam villam Bonamvallem cum omnibus que ad se pertinere videbantur, id est terris cultis et incultis, pratis, molendinis, piscariis, aquis aquarumque decursibus, insuper et appendiciis que ad predictam villam respiciunt; id est ecclesia sancti Mauricii [2], cum parrochia que ad eam pertinet; id est villa que vocatur Vovredus, Delfinet [3], Villa Seglanda [4] et Merdolum [5]; ultra flumen Letum, villas quarum hec sunt nomina : Villara 6.... Montion [7], Vender [8], cum terris cultis et incultis, silvis, Poyros [9] et Pulsultus cum terris cultis et incultis. Item Meliciacum [10] et Merdelonem et Osaunam [11] et Siriviacum [12] et Montem Falconem [13], cum pratis, molendinis, aquis aquarumque decursibus, silvis, terris cultis et incultis. Item ecclesia sancte Marie que vocatur Mererias cum omnibus appendiciis suis quorum hec sunt nomina : Vallis Petrosa,

---

1. Acta SS. ord. S. B. sæc. IV, pars. 2, page 504 : Anno ab incarnatione Domini D CCC XLI, regnante Karolo Chlotarii fratre, filio...
2. Saint-Maurice.
3. Delsinot.
4. Le Glandin.
5. Méroger.
6. Villa Navuncula.
7. Moncion.
8. Vendre.
9. Poyreux.
10. Milsay.
11. Ouzenain.
12. Civry.
13. Mont-Faucon.

Pulluat [1], Nocumentum [2] villare et Villare, Villa Morini, Villa Tignea, Villa Tenera [3] et ommnia que in circuitu possidebant. Hiis dictis terris dotata ecclesia [4] Dei et sanctorum martirum Marcellini et Petri a rege Carolo et suo fideli Fulcone, necnon dedicata ab episcopo Carnotense nomine Gilleverto, miserunt etiam quantos placuit monachos et elegerunt venerabilem abbatem Gausmarum nomine, qui semper familiaris extitit Karolo imperatori. Exhinc et deinceps crevit ecclesia Dei et sublimata est a cunctis bonis adjacentibus vicinis. Jam vero deffuncto rege Carolo, et germano ejus Ludovico succedente, anno primo regni ejus, fuit quidam comes Castrodunensis, Lambertus nomine, qui ob amorem Dei et sanctorum ejus dedit sanctis martiribus M. et P. et domno abbati Gausmaro ad refugium infra Castridunum de pratis agripennos duos et dimidium in proprium perpetualiter habendos et criptas de subtus usque in aquas. Denique bone memorie abbate Gausmaro ab hac luce, venerabilis Ingelarius subrogatur ejus regimini ab omni congregatione. Igitur Deo disponente cui omnia sunt possibilia, divulgatur fama religionis longe lateque monasterii hujus. Cumque nutu divino quidam archidiaconus Augustodunensis ecclesie, Aurelianus [5] nomine, circumiret ecclesias provincie illius, ut sanctorum corpora non bene adornata ipse bene adornaret, contigit ut sanctorum corpora martirum Florentini et Hillarii reperisset; et secum transtullit Lugduno in ecclesia sancti Martini que vocatur Athanao, valde diruta sed antiquitus dedicata, in qua et ipse abbas factus est. Cumque animus ejus defflueret perquirendi monachos regulari ordine instructos, et non inveniret, audivit famam celleberriman quam Bonevallis degerent monachi regulari ordine approbati. Qui concite dirigens missos ad prefatum monasterium, obnixe deprecans ut venerabilis Ingelarius sepedicti monasterii abbas numerum monachorum ei mittere non

1. Pullois.
2. Nuisement.
3. Villemorin, Villeteigneuse, Villetendre.
4. Ce *Vidimus*, excepté pour la date de la fondation, est d'accord avec le texte de Mabillon dans les *Actes des saints de l'ordre de saint Benoît*. On ne s'explique pas que l'abbé Bordas ait pu écrire ce qui suit, dans son histoire manuscrite du pays Dunois : « La chronique n'annonce aucune église dans le lieu de Bonneval où Foulques fonda l'abbaye; elle semble même insinuer que ce lieu était de la paroisse de saint Maurice. C'est ainsi que Mabillon l'a copiée.... Non solum Bonamvallem sed et ecclesiam sancti Mauritii aliasque et villas et ecclesias numero plus quam vigenti. » C'est une fantaisie. — v. b.
5. Aurélien, abbé d'Aisnay et archevêque de Lyon de 875 à 8 895.

denegaret, sicut penes nos scriptum est. Itaque vir Domini cum esset plenus caritate, desiderans augere famulorum Christi numerum, sciens quia qui plus laborat, plus mercedis accipiet, elegit ex suo grege monachos duodecim quos illic misit bene instructos et regulari ordine approbatos, monens et exortans, ut de die in diem melius proficiant. Abhinc Athanacenses normam nostre auctoritatis exordium sumpserunt et mores. Cum autem ad nos redire poscissent, fratres postulaverunt sibi patre jamdicti loci ut aliquod munus eis concederetur, quod utile patri loco eorum et fratribus esset. Itaque dedit eis venerabilis abbas Aurelianus partem corporum precipuam electorum Christi martirum Florentini et Hilarii que nunc usque servatur a nobis, sicut scriptum habetur in codicibus nostris. In adventu quoque ipsorum martirum multa miracula facta sunt, que penes nos scripta habentur. Quantum enim per illorum merita huic loco salus venit, non est silendum. Cum autem movissent ab Athanao et properassent Aurelianensi civitati, declinaverunt ad basilicam sancti Aniani sabato. Deinde pervenerunt ad ecclesiam sancti Sebastiani in villa cui nomen est Balneolus [1], quo tempore villa illa eis data est tota cum ecclesia. Jam et hic occursus fuit venerabilis abbatis monasterii Bonevallensis cum agmine sancto monachorum reliquias recepturi. Inde venerunt ad ecclesiam sancti Andree apostoli in villa Danciaco [2] que eis data est cum alia villa (que) vocatur Mathuerius [3]. Exhinc cum sumno tripudio devenerunt ad ecclesiam nondum dedicatam que duobus millibus a monasterio distabat, in villa Givariensi [4], que ecclesia et in illo honore est dedicata, et per miracula que illic facta sunt, tota villa est eis data. Deinde vero venerunt ad predestinatum locum dedicatum honore Christi, martirum M. et P. ubi depponendi erant sancti [5].

Tunc temporis erat quidem vicecomes Castrodunensis, nomine Rampo, qui Dei timore et sanctorum dillectione inflammatus, dedit prenominatis sanctis Ursumvillam [6] cum mancipiis et appendiciis suis, id est Villeri [7] et Labant cum terris cultis et incultis et omnibus que

---

1. Bagnolet.
2. Dancy.
3. Massuères.
4. Givès.
5. Les *Annales bénédictines* disent : Reliquæ sacræ inductæ sunt in Bonavallensem beati Sabini meritis dicatam exclesiam. Forte hæc altera ejus loci ecclesia erat.
6. Orsonville.
7. Villari, paroisse de Donnemain-Saint-Mamès.

habebat. Item fuit quidam miles nomine Menelaus qui pro Dei amore, pro vita eterna aquirenda, dedit sanctis martiribus alodum in Laneroica [1] villa sibi a parentibus hereditario jure derelictum, tempore Ingelranni abbatis. Item dedit alium alodum ubi ipse manebat ejus nomine dictum mansum Menelaus.

In pago Blesensi dedit comes Theobaldus primus inter Sergerolas et Cambum III. arpennos de terra arrabili et novem de vinea instructa et terminatur una parte terra sancte Marie, altera sancti Leobini, tercia sancti Lefardi [2], quarta sancti Benedicti, et solvit singulis annis in censum solidos IX. Item ipse dedit in fisco Blesensi IIII. arpennos vinee instructe et una (VIII) denarionum [3] cum alia terra arabili, et ad closellos IIII. arpennos vinee instructe, et in alio loco unam salergiam ubi navis quedam receptabat in alodium perpetualiter habendum.

Inde vero extitit comes indictus nomine Odo filius ejus loci hujus aptissimus reparator, qui abbatem Waldricum ad instruendum et reformandum in hoc loco posuit, et dedit in augmentionem hujus loci quemdam locum hereditarium in honore Sancti Salvatoris dicatum, Braico [4] situm, a quodam hereditabili viro sibi derelictum, nomine Borcardo; ita ut absque ulla divisione esset sub hujus potestate cum omnibus appendiciis que illic adjacent, sicut in privilegiis nostris scriptum habetur. Item ipse dedit nobis grolerias cum decima et vicaria et omnibus consuetudinibus que ad eum pertinent. Item dedit et aliam villam juxta Silvam Longam que vocatur Vascellas et illam que vocatur Villerai (?) cum omnibus consuetudinibus et mancipiis, terris cultis et incultis. Item dedit et molendinos qui sunt Marboico [5], et vineas, terras et omnia que illic habebat in alodum perpetualiter habendum.

Denique extitit quidam vicecomes Castridunensis, Gaufridus nomine, qui pro redemptione anime sue et uxoris, Hermengardis nomine, dedit ad locum sanctorum martirum suum alodum que appellatur Villa Siltula [6] cum omnibus consuetudinibus et servis, et ancillis qui ibi mane-

---

1. Lanneray.
2. Sancti Leonardi.
3. Les *Actes des saints de l'ordre de saint Benoît*, sæc. IV, pars 2, page 506, disent : Una VIII. denarios.
4. Bray-sur-Seine, appelé le Petit-Couvent dans le dénombrement du XVIIe siècle.
5. Marboué. Ces moulins furent aliénés au XVIIIe siècle, moyennant une rente.
6. Villesix.

bant. Similiter filius suus, nomine Hugo, dedit aliam villam juxta sitam nomine Buxeriam [1].

Et quidem alius nomine Herbertus dedit illic juxta alodum suum qui vocatur Alasthacheria (?). Item Ramus miles dedit suum alodum qui est in Valle Petrosa [2] et ea que sibi habebat, et alium qui est in Memberolis [3] villa sibi a parentibus jure hereditario derelictum.

In pago Carnotensi est nobis terra que vocatur tellus Deserti et habet IIII. mansos et dimidium, et terminatur in circuitu terra sancte Marie de Malo Nuntio et terra sancti Medardi et terra sancti Remigii et terra sante Crucis. Item ab Harbodisvilla (?) sunt nobis XXXVI. jornales de terra arrabili et una domus cum puteo in ipso alodo.

In pago Dunensi dedit nobis quidam miles in Amonias Villa (?) omnia que habebat cum consensu uxoris sue, nomine Hildegardis.

In pago Turonensi, dedit quidam miles nomine Wesmannus cum uxore nomine Emma suum alodum in duobus locis quorum hec sunt nomina Villa Egulsi (?) et Villa Malorum, quorum terminationes hec sunt : per medium Ville Egulsi decurrit fons que vocatur Buiraria (?) et terminatur a dextro latere vallis aquose que respicit ad villam Scoth, a sinistro dividitur a terra que vocatur Castras, tercia fronte dividitur a villa Martini, quarto ab ipsa terra et que vocatur Abalodis. Item Ville Malorum terra dividitur ab una parte terminatur a villa que vocatur Alchetrica in convale (?), ab altera parte vallis aquose, que respicit villam que vocatur Donna Maria, terna ab alodo qui vocatur Villa Moranni. Hec omnia dedit predictus miles supradictis sanctis cum terris cultis et incultis, silvis, pratis, molendinis aqueque supradicte decursu.

In comitatu Dunensi dedit quedam nobilis femina Rotrudis nomine super flumine Conida, villa Buxida, et terminatur ipsa terra sancti Florentini; infra has terminationes concluditur. Ipse alodus et forisvilla locusque vocantur Campus de arboribus de eodem alodo et in eodem loco Campus Seslegni et in alio Campus de Varisia. Item ipsa dedit pro remedio anime sue et sui senioris Walteri alodum a supradicto viro sibi derelictum in villa ad Escurias ; terminatur autem et duabus partibus terra sancte Marie; tercia via publiqua; quarta parte terra sancte Marie et sancti Martini.

---

1. Ici finit la petite chronique imprimée dans les *Acta sanctorum Bened.*
2. Villepéreux.
3. Membrolles.

In eodem comitatu dedit Hugo qui prenominatur Burcardus suum alodum que vocatur Ad sanctum Martinum cum pratis, piscariis, silvis, terris cultis et incultis continentem mensos III. Item Fulcaldus Saxonius dedit suum alodum Durisiacum et alium Mantonivillam (?) cum omnibus consuetudinibus et omnia ea que habebat in Marniaca villa (?). Item Gradulfus miles dedit medietatem alodi sui qui vocatur Rouvrais [1] cum pratis, aquis, mollendinis, silvis, terris. In Modesti villa dedit nobis Constantius XXX. et VIII. jornales de terra arabili et alius in Campigniaco ad unam carrucam de terra arabili. Item Robertus miles qui prenominatur Runardus ab Odeberta Villa (?) terram dedit ad unam carrucam de suo proprio, et alii homines infra manentes, quidam VI. jornales, quidam III., quidam I. In villa Macherias, dedit Hildoma et filius ejus Galo alodum suum.

CHARTE DU ROI LOTHAIRE

Qui prend sous sa protection le monastère de Bonneval, à la prière de Eudes, comte de Chartres, et de Hugues, très-glorieux duc, dans la XIIIe année de son règne, en 767, l'année même où, selon Mabillon, Eudes, fils de Thibaut-le-Tricheur, releva l'abbaye de Bonneval.

In nomine Regis eterni, ante secularia tempora Dei omni creatoris hominis, in fine temporum redemptoris universorum Domini nostri Jesu Christi, Clotarius, deifica annuente gratia, rex. Merito regie altitudinis, serena dignacione cumulatius et multiplicius sublimantur, qui ei fideliter et instanti officio famulantur. Quocirca universorum catholice matris ecclesie nostrorumque fidelium instantium necnon etiam futurorum generaliter noticia sagaci perpenderit industria. Quoniam fidelis noster et dilectus Odo... comes clarissimus, favente pariter et obsecrante Hugonis gloriosissimi ducis fidelis nostri benegnitate, celsitudinis nostre exorabilem supplex expetiit clementiam : ut quoddam cenobium, candidato grege monachorum diffuse oppinionis et vite per omnia probabilis, excellentissime decoratum culmine beatissimorum Christi mar-

---

[1]. Le moulin et la terre de Rouvrai, sur le Loir, au bas de l'abbaye. Cette *moitié* de propriété suscita plus tard des embarras aux deux propriétaires. — Voir l'*Histoire abrégée*.

tyrum Florentini et Ilarii, antiquitus perspicaciter irradiatum in ipsius
prefati fidelis nostri comitis Odonis comitatu Dunensi, atque ex ejusdem
beneficio, auctoritatis nostre precepto, per futura temporum spacia in
precinctu muniremus (par presentes litteras) pietatis intuitu, pervigili
meditatione, cultum divine religionis, pacis, silencii, muneribus indultis
ante Dei oculos vigilanter proficere in augmentum, perseverante quoque
quietatis amice tenore, monasteriales diligencius et delectabilius esse
semper meliores, interioris custodie, Christo domino annuente, pre-
libati oracii cenobitarum pii operis fructibus, in perhenni percepcione
remedie confidenter preoptantes et optabiliter nos communicare confi-
dentes si ut a fideli nostro atque dilecto superius nominato comite
Odone humili petebatur devotione, per diuturna sæculorum spacia, ab
eisdem monachis propugnaculo institutionis nostre forenses arcebuntur
querimonie semper invidentes quieti professionis monastice. Precibus
ipsius videlicet sepedicti fidelis nostri delectissimi comitis Odonis
adquievimus libentissime. Igitur favorabiliter, ut dictum est supplicibus
votis fidelis nostri Odonis comitis, accedentes ad nostram et suam ipsius
eternaliter (?) in prescripto monasterio memoriam conservandam, jure
regalis efficacie instituendo, stabilimus et ad tocius noticiam posteritatis
litterarum seriem traderi precipimus : quatinus a die presenti in reliquum evum, ne que ipse aut aliquis judicium in presenti seu in futurum aliquid horum que aut legum dictatione aut in ipso usu existente
ad judices, comites, vicecomites vel vicarios vel ad quoslibet multiplicium
professionum officiales dicuntur respicere, in cunctis finibus eorum que
ad predicti monasterii dictionem seu possessionem pertinent, aut respiciunt vel religiosorum devota oblatione per futura tempora in se adja-
cebunt divina gratia inspirante, ulla ratione, ullo tempore presumat
exigere. Quapropter totius christiane militie generatio, instanti subse-
quenti quoque seculo quod propter ineffabilem sancte ac individue
Trinitatis amorem ad tabernaculi glorie ipsius perpetuum decorem, pro
diuturna monachorum quiete, pro communi Christo domino eternitatis
spe militantium, pro adipiscenda pace sanctorum, decrevimus omni
pietatis studio [1] que (pietas) ad omnia utilis approbatur ac proficua,
summa invigilet consolare solercia ne aliqua ad res exigi solent, existente
sive Deo, cupiditate calumpniari violarique promittant; quam etiam

---

1. Allusion au texte de saint Paul : pietas ad omnia utilis est ; l'auteur ajoute : ac proficua (avantageuse).

nostri decreti auctoritate corroborando, propria manu subnotavimus et anuli nostri impressione sigillari, ac decorari jussimus. Signum Clotarii regis H. R. G. S. Gero notarius ejus ad nomen [1] domini Odelrici archiepiscopi et summi sui cancellarii recognovit et subscripsit. S. Gofredi vicecomitis, S. Herbetis comitis, S. Harduini, S. Rotrochi, S. Hugonis ducis, S. Roberti Blesensis, S. Odonis comitis, S. Odonis filii ejus. Datum nonas julii, regnante domino Clotario, anno xxx., indictus x. Actum Verberiaco palatio, feliciter in Christi nomine. Ego Odo comes hoc preceptum fieri rogavi pro remedio anime mee uxoris et filiorum meorum necnon et vicecomitis Gaufredi fidelis nostri cunctorumque fidelium nostrorum.

BULLE DE PASCAL II

Donnée à Troyes en 1107, à Bernier, abbé de Bonneval. — *Le Pape confirme les donations précédentes et règle l'investiture des abbés.*

Pascalis episcopus, servus servorum Dei, dilecto in Christo filio Bernerio abbati monasterii sanctorum Marcellini et Petri quod de Bonavalle dicitur, in comitatu Dunensi, ejus successoribus regulariter promovendis in perpetuum : sicut injusta poscentibus, nullus est tribuendus effectus; sic legitima desiderancium non est differenda petitio. Quamvis igitur filii, in Christo beatissimo, Bernerii justis peticionibus annuentes Bonevallis monasterium, cui Domini auctoritate preesse dinoscens (?) sub tutellam apostolice sedis exipiemus. Per presentis igitur privillegii paginam apostolica auctoritate statuimus, ut quecumque predia, quecumque bona nostrum hodie monasterium legitime possedet, quecumque etiam in futurum concessione pontificum, liberalite principium, vel oblatione fidelium... poterit adipisci, firma tibi tuisque successoribus et illibata permaneant. Illud etiam egregii Clotarii regis preceptum [2], eidem cenobio comitis Odonis precibus datum, ratum et stabile manere censimus; ut videlicet in omnibus que in presenti idem cenobium possidet vel possessurum est, neque comes neque judex seu qualibet alia persona aliquid horum que aut legum dictatione aut ipsa usuali consuetudine,

---

1. Dom Lambert a écrit dans l'*Histoire abrégée* : ad vicem.
2. La charte de *Lothaire,* qui précède.

ad judices, comites, vicecomites vel vicarios, ad quoslibet multiplicium professionum officiales dicuntur respicere in cunctis finibus ad predicti monasterii ditionem sive possessionem pertinentibus, ulla ratione ullo tempore presumant exigere. Nulli igitur omnino homini liceat idem cenobium temere, perturbare, aut ejus possessiones aufferre vel ablatas retinere... vel temerarius vexationibus fatigare. Sed omnia integre conserventur eorum pro quorum sustentatione et gubernacione concessa sunt usibus omnimodis profutura. Precipimus etiam ut sancti Salvatoris Braiacensis [1] ecclesia que beati Petri censualis est, et ab ipso fundationis exordio, tuicioni sedis apostolice commissa nostro cenobio tamquam capiti membrum semper adhereat, et ejus disposicio in tua successorum que tuorum manu absque alicujus contradicione persistat, salvo duorum Carnotensium solidorum censu que singulis annis est Lateranensi in palacio persolvendus. Obeunte autem te nunc ejus loci abbate vel tuorum quolibet successorum, nullus ibi quolibet surrepcionis astucia vel violentia proponatur nisi quem fratres communi consensu vel fratrum pars consilii sanioris vel de suo vel de alio monasterio, si oportuerit, secundum Dei timorem et beati Benedicti regulam elegerint. Electus autem, a Carnotensi episcopo benedicatur. Si tamen idem episcopus communionem et gratiam apostolice sedis habuerit et si ordinationem ipsam gratis ac sine pravitate (?) voluerit exibere. Alioquin ad Senonensem archiepiscopum recurratur. Sane si quis in crastinum archiepiscopus vel episcopus, imperator aut dux, princeps aut rex, comes aut vicecomes, judex aut persona qualibet potens aut impotens, hujus privilegii paginam sciens, contra eam temere venire temptaverit, secundo, terciove commonitu si non satisfactione congrua emendaverit, potestatis honorisque sui dignitate careat et reumque se divino judicio existere de perpetrata nequicia cognoscat et a sanctissimo corpore et sanguine Domini redemptoris nostri Jhesu Christi aliena (?) fiat atque in extremo examine districte ultionis subjaceat. Cunctis autem eidem loco justa servantibus, sit pax Domini nostri Jhesu Christi. Quatinus et hii fructum bone actionis percipiant et apud districtum judicem premia eterne pacis inveniant. Amen.

Datum Trecis per manum Johannis sancte romane ecclesie diaconi,

---

1. Voir la note 4, page LXV. Saint-Sauveur de Bray-sur-Seine payait un cens à Rome dès le XIe siècle, et prétendait à une certaine indépendance de l'abbaye. Ce petit couvent fut définitivement supprimé, après résistance du prieur, au XVIIIe siècle. — Voir l'*Histoire abrégée*.

cardinalis ac bibliotecarii, VIII. kal. junii, indictione XV., incarnationis Dominice anno M C VII, pontificatus autem domini Pascalis secundi, pape, VIII. (*Sceau du pape Pascal II.*)

DONATION

De l'église de Sainte-Marie d'Alluyes, Robert étant abbé, vers 1100, et autres, jusqu'au temps d'Arnaud, abbé de 1130 à 1154. — *Ces actes ont été omis par dom Lambert. On retrouvera les noms de plusieurs témoins dans les documents de son histoire qui sont relatifs à l'abbé Robert.*

Notare igitur inter cetera curavimus quia Mahildis Guillermi Goeti matris [1] nobis apud alodium quoddam castrum aptum? ob vicinitatem ecclesie quam Guillermus filius ejus nobis donaverat, hospitibus collocandis terram dedit, quam certis limitibus ne minueretur a quoquam minus fideli, testibus cartule insertis presentibus determinavit ac deinde Bonevallem veniens donum super altare nostrum posuit. Testes : Alcherius Mainardi, Landricus Aldefredi, Esmanardus Normanus, Hieronimus de Alodia, Emenbertus Perdrielus, Berengerius de Illaris, Landricus malfens, Haierius, Gauterius Ebrardi. Ex nostra parte : Ernaldus filius Eve et filius ejus Ingerrannus, Galterius Hildredi, Vitalis de Meileico, Stephanus Palestellus, Henricus Valgrinus et filius ejus, Galterius, Johannes faber, Bernardus abluterius, Symon de Fonte, Isembardus, Ascelinus pistor, [Gaufredus Bornet [2], Iscelinus fosetus, Guido Roberti, Gaufridus Gamardus, Deliannus, Brito, Albericus coquus, Petrus] Barbarinus, Girardus Roberti carcaldi.

Hoc vero cupiens particeps retribucionis haberi, Guillermus filius ejus, ipso commovente, laudavit et donum nobis defferendum Basinno monacho nostro tradidit. Testes : Osmundus, Herveius de Ascet, Thebardus Dolart.

Postea hec venerabilis matrona illius dicti viri probatissimi, haud immemor si multum tibi fuerit habundanter tribui [3], molendinum quem inibi habebat nobis largita est apud Ambreves (?) cum terris, quem et Guillermus ipsa die qua eam venerabili sepulture tradidimus, nobis, sibi

---

1. Mater.
2. Les noms mis entre crochets ne sont pas mentionnés dans le *Vidimus* de Gaultier.
3. Texte du *Livre de Tobie*.

tamen piscacione retenta, concessit. Testes : cum eo Fulcherius Nivelonis, Nivelo filius ejus, Gunherius [1] de Alneto, et Gerardus, Ronetellus, Hilgodus, Brunellus, Rainaldus decanus, Gaufridus, Garinus, Loherius et Normannus Puchei (?); de nostris vero, domnus abbas Robertus, Basinnus ; famuli eorum Galterius, Cenomannus, Fulcodius Galterii, Gamardus, Gaufredus.

Haud multo post ecclesiam quecumque ad eam pertinentia ipsam tenebat, que jamdudum prescripta matrona nobis dederat Adam apud Braiolum castrum [2] in domo Girardi manourt (?) nobis concessit, indeque octo libras Cenomanensis monete habuit. Testes cum illo Guillermus nepos ejus vivente (?) et Ulricus milites ipsius Adam, Rainaldus de Maugis cum Thebaldo monacho nostro, Rotrocus Rotrochi filius, frater ejus Guillelmus Goet, Rainaldus decanus, Odo de Toriello, Goscelinus... Ingelgerius Ruffus. Deinde apud castrum quod dicitur Delit eo quod in lit. fluvio sit, supradictus Tebaldus monachus jamdictam pecuniam solvit. Ibique Adam cum uxore sua de descriptis donis eum revestivit, que supradictorum deniorum xx. solidos habuit : Rainaldus de Maugis, Gaufridus Barrat, Rainaldus Tellomarius. Ipsa quoque die apud sanctum Quintinum Decaanet (?) Hugo frater uxoris Adam prescripta omnia nobis per jamdictum monachum recessit qui et ipse unciam aurei habuit. Testes Adam et Ulricus miles ejus, Galterius Gaufredi, cum monacho Ermenardus de Alodia. Hoc quoque Galterius clericus de Merleico, apud Bonamvallensem nobis concessit et donum super altare posuit. Testes Gaufridus, Gamardus, Radulfus de Puteo, Odo Ramardi, Rodulfus Ramerii, Ramerius galtum (?), Ricardus Rochard, Girardus Roberti.

Postea Albertus Legardis [3] filius cum in ecclesia alodie hereditatis jure duas partes omnium reddituum tam altaris quam decimarum omnium, partem eatenus habuisset, probabili usus consilio de predicta sua parte, ecclesie nostre donum facere utilius judicavit; quod ut compleret, quadam die Estephano monacho in nostrum capitulum adductus est, ubi quicquid in predicta ecclesia vel omnibus redditibus ejus, ipse et precessores sui viri unquam habuerunt, uxore sua Aremburge et Radulpho de Toriello qui dictus Alcion (?) erat, et cum Garde uxore Hilgoti de Ruschevilla, cum filio suo ex defuncto suo (conjuge)

1. Gaucherius.
2. Brou.
3. Legardis d'Alluye. — Voir le *Cartulaire de Saint-Père de Chartres*, par Guérard.

Landrico clarello, Roberto et Galterio Fulcodi de Bentrum (?) concedentibus, nobis in manu domni abbatis donum misit. Quin etiam omnes quacumque concessio super hoc dono necessaria videretur, concedere se facturum promisit. Unde et Gosselinum Ingelberti et Johannem Picard qui secum venerunt, fidejussores dedit. Post recepta societate, donum super altare posuerunt. Testes : Radulfus de Toriello, Robertus Landrici Daret (?), Galterius Fulcodi de Bentrum, Landricus manus, Joscelinus Ingelberti, Johannes Pichart; nobiscum Robertus freschet (?), Landricus filius ejus, Alcherius de Alodia, Arnulfus de Porcheria, Robertus tanator, Guido et Ascelinus de Gives, Hugo de Buxeri, Johames sacrista, Guillermus sanguinator. Postquam hec gesta sunt, Stephanus monachus eidem Alberto de suis rebus, congruam recompensans caritatem, sex libras Dunensis monete donavit.

Postea Galterius de Fonte et Hilgotus de Ruchevilla a sepedicto Alberto in nostrum capitulum addicti sunt qui et ibi libenter donum sicut et ipse fecerat, et ipsi quantum pariter ad se pertinebat fecerunt, et in ecclesia super altare posuerunt ; testes cum eis Hebertus Carnutis; nobiscum Hubertus Aldefieti, Terricus Busselus, Girardus de Valle Petrosa, Bernardus Corvesarius, Guido de Gives, Guido Excutit mantellum, Robertus Carnotis, Stephanus de Sartruno, Erardus de Pertuis, Symon Galterii.

Postmodum Radulfus supradicti Alberti filius, patris sui nimia infirmitate laborantis precibus devictus, in capitulum nostrum venit. Ibique quicquid pater suus nobis apud Adodiam donaverat concessit et insuper partem quamdem terre de sua nostre Roboreti [1] propinquiore ad IIII. annone sextariorum seminacionem pleniter sufficientem quam pater suus supradicta infirmitate detentus nobis per Rainaldum monachum qui eum visitaverat, donaverat. Testes : Ysembardus tollens secum Petrum de Petroso, Christianus frater ejus, Fulcodius Ingelbodi, Goscelinus Trevat, Odo Marcus (?), Buzellus, Odo Gradulfi.

Guillermus Guillermi Goeti filius postmodum supradictam decimam (cepit) calumpniari, dicens se non eam concessisse. Dein tandem precibus Tebaldi Alodie prepositi, in nostrum capitulum venit, et universam decimam de Alodia ad ecclesiam Beate Marie pertinentem, sine ulla exceptione nobis concessit. Habuit tantum inde a predicto

---

1. Rouvray-Saint-Florentin?

monacho XL. solidos. Testes cum eo : Hugo de Brueria, Petrus de Sancto Karilefo, Girardus Duos Valet, Fulcherius frater ejus, Beraldus, Odo forescarius, Hubertus Villeris; [nobiscum, Gaufredus Butardus, Hamelinus portarius, Pepinus Meslardi], Garnerius major, Hugo filius ejus, Robertus Freschet, Thetbaldus de Pometo, Rogridus, Guido Flodovei.

Matheus necnon frater predicti Guillermi cepit et ipse supradictam decimam calumniari, qui a sepedicto Tetbaldo expetitus, tandem cessit et (eam nobis) in perpetuum concessit. Habuit autem a supradicto monacho xx. solidos. Testes ex parte ejus : Eustachia mater, Robertus frater ejus, Odinus de Dangello, Lambertus Part in Preda (?), Girardus Duos Valet, Robertus Rissendis, Giraldus rasorius, Philippus Ernadi, Galterius Garini, Girardus Hadama, Rainaldus capellanus.

Post, Robertus in capitulum nostrum venit; quod fratres fecerant, fecit. Decimam omnem de alodia ad ecclesiam Beate Marie pertinentem concessit, habuitque inde v. solidos. Testes cum eo : Giraldus rasorius, Rainaldus de Auton, Gaufridus Piscis, Vicicanus de Alodia, Nobertus, Bernardus corduonarius, Richardus de Gives, Gausmat cocus, Burdo, Hamelinus, Odo Goscelini, Helbretus Elfredi.

Die autem quadam Odo Brisardus cum uxore sua in nostrum capitulum venit ibique coram testibus subnotis calumpniam de decima de alodia quam Mahildis et ejus filius Guillermus nobis dederant dimisit. Nos autem eis inde cum nostra societate xx. solid. et pro his que sponte dare voluerint, apud nos sepulturam promisimus. Testes cum eis : Paganus de Munhervilla, Archenbaldus Fredeisis (?); et de nostris : Rogrinus, Alcherius de Alodia, Odo filius ejus, Radulphus de Puteo, Gauslinus Archenberti, Petrus Barbinus. Hoc autem filius ejus Arnulfus Berruerius et Arnufus Helias et Malhildis ejus filia apud Dangelum concesserunt. Cum illis testes : Gaufridus Gaudinus, Odo filius Algani. De nostra parte : Galterius et Hugo presbiteri, Herveius pignus, Hugo Bernardi, Hamericus Fulcodi, Robertus Almarici, Isembardus de Lore.

Fuit quidem necnon Hugo nomine, cujus Galterii nepos, qui cum nobis effectus fuisset monachus et VII. libras quos secum ad monasterium afferre disposuerat a supradicto avunculo suo qui sibi eas debebat expeteret. Ille cum in promptu non haberet unde eas redderet, pro eisdem VII. libris medietatem decime quam apud Alodiam obtinebat ecclesie nostre concessit. Veniens vero Bonamvallem die quadam, in thalamum domini Roberti abbatis adductus est. Ibique coram subnotatis testibus ipsius decime donum manu supradicti abbatis dedit. Testes : Alcherius de Alodia, Herbertus de Marboi.

Postmodum a quodam Gilberto collum agni de ea concessione expetivimus qui precibus nostris annuens in nostrum capitulum venit cum uxore sua et coram pluribus, quod Galterius nobis dederat, quod de eo tenuerat concessit. Habuit autem pro eadem concessione a Stephano monacho c. solidos. Postea satagentes quod ceperamus ad perfectum adducere Gerardum Roetellum adivimus, rogantes ut quod Gillebertus, qui de eo tenebat, concesserat, et ipse concederet obtinuimus. Unde in capitulum nostrum cum uxore sua Abscendi venit, et donum sue concessionis manu domine Bernerii abbatis misit, et fraternitatem societatis nostre devote suscepit. Filium vero suum qui tunc presens non aderat, cum de locis in quibus tum morabatur, advenisset (?), in nostrum capitulum se eum adducturum, et quod ipse concesserat concessurum spopondit. Testes : Girardus terram tenens, Huldricus, Galterius Goscelini, Balduinus, Stephanus, Goscelinus.

Ingelfredus quidam cum ad manucatum veniret quia pecuniam non habebat, quod paterno jure possiderat ecclesie nostre donavit; scilicet duos agripennos, unum terre arabilis, alterum prati : sorore mea Ingelicia cum filio suo Beraldo consentiente in tali tenore; ut dotis quecumque in die obitus habuerit, ut ipsis fratribus sepulture tradantur. Hoc quoque vir ejus landavit. Ita ut vivens dimidium possideat, et ecclesie, illo mortuo, totum veniat. Hoc quoque et alia soror nomine Garburgis cum viro suo Goscelino, omni fenore remoto, concessit. Hoc et Girardus Hurta Mala concessit, qui mihi sanguine vinctus erat, et insuper inceptui meo congaudens, de suo prati arpennum dedit. His interfuerunt : Rogrinus clericus, Goscelinus Lanarii, Ernaldus Milescendis monachus, Odo Mainardi, Arenbertus Carnotis.

Osmundus quidem in die obitus conjugis sue pro illius anime salute dedit nobis qui eam tradidimus sepulture inter cetera apud Alodiam terram cum pratis sufficientem culture unius carruge. Testes : Guillermus frater illius defuncte de cujus fere (?) terra illa; Goscelinus nepos ejus ; Hugo cognatus eorum ; Garnerius avirsart (?) frater Osmundi, Hilgotus Brunellus, Hugo de Toriello, Gaufredus Gaurinus, Harduinus Buca Stulta. De nostris : Girardus pistor, Radulfus Rotrochi filius; post Bonamvallem veniens conjugem suam Godehildim secum adduxere [1], capitulum nostrum intravit, participationem beneficiorum petivit et accepit; terram predictam cum conjuge sua concessit, et donum super altare verendorum martyrum et sanctorum quorum ipsa die solemnitas agebatur M. et V. lib. posuit. Errardus de Villabum, Robertus de Curost (?), Hilduinus Alte Tonsus. De nostris : Teutde (?) Tange bovem, Obertus mercator, Errardus Mordens lardum, Guillermus de Salmerito [2].

Cum inter Bonevallensem et Carnotensem abbatem de ecclesia Sancte Marie de Alodia plurimos per annos manu laiculi causa agitaretur, et nullo fine clauderetur, tandem die condicta Carnotensis episcopi domini videlicet Yvonis super hac re acturi presenciam adierunt, qui partibus auditis cum videret dissonanciam narracionum diversaque testimonia testificantium vix aut nunquam sine perjurii periculo per judicium posse finiri, mediatorem se satis fidum interponens, monuit abbates illos ut pocius per concordiam causam illam finirent ne quod pro redempcione suorum peccaminum devocio obtulerat fidelium, in fidelitate falsidicorum verteretur in augmentationem scelerum ipsorum (?). Abbates vero illi approbantes se esse filios pacis, gratanter annuere consilio sui episcopi. Tunc episcopus convertens se ad Bonevallensem abbatem qui illam, de qua agebatur, possidebat querellam, paterna cum delectione ortatus est, ut de decimis quas in parrochia sancti Germani de Alodia possidebat partem Carnotensi abbati cujus erat parrochia illa pro concordia dimitteret. Ipse vero ecclesiam jamdictam sancte Marie cum aliis suis appendiciis sibi in pace retineret. Porro abbas nolens diucius adversus confratrem suum litem habere, juxta ad monitionem episcopi, quatuor villarum ei decimas dimisit; de Berreleto et de Pertuis et de Petroco et de Marsonisvilla et sic cetera sibi in pace retinuit. Testes cum abbate Bonevallensi : Gaufridus de Pataio, Alcherius de Alodia, Odo filius ejus, Guillermus Guitardus, Gaufredus frater ejus, Guido de Petroco; cum Carnotensis : Robertus Aculeus, Tebaldus Stephani, Guillermus et Fulco archidiaconi.

Non longo post tempore supradictus Albertus Legardis filius hos qui concessuri erant adhuc donum quod decima de Alodia nobis fecerat, in nostrum capitulum adduxit, et plane, ut prelibatum est,

---

1. Adduxit.
2. Saumeray.

concesserunt. Videlicet Errardus frater ejus, et filii ejus Odo et Robertus, necnon et Galterius de Fonte cum uxore Ermengarde que ideo calumniebat quia de dote sua esse dicebat.

Illa autem cum Girardo filiisque ejus Odone et Roberto societatem beneficii nostri suscepit, nam vir ejus Galterius jam dudum susceperat. Testes ex parte eorum : Alcherius de Alodia, Guido de Barrilleriis, Galterius de Fonte; ex nostra : Hugo de Buxi, Isembardus filius Odonis Luppi, Richardus, Grefridus Granum (?), Thebaldus, Bordonus portarius.

RECONNAISSANCE

Des droits seigneuriaux de l'abbaye sur Alluyes, Bouville et Saumeray.
Arnaud étant abbé.

Notificetur omnibus qualiter Guillermus Goetus in nostrum capitulum veniens, presidente domno Ernaldo abbate, consuetudines quasdam quas nobis apud Alodiam et apud Bolvilam et apud Salemeriacum injuste calumpniabatur, dimiserit; dicebat enim quod si in predictis locis et in aliis adjacentibus latro quilibet inveniretur vel caperetur, suus omnimodo esset ad faciendum quicquid facere voluisset. Hoc ipsum et de sanguine sic ibi factum fuisse causabatur atque de his investiturus quosdam se habuisse confessus est. Primum de hoc ipso coram cunctis qui aderant, in manu abbatis rectum fuit et sic ecclesie jus suum quod antiquitus habuerat et habere debebat, omnino sine ulla exceptione liberum dimisit, ut videlicet monachi deinceps de latrone et de sanguine facerent quicquid vel ratio consuluerit vel justicia dictaverit. Concessit et etiam nobis ibi molendinos de via. Testes ex parte ejus : Evrardus de Villabon, Paganus de Bosco, Hugo de Brueria, Rotrocus, Burgondio, Gaufredus infernus, Robertus Duos Valet, Fulcherius frater ejus, Simon Turniellus, Vitalis Manigant; nobiscum : Rogrinus, Richardus portarius, Robertus Berengerii, Guignardus, Girardus, Botardus, Hugo carpiri, Otbertus Fulcoini, Tetbaudus frater ejus, Galterius Trocardus, Tetbaldus hericius.

En tesmoing de laquelle chose, led. a scellées les présentes lettres d'extrait, l'an et jour dessus premiers dit.

GAULTIER.

IV

AUTEURS BÉNÉDICTINS LUC D'ACHÉRY ET MABILLON.

Sur un plan de l'abbaye qui semble avoir été tracé par un écolier au milieu du dernier siècle, et qui a été annexé au manuscrit de l'*Histoire abrégée*, par M. Lejeune, on voit figurer une tour carrée dans l'angle que formaient l'aile septentrionale et le chœur de l'église. Il n'y a pas de légende. Cette tour devait être alors dans le cimetière des moines, placé autour du chœur, suivant la coutume ; mais son usage était déjà inconnu des moines eux-mêmes à l'époque où Mabillon, en quête de manuscrits et de vieilles chartes, allait visiter leur couvent. Voici ce qu'il en dit, à propos d'une autre abbaye, dans le cours du tome VI des *Annales bénédictines* :

« Je me souviens d'avoir vu quelquefois une petite tour élevée auprès de l'église du monastère de Bonneval, dont j'ai longtemps cherché la raison. Une pareille existe dans le cimetière de l'église de Sarlat, jadis appartenant aux moines, et le peuple l'appelle le Fanal. J'aurais cru volontiers qu'elle avait été faite pour éclairer les fidèles qui se rendaient à l'église pendant la nuit. Mais j'ai appris son usage véritable, au 2e livre, chapitre XXVIII, des *Miracles* de Pierre-le-Vénérable, où il parle aussi d'une petite tour semblable du monastère de Cherlieu (*Cari loci*) du diocèse de Mâcon : elle tient le milieu du cimetière, il y a des degrés qui conduisent à une plate-forme suffisante pour contenir deux ou trois personnes, et on y allume une lampe en l'honneur des fidèles qui reposent dans ledit cimetière, éclairé de sa lumière éclatante. »

Ce vieux débris d'un autre âge a naturellement disparu avec ou même avant l'église. Mais une personne respectable de Bonneval qui vient de mourir, et qui naquit dans l'abbatiale du couvent où son père était jardinier en 1785, madame Toinard, me disait encore, il y a quelques mois, que la place où fut située la cour carrée, était l'ancien cimetière des moines.

On trouve encore au tome v des *Annales bénédictines*, page 297, année 1092, un renseignement d'ailleurs assez difficile à placer, et qui paraît se rapporter au Xe siècle, époque de troubles pour l'abbaye de Bonneval. Il s'agit d'un abbé oublié dans le cartulaire du couvent.

« Nous avons souvent parlé, dit Mabillon, du monastère de Bonneval dans les tomes précédents et de ses abbés; cependant on n'y rencontre aucune mention de Godon, abbé, qui devrait y trouver place d'après un manuscrit vu par nous naguère dans la bibliothèque de Colbert. La forme de l'écriture en recule la date au moins à la fin du Xe siècle. Ce manuscrit, qui contient une vieille collection de canons, est voué aux saints Pierre et Marcellin par Godon, abbé de Bonneval, ce qu'indiquent les vers suivants écrits en lettres unciales sur la marge :

« Godo Bonavallis humilisque monasticus abbas,
« Codicis hujus opus sanctorum canone factum,
« Donat habere Petro Marcellinoque beatis.
« Ejus et ablator pena plectatur acerba,
« Cum reprobis pariter baratri retrusus in imo,
« Ni prius ablatum digna emendatio reddat.

« D'où il est certain qu'il y eut un abbé de Bonneval nommé Godon, et de Bonneval du pays Chartrain, car les autres monastères de ce nom n'étaient pas fondés à la fin du Xe siècle ou au commencement du XIe, temps où fut écrit certainement ce manuscrit. Ensuite, les saints Pierre et Marcellin furent les patrons de Bonneval de Chartres et non d'autres couvents, mais il n'est pas facile d'intercaler ce Godon parmi les abbés du monastère quand l'anonyme que l'on dit avoir écrit la chronique de Bonneval à la fin du Xe siècle n'a rien dit de cet abbé en parlant des autres de ce temps. Faut-il donc placer ce Godon au commencement du XIe siècle, après l'époque de l'écrivain anonyme? C'est ce qui paraît équitable, ou bien il faut dire que cet anonyme a écrit avec bien peu de soin l'histoire de son couvent. Ce n'est pas invraisemblable, et il se trompe, ou quelqu'un après lui a altéré sa chronique, comme cela eut lieu certainement dans la relation du transport des reliques des saints Hilaire et Florentin, car, dans cette chronique qui a été publiée, les reliques sont livrées par Aurélien, alors abbé d'Aisnay, pour les transporter à Bonneval par les moines qu'Ingelard, abbé de Bonneval, avait envoyés à Aisnay; ce qui ne peut être exact, puisque Aurélien, ayant laissé l'abbaye d'Aisnay, aurait été déjà élevé à la dignité d'archevêque de Lyon sous le règne de Charles-le-Chauve quand Ingelard était abbé de Bonneval, et que celui-ci ne fut abbé que sous le règne de Louis, fils de Charles-le-Chauve. »

Mabillon me paraît faire erreur. Les moines partis sous l'abbé Gausmar revinrent à Bonneval sous l'abbé Ingelard. Mais, pour Godon, le lecteur peut croire qu'il fut abbé dans le Xe siècle ou le commencement du siècle suivant, puisque ce manuscrit de la bibliothèque de Colbert n'affirme rien de plus que son existence dans ce temps-là environ, qui coïncide d'ailleurs avec le sac de l'abbaye par les Normands, vers 911.

Aux années 1064 et 1154, la *Gaule chrétienne*, tome VII, mentionne deux abbés de Bonneval tout à fait inconnus : Fulcodus et Fulcherius. Leurs noms figurent comme conciliateurs et témoins d'actes passés entre Marmoutier et l'abbaye de Rédon, pour le premier; et entre Saint-Laumer et Saint-Vincent de Chartres, pour le second.

Fulcodus et Fulcherius sont implaçables, en qualité d'abbés de Bonneval du pays Dunois, aux dates de 1064 et de 1154. Il y a donc eu confusion avec les autres monastères du nom de Bonneval.

Les *Annales bénédictines* s'étendent assez volontiers sur l'abbé Arnaud, qu'elles appellent Ernaldus, et qui fut l'ami particulier de saint Bernard de Cluny, dont il écrivit une partie de la vie, le 2e livre. La dernière lettre de Bernard lui fut adressée; les *Annales* la citent, et je pense qu'elle est digne à tous égards de figurer ici.

Ann. bénéd., tome VI, page 526, année 1153.

Saint Bernard venait de pacifier les troubles qui avaient éclaté entre les bourgeois de Metz et les seigneurs des environs, quand il retourna pour la dernière fois à Clairvaux. Dès qu'Ernauld ou Arnauld apprit la maladie de Bernard, il lui envoya quelques présents, avec un messager pour s'informer de sa santé, mais sans lettre; ce qui est un signe qu'Ernauld était déjà lié avec ce grand homme, comme avec les principaux personnages de ce temps, Arnulfe, évêque de Lisieux, et autres. Bernard lui écrivit, quoiqu'il fût à l'extrémité, et de sa propre main :

« Suscepimus caritatem vestram in caritate et non in voluptate. Quæ enim voluptas ubi totum sibi vindicat amaritudo? Nisi quod solum nihil comedere utcumque delectabile est. Somnus recessit a me, ne vel beneficio sopiti sensus dolor unquam recedat. Defectus stomachi fere totum quod patior est. Frequenter, et in die, et in nocte, exigit conforteri modico admodum qualicumque liquore; nam ad solidum omne inexorabiliter indignatur. Hoc parum quod dignatur admittere, non sine gravi molestia sumit; sed timet graviorem si se vacuum omnino dimiserit. Quod si plusculum quid interdum admittere acquiescat, id gravissimum. Pedes et crura intumuerunt, quemadmodum hydropicis contingere solet. Et in his omnibus, ne quid lateat amicum de statu amici sollicitum, secundum hominem interiorem (ut minus sapiens dico) spititus promptus est in carne infirma. Orate Salvatorem, qui non vult mortem peccatoris, ut tempestivum jam exitum non differat, sed custodiat. Curate munire votis calcaneum nudum meritis; ut is qui insidiatur, invenire non possit, unde figat dentem, et vulnus infligat. Hæc ipse dictavi (id. scripsi) sic me habens, ut per notam vobis manum agnoscatis effectum. Verumtamen rescripsisse quam scripsisse maluerim. »

Saint Bernard mourut quelques jours après, en septembre 1153. Le deuxième livre de sa vie fut écrit par l'abbé Arnauld; le premier l'avait été par Guillaume, abbé de Saint-Thierry, du vivant de saint Bernard, et qui mourut avant lui. A ces deux livres, Gaufridus, notaire de saint Bernard, ajouta les trois autres. L'abbé de Bonneval mourut lui-même peu de temps après, en 1154, dit-on, mais à Marmoutier, où il s'était retiré pour fuir les persécutions qu'on lui suscitait dans sa propre abbaye. Il y composa divers ouvrages de piété fort estimés de ses contemporains.

On verra, en lisant l'*Histoire abrégée*, qu'en ce temps-là les abbés n'étaient pas toujours tranquilles dans leur dignité élective. Arnauld, l'ami de saint Bernard, de Geoffroy de Vendôme, de saint Yves de Chartres, de Pierre-le-Vénérable, d'Arnoul de Lisieux, éprouva le sort de ses prédécesseurs. Dom Lambert glisse un peu vite sur une réflexion désagréable qui vient tout naturellement à l'esprit; il laisse même dans le doute si ses ennemis étaient étrangers ou domestiques. Mabillon appuie davantage et dit au tome VI, page 380, des *Annales*, que, déjà vers l'année 1144, Arnauld pensait à abdiquer et à se retirer à Cluny, quand Pierre-le-Vénérable écrivit à Mathieu, cardinal, ce qui suit :

« L'abbé de Bonneval, près Chartres, se dispose à venir à Cluny, avec plusieurs honnêtes personnes, s'il peut en obtenir la permission du pape Innocent, par le conseil de Votre Sagesse. Vous savez les motifs de son irritation contre les siens et qu'il ne peut plus retenir plus longtemps. Il est étonnant comme les abbés de Bonneval ont été l'un après l'autre, dans ce temps, vexés et troublés, ainsi que le prouvent Tedfrid, Gauthier, Bernier, et comme le prouvera bientôt Arnauld lui-même. »

Les moines avaient alors l'humeur indépendante. Ils tenaient peu de compte des injonctions de l'évêque Fulbert; ils ne se faisaient pas faute d'opprimer les abbés qu'ils avaient élus librement; mais ils rendaient tant de services qu'ils pouvaient résister même quelquefois au Saint-Siége. Aussi le concile de Latran de 1127 essaya-t-il de leur enlever la foule de paroisses et de cures qu'ils possédaient. C'est de là que date sans doute leur droit de présenter les curés, qui fut une sorte de transaction.

Une lettre de Bernard, abbé de Tyron, existait encore à la fin du XVIIIe siècle dans le chartrier de l'abbaye. Bernard demandait à son collègue de Bonneval, Bernier, prédécesseur d'Arnauld, quelques moines pour l'aider à célébrer une solennité religieuse. On lui en envoya quatre-vingts, comme cela était écrit sur la marge de la lettre; et, sans doute, on ne dépeupla pas le couvent. C'est qu'alors les monastères bénédictins étaient une vraie communauté d'ouvriers de tous états, dirigés par des clercs, ainsi que le leur reproche souvent et mal à propos l'abbé Beaupère. S'ils étaient difficiles à gouverner, comme tous les hommes après tout, ils étaient infiniment utiles, et la société ne pouvait se passer d'eux.

V

Dom Thiroux et dom Lambert, auteurs de l'*Histoire abrégée* jusqu'en 1612, et le curé Beaupère, de Saint-Sauveur de Bonneval, continuateur jusqu'en 1765.

Dom Jean Thiroux, né à Autun, était prieur du couvent de Melun, lorsque, vers 1700, ayant soutenu avec trop d'ardeur dans la ville de

Reims une thèse en faveur de la règle de saint Augustin, contraire aux sentiments des Jésuites, il parut suspect sans doute de jansénisme, et fut, pour ce fait, renfermé pendant cinq ans à la Bastille. En 1708, on l'exila à Bonneval, où il demeura six ans, en qualité de sous-prieur, et c'est pendant ce séjour qu'il composa le commencement de l'*Histoire abrégée de l'abbaye*, jusqu'au huitième abbé, nommé Gautier. A la fin de 1715, après la mort de Louis XIV, il put se retirer à Saint-Germain-des-Prés, à Paris, et plus tard à l'abbaye de Saint-Denis. Dom Thiroux était un ancien professeur de théologie.

Son successeur à l'*Histoire abrégée*, dom Lambert, la continua sur ses mémoires, jusqu'à Jacques-Auguste de Thou, abbé en 1612. Mais il quitta aussi Bonneval prématurément, à une époque inconnue, pour aller exercer l'office de célérier à l'abbaye de Jumièges.

Bien qu'il n'ait travaillé que sur les documents de Jean Thiroux, dom Lambert avait l'enthousiasme d'un auteur; cependant, il a passé bien des chartes précieuses pour son couvent, et d'autres il n'a donné parfois que des lambeaux ou des sommaires, estimant qu'elles étaient trop longues ou qu'elles répétaient ce qui avait été déjà dit dans des chartes précédentes. C'est ainsi qu'il agit, par exemple, à l'égard des bulles de Pascal II (1108), de Calixte II (1130), de Célestin III (1194), qui confirmaient les priviléges accordés à son monastère. Il donne heureusement celle de Grégoire X (1272), qui, dit-il, les résume toutes. On a lu celle de Pascal II intercalée dans le *Breve chronicon*, qui fut donnée sous Bernier, le dixième abbé de l'abbaye.

La bulle de Grégoire X, de l'année 1272, énumère et confirme tous les biens et priviléges tant spirituels que temporels de l'abbaye à cette époque, et permet de faire une comparaison très-intéressante du monastère à son origine, lorsqu'il fut doté par Charles-le-Chauve et le toparque Foulques, et aux époques suivantes du XVIIe et de la fin du XVIIIe siècle, dont les dénombrements, plus ou moins complets, sont reproduits au manuscrit de Chartres. Le vieux couvent n'avait guère perdu que des droits de justice générale, cédés par lui depuis longtemps, de gré ou de force, aux comtes de la province.

Dom Thiroux, tout rempli de zèle, au lieu de passer des chartes, inventerait plutôt des textes que de manquer de matière. On pourra comparer son récit de la fondation de l'abbaye et de la translation des reliques des saints Florentin et Hilaire, avec les documents écrits par les contemporains de ces faits. Il supplée aux lacunes avec une ardeur d'imagination étonnante : on dirait qu'il a vu le toparque Foulques, et le premier abbé Gausmar, et l'empereur Charles-le-Chauve. La reproduction totale des deux courtes chroniques, qui furent ses seules ressources dans la composition de cet ingénieux roman, n'était donc pas inutile pour les placer en regard de leur pieux amplificateur.

Cependant dom Thiroux n'a rien dit de l'abbé Godon, que Mabillon met dans ce grand vide du Xe siècle, où, pendant cinquante ans, du troisième abbé problématique Ingelrame jusqu'à l'abbé Waldric, installé vers 967 par Eudes fils de Thibault-le-Tricheur, l'histoire et les chroniques ne placent absolument personne.

M. Beaupère eut connaissance entière du manuscrit de Jean Thiroux continué par dom Lambert, qu'il appelle toujours l'histoire de dom Lambert, malgré ce fait incontestable, et consigné même de la main de ce dernier, à la page 25 de son manuscrit, qu'il l'a continué sur les mémoires de dom Jean Thiroux et autres. Le curé de Saint-Sauveur n'est jamais d'accord avec le Bénédictin, et cependant ils ont puisé aux mêmes sources. Cette contradiction se comprend d'ailleurs par les deux points de vue opposés d'où chaque chroniqueur envisageait les choses. Je serai plus loin obligé de m'étendre sur cette discordance.

M. Beaupère n'aimait pas les moines de Bonneval. Mais il était aussi persuadé, du moins je le suppose, que l'abbaye de Bonneval, qui défendait alors les prérogatives qu'elle avait pu conserver, les avait autrefois injustement usurpées. En un mot les Bénédictins étaient-ils les anciens seigneurs de Bonneval? Les moines disaient oui; M. Beaupère soutenait le contraire. Toute sa chronique a été écrite d'après cette idée préconçue, à ce point de ne pas voir l'évidence. Comme si les moines de Bonneval avaient été les seuls seigneurs religieux de l'époque féodale !

Le sujet est d'ailleurs assez important pour citer les arguments des deux parties, et c'est ce que nous ferons à leur place.

Dom Lambert avait raison, appuyé sur ses chartes que M. Beaupère pouvait consulter à volonté, lorsqu'il disait qu'avant l'année 1079 les comtes de Chartres ne possédaient absolument rien à Bonneval, et qu'alors seulement, avec la permission des religieux, ils érigèrent un marché dans la ville[1]; et qu'en 1118, ils avaient cédé à Thibault IV les premiers droits de justice des comtes, à propos du meurtre, du rapt, de l'incendie furtif, et du trésor trouvé; ce que l'on appelait les *quatre cas*.

---

1. C'est le marché du lundi, qui subsiste encore.

Ce n'est peut-être pas le mot empiètement que dom Lambert eût dû raisonnablement employer pour désigner ces concessions du couvent à ses protecteurs et bienfaiteurs. Le comte Thibault, chargé par Louis-le-Gros de protéger le monastère, était tout désigné pour châtier les voleurs et les incendiaires des biens appartenant aux moines qui vivaient dans son comté. Et en acceptant cette juridiction qu'il réclamait, sans doute comme une prérogative, Thibault IV ne faisait qu'obéir, ainsi que les moines eux-mêmes, aux ordres des conciles, dont l'autorité souveraine avait plusieurs fois décidé et dut décider encore justement qu'il était dur à des religieux de s'occuper d'affaires de meurtre et de rapt. C'est même à peu près dans ces termes canoniques qu'était rédigée la demande ou l'offre de Thibault, ce que feint d'ignorer dom Lambert, au lieu d'en convenir franchement.

C'est ainsi que par degrés la convenance, la gratitude et l'ascendant d'une protection séculaire, portèrent les moines à concéder aux comtes la permission d'ériger un marché et d'exercer la justice des quatre cas à Bonneval et sur leurs possessions. Il arriva quelques années après, en 1131, que l'abbé Arnauld fut conduit à céder à Thibault, moyennant dix livres de cens, un terrain sûr la grève pour y bâtir une maison de plaisance; et que cette maison dégénéra vite *en Salle du Comte,* pour juger les contraventions des marchands aussi bien que les crimes des fauteurs des quatre cas. Toutes choses qui exigèrent un prévôt.

Dom Lambert déplore ces envahissements. Il fallait bien payer de pareils défenseurs qui pourtant s'étaient engagés vis-à-vis des rois de France à ne rien exiger pour les services qu'ils avaient eux-mêmes sollicité de rendre. Ce fut bien pris quand les vicomtes de Chartres, seigneurs du Puiset, et ceux de Châteaudun, commis à cet office par les comtes trop occupés de leurs grandes affaires, imposèrent des tailles, des cens, des droits de gîte et de procuration, qui devaient les défrayer de leurs dépenses. C'était le paiement de diverses façons, se résumant ensemble sous le nom générique de *tensamenta,* qu'imposait au protégé le protecteur armé; quelque chose comme un impôt multiple et variable qui soldait la seule maréchaussée de ce temps-là. Mais la protection royale allait devenir plus effective.

Nous reviendrons sur ce sujet dans le chapitre suivant, qui sera consacré spécialement à la juridiction du couvent.

Les choses étaient en cet état, lorsqu'en 1286 Philippe-le-Bel acheta pour 40,000 livres le comté de Chartres à Jeanne, comtesse de Blois, veuve de Châtillon et tante du roi. Dès lors les rois de France, et les ducs d'Orléans dans la suite, prirent la succession des comtes de Chartres et firent valoir leurs droits de justice en concurrence avec ceux de l'abbaye. Le prévôt royal eut la police générale, comme autrefois les comtes avaient la justice des quatre cas et celle du marché.

Mais si la justice du comte releva de Paris, celle de Bonneval releva longtemps du bailliage d'Orléans et médiatement de Janville. Il en était encore ainsi au commencement du XVIIIe siècle, où tout Bonneval enfin ressortit de Chartres.

Depuis le XVIe siècle, la justice du couvent s'appelait le Bailliage; ce qu'il importe de connaître pour ne pas la confondre avec la Prévôté, qui désignait celle des ducs.

Elle s'exerçait encore à l'abbatiale le 13 septembre 1662. A cette époque, l'abbé Duplessis commença de l'exercer dans l'auditoire des officiers royaux relevant du tribunal de Janville ou Yenville, qui était sous les halles de Bonneval. Les officiers d'Yenville voulurent s'y opposer, mais en vain, les halles appartenant aux moines. Cependant ceux-ci retournèrent dans la suite à l'abbaye jusqu'en 1712, époque où ils décidèrent de reporter leur tribunal aux halles et d'y remplacer les officiers royaux. Mais les officiers royaux prouvèrent à leur tour que le bureau et les sièges de l'auditoire étaient à eux; et sur cette seule allégation ils obtinrent de continuer d'y siéger alternativement avec les officiers de l'abbaye.

L'abbé Beaupère, qui n'était pas tendre pour les religieux de Bonneval, ne peut s'empêcher d'être étonné de ces difficultés opposées à l'exercice de la propriété incontestable des moines. « Je ne saurais comprendre, dit-il, comment ni pourquoi l'auditoire qui était sous les halles, qui n'ont jamais été disputées aux religieux, était occupé par la prévôté, et même par le corps-de-ville qui, comme il est constant par tous ses actes, y tenait aussi ses assemblées. C'est une énigme pour moi difficile à deviner. La chambre d'audience sous les halles étant devenue impraticable, la prévôté, la ville et le bailliage ont transporté le lieu de leurs auditoires et assemblées dans une maison particulière qui est affermée par la prévôté et le bailliage. La ville, qui en 1766 a transporté ailleurs le lieu de ses audiences, n'a jamais rien paié pour le loïer de cette maison. »

Quant à la seigneurie militaire de la ville, elle était d'abord aux anciens comtés, ses défenseurs, puis aux ducs d'Orléans et de Chartres, qui ensuite la déléguèrent ou l'affermèrent, pour être plus exact, à qui bon leur semblait. J'emprunte au manuscrit de l'abbé Bordas, qui vivait en ce temps, le récit de la prise de possession, en 1759, de cette seigneurie dont le revenu ne dépassait pas 800 livres; celle d'Alluye en rapportait 30,000.

« Le château actuel du Houssay (page 80 des notes du manuscrit), qui est un des plus considérables du Dunois, fut basti en 1600, par Claude Mallier, intendant des finances, originaire d'Orléans. C'est lui qui a fait bastir l'église et qui l'a fait ériger en paroisse en mil six cent vingt-huit.

« Sa petite fille Marie Mallier, fille de Claude Mallier, devenu évêque de Tarbes, a porté cette terre à la maison de Maillé-Bresé par son mariage avec Louis de Maillé, marquis de Bouchart. Leur fille unique Marie-Anne-Geneviève a eu pour mary Philippe-Claude marquis de Montboissier, dont les petits enfants, à qui appartient le Houssay, sont sous la garde de leur mère, dame Boutin veufve du vicomte de Montboissier.

« C'est cette dame qui a pris par engagement de Mgr Louis-Philippe, duc d'Orléans, comme duc de Chartres, la ville et prévosté de Bonneval, dont tout le revenu ne passe guère huit cents livres, tant en droits de péage, foire de Saint-Gilles, que rentilles sur les particuliers qui ont fait des ouvertures dans les murs de la ville[1]. Elle en prit possession le huit septembre mil sept cent cinquante-neuf, avec tout l'appareil qu'elle put imaginer, et autant que le local en était susceptible. Deux drapeaux et une grande quantité de coquardes dont elle s'était fait précéder, donnèrent occasion aux habitants de Bonneval de s'essayer à former de leur mieux deux compagnies à la teste desquelles les officiers de la prévôté et les deux échevins allèrent la recevoir à la porte de Chartres. Elle y descendit de son carosse qui était escorté depuis le Houssay de deux autres voitures. Le cérémonial fut moins long qu'embarrassé, non pas de sa part, mais elle n'avait pas dressé tous les acteurs. Une troupe de bergères postiches, dont elle avait réglé l'ajustement avec goût, se présenta à propos pour rompre le morne sérieux municipal et le changer en pastorale. De la porte, elle s'avança

---

1. On verra au chapitre de la « Prévôté royale, » que cette seigneurie consistait dans : 1º le fief Isaac, 2º la vicomté de Saint-Sauveur. En tout, un vingtième de Bonneval.

vers un poteau chargé de ses écussons qu'elle avait préalablement fait dresser au pied de la halle. Ce fut le premier terme où elle fit commencer l'instrument authentique des droits dont elle se mettait en possession dans la petite cité. Elle passa de là à la maison qui sert d'hôtel-de-ville et d'audience. Ensuite aux prisons, au collège, composé d'un maistre de pension, et à l'Hôtel-Dieu. Enfin, elle fut mettre le feu à un bûcher préparé sur la grève devant l'abaie; la ville n'est pas munie de grosse artillerie, le tout se passa sans grand bruit.

« Cette mesme dame qui a fait aussi l'acquisition d'Alluye en prit possession de mesme le vingt-six août mil sept cent soixante-quatre. Comme l'objet est plus tittré et d'un autre revenu que Bonneval, elle fit éclater sa magnificence à son retour dans son château du Houssay vis-à-vis tout le peuple de son escorte. Elle le fit servir abondamment sur quantité de tables bien ordonnées ; le lendemain, elle traita avec distinction le clergé de ses dépendances qu'elle avait invité.

« C'est elle aussi qui en mil sept cent cinquante-sept a fait ériger le Houssay en comté sous le titre de comté de Montboissier-les-Alluie. »

Quelle différence avec l'époque encore si récente de 1712, lorsque du vivant de dom Thiroux et de dom Lambert, la ville de Bonneval envoyait une compagnie de cavaliers jusqu'au Bois-de-Feugères saluer l'arrivée de l'abbé du couvent! Voyez encore, dans l'extrait de l'abbé Beaupère annexé au manuscrit de Chartres, le récit des réjouissances publiques qui eurent lieu sur la grève en 1744, pour le rétablissement du roi. Le prieur de l'abbaye présidait à toutes ces fêtes, et ce fut comme un dernier éclat, car les édits successifs des mois d'août 1764 et mai 1765 donnèrent bientôt définitivement au corps-de-ville le pas sur les officiers de l'abbaye, et ceux-ci ne se montrèrent plus.

Quelques années après, en 1771, l'abbé lui-même, Mgr de Jumilhac, se voyait refuser, au profit des seigneurs institués par le duc d'Orléans, le droit d'avoir un banc dans le chœur de l'église de Notre-Dame, où les moines passaient autrefois en procession solennelle au milieu de la grand'messe, et dont le curé s'intitulait encore officiellement leur vicaire perpétuel!

Le manuscrit de dom Lambert ne fut sauvé que par hasard de la destruction. Un an après la vente du couvent, M. Coupé, maire de Bonneval, le trouva dans les mains du jardinier, resté seul pour garder les grands cloîtres déserts. Quelques feuillets endommagés ont été recopiés et mis à leur place par M. Lejeune, comme on pourra le voir ultérieurement. Mais que devint le cartulaire? Où étaient les vieilles chartes et les chroniques tant citées?

L'extrait des registres de la mairie constate que l'inventaire de la bibliothèque de l'abbaye ne fut pas fait très-exactement, pour un motif quelconque. Le manuscrit de dom Lambert n'y figure pas, ni aucun autre. Je donne ici ce procès-verbal, qui ferme en quelques mots prosaïques l'existence du vieux monastère.

Extrait des registres de la Mairie de Bonneval.

« 30 avril 1790.

« L'inventaire de l'abbaye fut fait par M. Couppé, maire, et M. le prieur « tant en son nom que pour tous ses religieux, a protesté de sa « soumission aux décrets de l'Assemblée Nationale. »

« L'inventaire, signé par tous les moines, constate ceci : la bibliothèque ne se compose que de 2,700 volumes environ, de tout format : point de médailles, point de manuscrits, sauf quelques cahiers de philosophie et de théologie, point d'instruments de physique; un globe seulement et une sphère armillaire.

« Dettes actives : 4,900 l. 1 s. 4 d.

« Dettes passives : 20,500 l. 17 s. 3 d.

« Prieurés : La Gahaudière. — Alluyes, dit de N.-D. — Saint-Maur. — Saint-Sébastien de Baigneaux. — Saint-Pierre de Châteaudun. — Saint-Thomas de Châteauneuf. — Gallardon. — Auneau. — Saint-Pierre de Thimer. — Bazoche. — Patay. — Magny. — Saint-Sulpice de Courbehaye. — Méresville. — Lorre-le-Bourges. — Sainte-Marie-Madeleine de Moys. — Châteault-le-Petit-Pré. — Provins-en-Brie. — Saint-Paterne de Sergem. — Saint-Clair et Saint-Léger de Souppe-en-Brie.

« A la question posée aux religieux sur leur intention de profiter ou non du bénéfice de la loi, tous répondirent en signant la déclaration qu'ils entendaient en user et quitter leur ordre. C'étaient D. Guillaume-Dominique Le Thellier, 36 ans, prieur, D. Charles de Soulbien, 55 ans, sous-prieur, D. J.-B. Morenne, ancien prieur et doyen, 62 ans, D. Guillaume-Gabriel-Samuel-Charles de Brasdefer, célérier, 42 ans,

D. Jean-Bapt. Malherbe, trésorier, bibliothécaire, D. Jacques-Simon Hébert, 41 ans 3 mois, André-Joseph Petit, 50 ans, D. Pierre Blondel. religieux de chœur, tonsuré, 43 ans 5 mois. »

(Il convient de remarquer que dom Danne, moine à la même époque, n'est pas dans les signataires. Il habita pendant de longues années une maison de la rue aux Prêtres et y mourut vers 1815.)

— 3 avril 1792, le Conseil municipal vote une allocation de 2,900 livres, en remplacement de douze muids de blé que faisait la ci-devant abbaye.

TROISIÈME PARTIE

De la Juridiction temporelle de l'abbaye de Bonneval.

C'est au manuscrit de M. Beaupère que j'emprunterai surtout ces notes intéressantes sur la puissance des seigneurs religieux de Bonneval. Son manuscrit a été écrit en entier, et il ne contient pas moins de 700 pages in-folio, pour prouver que les religieux de Bonneval avaient usurpé leurs droits seigneuriaux sur les comtes de Chartres. Les pièces authentiques ne lui font rien; il aime mieux croire qu'elles sont apocryphes que de se rendre à l'évidence.

Cependant, par une inconséquence singulière, veut-il prouver que la paroisse de Saint-Sauveur existait dès le XIIIe siècle, il cite à l'appui les bulles des papes Calixte, Alexandre et Grégoire que possédait alors le chartrier du couvent de Bonneval, et dans lesquelles cette église est nommée sous le vocable ancien de la Trinité. Comment douter de documents placés en des mains si respectables? s'écrie-t-il. Mais, dès qu'il s'agit des droits et des propriétés des moines que ces mêmes bulles confirment, M. Beaupère les suppose fabriquées.

La vérité est que le chroniqueur était nommé par les religieux à la cure de Saint-Sauveur, comme ses collègues de Notre-Dame et de Saint-Michel et ceux de vingt autres paroisses, et qu'il n'était pas satisfait de cette suprématie étrangère. Je dis étrangère à dessein.

Qu'étaient en réalité les moines de Bonneval pour leur ville, au XVIIIe siècle? Des inconnus qui se succédaient rapidement dans des charges honorifiques pour lesquelles ils n'avaient fait aucun effort, rendu aucun service, et le plus souvent donné aucune preuve de science ou de dévouement. Ah ! si l'abbaye eut formé un séminaire, une école, un hôpital, ou quelque autre institution nécessaire! Mais non. Les moines de Bonneval avaient perdu depuis trois siècles toute leur utilité et ils voulaient garder les anciens priviléges qu'ils ne devaient qu'aux mérites de leurs austères devanciers. Loin de travailler comme autrefois, ces Bénédictins dégénérés avaient loué à leurs voisins jusqu'aux champs enclos dans leur propriété, jusqu'au moulin qui confinait à leur cloître.

Ajoutez à ces causes de désaffection et d'affaiblissement, l'opposition croissante du pouvoir séculier des comtes et puis des ducs de Chartres et d'Orléans, qui s'appuyait sur l'élément civil et le clergé tour à tour. Depuis les comtes Thibault jusqu'à Renée de France et le duc Louis-Philippe, c'était une conspiration continuelle contre le pouvoir juridique des moines de Bonneval. Le peuple qui avait grandi à son ombre s'était mis du côté des ducs contre une seigneurie religieuse dont chaque innovation politique augmentait la bizarrerie ou l'archaïsme.

En sorte que le chroniqueur de la paroisse de Saint-Sauveur, dont la cure rapportait 308 livres en 1760, n'a fait après tout que traduire en un langage un peu rude les sentiments dont il était entouré. Mais il est malheureux qu'il ait dépensé tant de travail à contredire une vérité aussi banale que celle-ci : à savoir qu'il n'y avait d'autres seigneurs légitimes à Bonneval que les moines de la vieille abbaye.

Cependant, comme il entre en des détails qui sont tout particuliers sur cette époque du XVIIIe siècle, si proche de la nôtre et si différente, qu'il fait revivre ainsi l'image de cette machine si compliquée de deux juridictions ennemies s'exerçant concurremment sur une petite ville et se la partageant d'une manière à confondre tous les intéressés, j'ai pu, à cet égard, consulter utilement le manuscrit de M. Beaupère. Et je vais, à l'aide de ses notes volumineuses et de l'histoire de dom Lambert, tâcher de reconstituer la puissance temporelle de l'abbaye.

Dans les vieilles donations qui suivent celle de Foulques et de Charles-le-Chauve, on voit souvent le donateur accorder aux religieux avec ses terres le droit de justice, qu'il appelait *vicaria*. Et la meilleure preuve que l'on puisse donner du pouvoir temporel du couvent sur la ville de Bonneval est contenue précisément dans le premier acte qui enlevait aux moines une partie de leurs droits. Je veux parler de la cession qu'ils firent au comte Étienne du droit d'ériger un marché à Bonneval, moyennant une redevance. Les autres concessions découlaient du même principe — *Nemo dat quod non habet;* — et qu'accordaient-elles ? l'autorisation au comte d'avoir un prévôt spécial pour juger les différends du marché. Tels furent les premiers priviléges conférés par les moines à leurs défenseurs.

Il est trop évident, par les actes qui sont restés, que, dès les XIIe et XIIIe siècles, les anciens bienfaiteurs et défenseurs de l'abbaye, et surtout les vicomtes de Châteaudun et les seigneurs du Puiset, abusèrent à l'envi de l'état de guerre permanent de cette époque, où la force dominait le droit. Mais, quand la royauté commença d'être plus respectée et qu'elle put dominer les grands feudataires, elle s'appuya surtout sur les communes et sur les monastères.

On vit dès lors la position respective des moines de Bonneval et de leurs anciens protecteurs changer suivant les fluctuations du pouvoir royal. Louis IX entendait qu'on respectât la justice partout où s'étendait son bras. Il n'est pas étonnant alors si les vicomtes du Puiset furent pressés enfin de rendre ce que leurs pères avaient usurpé sur les moines qu'ils devaient défendre ; et, comme le roi annonçait un caractère à ne plus supporter de telles vexations contre des hommes paisibles qui ne lui portaient pas ombrage, lesdits vicomtes furent trop heureux de transiger avec l'abbaye. Celle-ci rentra dans ses dîmes, ses cens, ses droits de justice sur un grand nombre de lieux, arrachés ou reçus par cet avide sous-protecteur, qui accepta en échange 4,000 livres, somme importante pour l'époque. Mais les moines estimaient ne pas payer trop cher le droit de se protéger eux-mêmes.

Ils commencèrent donc par se racheter des seigneurs du Puiset, et voici la transaction qu'ils passèrent avec Simon de Rochefort, l'avant-dernier héritier de cette maison. La traduction est de l'abbé Beaupère et diffère beaucoup du sens du texte latin qu'on lira dans l'*Histoire abrégée,* à la place qui lui convient. Le rachat d'un droit onéreux de protection semble au curé de Saint-Sauveur l'acquisition de terres qui appartenaient aux religieux depuis la fondation de l'abbaye. C'est qu'en effet les usurpations des anciens comtes et de leurs vicomtes sur les monastères qui profitaient si bien alors aux ducs d'Orléans, leurs successeurs, avaient fini par sembler si légitimes au dernier siècle, que c'étaient les moines qu'on accusait d'avoir entrepris sur les droits des comtes. Cependant, que l'on mette *tensements* au lieu du mot *cens,* si souvent répété dans la traduction de cette vieille charte, et l'on comprendra non-seulement le sens véritable de la transaction, mais aussi tout ce qu'avait coûté la protection du subdélégué des comtes de Chartres au couvent de Bonneval. On remarquera encore que le receveur des tensements vendus par le vicomte du Puiset se tenait à Châteaudun, ce qui ne signifiait pas certes que Simon de Rochefort possédait la vicomté Dunoise, mais qu'il y avait des clients qu'il se chargeait de protéger moyennant certains droits sur leurs propriétés, dont un grand nombre appartenait au monastère.

Donc, en 1232, Simon de Rochefort, seigneur du Puiset et pénultième vicomte de Chartres, fit et passa en faveur des abbé et religieux de Bonneval la charte suivante :

« Moy, Simon, seigneur de Rochefort et du Puyset, vicomte de Chartres, à tous ceux qui ces lettres presentes verront, salut dans le Seigneur; que tous sçachent que j'ai vendu et abandonné pour toujours aux hommes venerables abbé et moines de Bonneval, pour quatre mille livres tournois, tous les *cens* que j'avais et que je devois avoir et que j'avois coutume de percevoir dans la ville de Bonneval et dans les autres lieux et villages ci-après nommés, sçavoir : dans le bourg neuf de Macheris[1], Prez[2], Villepareux, Montfaucon, Mourelle, Le Peruchet, Memnis, Rouvray, Vichere, Gaudonville, Crostellus, La Touche, Ville-du-Bois, Givès, Saint-Maur, Bois-de-Noües, Le Glandain, Migaudry, Meroyer, Pullois, Vieux-Vignete, La Chaise, Villemorin, Villantien, Jambeline, Perusius, Ouzenain, La Jouanniere, Jupeau, Saint-Martin-du-Pean, Bercis, Villeperotis, Cocheriau, Chevillanville, Montacheri, Begnault, Touschaleau, Villery, Orsonville, Vallainville, Pelainville, Estiauville, Jallans, Saint-Christophe et Memilon, et dans les autres villages, s'il y en a quelques-uns, dans lesquels j'ai coutume de percevoir les *cens* et un receveur propre à moy seul dans la ville de Chateaudun et sur les bourgeois de la meme ville pour y recevoir mes cens, libre et exempt de toute taille et de toute autre imposition dans l'année dans laquelle il recueillera les cens, comme moy et mes predecesseurs avons toujours eu coutume. Outre cela, les deniers et les oboles que je recevois desdits villages le jour de la fête de Saint-Pierre ès-lieus à raison des *cens,* avec tout droit, et la justice, et pareillement les districts. Outre cela, j'ai vendu et abandonné auxdits abbé et

---

1. Massuères.
2. Pré-Saint-Martin, etc. On retrouve presque tous ces noms dans le *Breve chronicon.*

moines, toutes les maisons et places que j'avois, ou que quelque autre possédoit dans mon nom dans la ville de Bonneval, et le droit d'aubaine et tout ce qui appartenoit audit droit et à la justice à la connoissance de tout le monde, ou mieux, et tout ce qu'on connoit appartenir audit droit d'établir quelqu'un pour le percevoir, et la justice, sauf le droit du preposé aux droits des aubains ; item j'ay vendu et abandonné dix deniers de cens que j'avois coutume de percevoir sur la maison des dits moines située proche Saint-Vincent de Chartres, et seize deniers de cens sur les maisons situées à Saint-Vincent, à percevoir tous les ans, et tout ce que j'avois à Saint-Maur, sçavoir : les hotes, les cens, la fumée, les terres, le bois et les eaux et toute la justice dudit village et les paturages et les marais, que je recevois à Saint-Maur et à Saint-Christophe et à Bonneval, et sur tous les prez sur lesquels j'ay coutume de percevoir les memes marecages avec toute la justice districte et acheptable, et tout le droit que j'avois en recevant les susdites choses ; item, quatre sols de cens à recevoir tous les ans sur une certaine terre située à Ligaudry, que Gratard me paioit, et deux autres sols de cens, que Hugues de Taillepied, servant le Roy, me paioit tous les ans à cause de certaines terres situées à Lugaudry et à Bazoches, et six autres deniers que Garnier de Machere et Vital de Colle me paioient tous les ans, et tout le fief que Philippe Gallerii tenoit de moy à Gerenville, avec toute la justice appartenant à ce même fief. Bien plus, je consens que lesdits abbé et moines possedent ad intra [1] s'ils le peuvent et tranquillement sous la condition des cens, qu'ils me feront à moy et à mes héritiers la dime de Robert Descuretis, que Robert lui-même a dans la paroisse de Dancy, laquelle dime est de mon fonds, et a coutume de venir dans la grange que les moines ont à Dancy. Outre cela je reconnois, que n'y moi, ni mes héritiers, n'avions n'y ne devions avoir aucun droit de recevoir les procurations, qui sont appellées vulgairement les gistes, que j'ay quelquefois perçus à Palnolitus, à Curbenay, à Ormoy, à Villier Perotte [2] et à Guillonville, au sujet desquels lesdits abbé et moines, en presence des venerables hommes les abbé et prieur de Saint-Remy et prieur de Saint-Jean de Sens, juges délégués par le seigneur Pape, avaient excité contre moy un procès, parce que j'avois perçues lesdites procurations à tort, à leur préjudice

---

1. *Sic;* le texte latin porte : *acquirant.* Tout le sens est ici faussé. — Voir dom Lambert.

2. *Sic;* pour Bagnolet, Courbehaye, Villepéreux, etc.

et charge. Je leur ay abandonné et remis tous les droits que je disois avoir dans tous les villages, soit pour la haute et moïenne justice, soit pour recevoir les procurations, soit pour toutes les autres choses, et je leur ay tellement vendu et abandonné à perpétuité toutes ces choses, que je n'ai rien du tout retenu de mon droit dans la ville de Bonneval, n'y pour moy, n'y pour mes heritiers, et je promets que j'observerai toujours inviolablement et fidellement cette vente, cet abandon et cette concession. Outre cela, je reconnois que j'ai juré en présence du révérend père en Dieu Galtere, archevesque de Sens, que je ne viendrai jamais d'elles n'y par moy, n'y par mes heritiers, ou aucun autre en aucune façon que ce soit, et que je n'exciterai ni ferai exciter aucun procez ni aucune dispute à leur sujet contre les abbé et moines ci-dessus mentionnez. Et mon épouse Béatrix a consenti, accordé et loüé toutes les choses susdites, et, en présence du susdit archevesque, elle a juré qu'elle ne viendroit nullement contre les susdites choses, et qu'elle ne reclamera dans la suite aucun droit dans lesdites choses, soit à raison de sa dote, soit à titre d'acquisition ou de donation, et elle a de bonne foy fait tout cela et abandonné toutes ces choses de son plein gré et sans y être forcée ni contrainte. Et Hugues, mon fils aîné, a accordé et loüé toutes les choses susdites par son serment prêté et fait corporellement en présence du susdit archevesque de ne jamais reclamer, ni venir au contraire, et abandonné à perpétuité auxdits abbé et moines tout ce qu'il avoit ou qu'il devoit avoir de droit dans lesdites choses par droit d'héritage ou par quelque autre raison. Et Agnès, épouse dudit Hugues, a loüé et accordé toutes les susdites choses, promettent par son serment fait en personne devant le susdit archevesque, que dans la suite elle ne reclamera rien dans les susdites choses à l'occasion de sa dote, à titre d'acquisition, de donation ou pour quelque autre raison, et elle a approuvé tout cela, et elle l'a accordé et abandonné pour toujours de son plein gré, et sans y être contrainte n'y forcée. Et Simon, mon fils, Elizabeth et Marguerite, mes filles, ont approuvé la même chose, et l'ont abandonné pour toujours, et ont affirmé par le serment qu'ils ont prêté que dans la suite ils ne viendront point contre les choses susdites. Je promets aussi que je ferai approuver et abandonner et céder toutes les choses susdites par Guy, mon fils, chanoine de Langres. Et Hugues d'Apremont, qui est au service du Roy, mon frère, a consenti à toutes ces dites ventes, concessions et abandons, et les a approuvées, et a juré qu'il n'iroit nullement à l'encontre de toutes les choses susdites; et afin que ces ventes, concessions et abandons demeurent à perpétuité fermes et inébranlables, j'ay fait et ordonné que ces présentes lettres fussent fortifiées par la garde de mon sceau. Fait l'an de grâce mil deux cent trente-deux, au mois de juin. »

Le curé Beaupère, auquel j'emprunte cette traduction qu'il n'avait pas sans doute rédigée lui-même, ajoute :

« Au bas de cette charte, qui m'a été communiquée par M. Belet fils, prévost de Bonneval, et qui était en latin, est écrit :

« Collationné par nous, notaire tabellion royal sous la prévosté royale de Bonneval, y résident, sur l'original à nous représenté, étant en parchemin d'écriture gothique bien et düement écrit de beau caractère avec un sceau de cire et lacet de soye blanche, et feuille morte et à peu près, et l'avons à l'instant rendu au R. P. D. Jean Le Brun, procureur de l'abbaye de Saint-Florentin de Bonneval, cejourd'hui vingt-neuvième jour de décembre mil sept cent vingt-quatre. *Signé* : Le Brun, et Coyau, notaire. Contrôlé à Bonneval le 29 décembre 1724, reçu six sols. *Signé* : Duchon (avec paraphe). »

Les réflexions de M. Beaupère sont curieuses à lire, mais peu solides.

« Par l'acte de la fondation de l'abbaye, il semblait que Foulques avoit donné aux moines toute la ville de Bonneval et ses environs, entr'autres Le Glandin, Ouzenain, Montfaucon, Pullois et Villemorin, et cependant ils achetent, en 1232, de Simon Rochefort, des maisons, des places et des cens dans Bonneval, et Le Glandin, Ouzenain, Montfaucon, Pullois, Villemorin et les dîmes de Dancy, qu'ils disent avoir acheté d'ailleurs. Je ne sçais pas concilier ces contradictions revoltantes. Je dirai seulement que la charte de Simon de Rochefort est supposée, ou l'acte de la fondation de Foulques. Nos moines ont bien senti que l'un ou l'autre de ces actes péchoit dans la vérité, car la charte de Simon de Rochefort n'a commencé à être connue qu'en 1724, qu'ils furent obligé de la produire contre monsieur de Mailly, seigneur de Mémillon, qui croioit que la riviere de Saint-Maur lui appartenoit, et qui prit fait et cause pour un vicaire de Notre-Dame de Bonneval auquel les Bénédictins firent un procès pour avoir pêché dans cette rivière; ils la lui firent signifier, et comme son avocat la regardoit comme supposée, il lui conseilla de s'inscrire en faux contre; il le fit après avoir consigné cinq cents livres, qui est la peine de l'inscription du faux. Ils en donnèrent une copie collationnée, comme nous l'avons vu, et malgré tout ce que put dire son avocat pour en demontrer la fausseté, le Parlement la declara bonne et authentique et condamna contre les sentimens de tout le monde M. de Mailly aux dépens, qui monterent à la somme de trente mille livres. »

Quelques années auparavant, en 1223, l'abbaye avait eu plus facilement raison du seigneur de Loësville. Ce tyranneau, soutenu par la connivence tacite du vicomte Geoffroy V de Châteaudun, avait imité les maîtres du Puiset, et commis, sous prétexte de protection, des dégâts énormes sur les dépendances des religieux de Bonneval. On pourra lire en son lieu, dans le manuscrit de dom Lambert, la réparation éclatante à laquelle se soumirent les deux pillards. Geoffroy s'engagea à payer à perpétuité une rente de dix livres à l'abbaye; Hugues de Loësville alla faire pénitence en combattant, comme simple soldat, les Albigeois.

Mais le vicomte de Chartres, seigneur du Puiset, avait été plus difficile. Cela fait, cependant, comme les moines se sentaient appuyés par la justice royale, ils voulurent se délivrer de la protection onéreuse et si peu sûre des comtes de Chartres eux-mêmes. Jean de Châtillon, comte de Blois, les représentait alors. Il prétendit conserver cette garde qui avait été si fructueuse pour ses ancêtres qu'ils y avaient trouvé prétexte à prendre, de gré ou de force, une foule de droits seigneuriaux.

Jean de Châtillon persista, et, devant l'appel des religieux, le roi saint Louis décréta la charte qui suit, donnée au mois de décembre 1256.

« Louis, par la grâce de Dieu, Roy de France, que tous les presents et avenir sçachent qu'une matiere de dispute s'étant élevée entre Jean, comte de Blois, d'une part, et le frère Hervé, abbé du monastere de Bonneval, d'autre part, sur ce que ledit comte demandoit la garde du monastere de Bonneval, qu'il soutenoit avoir été fondé et doté par ses predecesseurs et des terres du susdit monastere, et de tout ce qui appartient audit monastere, qu'il disoit lui appartenir. Ledit abbé niant cela, et disant que ledit monastere a été fondé et doté par les roys de

France, et que la garde dudit monastere et de ses terres avec toutes les dependances etoit à nous et appartenoit de toutes façons. Pour prouver cela, il nous a montré une charte du roy Louis, d'heureuse memoire, à la fin ladite cause aïant été portée devant nous, et aiant été murement examinée, tous les moiens de deffense, que les parties ont jugé à propos de proposer, aiant été exposé de part et d'autre, et les parties demandant qu'on fit droit là-dessus, le conseil de gens de bien nous aiant été communiqué, nous avons ordonné par jugement que ladite garde dudit monastere, de ses terres et de toutes ses dependances, appartenoit toujours à nous et à nos successeurs comme propre, imposant un perpétuel silence sur cela audit comte et à ses successeurs sur ladite garde, et afin que cela demeure à jamais ferme et stable, nous avons aussi ordonné que les presentes lettres fussent munies de l'impression de notre sceau. Fait à Argenteüil l'an de Notre-Seigneur 1256, au mois de décembre. »

« On pensera, dit M. Beaupère, ce qu'on voudra de cette charte, je dirai seulement à cette occasion, que je n'ai point vu que les roys de France aient donné quelque chose au couvent de Bonneval, ils n'ont fait que confirmer les donations qui lui ont été faites. Si on peut être appellé pour cela fondateurs, ils le sont en cela. Mais je sçais qu'un des predecesseurs et ancetres de ce Jean, comte de Blois, a fait de grandes libéralités à cette abbaye, et que dans des tems malheureux il l'a retirée et sauvée d'une ruine prochainne, de sorte que tous nos historiens ne font aucune difficulté de dire que le comte Eudes, fils du comte Thibault Ier, peut être regardé comme le reparateur et le second fondateur de l'abbaye de Bonneval. »

Quoi qu'il en soit, les religieux croyaient avoir ressaisi leur indépendance. Mais les croisades avaient aussi bien affaibli le roi que ses grands vassaux. Le comte de Chartres, un des plus puissants, choisit un moment favorable pour faire valoir à nouveau ses prétentions héréditaires. Bon gré, mal gré, les moines durent tenter un accord, seulement indiqué par dom Lambert, mais qui, après tout, ne cède que ce qui avait été déjà cédé ou arraché.

Je cite avec ses réflexions le fragment donné par M. Beaupère :

« Dom Lambert place icy la charte de Jean de Châtillon, second du nom, qui est de 1265, parce qu'elle ne porte point le nom de l'abbé

Hervé. Cet historien qui ne s'est pas donné la peine de la transcrire parce qu'il l'a trouvée trop longue, n'en parle pas avantageusement. Il ne sera pas inutile, dit-il, de remarquer en passant qu'elle est bien différente de celle dans laquelle il reconnoit n'avoir dans la ville de Bonneval que le droit de marché qui lui avoit été accordé par les abbé et religieux ; il est vrai qu'ils en ont encore accordé quelques autres à ses successeurs, soit de bonne volonté ou de force, et peut-être meme à cause du malheur des tems, et surtout des guerres, qui étoient fréquentes dans ces tems là, et qu'ils n'étoient point en état de soutenir, mais celle du comte de Châtillon au contraire en coutoient un si grand nombre dont on ne sçait point l'origine et qui se sont trouvés établis en si peu de temps qu'il est difficile de ne pas croire qu'ils n'ont été usurpés par la trop grande puissance de ce seigneur et de ses ancêtres.

« Ce bon religieux est bien extraordinaire dans sa manière de penser; de ce que Jean de Châtillon avoit beaucoup de droits à Bonneval, s'en suit-il qu'il étoit un usurpateur ? Non certainement, car si un moine me faisoit un tel raisonnement, je lui retorquerois son argument et lui dirois : Vos moines ont beaucoup de droits à Bonneval, donc qu'ils sont usurpateurs ; cette conséquence ne seroit pas juste selon lui sans doute, mais elle seroit pas plus vraie que celle de dom Lambert. Je n'ai qu'un fragment de cette charte, parce que les Bénédictins, qui la trouvent trop opposée à leurs droits, n'ont jamais voulu dans leurs contestations avec les officiers de la prevosté, la signifier en entier, nous allons toujours transcrire dans l'espérance que nous avons de le remplir un jour, le peu que nous en avons. [1] »

« A tous ceux qui ces lettres presentes verront, Jean de Chatillon, comte de Blois et de Chartres, et seigneur d'Avesnes, salut dans le Seigneur ; nous faisons sçavoir que comme il y avoit une dispute entre moy d'une part, et les religieux hommes l'abbé et couvent du monastere de Bonneval, d'autre part, sur certains droits et coutumes dans la ville et banlieüe de Bonneval, et dans quelques autres villages et lieux, sur les terres, fiefs, terrages et censives des moines, à la fin après un exact examen de toutes ces choses, et par le conseil de gens de bien, et aïant decouvert la vérité, tant par la teneur de certains écrits de mes

---

1. Cette charte a été produite tout entière au Parlement en 1539 et sert de base à l'accord de 1739 entre le duc d'Orléans et les religieux.

predecesseurs que par l'information faite de mon consentement et de celui desdits religieux, par et touchant leurs usages et droits et les miens, nous avons ainsy fini et terminé cette contestation. Le prevost du comte, lorsqu'il s'agira de transférer le marché à un autre jour, en fera publier la remise par qui bon lui semblera, sans qu'il soit fait ou qu'on doive faire mention du comte, de l'abbé et des autres sus-nommés; item le comte et ses successeurs ont et auront dans la ville et banlieüe de Bonneval la justice du meurtre, du rapt, de l'incendie furtive et du thresor trouvé et celé, item la justice du vol avec effraction et la justice du serment des personnes à faire devant le juge ou ordonné par le juge. Item le comte et ses successeurs auront le marché dans la ville et baulieüe de Bonneval, mais le ressort que je disois avoir sur les terres desdits abbé et religieux n'est point réglé, mais cet article du ressort a été laissé à part pour être terminé par la cour de Parlement du seigneur Roy. »

Il faudrait avoir cette charte entière pour en porter quelque jugement; ce fragment ne dit que ce que nous avons déjà vu, et que nous verrons encore ailleurs.

Et d'abord, ce n'est pas à Jean de Châtillon, deuxième du nom, que les religieux avaient accordé le droit de tenir un marché dans la ville de Bonneval, mais au comte Étienne vers 1079, sous Gaultier, huitième abbé. Dom Lambert ne le dit pas non plus; bien au contraire, il fait remarquer combien avait fait de chemin l'ambition croissante des comtes depuis l'acte passé avec Étienne, et il semble se féliciter de ce que cette transaction ait été la dernière. D'ailleurs on lira dans l'*Histoire abrégée* les clauses et conditions de cette faveur autrefois accordée au puissant seigneur Étienne, qui venait d'être nommé protecteur et défenseur de l'abbaye par le roi Philippe Ier. Le comte s'engageait non-seulement à respecter toute la justice du prévôt de l'abbaye pour le reste, mais encore pour les délits commis sur le marché même; et il devait payer dix livres de cens sur les revenus qu'il en retirerait. — Un acte authentique en fut dressé pour lui et pour ses successeurs, ce qui n'empêcha pas sa veuve, fille de Guillaume-le-Conquérant, de lever sur les habitants une taille de cent livres dont les moines ne parvinrent pas à affranchir la ville, malgré l'intervention un moment utile de l'évêque Yves, de Chartres. Quand ces religieux avaient affaire à de tels protecteurs, ils devaient en subir les conséquences, aussi ne faut-il point s'étonner avec dom Lambert si, dans la suite des temps, ils supportèrent d'autres charges, d'autres tailles, d'autres droits.

La charte de Jean de Châtillon, deuxième du nom, n'est pas une charte octroyée, mais une tentative d'accord qui essaie précisément de régler et de limiter les empiètements successifs des comtes sur les droits de l'abbaye.

Quant au droit de ressort que s'arrogeait Jean de Châtillon et qui paraît demeurer en suspens et comme douteux, selon M. Beaupère, il convient de rétablir le texte latin qui met les parties égales devant la cour du roi :

« .... Præpositus comitis de die mercati ad aliam diem transmittendam, clamare faciet, et per quemcumque voluerit, nulla de comite, seu abbate, vel aliis prædictis, facta, vel facienda mentione. Item, habent et habebunt comes et successores ejus, in villa et banleuca Bonævallis, justitiam meurtri, raptus, incendii furtivi et thesauri inventi et celati. Item justitiam infractionis... et justitiam asseverationis factæ per judicem vel coram judice. Item comes et successores ejus habent et habebunt mercatum in villa seu banleuca Bonævallis. Ressortum vero quod dicebam me habere in terra dictorum abbatis et monachorum, non est terminatum ; sed articulus iste de ressorto relinquitur per curiam domini Regis terminandus. »

Qui ne voit dans cette clause restrictive, défendant au comte de se faire nommer par son prévôt quand on changera le jour du marché de Bonneval, une reconnaissance indirecte de la seigneurie des moines sur la ville où ils ont accordé un marché à ses ancêtres ? Quant aux autres droits de juger les cas de meurtre, de rapt, etc., ils avaient été cédés dans les mêmes conditions en 1118, et celui d'appeler devant le juge du comte les fausseurs de serment. Mais le droit de ressort qui pouvait établir une suprématie du comte sur l'abbaye, et qu'il réclamait inutilement, est réservé au roi, devant lequel leurs justices sont égales pour les points contestables.

En 1272, comme avaient fait Pascal, Calixte et Alexandre, le pape Grégoire X confirma les biens et la juridiction des moines sur Bonneval et leurs dépendances.

En 1286, quand Philippe-le-Bel succéda aux comtes de Chartres et qu'il en hérita toutes les prérogatives, il eut occasion de régler lui-même pour ses officiers et ceux de l'abbaye tous ces différends. Comment le fit-il ? Dans le sens de l'accord de Jean de Châtillon.

Cette charte est tout entière citée par dom Lambert, à l'histoire de Geoffroy, dix-huitième abbé. Et l'on peut s'étonner qu'après avoir lu et reproduit le texte d'un tel document de Philippe-le-Bel, si jaloux de ses droits, l'abbé Beaupère ait pu soutenir encore sa thèse contre la seigneurie évidente des religieux de Bonneval.

Je crois en avoir assez dit pour établir la seigneurie et la juridiction de l'abbaye. Mais ce n'est pas une preuve que j'entends fournir : cette étude a pour but surtout de reconstituer le pouvoir seigneurial monastique d'une abbaye quelconque, avec les documents que celle-ci peut donner d'ailleurs en abondance.

Il existe sur ce sujet même un jugement du Parlement de Paris de 1539, rendu au nom du roi François Ier contre Renée de France, fille de Louis XII, héritière des ducs d'Orléans et mariée à Hercule d'Este. On y reprend tous les actes et toutes les chartes des rois de France en faveur des religieux de Bonneval, depuis Lothaire et Louis-le-Gros jusqu'à Saint-Louis et Philippe-le-Bel. Il fallait que les droits de l'abbaye fussent bien assis pour résister aux prétentions d'une aussi puissante princesse. Je voudrais bien reproduire ce jugement, où les plaidoiries des deux parties sont recueillies et servent de base à la conclusion ; mais il a plus de vingt pages, et comme dom Lambert je le trouve trop long, ou plutôt, si je ne craignais de fatiguer le lecteur, avec quel plaisir je restituerais ici ce document qui raconte les péripéties, pour le pouvoir judiciaire, des deux grands corps politiques de l'époque féodale [1].

Je me contenterai de citer ici le dernier accord important qui eut lieu deux cents ans après, entre le duc d'Orléans et les moines de Bonneval, le 9 septembre 1739 :

« Veu au Conseil de Monseigneur le Duc d'Orléans le memoire des sieurs abbé, prieur et religieux de l'abbaye de Bonneval, ordre de Saint-Benoist, dans le diocèze de Chartres, contenant leurs demandes au sujet des droits honorifiques de censives, justice, police et autres, qu'ils pretendent leur appartenir dans la ville, fauxbourgs et banlieüe de Bonneval, et que les officiers du domaine de Son Altesse Serenissime

---

1. On lira cette pièce à la fin du volume.

et ceux de la prevoté royalle de ladite ville leur contestent, les memoires en reponse et contredits des officiers de ladite prevoté, le procès-verbal contenant les dires et contestations des parties et la representation de leurs titres faite le premier août 1730, par M. Broüillet de la Carriere, conseiller au bailliage et siege presidial de Chartres, commissaire nommé par resultat du Conseil du 23e may 1737. Veu aussy le projet d'articles convenus et arretés à Bonneval le 23 juillet 1737 entre le sieur Mahy, receveur general des domaines et bois de Son Altesse Serenissime, d'une part; et lesdits sieurs abbé, prieur et religieux, d'autre part. Veu aussy le projet d'articles convenus et arretés à Bonneval, ensemble la requeste desdits sieur abbé, prieur et religieux, tendante à ce qu'il plaise à Monseigneur Son Altesse ordonner sur le tout ce qu'elle jugera à propos pour terminer tous differends mus et à mouvoir, oüi le rapport du sieur prevot, intendant des maison, domaines et finances de Monseigneur, Son Altesse Serenissime en son Conseil a reconnu, dit et déclaré, et ordonne ce qui suit :

ART. 1er.

Les abbé et religieux de la dite abbaye continueront l'exercice de toute justice haute, moienne et basse dans la ville, fauxbourgs, et banlieüe de Bonneval, qui comprennent les trois paroisses de la ville, et leurs dépendances seulement, à l'exception de ce qui compose les fiefs de la Vicomté et Isaac, enclavés dans les dites ville, fauxbourgs et banlieue, tels qu'ils sont decrits et circonscrits dans les derniers aveux, qui en ont été rendus au duché de Chartres par les seigneurs du Houssay et de Meslay-le-Vidame, et encore des portes, murs d'enceinte, boulevarts, tours, fossés de la ville, bâtiments et habitations pratiquées, ou qui le seront cy apres sur les dits lieux et édifices et personnes y demeurantes, sur lesquelles ainsy que sur les deux dits fiefs, toute justice appartiendra à Son Altesse Serenissime, notamment la maison située près la porte de Saint-Jacques appartenante à Jean Liard (aujourd'huy à Louis Boucher), celle située pres la porte Chartrainne, appartenante à Martin Roüillon, tailleur, es celle située à droit de la meme porte en sortant de la ville, appartenante aux heritiers de Florent-Claude Barré, lesquelles trois maisons ont été reconnües avoir été construites sur les boulevarts de la dite ville, au moïen de quoi les cens et rentes imposées sur icelles appartiendront aussy à Son Altesse Serenissime, soit qu'ils aient été créés au profit de l'abbaye, ou de l'hotel-de-ville, sans repetition neantmoins des arrerages, qui en auroient été reçus par l'un ou par l'autre, Son Altesse Serenissime en faisant remise, sous condition qu'ils seront à l'avenir perçus à son profit.

Art. 2ᵉ.

La justice reservée à Son Altesse Serenissime par l'article precedent sur les murs d'enceinte de la ville, ne poura s'entendre des batimens qui sont et qui pourront cy après être construits et appuiés sur les dits murs au dedans de la ville, lesquels bâtimens etant dans l'enceinte intérieure des dits murs, seront de la censive et justice de l'abbaye sans préjudice des droits de Son Altesse Serenissime pour raison des permissions qu'elle se reserve d'accorder, si elle le juge à propos, pour appuier des nouveaux batiments sur les dits murs, et pour y pratiquer des ouvertures.

Art. 3ᵉ.

La justice dans la campagne, et hors des dites ville, fauxbourgs, et banlieue demeurera reciproquement à Son Altesse Serenissime, et à la dite abbaye sur les fiefs et censives qui leur appartiennent, à l'effet de quoi les dits abbé et religieux seront tenus de mettre dans trois mois au sieur Mahy, receveur general des dits domaines et bois, un état des fiefs et censives qu'ils pretendent leur appartenir hors des dits ville, fauxbourgs et banlieüe, pour être procédé en connoissance de causes, aux bornages et limites d'iceux, sans que les anciennes possessions et exercice de justice et de mouvance hors des dits ville, fauxbourgs et banlieüe, tant de la part de Son Altesse Serenissime, que de la dite abbaye, puisse nuire ny prejudicier à l'un ny à l'autre, et jusqu'à ce que les dits bornages soient faits, on ne poura de part et d'autre revendiquer aucune cause qui aura été ou sera traduite suivant l'ancienne possession, mais apres chacun jouira dans l'etendue de ses fiefs et censives, sans neantmoins aucune repetition, des droits qui auront été perçus de part et d'autre.

Art. 4ᵉ.

Les officiers de la prevoté royale connoitront de tout ce qui concernera les fonctions des officiers royaux, de tout ce qui a rapport à l'execution des ordonnances royaux, et de toutes les causes qui concerneront le fond et l'administration des droits et revenus de la ville, du college et de l'Hotel-Dieu, en ce qui ne seroit point attribué à l'election; connoitront aussy de ce qui concerne le fond et la perception des droits appartenant à Son Altesse Serenissime, tant dans la ville, fauxbourgs et banlieüe, que dans la campagne; les juges de la dite abbaye connoitront reciproquement de tout ce qui concerne le fond et la perception des droits de la dite abbaye, et de toutes les causes personnelles, mixtes et reelles des dits officiers royaux; sans qu'ils puissent pretendre aucune connoissance de celles dans lesquelles les dits officiers royaux administrateurs de l'Hotel-Dieu, personnes preposees au gouvernement des malades, maitres du college et officiers seront parties en leurs noms qualifiés à l'occasion, et pour raison de leurs offices et etats, à moins que d'ailleurs ils ne fussent justiciables de la prevoté, conformement aux articles precedents.

ART. 5ᵉ.

Les officiers de la prevoté royale ferons l'ouverture de la foire des SS. Leu et Gilles, indiqueront les jours de marché lorsqu'il y aura nécessité de le transferer, donnerons seuls les permissions aux bateleurs, farceurs, operateurs, maitres de jeux et autres de cette nature, et auront l'exercice de la police generale dans la dite ville, fauxbourgs et banlieüe, et même la police particuliere dans la dite foire de SS. Leu et Gilles, et dans les marchés ordinaires des grains pendant la durée de la dite foire et marchés seulement; connoitront aussy de ce qui concerne la reception et les fonctions des portes faix, destinés aux services des marchés de grains; la police ordinaire et particulière, outre que celle des marchés de grains et de la dite foire de SS. Leu et Gilles, sera exercée par les officiers de la dite abbaye à qui elle appartient, ainsy que la reception des maitres des arts et metiers, et notamment celle des bouchers qui a formé une contestation depuis l'année 1731, le tout sans prejudice des droits utiles qui appartiennent réciproquement à Son Altesse Serenissime et à la dite abbaye dans les dites foire et marché [1] et sur les dits bouchers, et sans que la police particulière, qui doit être exercée par le prevot royal dans la dite foire des SS. Leu et Gilles, puisse s'entendre de ce qui a rapport aux droits appartenant à la dite abbaye.

ART. 6ᵉ.

Declare Son Altesse Serenissime, que les droits d'etalage et ceux

---

1. Le 2ᵉ septembre 1765, Mᵐᵉ de Montboissier empêcha les Bénédictins d'y en percevoir aucune.

de la chaircuiterie appartiennent à la dite abbaye suivant les titres dont ils ont justifié, scavoir : ceux d'étalage, conformément à la transaction de 1265, passée entre Jean de Châtillon, comte de Chartres, et les dits abbé et religieux de la dite abbaye; et ceux de la chaircuterie, conformément aux déclarations fournies au terrier, reçues le 19ᵉ août 1686, au moïen de quoi Son Altesse Serenissime a resilié les baux de chaircuiterie, qui ont été nouvellement faits par les fermiers de ses domaines, lesquels seront tenus de rendre aux dits sieurs abbé et religieux ce qu'ils en auront reçus.

Art. 7ᵉ.

Le droit de vendre de la viande pendant le caresme sera annuellement adjugé au profit de l'Hotel-Dieu, au plus offrant et dernier encherisseur, des bouchers des ville, fauxbourgs et banlieüe, qui sera tenu paier comptant le prix de son enchère entre les mains du receveur à l'instant de l'adjudication, qui sera faite par le prevot royal ou autre officier du siege en son absence, au bureau de l'administration particulière du dit Hotel-Dieu, ainsy qu'il sera dit cy apres, au moïen de quoi l'ancien usage d'accorder le droit de vendre la viande de caresme à celui des bouchers qui, le jeudy precedent, avoit le bœuf le plus gras, demeurera aboly, de meme que la montre et promenade du dit bœuf, ainsy que les dits religieux, abbé et couvent y ont consenti.

Art. 8ᵉ

Toutes les assemblées generales d'habitants soit pour l'élection des officiers municipaux ou des administrateurs de l'Hotel-Dieu, seront evoquées sur le requisitoire du procureur du Roy de la prevoté et de l'ordonnance du prevot, ou autre officier du même siege en Son Altesse, lequel presidera dans toutes les dites assemblées generales, ou les officiers de la dite abbaye pouront assister comme notables habitants.

Art. 9ᵉ.

Dans toutes les assemblées ordinaires et extraordinaires du bureau de l'administration de l'Hotel-Dieu, le prevot royal aura la première séance et la présidence, et en son absence le premier officier du siege de la prevoté, et après le président se placeront d'abord les administrateurs nés, dans l'ordre cy après, scavoir : celui de trois curés de la ville qui aura droit d'y assister, le procureur du Roy de la prevoté, le bailly et le procureur fiscal de l'abbaye, le maire s'il y en a un, et le premier echevin, et à sa suite les administrateurs électifs suivant leurs rangs ; toutes les assemblées ordinaires se feront aux jours et heures qui seront convenus par la deliberation prise entre les administrateurs, et les assemblées extraordinaires seront convoquées à la diligence du procureur du Roy.

Art. 10ᵉ.

Dans l'église, aux services et ceremonies publiques ou les officiers tant de la prevoté que de l'abbaye ont coutume d'assister en robbe, les officiers de la prevoté se placeront du côté droit du chœur, et ceux de l'abbaye du côté gauche, sans que cet ordre puisse être interverti sous pretexte d'absence des uns ou des autres de ces officiers; aux processions, les dits officiers marcheront sur deux colonnes, ceux de la prevoté à droite, et ceux de l'abbaye à gauche, et aux processions de la feste de Dieu ou du Saint-Sacrement, lorsque les officiers des jurisdictions se presenteront pour porter le dais, ceux de la prevoté auront le baton du coté droit, et ceux de l'abbaye celui du coté gauche. Mais si au départ de la procession les officiers de l'une ou de l'autre jurisdiction s'étant trouvés seuls avoient commencé de porter le dais de l'un et de l'autre coté, ils continueront jusqu'à la fin de la procession, sans pouvoir être deplacés par les officiers de l'autre jurisdiction survenans.

Art. 11ᵉ.

Veut et ordonne Son Altesse Serenissime, que tous les articles cy dessus soient executés, à l'effet de quoi les dits abbé, prieur et religieux de la dite abbaye seront tenus de passer, en bonne forme par devant notaires, acte par lequel ils s'obligeront à leur entiere execution, ainsy que Son Altesse Serenissime s'y oblige de sa part, et seront, le présent resultat et l'acte d'acceptation des dits sieurs abbé, prieur et religieux, sues et publiées aux sieges tant de la dite prevoté que du bailliage de la dite abbaye, registrées aux greffes des deux jurisdictions et deposées aux archives du Palais royal et du duché de Chartres. Fait au conseil de Monseigneur le duc d'Orléans tenu pour les finances, à Paris, le 9ᵉ septembre 1739. Et est signé, Giron (avec paraphe).

QUATRIÈME PARTIE

De la Prévôté royale à Bonneval.

JE n'ay point entendu parler de l'origine de la prevoté royale de cette ville à nos Bénédictins, dit le curé Beaupère, sans avoir été surpris de les voir extravaguer jusqu'au point de soutenir que ce sont eux qui l'ont accordée aux comtes de Chartres. Ce raisonnement est d'autant plus faux qu'on n'en voit point de preuves dans toutes les chartes qu'ils ont mises au jour jusqu'à présent, et que nous avons rapportées fidellement. Je puis dire au contraire qu'on y trouve des preuves incontestables du contraire. Car nous voyons dans la fameuse charte de Thibault quatre de l'an 1118 que les comtes de Chartres avoient un juge à Bonneval, puisque ce Thibault s'obligeoit par le traité qu'il faisoit avec les moines de ne pas souffrir que son juge ou quelqu'un de ses officiers jugeast des affaires qui concernoient le marché ; — *Ita plane ut prefecto ipsius comitis, aut alicui ejus ministro ullam de aliquo facere justitiam non liceret;* — bien plus, le juge du comte dans certaines occasions, suivant cette même charte, jugeait par appel des affaires qui avoient été portées devant le juge des moines ; — *Item, si vadimonium belli in curia monachorum datum fuerit, et ibi adjudicatum ; si pendente die assignata ad partes inter se pacem nequiverint facere, exhinc in curiam meam deducetur et judicio curiæ meæ finietur* [1].

---

1. Remarquez d'abord que le prévôt de Thibault IV en 1118 ne jugeait pas les affaires du marché, ce que Jean II de Châtillon réclamera en 1265 comme un droit de

« D'ailleurs, qui pourroit croire sans etre aveuglement prevenu en faveur des religieux, que les comtes de Chartres qui dans les premiers tems de la fondation de leur abbaye donnerent l'investiture à leurs abbés, de leur propre aveu, n'aient pas eu dès ces tems la une justice à Bonneval, et meme que les moines n'en aient pas été les justiciables, puisqu'ils ne pouvoient avoir d'abbé sans leur consentement. »

La bulle de Pascal II, en 1108, confirma le droit des moines d'élire leur abbé. Voyez cette bulle.

« Il paroit par le titre de la fondation de Foulques, qu'il leur donne tout ce qu'il avoit dans cette ville et aux environs, mais il n'y est point fait mention de justice; d'ou leur est-elle venue si ce n'est de ces memes comtes, auxquels ils disent l'avoir donnée eux-memes. Ils produisent à la vérité des chartes qui prouvent le contraire, et par lesquelles il paroit que les comtes tiennent d'eux tout ce qu'ils peuvent avoir icy; mais elles ne peuvent faire impression que sur l'esprit de ceux qui les croient authentiques ; mais nous, sur le temoignage de gens sensés, qui les soutiennent falsifiées, nous ne nous en rapportons pas à elles, plusieurs comtes peu instruits, et dans des siecles d'ignorance, y ont souscrit, mais cela n'est pas pour nous un motif de credibilité, non plus que les decisions faites et portées en consequence par des personnes, qui sans les examiner de pres y ajoutoient bonnement foy, faussement persuadées que des religieux consacrés à Dieu ne pouvoient avoir fabriqué de tels titres; on est revenu presentement de ces fausses idées, et on regarde toutes les chartes des moines ou presque toutes comme apocryphes ; elles sont fabriquées dans des siecles ou l'écriture n'étoit connüe que dans les cloîtres ; ainsy il y étoit fort facile d'y écrire tout ce qu'on vouloit, sans craindre d'être convaincu de faux, puisque dans le monde on ne sçavoit pas ecrire, n'y meme lire. »

ses ancêtres. M. Beaupère avait pourtant copié ces chartes si opposées. Voyez encore qu'il se garde bien de citer le passage entier de cette charte de Thibault IV, qui reconnaît que son père Étienne avait reçu gracieusement des moines de Bonneval la permission d'y tenir un marché, de juger les quatre cas; et, dans le même ordre d'idées, parce qu'il était en effet difficile à des religieux d'être obéi dans des contestations de ce genre, de faire appel à la cour du comte des jugements portés par les moines à l'occasion de querelles sanglantes, qui n'auraient pas été exécutés dans les vingt-quatre heures : *tous les droits du couvent étant d'ailleurs absolument saufs*, ajoute Thibault IV ; — *salvo tamen in omnibus jure monachorum.* — Et voilà seulement ce que néglige d'ajouter le chroniqueur partial !

Peut-on admettre que la bulle de Grégoire X, en 1272, était falsifiée ? On pouvait vérifier sur l'original. Or, elle confirme pleinement *la juridiction* de l'abbaye sur Bonneval et ses autres dépendances.

« Sans tous ces raisonnemens, la contradiction qui se trouve entre le titre de fondation de notre abbaye par lequel Foulques leur donne tout Bonneval et celle de Simon de Rochefort de 1232, qui leur vend une infinité qu'il y avoit, est suffisante pour prouver le cas qu'on en doit faire.

« Mais quand on supposeroit que nos religieux ont donné aux comtes de Chartres toute la justice qu'ils ont à Bonneval, on ne pouroit concevoir comment ils auroient pu leur ceder une justice superieure à la leur. Selon l'axiome *reçu par tout le monde :* on ne peut donner ce qu'on a pas ; — *nemo dat quod non habet ;* — ils ne pouvoient donc leur donner une justice royalle qu'ils n'avoient pas ; la prevoté de Bonneval est royale, elle ne peut donc venir des moines, ce qui fait croire qu'elle n'est pas emanée de leur justice qui ne peut se flater de ce glorieux titre, elle ne pouvoit pas produire plus d'effet qu'elle n'en avoit elle-meme. »

J'ai raconté, et l'on pourra s'en assurer dans l'*Histoire abrégée*, comment la prévôté royale procédait de la prévôté comtale que l'abbaye accorda au comte Etienne.

« Ils pourront objecter que le peu d'étendüe de jurisdiction qu'a la prevoté, dont la ville de Bonneval ne ressortit point, prouve bien leur sistème, que nous assurons être insoutenable. Ce peu d'étendüe de la jurisdiction est une preuve incontestable de leur usurpation sur les droits de la prevosté, qui avoit autrefois beaucoup plus de justiciables qu'elle n'en a aujourd'huy, et qu'elle ne peut recouvrer sur les moines, parce que leur argent scait penetrer dans le conseil du prince, duc de Chartres. Et parce qu'ils ont tous les titres de la prevoté, comme il leur a été demontré en 1760, dans un mémoire présenté contre eux au conseil de Monseigneur le duc d'Orléans, et dans lequel on en apportoit cette preuve invincible. »

M. Beaupère fait allusion ici au procès du comte de Mailly contre les religieux de Bonneval, à propos d'un droit de pêche, qu'il perdit précisément.

« Le 5 juin 1659, devant Antoine Coyau, notaire à Bonneval, messire Charles Le Prevot, conseiller en la grande chambre du Parlement de Paris, et abbé de notre abbaye, achepta de M⁰ Alexandre Bellier, prevot de Bonneval, pour la somme de six mille trois cents livres, qu'il paia comptant, la simple procuration *ad resignandum* de la charge de prevot; et il se rendit aussy proprietaire moiennant pareille convention de toutes les autres charges de la dite prevoté, qu'il fit exercer par ses officiers, pendant le peu de tems qu'il eut en sa possession la charge de prevot et les autres charges de la prevoté. Les moines, pour l'utilité desquels ces differentes acquisitions avoient été faites, ne s'endormirent pas et tirerent du greffe de la prevoté tout ce qu'ils jugerent leur etre propre et surtout ce qui pouvoit etendre leur jurisdiction, ils nierent ce fait avancé contre eux en 1760, parce qu'aiant eu l'adresse de tirer de chez Coyau la minute de ce contract, ils ne croioient pas que personne en eut et put avoir connoissance; mais M. Belet, qui avoit avancé ce fait, en avoit une copie qui n'etoit pas suspecte et dont il donna une copie collationnée au conseil du prince contre laquelle les moines ne purent s'inscrire en faux et qui prouvoit bien leur mauvaise foy et leur usurpation à laquelle le conseil n'a pas encore remedié. »

L'abbé Le Prévost ne fit que répéter en 1659 auprès du duc d'Orléans, héritier des usurpations ou concessions de droits des anciens comtes de Chartres, ce que l'abbé Girard avait déjà fait en 1232 auprès de Simon de Rochefort du Puiset, et, quelques années après, en 1265, ce qu'avait tenté de faire l'abbé Hervé auprès de Jean de Châtillon lui-même.

« Cet abbé (Le Prévost), dans le dessein d'étendre encore plus loin les droits de son abbaye, fit tous ses efforts pour acheter le domaine des ducs de Chartres à Bonneval. Dans ce dessin il tira, le 18ᵉ août 1659, un avis du lieutenant-general, qui disait que les droits des ducs de Chartres à Bonneval étant tres-peu de chose, pouvoient, sans beaucoup de difficulté, être abandonnés à l'abbé et aux religieux de Bonneval; ce projet n'a pas eu lieu, malgré cet avis qui n'a point été donné gratis, et dont copie a été produite par dom Jean Le Brun, procureur (du couvent) en 1725. M. Le Prevost étant mort en 1660, la prevoté auroit pu se soustraire aux religieux, dont elle ne dependoit plus; mais point du tout, accoutumé contre ses droits naturels à simpatiser avec eux, M. Claude Levassor, prevot, se chargea de leur baillage, et comme l'exercice de ces deux charges étoit incompatible, il obtint, le 7ᵉ février 1663, du Roy des lettres patentes, qui lui permettoient l'exercice, et de faire en même tems les fonctions de prevot et de bailly ; ce qu'il obtint à cause des procès, querelles et divisions qui arrivoient journellement entre les juges royaux et ceux de l'abbaye ; mais je ne présume pas que ce soit la le vrai motif de l'obtention de ces lettres patentes.

« Des 1662 le prevot de Bonneval prend le titre de conseiller du Roy et de Son Altesse Serenissime Monseigneur le duc d'Orléans, et celui de président, car le 25ᵉ mars 1663 ledit sieur Claude Levassor paia aux parties casuelles de Son Altesse Royalle deux cent trente-sept livres pour le droit de resignation de la charge de president, suivant la quittance de Seigliere, que jay vue et possédée, et deux cent soixante et quinze livres pour celle de prevot, suivant la quittance dudit Seigliere du meme jour, et registrée le 27ᵉ de mars 1662, signé de Faverolles ; toutes deux collationnées, signé Rogue, et depuis ce tems la, les prevots sont qualifiés de presidents, prevots et juges royaux de la ville de Bonneval dans leurs provisions, mais le Parlement ne les connoit point sous cette qualité, dans toutes les commissions qu'il leur adresse, il ne leur donne que la qualité de prevot, et c'est sur ce fondement que les religieux leur contestent le titre de president bien exprimé dans leurs provisions, mais cela ne leur ote pas, et ne prouve que leur antipatie pour ceux qui occupent cette place.

« Le prevot actuel prend encore les titres de lieutenant general, de juge de police, de maire né de la ville de Bonneval et de principal administrateur de son hopital ; on seroit fort embarassé de dire les raisons pour lesquelles il se decore ainsy, et les sources ou il a puisé de si belles qualités. Ses provisions n'en font meme pas mention. S'il venoit à la connoissance du lieutenant general de Chartres, qu'il prend le meme titre que lui, il l'en reprendroit, car à proprement parler, il n'est icy que son lieutenant. A l'égard de la police dont il se dit juge, on ne la lui dispute pas dans le marché du bled, et sur les portefaix qu'il fait maîtres, mais les religieux la lui disputent dans toutes les autres parties, et se sont opposés aux ordonnances de police qu'il a faites en 1760 pour la fixation des heures pour la vente des différentes denrées qui se vendent à notre marché, et le Conseil du Prince lui a deffendu d'en faire aucun acte, jusqu'à ce qu'il en eut ordonné, ce qui

8

n'étoit pas encore fait en 1765. Dans un acte passé à la ville en 1754, et qui fut envoié à Me Barentin, intendant de la province, le prevot qui y avoit présidé y étoit qualifié de maire né de la ville. L'intendant ecrivit icy qu'il ne connoissoit point icy d'autre maire que les échevins, et que le prevot de Bonneval n'étoit qu'un merde de nez; malgré cela depuis 1760 jusqu'en 1765, Mrs Belet pere et fils (prévots) ont toujours fait les fonctions de maire par la complaisance des échevins, qui placés par eux leur ont toujours porté bonnement et par reconnoissance à decacheter les ordres qu'ils recevoient de la cour et de l'intendant, pourquoi pendant tout ce tems la, on appelloit nos échevins les premiers valets de ville, ils l'étoient effectivement, car les prevots leur laissoient faire toutes les corvées pénibles, et se reservoient toutes les affaires honorables et gratieuses.

« M. Belet père en a donné de bonnes preuves en 1745 lorsque sans prendre le parti du sieur Louis Boucher, pour lors échevin, contre les officiers du regiment de Sienne qui le maltraitoient pour avoir un certificat de bien vivre, il l'abandonna à leur fureur en sortant de la ville au moment de leur depart. En 1763 et en 1764, lors de l'arrivée des carabiniers et des cuirassiers, pour faire un fastueux etalage de la pretendue qualité de maire, son fils leur fit donner par les échevins qui lui étoient aveuglement soumis, les logemens qu'ils desiroient et une infinité de choses qui ne leur étoient pas dües, il fit meme acheter de la tapisserie au depens de la ville pour meubler la chambre d'un officier, et comme maire il faisoit faire tout ce qu'il vouloit sans eprouver la moindre contradiction de la part des échevins, qui ont risqué plusieurs fois de paier à leurs depens des ouvrages qu'ils entreprenoient sans autre autorisation que la sienne, comme le mail, le pavage de la grande rue de Saint-Michel et les reparations de la Valonnerie[1], que M. Perrin de Cypiere, intendant d'Orléans, à la sollicitation de madame de Montboissier, porta heureusement pour eux sur la province, et dont la ville ne porta que soixante et douze livres.

« Mais les édits des mois d'août 1764 et may 1765 leur a oté tout lieu de se glorifier de cette qualité de maire né qu'ils s'arrogeoient d'eux-memes, en ne leur laissant que le droit de presider aux assemblées de ville, sans voix deliberative, ce qui fut un grand creve-cœur

---

1. Cette maison, d'une belle façade gothique, qui servait de caserne aux gardes wallonnes, existe encore dans la rue de la Valonnerie.

pour notre prevot, qui se voiant privé d'un des plus beaux privileges qu'il attribuoit à sa charge, ne vouloit pas qu'on se conformat icy à ces édits, soutenant qu'ils ne regardoient pas les villes de l'appanage de monsieur le duc d'Orléans, mais, malgré ses prétentions, il fallut s'y conformer ; cette diminution de son pouvoir usurpé fut cause qu'il ne se trouva à aucune des assemblées qui furent tenües à l'hotel-de-ville pour parvenir à la nomination des officiers municipaux. Il ne fut pas le seul à qui ces édits causèrent du chagrin, les Benedictins exclus de cette nouvelle forme du gouvernement de notre ville, comme n'en faisant point partie, firent aussy tous leurs efforts, ainsi que les officiers de leur bailliage, qui perdoient leur rang aux cérémonies publiques ou le corps-de-ville doit avoir le pas sur eux, pour interpreter ces édits en leur faveur, mais ils n'y reussirent pas. M. de Laverdy, controlleur general, consulté la-dessus par quelqu'un qui les vouloit favoriser, repondit positivement que tous les moines étoient exclus de ces assemblées ; quelle mortification pour des gens qui se glorifient tant d'etre les seigneurs de notre ville, d'etre retranchés de toutes les assemblées comme des membres inutiles, et de voir tous leurs officiers, que les habitans regardoient comme leurs espions et des gens capables de nuire aux intérets de la ville, n'avoir aucune part aux nouvelles nominations.

« Tant que les sieurs Belet ont été taillables, ils ont fait croire aux habitans que leur charge de prevot les exemptoit de droit de toute imposition, aiant meme avancé que c'étoit l'intention du prince de qui ils la tenoient, qu'on ne les imposast point à la taille. Tous ceux qui ont passé collecteurs pendant qu'ils y étoient, les ont cru bonnement, et sur leur parole les en ont affranchis, et meme de la capitation, ce qui est sans exemple, car tous les privilegiés, les princes meme, la paient ; cependant ceux qui ont possedé cette charge avant eux ont paié la capitation et meme la taille ; et surtout Me Claude Levassor, leur grand-oncle, car j'ai vu sur les rolles de 1698 et de 1706 qu'il étoit imposé à neuf livres quatre sols et à sept livres pour taille, marge et capitation.

« La prevoté avait autrefois bien plus d'officiers qu'elle n'en a aujourd'huy, car, outre son prevot, elle avoit un lieutenant, deux conseillers, un procureur du Roy, un subsistut du procureur du Roy et un avocat du Roy, un greffier des presentations, une charge de clerc de parisis, et aujourd'huy elle n'est composée que du prevot, du procureur du

Roy, d'un greffier, d'un huissier audiencier qui a le droit d'exploiter par tout le royaume et de plusieurs autres huissiers qui prennent la qualité de huissiers royaux, qui sont obliges de se trouver ici à cheval le 1er septembre pour accompagner le prevot à l'ouverture de la foire de Saint-Gilles. Le greffier n'est point en titre, il n'a son greffe que par commission, moiennant une redevance qu'il fait au prince et qui est tres-modique, vu le peu d'affaire qu'il y a à la prevoté. Autrefois et meme de nos jours, il avoit le droit de notaire royal et d'établir des commis dans tous les endroits de la jurisdiction de la prevoté ; mais depuis 1730, les deux notaires royaux de cette ville, dont les charges, qui sont aux parties casuelles du prince, sont hereditaires, presenterent une requeste à S. A. S., dans laquelle ils exposoient que le pouvoir que Son Altesse donnoit au greffier de la prevoté de faire les fonctions de notaire royal et de commettre des commis partout ou il jugeoit à propos, leur prejudicioit beaucoup et les obligeroit enfin de lui remettre leurs charges, dont ils étoient obligés de payer la paulette et les parties casuelles ; le prince leur rendit justice, et des ce moment il ne fut plus permis au greffier de la prevoté de faire des actes notariés, n'y de commettre des substistuts dans l'etendue de la jurisdiction.

« Avant la declaration du Roy de 1736, touchant les actes de baptemes, mariages et sepultures, on deposoit au greffe de la prevoté ceux des trois paroisses de Bonneval et des paroisses circonvoisines, et on l'a fait jusqu'en 1739 ; le procureur du Roy d'Yenville nous fit assigner au Parlement pour les porter au greffe de la jurisdiction et les faire parapher par le juge de cette ville, nous y fumes condamnés par arrêt de la cour, qui nous fut signifié sans frais, et nous nous y sommes conformés exactement depuis ce tems la. Cependant le lieutenant d'Yenville, pour nous épargner la peine d'y aller faire parapher nos nouveaux registres, commit des ce moment le prevot de Bonneval pour les parapher en sa place, ainsy que tous ceux des paroisses du Perche-Gouët les plus voisines de cette ville ; ces prevots les parapherent jusqu'en 1762 inclusivement, car sur les plaintes qui furent portées au lieutenant d'Yenville touchant les exactions de la domestique du prevot, à laquelle il remettoit les registres qu'il avait paraphé, qui exigeoit de l'argent de tous ceux qui les venoient réclamer, il commit en sa place le procureur fiscal des Bénédictins, pour nous les parapher. Ce changement mortifia notre prevot, qui, quoiqu'il n'eut point de part dans le produit de cette petite concussion, en étoit cependant regardé comme l'autheur, ou du moins comme le fauteur. De quelque façon que la chose arrivast, il étoit reprehensible; des qu'il s'etoit chargé de les parapher, il le devoit faire gratis, suivant les intentions du Roy, et ne rien exiger ny activement ny passivement.

« Outre les deux notaires royaux de la prevoté, qui intitulent leurs actes sous le nom du president, prevot, juge royal de la prevoté et vicomté royale de Bonneval, il y a icy un autre notaire royal que le seigneur de Memillon a droit d'y avoir et de s'y colloquer, qui intitule les siens comme notaire royal des cinq baronies du Perche-Goüet, sous la chatellenie royale d'Yenville, resident à Bonneval, et qui se fait recevoir à Yenville, et qui exploite comme les autres notaires. Je ne sçais pas d'ou les seigneurs de Memillon ont ce droit; je pense cependant qu'il leur vient d'une concession de madame Anne d'Est, épouse du duc de Chartres Alphonse d'Est, lorsqu'elle donna la seigneurie de Bonneval par engagement à messire Jean de Vienne, controleur general des finances, le 8e mars 1604.

« La jurisdiction de la prevoté est tres peu de chose; elle s'etend, comme nous l'avons deja dit, sur les fiefs de la vicomté de Saint-Sauveur [1] et d'Isaac, qui est dans cette ville, qui contient la moitié de la maison de monsieur de Cerizy de Bronville, deux granges et trois petits jardins, et qui releve du seigneur de Meslay; sur le chateau de Memillon, quelques maisons à la Touche, paroisse de Saint-Maur-sur-Loir; sur une partie de Courbehaye et de cette paroisse; sur Dancy, partie de Massuères; sur Pré-Saint-Évroult, le chapitre de Notre-Dame de Chartres lui conteste cependant la jurisdiction sur le curé et le presbitere de cette église à Mezieres; en 1740, le curé de Saint-Evroult etant mort, la prevoté apposa les sceaux sur ses meubles; ce chapitre les fit croiser par son bailly de Villars; les heritiers en obtinrent la levée par provision, et le procès que cette affaire occasionna entre le duc de Chartres et ce chapitre n'est point encore décidé [2]; sur le village de Mezieres scis dans cette paroisse; sur la paroisse de Bourneville et sur la paroisse de Sancheville, dont les causes de la

---

1. La vicomté de Saint-Sauveur était fort petite. Elle comprenait un carré de vignes et quelques maisons sur la rue de Chartres, devant l'église de Saint-Sauveur. Il y avait une petite boucherie, un four banal. Son territoire s'étendait jusqu'au chemin de Pullois, au bas du vallon.

Quant au fief Isaac, il était situé entre l'extrémité des rues Beaussire et des Prêtres et la rivière. Il contenait une maison et des granges.

2. L'abbé Beaupère écrivait ceci vingt-cinq ans après, vers 1765.

prevoté viennent par appel à la notre, dont elle est un demembrement.

« Le prevot ne connoit dans Bonneval que du meurtre, du vol avec fracture, des thresors trouvés et recelés et des sauves gardes enfreintes que du marché des grains et des mesures et de toute la police qui regarde ce marché, comme de le transferer lorsqu'il tombe le jour qu'il tient des fetes qui en empechent la tenüe, et de recevoir les portefaix, et de les juger dans les causes qui ont rapport aux fonctions de leurs maitrises. C'est lui qui donne les permissions aux bateleurs, farceurs, operateurs et maitres de jeux et autres de cette nature de s'établir dans la ville, et la police particuliere dans la foire de Saint-Gilles, pendant la tenue de la dite foire et marché seulement. La transaction de 1739 entre monsieur le duc d'Orléans et les religieux, lui accorde la police generalle dans la ville, fauxbourgs et banlieüe, et meme cette transaction ne dit point ce qu'elle entend par cette police generalle; le sieur Belet le fils en 1759 et en 1760 a connu d'affaires de police, dont les predecesseurs n'avoient jamais connu comme de la mauvaise vie et conduite de deux filles, qui denoncées par le procureur du Roy, ont été forcées de sortir de la ville pour n'etre point fletries par les sentences, et de fixer les heures du marché de la volaille et autres denrées, au grand mecontentement des bailly et procureur fiscal des religieux, qui s'y sont opposés, ainsi que nous le dirons en tems et lieux. »

On voit par ce qui précède que les transactions entre l'abbaye et le duc d'Orléans n'avaient pas encore résolu, en 1739, ce que Jean de Châtillon disputait en 1265.

« Ainsy, les officiers de notre prevoté n'ont gueres d'affaires, et ils ne sont occupés icy qu'a faire des proces verbaux pour les cadavres qui se trouvent icy ou aux environs, ou à faire des procès criminels contre les assassins qui commettent des assassinats dans l'etendüe de leur juris- diction et meme de celle des religieux, qui ne sont pas faches presentement que ces officiers aient ce droit, qui est devenu si onereux aux seigneurs, qui sont obligés de faire faire, à leurs propres frais, ces sortes de procès, qui sont l'occasion de l'impunité du crime, car leurs juges, pour ne les point constituer en des frais immenses, negligent de faire dans ces circonstances ce qu'ils devroient faire pour punir les coupables. C'est le cardinal de Fleury, ministre de France depuis 1725 jusqu'en 1745, qui, pour menager les thresors du Roy, a imaginé cette économie si funeste à la France. La prevoté reçoit quelquefois quelques commissions de la cour du Parlement, pour faire des enquestes et informations ou refaire des proces criminels mal faits par les juges voisins; mais cela n'arrive pas assez souvent pour les desennuier de leur trop grande tranquillité. Ces commissions sont l'origine de l'envie impitoiable des habitans de Chateaudun contre ceux de Bonneval, parce que n'ayant point de justice royale chez eux, ils sont desesperés d'etre obligés d'y comparoitre devant nos juges royaux.

« De tout tems, la prevoté et le bailliage des religieux ont été en guerre les uns contre les autres ; nous en voions des preuves dès les années 1286, 1291 et 1331, aussy que nous l'avons rapporté aux pages 399, 400 et 401. En 1411, le procureur de M. le duc d'Orléans et les religieux, sur les plaintes qu'ils firent au roi Charles six, que le bailly de Chartres ou son lieutenant à la salle de Bonneval, au prejudice des arrets des annees 1291 et 1331 faisoient tous les jours de nouvelles entreprises sur leurs droits, et que notamment contre raison ils avoient saisi les denrées de quelques regratiers et revendeurs de ladite ville, parce qu'ils avoient acheté leurs denrées devant l'heure ordonnée, par les usages, statuts et coutumes de la dite ville, et qu'ils en vouloient connoitre, quoique cette connoissance ne fut pas de leur ressort, obtinrent de lui une commission pour evaquer cette affaire au Parlement de Paris, dans laquelle il est dit, entre autre chose : « Combien
« que la prinse et connoissance de tous ces cas appartiennent aux dits
« religieux ou à nôtre fils à leur defaut, sans que les officiers de la dite
« salle y aient que voir, et de ce qu'ils ont emprisonné un religieux
« de Sainte-Croix de Paris ou autre, qui se battoit à la feste de la dite
« ville, lesquels exploits ont été faits par entreprise à leur grand dom-
« mage et prejudice contre la teneur des arrets precedents, et pour ce
« est-il que ces choses considerées, voulant garder la justice et le droit
« d'un chacun, je mande aux religieux d'assigner les contrevenans en
« notre cour de Parlement, attendu que notre fils le duc d'Orléans
« n'est tenu de plaider ailleurs. Donné à Paris, le 2ᵉ juillet 1411. »

« Cette commission ne nous apprend rien autre chose, sinon que des ce tems la les officiers de la prevoté avoient une police plus étendue dans la ville que celle à laquelle les religieux veulent les restraindre aujourd'huy, car ils ne rapportent point que la cour l'ait bornée à l'occasion de cette affaire, ce qu'ils n'auroient pas manqué de faire, s'ils avoient eu autant d'avantage sur eux qu'ils en esperoient, pour s'en prevaloir dans la suite des siecles. L'historien (dom Lambert) nous apprend encore qu'en 1494, René d'Illiers et les religieux obtinrent des lettres royaux contre les officiers de la justice sans en marquer le sujet ainsy qu'en 1497, parce qu'ils avoient fait elever un poteau ou carcan et y avoient fait punir un delinquant, dans un lieu de la ville qui etoit de la juridiction et justice des lieux ; cet autheur auroit bien du en transcrire le contenu, nous aurions été plus assuré de la vérité des faits qu'il avance. La prevoté a droit de poteau dans la place publique, il n'est pas par consequent à presumer qu'elle en ait fait planter un ailleurs. En 1533, selon notre bon religieux, ses abbé et religieux obtinrent un arret contre les officiers de la salle de Bonneval, pour raison de plusieurs entreprises qu'ils avoient faites sur leur justice, par lequel la provision des choses contestées est adjugée aux religieux, et les parties renvoiées pour le fond à un autre temps.

« Le 9ᵉ may 1533, les abbé et religieux obtinrent encore un autre arret contre dame Renée de France et le procureur general, qui par le prevot de Bonneval avoient fait saisir sur les religieux la justice de la ville et celle de tous les environs, pretendans qu'elle appartenoit à la dite dame à cause de son comté de Chartres, par lequel main levée leur fut donnée de toutes les saisies qui avoient été faites, et il fut ordonné que tous les revenus, profits et emolumens qui avoient été perçus des dites saisies leur fussent rendus, le tout par manière de provision, attendu que les parties seroient obligées de produire et communiquer dans trois mois leurs titres. Et sur ce que M. Jacques Spritame (?), conseiller du Roy en la cour du Parlement, commis pour l'execution du dit arret, aiant voulu la commucer à la barre de la cour, les officiers royaux formerent un incident, disant que dans l'arret on avoit donné main levée de la justice de l'abbaye, qui ne s'étendoit pas dans la ville, ce qui donna lieu d'obtenir un second arret le 6 septembre 1533, qui declare que par le premier on a donné main levée de tous les droits de la ville et fauxbourgs.

« En 1539, le 14 aout, les religieux obtinrent un fameux arret contre dame Renée de France, épouse d'Hercule d'Est, duc de Ferrare, et les prevot Louis Sureau et procureur du roy Gilles Coulon, officiers de la prevoté de Bonneval, qui leur a adjugé bien des droits, comme on peut le voir à la page 403 et suivantes, ou est rapporté cet arret en tout son entier et tout ce qui a été fait pour l'execution du dit arret, à laquelle le dit procureur s'est opposé, ce qui est cause qu'il est resté encore bien des difficultés à décider entre les prevoté et bailliage, et leur fournit tous les jours la matiere de nouvelles disputes, qui ne finiront qu'à la fin des siecles. Les ducs de Chartres et les abbé et religieux font tous les jours entre eux de nouvelles transactions et ne peuvent malgré tout en étouffer les semences.

« Quelque favorable que soit ce fameux arret aux religieux [1], il ne l'est pas autant qu'ils se l'imaginent, surtout quant à la police generale du marche des denrées qu'ils veulent s'attribuer aujourd'huy, puisque des le 15 novembre 1542, Me Louis Sureau, prevot de Bonneval, fit une ordonnance de police par laquelle il fixa les endroits de la ville ou se devoient vendre les differentes denrées qui se debitoient dans Bonneval, sans opposition de la part des moines qui n'auroient pas manqué de s'y opposer s'ils avaient cru pouvoir le faire, et de nous la transmettre s'ils l'avoient faite, leur silence sur cet article est une preuve bien convaincante que le prevot avoit une police sur le marché bien plus étendüe que celle dans laquelle ils veulent presentement le renfermer. Et, pour les convaincre qu'ils n'ont toujours cherché qu'à la reduire dans des bornes trop resserrées, nous allons rapporter cette ordonnance de police en tout son entier. »

Cette ordonnance ne fait que régler l'exercice de la concession du marché de Bonneval, faite et connue depuis plusieurs siècles. Elle est d'ailleurs intéressante pour le pays. La voici :

« Extrait des registres de Jean Rigault, greffier de la Prevoté de Bonneval pour le Roy notre Sire, et pour Monsieur et Madame les duc et duchesse de Chartres, du mercredy 15e jour de novembre 1542.

« Aujourd'huy, de l'Assemblée generale tenüe et faite par devant nous Louis Sureau, licencié es loix, conseiller du Roy notre Sire, seigneur de Cronmarbot et de Margonne, juge et garde de la prevoté de Bonneval pour le Roy notre Sire, monsieur et madame les duc et duchesse de Chartres, suivant la signification de ce faite de notre sentence lundy dernier passé et affichée au poteau des halles, lieu et maniere accoutumée, par Gaspard Phillon, sergent royal de la dite

---

1. C'est la grande pièce justificative qui trouvera sa place à la fin du volume.

prevoté, et comme par son rapport et certificat par ecrit nous est apparu, sous les halles dudit Bonneval, heure de neuf heures du matin, par la grande et saine partie des officiers, bourgeois, manans et habitans de la dite ville et fauxbourgs de Bonneval, pour songer, aviser et ordonner de l'assiette et vente des denrées et marchandises au jour de marché ordinaire de la dite ville, à laquelle assemblée étoient, entre autres, honorables hommes et sages : Me Mederic Sureau, notre lieutenant general en la dite prevoté et naguerres procureur de la dite communauté ; Me Gilles Coulon, licencié procureur en la dite prevoté pour le Roy et ma dite dame ; Me Jacques Maury, licencié es loix, avocat au dit Bonneval et procureur de la dite communauté ; Louis Lubin ; sieur de Juday ; Louis Anagot, bourgeois ; Me Jean Merinon, licencié es loix, avocat, et Gervais Moreau, à present échevins de la dite ville ; Louis Martin, receveur des deniers communs de la dite ville ; Jacques Huchet, nagueres receveur ; Gaspard Perineau ; Etienne Coulon ; N. Maury ; N. Martin, nagueres échevin ; Me Jean Sureau, curé de Pré-Saint-Évroult, prieur de Saint-Florentin de Rouvray ; Me Etienne Grandin, prêtre ; Pierre Faye ; Jean David, procureur en cour laïc ; Florentin Hurault ; Gaspard Le Bay ; Jean de La Vigne l'aîné ; Pierre Ganeau ; Antoine Henry ; Christophe Coulon ; Pierre Gadrent; Colas Roy; Jean Bré; Philippe du Marché; Gilles Mongreon; Mathurin Gautier ; Jean Beaudran ; Pierre Marinon, sergent ; François Dupuis, canonnier ; Jean Marinon, tanneur ; Jacques Chevallier ; Jean Couasse; Jean-Claude-Louis Fevre, boucher; Claude Palles; Guillaume Touche ; Pierre Cochereau ; Jean Roy ; Jean Fillon ; Noel Petit ; Clement Carie ; Louis Lemperier ; Pierre Poytier, mercier ; Antoine Liron ; Matry Thiard ; Louis Marchand ; Pierre Constantin ; Martin Cupipie, et Jean Martin, vinaigrier, et autres [1], tous marchands, bourgeois, manans et habitans de la dite ville et fauxbourgs de Bonneval, et sur la requeste verbale faite par le dit procureur du Roy et de Madame et aussy par le dit Me Jacques Maury, procureur de la dite communauté, sur ce : en présence des dits échevins, manans et habitans, nous, par l'avis, deliberation et vouloir de tous les susdits, avons conclu et ordonné, concluons et ordonnons pour le bien, profit et utilité de la dite ville, de la police du marché ordi-

---

1. Habitans de ce tems la, dont il ne reste que les Perineaux et les Chevaliers. — Note de M. Beaupère.

naire et de la chose publique : que dorenavant les denrées et marchandises seront au jour du marché ordinaire, mises, assises, vendues et distribuées par les marchands es lieux et places de la dite ville, selon et ainsy qu'il suit :

« C'est à sçavoir. Quant à l'egard des bleds, orges, avoines et autres grains qui seront vendus aux lieux et places accoutumées, qui est au bourg du dit Bonneval, au devant de la maison et hotellerie ou pend pour enseigne l'image de Notre-Dame.

« La marchandise de drapperie tout le long des halles sur le dit bourg.

« Le sel au bout et joignant les murs du cimetiere de Notre-Dame, à commencer au long et derrière le puits du bourg à l'endroit de la maison de Me Maturin Garnier, à tirer vers l'autre long, à l'endroit où pend pour enseigne la Sirene, c. a. d. depuis la maison de Michel Boucher jusqu'à celle de Mlle Hodierne.

« La marchandise de sabots, pots de terre, balais, seilles et autres semblables au dehors et pres des halles, tirant vers la maison de la veuve feu Michel Cartenay, c. à. d. sur le pavé neuf. Et les fruitages joignant et en suivant, tirant vers la porte de Saint-Michel, qu'on appelle presentement la porte de Saint-Roch.

« L'etappe des vins cidres et autres breuvages encore en joignant et au dessous, à commencer par le coin d'une muraille étant à présent audevant de la porte de la maison du four à Ban et de Gilles Chantar à tirer vers la porte dudit Saint-Michel.

« Les bêtes chevalines et tout autre bestial, au carrefour de devant le presbytere de Bonneval, tirant vers la place du Fief-Isaac, sans entrer audedans de la dite ville plus avant que le puits d'auprès de la maison de deffunt Louis Guesnault. Le presbytere de Bonneval, c. à. d. de Notre-Dame, etoit pour lors dans la maison qu'on appelle la Grande-Ecole, et c'est de là que la rue où elle est située, est encore appelée la rue des Prêtres.

« Tout bois à chauffer, mairin, charbon et autres semblables marchandises, au bourg de la Greve, depuis l'endroit de la maison de la veuve ....., tirant vers la porte de la dite greve et abbaye du dit Bonneval, sans entrer plus audedans de la dite ville ny sur la rue d'Herisson-Simon, jusqu'au coin de la maison de Jean Droüet, cuisinier.

« Et partant enjoignons et faisons commandement à toutes personnes aïant bois, fumiers et toutes autres choses et empechement es lieux des places sus-dites, de chacun endroit de les vuider et oter dedans la quinzaine apres la publication des presentes et de n'y en mettre pas apres, et à tous marchands et autres de non cy après mettre, asseoir leurs dites denrées et marchandises en autres lieux et places au dit jour de marché, si non es lieux et places cy devant ordonnées, ains respectivement chacun endroit soy les y mettre et vendre, à peine chacun de dix livres d'amande pour le premier deffaut de faire accomplir chacunes des choses dessus dites et d'amande arbitraire pour les autres fois en suivant, le tout applicable à qui il appartiendra, et jusqu'à ce que plus amplement en soit ordonné.

« La presente copie tirée et collationnée sur un registre de la prevoté et vicomté royale de Bonneval, étant sain et entier et relié; l'intitulé duquel par une inscription sur la couverture d'icelui contenant ces mots : Registres des procurations tant speciales que generales, reçus et écrits par Jean Rigault, notaire tabellion et garde scel royal, et aussi pour les subsistuts et commis du dit Rigault, dont le premier a commencé du mardy 27e juin 1536, entre André Garnier, Jacques Chevallier, et Gervais Petineau, et Marion, leur mère, au haut duquel est intitulé Louis Sureau, licencié es lois, conseiller du Roy, seigneur du Crontarbot et de Mergonne, juge et garde de la prevoté de Bonneval pour le Roy notre sire, et Monsieur et Madame les ducs et duchesse de Chartres, et finit par un autre acte tenu le dimanche, issue des vespres, jour de la Toussaint, 1er novembre, sous les halles de Bonneval, devant le dit sieur Sureau, portant adjudication des droits d'octrois de la dite ville de Bonneval, par moy greffier et notaire royal en la prevoté royale de Bonneval, tiré cejourd'hui 12e novembre 1700, pour servir à M. le procureur du Roy en la dite prevoté, ce que a de besoin, et est signé BOUCHER; controllé à Bonneval et scellé les dits jour et an, LAMBERT, gratis, attendu qu'il s'agit des officiers de Monsieur. »

« Cette ordonnance du prevot de Bonneval aiant été rendüe trois ans après le fameux arrêt de 1539, qui limite si fort la jurisdiction, et sans la moindre contradiction de la part des moines, qui n'en parlent point dans leur histoire, prouve bien qu'il avoit plus de jurisdiction qu'ils ne lui en veulent accorder aujourd'hui; il faut cependant observer que dans cette ordonnance il n'est point fait mention du marché de la volaille, du gibier, du beurre, des œufs, du poisson et des fruits;

seroit-ce là une omission ou une preuve de la jurisdiction de bailliage sur ces espèces de denrées; je crois volontiers cette dernière chose, puisque le bailliage s'est conservé jusqu'à present la possession d'exercer la police dans les places où elles se vendent; et la prevoté a perdu une partie de la sienne sur les marchandises mentionnées dans la susdite ordonnance parce qu'elles ne se trouvent plus dans notre marché.

« En 1584, Martin de Beaune, qui avoit du credit en cour, las de voir les officiers de la justice toujours en litige avec ceux de la prévoté royale, presenta une requeste à Henry trois, dans laquelle il expose l'etablissement de la prevoté royale et des officiers royaux de cette ville à l'avantage de son abbaye, et le tort que cause au public les différents qui s'elevent sans cesse entre les officiers de l'une et de l'autre jurisdiction; pourquoi il supplie Sa Majesté de vouloir bien supprimer les officiers royaux, offrant d'assigner à la recette de Chartres autant et même plus de revenu qu'elle n'en retire de son domaine de Bonneval et d'indemniser les officiers royaux du prix de leurs charges; cette requeste fut repondue en ces termes : « Henry, roy de France et « de Pologne, à nos feaux conseillers, avocats et procureurs gene-« raux de notre Parlement de Paris, salut; nous vous renvoïons la « requête cy attachée sous notre contre-scel, et nous vous mandons « et commettons par ces presentes que vous aiez à nous informer et « envoier votre avis sur la commodité ou incommodité que nous « et nos sujets recevrons par la dite information. Vue en notre « conseil, ordonner ce que de raison; donné à Saint-Germain-en-Laye, « le 4 septembre 1584. »

« Cette requeste n'eut pas un succès aussi favorable que l'ambition des moines l'esperoit, je ne sçais pas si on fit pour lors des proces-verbaux *de commodo et incommodo* de la réunion de la prevoté à leur bailliage, je puis assurer seulement qu'ils ne le disent pas, et qu'en cas qu'il en ait été fait, ils ne leur auraient pas réussi, ce qui est un grand bien pour notre ville, car si les religieux eussent obtenu cette réunion, elle eut été tout à fait dans un esclavage insupportable. Quoique la prevoté royale ne soit pas grande chose en elle-même, elle a toujours sçu mettre un frein aux vastes projets des religieux, en s'opposant dans tous les tems à tout ce qu'ils ont entrepris contre les interets des habitans; c'est par ces memes motifs sans doute que les officiers ont mis des obstacles à cette réunion qui seroit devenue fatale à leurs concytoiens, et que le Parlement, en secondant leur intention, ne s'est pas preter à les favoriser autant qu'ils le desiroient, ny à seconder les protecteurs qu'ils avoient auprès du Roy, qui avoient mis cette affaire en si beau chemin. Ce raisonnement n'a d'autre preuve que la vraisemblance, il est juste cependant ; le silence des moines sur les suites de leur premiere demarche, l'appuie beaucoup et fait presumer sans la moindre prevention qu'il n'est pas fait sans un bon fondement.

« Les officiers de la prevoté triomphoient encore de la victoire qu'ils avoient remporté sur les moines en 1584, en faisant échoüer la réunion de leur justice à celle de bailliage, lorsqu'ils reçurent en 1600 une grande mortification de la part des religieux ; le procureur general avoit pris le fait et cause de son subsistut en la prevoté de Bonneval, qui avoit appelé comme de juge incompetent du refus que leur bailly lui avoit fait de renvoier devant le prevot Pierre Mahon, detenu pour vol dans les prisons de l'abbaye ; car après que les avocats et procureurs eurent eté ouïs au parquet des gens du Roy et que le procès du dit Mahon, commencé, eut été vu, la Cour mit les appellations au néant, sans amande neantmoins, et ordonna que ce dont avoit appelé sortiroit son effet, et en ce faisant seroit passé à l'instruction et au jugement du procès par le bailly de Bonneval, nonobstant oppositions ou appellations quelconques, jusqu'à sentence definitive, sauf l'exécution, s'il en est appelé, et est enjoint aux parties de se conformer et d'obéïr respectivement à l'arret de 1539.

« En 1614, le 6ᵉ juillet, Mᵉ Louis Martin, prevot, Thomas Sureau, Clement Defonte, Guillaume de la Vigne et Antoine Liron, echevins, et les habitants de Bonneval et de la banlieue, en conséquence des ordres du Roy et du bailly de Chartres, suivant l'édit de Sa Majesté donné à Paris le 9ᵉ may 1614, et de la Reyne regente la mere, du 26ᵉ du même mois, s'assemblerent pour conferer ensemble avec le dit bailly qui presidoit à l'assemblée du Tiers-Etat, sur les plaintes et remontrances qu'ils entendoient faire aux Etats generaux qui devoient se tenir à Sens le 21 aout suivant, et nommerent pour député Pierre Moreau, qu'ils chargerent de representer que les tailles étoient inegallement reparties et de supplier Sa Majesté d'ordonner de nouveaux reglemens pour leur assiette ; c'est tout ce que j'ai pu dechiffrer dans l'acte de cette assemblée, qui est extremement mal écrit. Le 20 juillet suivant, Echoppe Belhomme et Mathurin Cocq, deputés de la paroisse du Gault ; Louis Bigot et Denis Laye, députés de Pré-Saint-Martin ;

Claude Le Maitre et Pierre Moreau, députés de Pré-Saint-Evroult, qui dirent qu'il falloit de plus remontrer que c'etoit un grand scandale pour ceux qui tenoient des fermes et des maisons, que la solidité des rentes foncieres, et qu'ils étaient beaucoup affligés par le transport de France [1]. Pierre Goupil et André Belmotte, deputés de Vitray, et le 9ᵉ août suivant, Jean Saradin, député de Saint-Germain, qui tous ne s'etoient point trouvé à l'assemblée du 6 juillet 1614, ratifierent la nomination qui y avoit été faite et les remontrances qui y avoient été arrêtées ; et ils voulurent qu'on remontrât de plus à l'Assemblée des Etats qu'il falloit de plus qu'on permit à tous les habitans du royaume de faire moudre leur bled aux moulins qu'ils voudroient, encore que les propriétaires s'y oppossassent, et que tous les meuniers eussent la liberté de faire leur chasse, c. à. d. chercher du bled à moudre partout, fors les (moulins) banneaux. Je ne sçais pas si ce sont ces remontrances qui ont produit cette liberté aux meuniers, ils chassent partout aujourd'huy, et dans notre canton je ne connois point de moulins bannaux.

« Le 15ᵉ juillet 1644, les Benedictins ennuiés de la tranquillité dont jouissoient les officiers de la prevoté depuis 1584, la troublerent par une assignation qu'ils firent donner devant Mᵉ Jean Levassor, leur bailly, à Leger Papineau, pour une affaire qui regardoit les biens patrimoniaux de la ville. Michel Coüasse, Pierre Chevallier et Denis Hémery, échevins, et Mᵉ Jean Pigousse, procureur du Roy, prirent le fait et cause du dit Papineau, et demanderent son renvoy devant le prevot ; mais le bailly, pour obliger les moines, le leur refusa comme impertinent, temeraire et meritant condamnation, leur defendant en pareil cas de connoitre d'autre juge que lui ; le 23 juillet de la meme année et la seconde de Louis quatorze, par le conseil tenu à Paris le dit jour, signé Bothereau au bas de la requeste, l'affaire fut evoquée au Parlement et ordre fut donné au greffier du bailliage de porter ou d'envoier sans delay la procedure à la cour ; le tout fut signifié à frère Jean Martin, procureur des religieux, et au procureur du bailliage de l'abbàye, qui satisfirent promptement et eurent la mortification de se voir condamner ; il ne faudrait point d'autre preuve de leur mauvais succès dans cette affaire, que le silence de leur historien, qui toujours fort attentif à relever les avantages de ses confreres dans les contesta-

---

1. Je suppose qu'ils se plaignaient du grand prix des fermages et de la concurrence.

tions qu'ils ont eües avec les officiers de la prevoté, ne dit rien de celle-cy, qu'il ne doit pas avoir ignorée [1].

« En 1651, Louis XIV aiant eu quelque mecontentement de la ville de Chartres, envoia un ordre au prevot de tenir l'assemblée de la noblesse du bailliage, pour nommer des députés d'entr'elle, pour les Etats généraux ; nous allons donner tout au long la copie de cette assemblée illustre :

« Aujourd'hui mardy, douzième de septembre 1651, en la ville de Bonneval, en l'assemblée de la noblesse de Chartres, faite devant nous Louis d'Angennes de Rochefort, chevalier marquis de Maintenon, de Salvert, Saint-Germain, seigneur de la Moulonniere et de Villeneuve, conseiller du Roy notre Sire, en ses conseils d'Etat et privé, bailly et capitaine de la ville de Chartres, en laquelle assemblée nous aurions appelé le prevot juge royal et procureur de Sa Majesté ou la dite justice royale de la dite ville de Bonneval, le dit procureur du Roy nous auroit représenté que par lettres de cachet à nous adressant de la part de Sa Majesté, il nous auroit été mandé qu'à cause des désordres survenus entre ceux de la noblesse et les principaux officiers du presidial de Chartres, elle jugea à propos de transferer l'assemblée de la noblesse en la dite ville de Bonneval, pour proceder à la nomination des deputés, qui auroient à se trouver aux Etats generaux, conformément à l'ordre prescrit sur ce sujet, en date du 23e aout 1651, signé Louis, et plus bas, Guénégaud ; qu'en exécution d'icelles lettres et ordre du Roy, nous aurions fait toutes les diligences requises de tenir la noblesse du dit bailliage de Chartres avertie tant par publications et assises faites en tous les bailliages, paroisses et marchés de toute la teneur de Chartres, que par toutes les autres voies que nous aurions estimées necessaires à ce sujet, à se trouver en l'assemblée ce dit jour 12e du present mois en la ville de Bonneval, de quoi la noblesse du dit bailliage etant duement informée, se seroit aujourd'huy assemblée devant nous comme dit est; nous, requerant ledit procureur du Roy pour l'interet de Sa Majesté, qu'il nous plut ordonner qu'en executant les dits ordres, la noblesse eut à proceder presentement à la nomination des deputés pour se trouver aux dits Etats generaux et à la dite nomination proceder de bonne foy en leurs âmes et

---

[1]. L'*Histoire abrégée* de dom Lambert ne va pas jusque-là.

consciences, sur laquelle requeste du dit procureur du Roy faisant droit nous avons ordonné que les gentilshommes du dit bailliage assemblés en cette ville procederont purement et de bonne foy à la nomination des deputés pour assister aux Etats generaux qui seront tenus suivant l'ordre de Sa Majesté; pour cet effet et en executant notre ordonnance, les dits nobles apres avoir preté le serment en tel cas requis, ont procedé à la dite nomination suivant l'ordre qui suit, c'est à sçavoir : le baron d'Auneau a nommé pour députés M^{rs} d'Entragues et de Marville, conjointement laquelle nomination fut faite par tous les autres gentilshommes de la dite assemblée, qui étoient Messieurs le baron de Brou, le marquis d'Alluye, de Noinville, de Maintenon, de Vauclus, de Dangeau, de la Mothe Saint-Cyr, de Bernard, de Lasoubliere, de Senantes, de Mosny, de Harolles, de Sablonniere, de Houville, des Essarts, de Flancourt, de la Moustardiere, de Chazay, du Plessis-Monois, de l'Etourville, de Favieres, de la Perine, de Villereau, de Bresix, de Marmandes, de Saint-Ange, de la Drouvillier, de Puisieux, de Herville, des Houillis, de Chassonville, de Migneville, le marquis de Clerc, de Potiers, du Quaroy, de Bouville, le Buisson, Modouville, de la Manchetiere, de la Chapelle, du Tilly d'Othon, de Gallot, d'Ymonville, de Saint-Germain, Prunelay, d'Illiers, d'Umbieres, de Puysieux, Denssostez, du Raunier, le vicomte de Prunay, d'Arsis, de Bonnelle, de la Brosse-Gentisy, de Thieulin, de Saint-Cormes, Petit de Neuf Moutiers, de la Ferriere, de l'Espine, de Modouville, de Luygny, de la Cheseay de Prunay, du Quay, de Blaisy; des Maisiers, de Maillot, de Veranvilliers, de Lolainville, des Roques, de Margoutier, de Marolles, de Laurierre, de Merobert, d'Oinville, de Veausseaux, de Boishuion, de la Hilliere Blanchois, de la Nerette, de Meaussé, de Courtainville, de la Papotiere, des Veaux, de Bonserdiere, de Buisson Sainte-Margueritte, l'Élisarts de Tascher, de la Chaulme, de Lorray, de Forgirard, de Laval-Guérard, du Tartre Dupuy, de la Bourdiniere, du Cormier, de la Fosse de Vitray, de Beauchesne, du Buisson de Cosne, de Mereglise, du Bouchet, de Hersay, de Fauserville, de Chambroger, de Villesaison, de la Helliere, du Tremblay, de Saint-Hilaire, de Beaulieu Frieze, de Bretamont, de Montireau, d'Arras, de Grand-Pré, de la Quelletiere, de la Huie neufve, de Gouville, de Mombert, de la Marie, de la Garenne Berchere, de Belligny, de la Bollohiere, d'Allemont, d'Arthuis Villesension, de Montgemin, de Saint-Lubin, du Tartre de la Ferriere, d'Arras de Marcheville, de Malestable, le baron d'Argentray du Rouvray, de Sainte-Croix, des Marais, de Voray, de Champregnault, de Saint-Laurent, de Boutigny, de Sainte-Croix, de Frieze, de Blainville, de Grimaldy, de Boisgneville, de Baillan, de Ruzay au Val, d'Orvilliers, de Couty, du Mats, des Bordes, de Vigny, de Saint-Aubin, de la Compte, de Lahaye, Dubois, des Courty, de Gasville, de Fresne, de Careta, de Vaumonteil, des Tranches, de Beaumanoir, du Mesnil, de Montaimbœuf, des Essarts, de la Fosse, de Fortile, de Bois demy voie, de la Briere, du Regeau, du Bois, de Tansonville, de Glatigny, de la Mauvriere, de Voisins, du Coudray Lorisville, du Viel la Molhe, du Breüil, Maneuvriere, de la Chapelle d'Ouainville, d'Ennenonville-la-Grande, de Brouville Cerizy, de Courcelles, de Lumiray, de la Vallée, de Charbonniere, de Boutigny, des Rocques, d'Hallos, de Moutibert, de la Hugottiere, de la Blissiere, de la Priere, des Radrets, de Marcel, de Beauchesne, de la Ferriere, de l'Espine, de Denmarville, de la Rozaie l'aîné, de la Rozais, du Boispaty, de Bellesart, de Malitourne, du Fresne, du Grenier, des Poiriers, de la Pommeraie, de la Bruveliere, de la Gassetiere, d'Ennenonville-la-Petite, du Buisson, de Lahaye, du Vitray, du Monceau, de Fontenay-la-Barre, de Vallieres, de Hautbois, du Tertre-Bernardiere, du Plessis-Monousiere, de Bois le Conte, de Saint-Bonnest, de la Beausseriere, Manueres, de Maillots, de Vermont, de la Bonneville, des Chuslées, Girondeau, de Champvillon, de Vaux, de la Grecette, de Beausse, de Chatillon, de Biauregard, de Chevrigny, du Grenier, d'Aussigny, du Thilly Blury, de Pelleret-Chosumoy, d'Indreville, de Loinville, des Voix, de Rossé, de Gas, de Beauregard, des Gas, de Saint-Marc l'aîné, de Saint-Marc, de Chatenay, de Saint-Mesnil à Boindot, de la Barre-Villeau, de Neufvy-en-Dunois, de Saint-Just, d'Arthois, du Parc, de Souslere, de Challiot, de Mercy, de Viltray-Imorville, le chevalier de Morenville, de la Halliere, de la Varanne, de Cherville, de Boinville, de l'Essart, de Gast, de Villiere-le-Morchair, des Marais, de Beauvais, de Molisard Durbois, de la Perine-Mesiere, le baron de Brunelle, de Villiers, de la Goguerie, de Saint-Loup, de Cernay et de la Varanne, lesquels sieurs de Marville et d'Entragues lesdits gentilshommes ont tous nommé d'une commune voix pour exercer conjointement et alternativement la fonction de depute de leur assemblée aux États-Generaux, en sorte que l'un des sieurs agira un jour, et l'autre desdits sieurs agira le jour suivant, et ainsy alternativement l'un apres l'autre chacun son sejour successivement et pour commencer leur fonction et action tireront au sort, pour sçavoir lequel agira le premier jour, et avons pris et reçu le serment du sieur de Marville present, qui accepte ladite nomination, et a promis, et juré de s'acquitter fidelement et en sa conscience de ladite charge, dont nous avons donné acte, et entre les dits nobles en la meme assemblée, ont aussy d'une commune voix nommé et elu les sieurs de Guiberdiere, de Cherville, Courcelles, Epoy et du côté d'Auneau, les sieurs de Bretaucourt et des Voyes, pour proceder à la confection et redaction des cahiers des plaintes et doleances de la noblesse, auxquels ils ont donné tout pouvoir pour les offrir, de laquelle élection et nomination cy dessus nous avons dressé le present acte et proces verbal, pour servir et valoir en tems et lieu ce que de raison, et ce requerant le procureur de Sa Majesté audit Bonneval, le dit jour mardy 12ᵉ de septembre 1651, et ont signé la minute des presentes : Louis d'Angennes, de Rochefort, Sasevert, Maintenon, Pigousse, des Granges, Bellier et Chevallier, greffier, avec paraphes, sauf les dits sieurs Louis d'Angennes, de Rochefort, Sasevert, Maintenon et Belier, qui ont signé sans paraphe. Cette assemblée, comme on le voit, etoit composée de deux cent soixante et quatre gentilshommes. Il seroit bien difficile d'en assembler autant aujourd'huy dans le bailliage de Chartres, car la plus part des terres occupées pour lors par ceux qui la formoient sont reunies à present aux chateaux dans l'étendüe desquels elles sont situées. »

« Le 9ᵉ juillet 1711, le bailly de la justice de l'abbaye se transporta sur la requisition de son procureur fiscal aux prisons royales de cette ville, où le prevot avoit fait enfermer un fils qui avoit manqué à son pere, habitant de la ville, et qui l'avoit prié de l'y tenir quelque temps enfermé pour tacher de le corriger, desquelles par force et après plusieurs menaces, il fit ouvrir les portes par geolier et en fit sortir ce jeune homme ; le procureur du Roy en rendit plainte ; le prevot informa et decerna un decret d'assigné pour être ouï contre les officiers de l'abbaye ; ils en appelerent et obtinrent un arrêt de defense, et en se faisant signifier, ils firent assigner au Parlement les officiers de la prevoté et conclurent contr'eux à ce qu'il leur fut fait defense de prendre autres qualités que celle des officiers pour le Roy, de troubler et empécher les officiers du bailliage dans l'exercice de la justice et police dans toute la ville de Bonneval, fauxbourgs et banlieüe, sur tous leurs sujets, et justiciables sans exception d'aucuns, n'y meme des officiers pour le Roy au dit Bonneval, meme dans les seigneuries, domaines et paroisse de Saint-Maur et Jupeau, et justice des dits lieux, à la reserve des cas de meurtre, etc.; et pour l'avoir fait être condamné à mille livres d'amande; que les dits prevot et procureur du Roy seront tenus de donner au dit bailly de Bonneval la qualité de bailly de Bonneval et seigneuries y annexées, et au procureur fiscal de sa justice seigneuriale de l'abbaye de Saint-Florentin de Bonneval, celle de procureur de la justice seigneuriale de l'abbaye de Saint-Florentin de Bonneval, qu'ils seront maintenus et gardés dans la possession dans laquelle ils sont de temps immemorial d'etre compris dans le cris de la foire de Saint-Gilles, de connoitre d'aucune cause dans l'étendue de la ville, fauxbourgs et banlieue, et paroisse de Saint-Maur, et ils conclurent à des dommages et interets, et telle reparation qu'il plaira à la cour pour le dit decret d'assigner pour être oüi. Cette affaire n'a pas été suivie par les religieux, et par la crainte de l'intervention de M. le duc d'Orléans, et parce que M. de Tressan, leur abbé, les empecha, parce qu'il ne vouloit se mettre mal avec le prince dont il étoit aumosnier et qu'il sentoit bien que cette affaire qui etoit de consequence ne tourneroit pas à l'avantage de ses officiers; et par l'authorité du prince, les officiers royaux la laisserent tomber, sentant tout le credit de l'abbé de Bonneval auprès de S. A. S^e. »

Il serait fatigant de relever toutes les assertions du chroniqueur contre la juridiction du couvent. Ces réclamations et ces jugements contradictoires ne prouvent qu'une chose, l'enchevêtrement inextricable des droits seigneuriaux et royaux. Il n'était pas besoin que les compétitions surgissent entre une puissance laïque et une puissance conventuelle pour démontrer l'incertitude ou la faiblesse des tribunaux d'alors. Le fait suivant en est la meilleure preuve, et comme il s'est passé à Bonneval, dans la prévôté royale elle-même, je le cite en entier d'après M. Beaupère.

« Me Claude Baussan avait obtenu en 1658, les provisions de procureur du Roy de cette ville, que nous allons rapporter : « Louis, par la grace
« de Dieu, Roy de France et de Navarre, à tous ceux qui ces lettres
« presentes verront, salut; sçavoir faisons que nous aiant pleine con-
« fiance en la personne de notre amé Claude Baussan, avocat en Parle-
« ment, et nous aiant apparu de ses sens suffisante loyauté, pru-
« dhommie et expérience, pour ces causes lui avons donné et octroié,
« donnons et octroions par ces presentes l'office de notre procureur en

« la ville et communauté de Bonneval en Beauce, créé par l'édit
« de juin 1635, auquel depuis iceluy n'a encore été pourvu pour
« le dit office avoir et tenir dorenavant exercer en jouir et user
« par le dit Beaussan aux honneurs, authorités, prerogatives, preemi-
« nences, priviléges, exemptions, franchises, libertés, fonctions, pou-
« voirs, droits, fruits, profits, revenus et emolumens y appartenans, et
« plus au long contenus au dit édit, tels et semblables, et tout ainsy
« qu'en jouissent les pourvus de pareils offices des autres villes et com-
« munauté de notre royaume, tant qu'il nous plaira, pourveu toutefois
« que le dit Beaussan n'ait au dit siege aucuns amis, alliés au degré
« de notre ordonnance, à peine de nullité des presentes et de la recep-
« tion, sy mandons en mandement au bailly de Chartres ou son lieu-
« tenant audit lieu ou prevot juge royal de Bonneval, à tous autres nos
« justiciers et officiers qu'il appartiendra, qu'apres leur etre apparu des
« bonnes vie, mœurs, age requis par nos ordonnances, conversation et
« religion catholique, apostolique et romaine dudit Beaussan, et de lui
« pris et reçu le serment en tel cas requis et accoutumé, ils le mettent
« et instituent de par nous en possession du dit office, l'en faisant
« jouir et user aux honneurs, authorités, prerogatives, preeminences,
« privileges, exemptions, franchises, libertés, fonctions, pouvoirs, droits,
« fruits, profits, revenus et emolimens susdits pleinement et paisible-
« ment, et à lui obéir et entendre de tous ceux et ainsy qu'il appar-
« tiendra en toutes choses, touchant et concernant ledit office, car tel
« est notre plaisir, en temoin de quoi nous avons fait mettre notre scel
« à ces dites presentes. Donné à Paris le 14e jour d'avril, l'an de grace
« 1658 et de notre regne le 15e. » Et est écrit par le Roy, signé
Dubuisson et scellé du grand sceau de cire jaune. Au bas de ces provisions est une quittance de deux cent livres paiées par le dit sieur
Baussan le dernier septembre 1657, signée Deslandres, et au dos est
écrit : « Enregistré au controlle general des finances, par moy, con-
« seiller du Roy au Conseil d'Etat et controlleur general des finances
« de France à Paris, le 12e avril 1658. » Et est signé Le Tonnelier
Breteuil, et avec elles est une quittance de vingt-deux livres pour
le droit de marc d'or du 26e mars 1658, signée Chauvel, registrée ès
registres des gardes de quittance, et enregistrée au controlle general
du marc d'or le 26e mars 1658, collationnée aux originaux par Du
Buisson, conseiller du Roy et de ses finances, et au bas : « Collation
« a été faite de l'arret et quittances ci-dessus, à leurs originaux, par

« moy, notaire royal à Bonneval soussigné, lesquels originaux ont été
« à l'instant rendus, ce 29ᵉ février 1668. Signé Coulon avec paraphe. »

« Le 30ᵉ avril 1658, Mᵉ Alexandre Bellier des Bordes etant prevot, Pierre Coulon, Pierre Hateau, Jean Regnier, et Gilles Goussu, échevins, en l'assemblée de ville, le Mᵉ Claude Baussan, pourvu par Sa Majesté de l'office de procureur du Roy pour Sa Majesté en la ville et communauté de Bonneval, le 14ᵉ desdits mois et an, en vertu de la creation du dit office donné à Chateau-Thierry au mois de juin 1635, verifié au Parlement en la Chambre des comptes et Cour des aydes le 20ᵉ décembre 1635, fut installé en ladite fonction.

« La reception de Mᵉ Baussan en son office de procureur du Roy de la ville et communauté de Bonneval occasionna un grand procès entre Mᵉ Jean Pigousse pourvu de cet office par M. le duc d'Orléans le 12ᵉ mars 1630, qui s'étoit opposé à la reception, et le dit Baussan et le prevot et les échevins qui l'avoient reçu. Le dit Pigousse gagna son procès et fut maintenu en son office, en remboursant neantmoins le dit Baussan dans le delay d'un mois, faute de quoi le dit Baussan fut autorisé à faire les fonctions de procureur du Roy ; les prevot et échevins furent sans doute mis hors de cour, parce qu'il n'est point fait mention d'eux dans le prononcé de l'arret du Conseil privé du Roy, du 6ᵉ may 1667, que nous allons rapporter tout au long. »

Dans l'intervalle de l'opposition de 1658 et du jugement du 6 mai 1667, Mᵉ Jean Pigousse mourut, et ses héritiers poursuivent en son nom.

« Entre M. Samuel Pigousse, sieur de Gerainville, subsistut du procureur general du Parlement de Paris, au siege royal de la prevoté, vicomté et maréchaussée de Bonneval, Mᵉ Jean-Baptiste Pigousse et Yves Porcher, mary de demoiselle Anne Pigousse, sa femme, enfans et heritiers de Mᵉ Jean Pigousse, leur père, tant en leur nom que comme prenant fait et cause pour demoiselle Françoise Barrier, veuve du dit deffunt Pigousse, aiant repris au lieu du dit deffunt l'instance en laquelle il etoit demandeur, aux fins de la requeste inserée *en l'arret du Conseil intervenu sur icelle le 21ᵉ may 1658,* sans que les qualités puissent nuire ny prejudicier aux parties, d'une part, et Mᵉ Claude Baussan, procureur de Sa Majesté en la ville et communauté de Bonneval, deffendeur, d'autre part ; et le sieur Pietre, conseiller de Sa Majesté en ses conseils et procureur general de monseigneur le duc d'Orléans, reçu partie intervenante, suivant l'ordonnance du Conseil au bas de la requeste du 2e septembre au dit an 1658, sans que les qualitez puissent nuire ny prejudicier aux parties, vu au Conseil du Roy l'arret d'icelui du dit jour 21e mars 1658, intervenu sur la requeste du dit deffunt Pigousse, y insérée, tendante à ce qu'il plut à Sa Majesté lui octroier commission pour faire assigner au Conseil le dit Baussan et autres qu'il appartiendroit pour proceder sur l'opposition formée par feu le dit Pigousse à la reception du dit Baussan en l'office de procureur de Sa Majesté en la ville de Bonneval, voir, dire et ordonner que le dit Pigousse seroit maintenu et gardé en la possession d'iceluy, selon et ainsy qu'il en a cy devant jouit, et ses devanciers avant lui, nonobstant et sans avoir egard aux nouvelles provisions obtenues par surprise par le dit Baussan, qui seroient rapportées, et auquel defenses seroient faites de s'en ayder, et pour l'avoir fait et être recondamné à tous depens, dommages et interets du dit Pigousse, et cependant par provision que les defenses tiendront, par lequel arret auroit été ordonné qu'aux frais de la dite requeste, le dit Baussan et autres qu'il appartiendroit seroient assignés au Conseil, pour parties oüies etre ordonné ce que de raison, et cependant que le dit Pigousse exerceroit la charge comme auparavant, avec defenses au dit Baussan de l'y troubler, jusqu'à ce qu'autrement par Sa Majesté en eut été ordonné; commission sur le dit arret avec l'exploit d'assignation donné en consequence au dit Baussan, au dit Conseil du 4e juin du dit an 1658; appointement de reglement de l'instance à l'ordinaire pris entre le dit deffunt Pigousse et le dit Baussan, le 9e aoüt au dit an 1658, signifié à la diligence du dit Baussan le 17e du dit mois; copies collationnées des lettres de nomination accordées par feu monsieur le duc d'Orléans de l'office de procureur de Sa Majesté en la prevoté et vicomté de Bonneval du 12 mars 1630, à Jean Pigousse; en suitte est son acte de réception au dit office au siege de Chartres, du 13e avril au dit an, ensemble copies des lettres patentes de Sa Majesté, par lesquelles est accordé au dit Pigousse la faculté de faire la fonction de procureur de Sa Majesté en la jurisdiction du lieutenant criminel de robbe courte au dit Bonneval, datées du 1er octobre 1638. Acte signifié à la requeste du dit Pigousse à l'avocat du dit Baussan le 6e jour de septembre 1658, par lequel pour demouvoir le dit Baussan, encore que le procureur general du dit sieur duc d'Orléans eut soutenu que dans les villes de l'appanage les dits officiers ny puissent etre establis, neantmoins il offroit de rembourser le dit Baussan de la finance qu'il avoit paiée aux coffres de Sa Majesté pour les dits offices en question : copie imprimée de l'édit portant creation d'un procureur de Sa Majesté et d'un greffier à chacune ville et communauté du ressort de la Chambre des comptes de Paris, aux memes fonctions que ceux de la dite ville du mois de juin 1635 ; copies collationnées de deux quittances ; l'une de la somme de 200 l. expediée sous le nom du dit Baussan pour le dit office de procureur pour Sa Majesté en la ville et communauté de Bonneval, et l'autre de la somme de 22 l. pour le marc d'or du dit office expediée au profit du dit Baussan, datées du dernier septembre 1657 et 26 mars 1658 ; lettres de provision du dit office expediées au profit du dit Baussan le 14e avril 1658, auquel il n'avoit pas encore été pourvu, soutenues du juge royal du dit Bonneval portant reception et installation du dit Baussan au dit office du consentement des échevins et procureur syndic de la dite ville et acte de l'opposition fournie à la dite reception par le dit Pigousse du 20e avril 1658 ; copie imprimée de l'édit portant retablissement des offices et droits supprimés par la déclaration du mois 1648, datée du mois de decembre 1652 ; commission obtenüe au grand sceau par le dit Beaussan pour faire assigner au Conseil les veuve, enfans et heritiers du dit deffunt Pigousse pour reprendre l'instance au lieu du dit deffunt Pigousse ; exploit de signification des dites lettres et assignation donnée en consequence au dit Conseil à Me Yves Porcher, à cause d'Anne Pigousse, sa femme, tant pour lui que pour ses co-heritiers du dit deffunt, et dame Françoise Barrier, veuve du dit deffunt, en reprise de la dite instance du 30e décembre 1665, et deux janvier 1666 ; acte signifié à l'avocat du dit Baussan, à la requeste de celui de la dite veuve et heritiers Pigousse, contenant leur declaration qu'ils offrent de reprendre l'instance, datée du 1er fevrier 1666 ; ordonnance du sieur Benard de Rezay obtenüe par le dit Baussan pour faire assigner l'avocat du dit Pigousse pour voir dire et ordonner que la dite instance seroit tenüe pour reprise ; procès-verbal du sieur commissaire, en fin duquel est son ordonnance par laquelle la dite instance est tenüe pour reprise au lieu du dit deffunt par les dits demandeurs, du 9e avril au dit an 1666, signifié le dix du meme mois à la diligence du dit Baussan ; écritures et productions faites en l'instance par le dit deffunt Pigousse et par le dit Baussan ; acte signifié à la requeste du dit Baussan à l'avocat du dit deffunt Pigousse, servant de reponce à l'acte des offres de remboursement et s'en tiennent qu'ellés ne sont pas raisonnables ny recevables, et que le dit Pigousse doit être debouté de son opposition, le dit acte daté du 17 septembre 1658; la dite requeste presentée au Conseil par le dit Pietre, procureur general du dit feu sieur duc d'Orléans, par laquelle il a été reçu partie intervenante de la dite instance, tendante à ce qu'il plut à Sa Majesté ordonner que le dit Pigousse, qui etoit l'ancien, seroit maintenu en la fonction et charge, l'exerceroit comme il avoit fait par le passé avec defenses au dit Baussan, nouveau pourvu, avec cinq cent livres d'amende, et à lui donner acte de ce que pour tous moiens d'intervention, il emploioit la production du dit Pigousse, ensemble le contenu de sa requeste signifiée le 3ᵉ septembre 1658. Requeste du dit Baussan emploiée pour repondre aux dits moiens de l'intervention sur laquelle est l'ordonnance portant acte de l'employ et au surplus en jugeant du 7ᵉ septembre audit an 1658 (requeste du dit Baussan emploiée) signifiée le 19ᵉ du dit mois; autre requeste du dit Baussan pour ajouter à la production les pièces cy jointes : sçavoir une lettre de cachet de Sa Majesté écrite aux maire et échevins et au corps-de-ville et habitans du dit Bonneval, pour s'opposer à la vente du sel du grenier à sel du dit lieu, que le chevalier de Luygny et autres vouloient faire au prejudice de Sa Majesté, datée du 1ᵉʳ avril 1649; plusieurs actes d'assemblée en la maison de ville du dit Bonneval sur le sujet des affaires communes de la dite ville, tant pour les étapes des gens de guerres, qu'établissement de religieuses et création, nomination et élections des échevins de la dite ville, des 12 avril 1642, 2ᵉ août et 8 septembre 1643, et 2ᵉ novembre 1645, sur laquelle requeste est l'ordonnance portant les pièces reçues et communiquées du 17 septembre 1658, signifiée le 19ᵉ du dit mois; autre requeste du dit Baussan par lui emploiée pour satisfaire au proces-verbal du 19ᵉ avril 1666, signifiée le 24 du dit mois; écritures et productions des dites parties, et tout ce que par elles a été mis et produit par devers le dit sieur Benard de Rezay, conseiller du Roy en ses conseils, maitre des requestes ordinaire de son hotel, commissaire à ce député, oüi son rapport et tout considéré, le Roy, en son Conseil, faisant droit sur l'instance, aiant egard à l'opposition et office du dit Samuel Pigousse, et consorts, a maintenu et gardé, maintient et garde le dit Pigousse en la possession et jouissance du dit office de procureur de Sa Majesté en la ville et vicomté de Bonneval, selon et ainsy que luy et ses predecesseurs en ladite charge en ont cy devant jouit, nonobstant les provisions du dit Baussan, que Sa Majesté ordonne etre rapportées, en remboursant toutefois par le dit Pigousse et ses consorts au dit Baussan, la somme de 200 l. pour la finance du dit office, et celle de 150 l., à laquelle Sa Majesté a liquidé les loyaux couts et frais de la presente instance, lequel remboursement le dit Pigousse et consorts seront tenus de faire dans le mois pour tout delay, à compter du jour de la signification du present arret à personne ou domicile ; autrement, et à faute de satisfaire, le dit temps passé, ordonne Sa Majesté en vertu du present arret, et sans qu'il en soit besoin d'autre, que le dit Baussan fera la fonction de la dite charge, conformant à ses provisions, et acte de la reception faisant au dit Pigousse, ses consorts et à tous autres défense de l'y troubler, sans dépens ; fait au Conseil du Roy tenu à Paris le 6ᵉ may 1667 ; collationné, signé Maissac, avec paraphe, et au bas de cette copie est écrit : « Collationné à son original étant en par-« chemin, sain et entier, représenté et à l'instant rendu par moy, Jean-« Baptiste Janvier, notaire, tabellion royal à Bonneval soussigné, le « dernier avril 1693, et est signé JANVIER avec paraphe. »

« Le 29ᵉ janvier 1646, Mᵉ Antoine Levassor, lieutenant de la prevoté, aiant appris que les échevins de cette ville avoient fait une assemblée de ville de leur propre mouvement sans l'y appeler et avoient exigé trente sols de chaque habitant pour les frais d'une deputation qu'on avoit été obligé de faire pour la ville, et que la somme qui en étoit résultée avoit été mise es mains de Gilles Lambert, un des échevins, le fit assigner pour etre oüi le meme jour à cinq heures, et à etre condamné par corps à la restitution de la dite somme, et lui etre fait defenses de plus user de telles vexations à peine de punition corporelle, et enjoint à Mᵉ François Aubin, notaire, qui avoit reçu la dite assemblée illicite, d'en mettre la minute au greffe de la prevoté dans la dite heure, et qu'autrement, et le dit tems passé, il y sera contraint par corps, et que la dite sentence sera lüe et publiée tant au prosne des messes paroissiales qu'au carrefour de la ville au son du tambour. Cette affaire ne fut pas suivie, parce que si les échevins avoient eu tort de convoquer une assemblée et de lever de l'argent sans la participation du lieutenant de la prevoté, cet officier aussy avoit tort de vouloir connoitre de cette levée d'argent, car les levées ne regardent que les intendants des provinces.

« Le 2ᵉ novembre 1674, le corps des habitans s'étant assemblé pour nommer de nouveaux échevins, les sieurs René Bruant et Gilles Goussu, qui l'étoient, furent continués et à la pluralité des voix Mᵉ Antoine

Coyau leur fut donné pour adjoint. Le dit sieur Antoine Le Vassor de Villangears, lieutenant de la prevoté, auquel le sieur Bruant ne plaisoit pas et qui avoit envie de l'exclure de cette charge et d'en faire elire d'autres, fit faire le 10 décembre suivant des informations contre lui pour sçavoir s'il n'avoit point sollicité sa continuation et malversé dans son office d'échevin et de receveur de la ville. Le sieur de Villangears n'aiant pas trouvé matiere à faire le proces au sieur Bruant, qui resta échevin, dit apres son information qu'il vouloit seulement empecher qu'il n'y eut quatre échevins, les autres habitans étant surchargés du logement des gens de guerre qui y passoient continuellement; il couvrit ainsy la mauvaise intention et la mauvaise volonté contre le dit Bruant du bien public. Bruant avoit moins d'injustices à se reprocher que lui.

« Le 12e aoust 1693, il y eut une autre contestation entre Me Claude Levassor, fils du dit sieur de Villangears, prevot, Me Claude Baussan, procureur du Roy, et les sieurs Jacques Le Noir, maire, Samuel Coulon et Louis Toutin, échevins de la ville de Bonneval; les maire et échevins prétendoient avoir droit de faire la visite, l'adjudication et la reception des reparations qui étaient à faire ou faites à la ville, et le prevot soutenoit au contraire qu'il étoit en possession de faire toutes ces choses; mais, malgré ses prétentions et ses oppositions, le sieur Le Noir, le 21 aoust 1693, somma Me Baussan de proceder aux dites adjudications, faute de quoi les nouvelles degradations retomberoient sur lui. Le dit sieur Beaussan signifia cette sommation à M. Levassor, prevot, qui le pourvut devant M. le marquis de Treil, intendant d'Orleans, qui ordonna, le 25e du dit mois, que les parties se pourvoiroient au Conseil pour etre reglées sur leurs contestations, et que neantmoins les reparations se feroient par provision; la decision de cette affaire n'est point venue à ma connoissance, et j'ignore meme si elle a été suivie ailleurs que devant l'intendant; c'est ainsy que le prevot, faché de voir sa jurisdiction restrainte entre des bornes si etroites, l'a toujours voulu augmenter au prejudice des droits des maires, quand il y en a eu, et des échevins; mais aujourd'hui, depuis l'édit du mois d'aoust 1765, il est reduit aux petits pieds.

« En 1694, le bailly des religieux aiant fait publier une ordonnance de M. de Bouville, intendant d'Orléans, touchant la vente du bled, qui étoit pour lors fort cher, il y eut une sedition icy et le bled d'un marchand de Dourdan fut pillé, ce qui fut imputé à la faute du bailly, qui excedoit son pouvoir, la police du marché du bled n'étant pas de son ressort ; il y eut à cette occasion trente personnes decretées par le prevot, qui appaisa le desordre et le tumulte ; le procureur fiscal aussi curieux que ceux aux droits desquels il veille, fit aussy, le 15ᵉ juillet 1712, une nouvelle tentative contre la jurisdiction de la prevoté, en faisant assigner le receveur du domaine de Monsieur le duc d'Orleans devant le bailly des religieux, pour se voir faire defenses de poursuivre les droits du marché devant le prevot, et ailleurs que devant le dit bailly, à peine de vingt-cinq livres d'amande. Cette entreprise qui étoit tout à fait opposée aux droits, fut aussitôt terminée à l'avantage du prevot, qu'entreprise, ainsy que celles qu'ils entreprirent encore contre lui en 1725, en voulant empêcher les chanteurs, joueurs de farces et de marionettes et operateurs de demander permission de debiter leurs remedes et vendre leurs chansons aux officiers de la prevoté, qu'ils firent meme insulter par l'Escot, operateur, qui fut chassé d'icy par ordre du prevot, par la bouche du subsistut du procureur fiscal plaidant pour le dit Escot, comme il se voit par l'acte du douze de novembre 1725, qui a été envoié au Conseil de Monsieur le duc d'Orleans, qui n'en fut pas beaucoup touché, ainsy que d'une entreprise des religieux du mois d'avril 1737.

« François Iᵉʳ avoit rendu, dit-on, ordonnance dont je n'ai cependant point de connoissance, par laquelle il etoit ordonné à tous ses sujets de planter des ormes dans toutes les places vagues et dans les carrefours des villes et villages ; en consequence, suivant la tradition du païs, il en avoit été planté plusieurs sur les fossés de Saint-Sauveur du côté de la porte Herisson, dans une place appellée le Marché-aux-Cochons, parce qu'ils s'y vendoient autrefois, et dans deux carrefours au dela de la porte d'Herisson, un sur le chemin de Meroger, et l'autre sur les chemins d'Orléans et de Saint-Maurice ; les deux de ces carrefours subsistent encore ; il y en a aussi deux sur les fossés de Saint-Sauveur, qui tous quatre paroissent avoir été plantés dans le meme tems, et être du tems de ce Roy. En 1737, le 25ᵉ d'avril, un vent très-violent, qui s'etoit elevé pendant la nuit en abatit un troisieme, qui etoit sur le fossé de Saint-Sauveur ; les religieux, instruits par leurs espions, car ils en ont dans tous les quartiers de la ville, de la chute de cet arbre monstrueux, et s'imaginant suivant leur principe ordinaire, que tout est à eux, qu'il leur appartenoit, envoient leurs domestiques pour l'enlever ; le sieur Olivier de Bouville, procureur du Roy, leur fit signifier par un huissier ce dit jour 27ᵉ avril 1737, qu'en la dite qualité de procureur du Roy, il s'opposoit à l'enlevement de cette orme ou de ce qui en restoit, jusqu'à ce qu'il en eut communiqué au Conseil de Monsieur le duc d'Orléans ; le même jour, les Benediſtins, par le même huissier, lui signifièrent que cet orme etant sur leur terrain, etoit à eux ; que par cette raison, ils en avoient dejà fait enlever une partie, et qu'ils alloient faire enlever ce qui en restoit, et ils le firent effeſtivement. Le Conseil du Prince, qui regardoit cet orme comme indigne de sa colere, n'en dit rien, quoiqu'il sceut bien que les grands chemins n'appartenoient qu'au Roy, et non aux seigneurs particuliers. En 1720 ont été plantés sur le fossé proche la porte d'Herisson, par Mr Taureau de Molitard, de cette ville, mort chanoine de Notre-Dame de Chartres, quinze ormes qui forment une petite allée que les Benediſtins regardent avec des yeux de concupiscence ; ils les ont dejà voulu emonder, cependant ils n'ont pas osé encore le faire, parce qu'ils sont sur le terrain de la ville, qui sans contredit n'est pas à eux.

« En 1729, le Roy aiant ordonné des rejoüissances publiques à cause de la naissance de Monsieur le Dauphin, les sieurs Martin Bruant, fils de René Bruant, dont nous avons parlé cy dessus, et le sieur Michel Dollemont de Bouville, echevins, firent en conséquence des ordres qui leur avoient été adressés, tous les preparatifs de ces rejouissances sans en rien communiquer aux prevot et procureur du Roy ; le procureur du Roy se presenta meme pour allumer le feu, mais les echevins, à qui cet honneur appartenoit de droit, ne le lui voulurent pas deferer, et ne lui laissèrent pas prendre le flambeau, qu'il voulut leur arracher des mains. Ce refus piqua beaucoup les officiers royaux, et surtout le sieur Belet, prevot, petit-fils du sieur Vassort de Villangears et héritier de sa haine contre la famille des Bruants. Il fit un grand memoire contre les echevins, qu'il envoia au Conseil du Prince, et dans lequel il ne menagea pas le sieur Bruant ; il y disait que René Bruant, son père, avoit été laquais chez le président de Thou, que sa famille etoit orgüeilleuse d'une petite fortune qu'il avoit faite dans un commerce d'avoine, et qu'il avoit été atteint et convaincu de malversation dans le maniement des deniers de la ville ; quelle puerilité de reprocher à cet honneste homme que son pere avoit été laquais, et qu'il étoit orgueilleux de sa petite fortune. Mais je ne puis lui pardonner l'odieuse calomnie dont il veut couvrir René Bruant, en disant qu'il avoit malversé dans le maniement des deniers de la ville, puisque son ayeul fut couvert de confusion dans l'information qu'il fit faire contre lui en 1674 le 2ᵉ novembre, comme nous l'avons rapporté precedemment; tout cela detruit-il le droit des echevins? non. Mais cette haine implacable du sieur Belet contre les echevins fit perdre à la ville le plus beau droit qu'elle avoit. De tout tems elle nommait les echevins sans que le Prince se melast de ses nominations, mais le prevot, pour dominer dans la ville et sur les echevins, persuada, dans le dit mémoire, que ce droit de la ville était contre ceux de Monsieur le duc d'Orléans, et S. A. S. qui ne s'etoit jamais souciée de cette affaire, ordonna à la ville, en 1730, de nommer six sujets parmi lesquels elle choisiroit deux echevins. La ville fut forcée de se conformer à ces intentions, au grand contentement du sieur Belet, qui a toujours depuis fait nommer, parmi ces six élus, ceux qui lui étoient les plus dévoués et les moins en etat de soutenir les prerogatives de leur place, et de s'opposer à ses pretentions. Auroit-on jamais cru qu'un citoien eut sacrifié les interêts de sa patrie aux siens particuliers.

« Le 19ᵉ may 1754, les sieurs Cochet, bailly[1] de cette ville, et Roullon, son procureur fiscal, etant echevins, le general des habitans auquel ils firent voir la permission de Mᵉ Barentin, intendant d'Orléans, consentirent à l'achapt de la maison de Vallonnerie, en laquelle j'avais une portion, et leur donner un pouvoir de l'acheter pour en faire une caserne; le contract en fut passé le 26ᵉ may suivant devant le dit sieur Roullon, qui etoit en meme temps notaire, pour la somme de quinze cents livres. M. Belet, prevot en l'assemblée duquel cette assemblée s'etoit tenue expres, et sur lequel acquêt il n'avoit point été consulté, l'improuvait fort, tout avantageux qu'il etoit à la ville, et tant qu'il garda sa charge, il fit tous ses efforts pour que cette maison restat au dit sieur Cochet. Son fils lui aiant succedé, suivit les mêmes erremens, et se donna tant de mouvemens pour que cette maison ne restast pas à la ville, que Mʳ Cochet prit le parti de quitter le bailliage pour acheter la charge de procureur du Roy, dans laquelle il fut installé le 11ᵉ février 1759, par son adversaire meme, qui, charmé de l'avoir pour second, cessa de lui etre opposé, et ne parla plus de cette maison qui est restée en sa possession. En 1764, il y a fait de grandes reparations pour les cuirassiers du Roy. Le sieur Cochet donnait une autre cause de sa demission, disant que c'étoit les religieux qui l'y

---

1. Il ne faut pas perdre de vue que le bailli de Bonneval était celui des religieux; on lui donnait indifféremment l'un ou l'autre nom.

avoient forcé parce qu'ils exigeoient de lui, ou vouloient exiger, que dans les affaires qu'ils avoient à son tribunal, il jugeast toujours à leur avantage, même dans les causes où ils n'avoient pas droit d'attendre un jugement favorable.

« Le 9ᵉ juillet 1739, le sieur Jean Le Vassor, bailly des religieux, à la sollicitation des religieux, rendit une ordonnance sentence par laquelle il deffendoit à tous les habitans de la ville et des environs de Bonneval, de laver de la laine dans les fossez, sous peine d'une grosse amande; il avoit déjà rendu une pareille sentence, le 7ᵉ avril 1735. Mᵉ Olivier de Bouville, procureur du Roy, ayant eu connoissance de cette ordonnance dès le moment qu'elle fut prononcée et publiée, en appella comme de juge incompétent et comme d'un attentat à la justice royale qui a la jurisdiction sur les fossés, murailles et boulevards de la ville. Les moines, qui étoient les autheurs de cette belle ordonnance, ne se mirent point en peine de relever cet appel, et leur bailly eut le deplaisir de les avoir servi à leur gré et de s'en voir abandonné; il meritoit cette confusion, falloit-il gesner les habitans dans ce commerce, sous pretexte que le poisson des religieux en souffroit; car le lavement des laines dans les fossés de la ville ne peut lui préjudicier; l'eau qui en sort, toute mauvaise qu'elle puisse être, ne pouvant faire la moindre sensation dans leur grande riviere; et quand elle auroit pu en faire, falloit-il pour cela priver le public des dons de la nature, et les obliger d'aller chercher au loin une commodité qu'ils achetent et qu'ils ont acheté quelquefois si cher par les degats et les pertes qu'elle leur cause et leur a causé lors des inondations; *qui sentit incommodum debet sentire commodum*. On peut renverser ainsi cet adage. »

Le passage suivant est curieux; on y voit exécuter par un intendant d'Orléans l'institution de la garde mobile essayée de nos jours par le maréchal Niel.

« M. de Baussan, intendant d'Orléans, aiant en 1738 fait un nouvel arrangement pour les bataillons de milice, qui etoient entretenus et sur pied dans ce tems là tant en paix qu'en guerre, nomma pour son subdelegué à Bonneval, Mʳ Belet, prevot. Chaque compagnie des bataillons de son departement portoit le nom du principal lieu des paroisses, qui composoient une compagnie. Dans le bataillon de Chartres, il y avoit la compagnie de Bonneval, qui étoit formée par les miliciens des paroisses de Bonneval, d'Illiers, d'Yevre, de Dangeau, de Saumeray, de Mezieres, Saint-Avit, d'Alluyes, de Bouville, de Luplanté, de Saint-Loup, de Dammarie, Theuville, de Rouvray-Saint-Florentin, de Passy, de   , du Gault, de Villars, de Neufvy, de Sancheville, de Vitray, de Meslay, de Fresnay-le-Conte, d'Audeville, de Saint-Denis-de-Sernelles, de Pré-Saint-Martin, de Pré-Saint-Evroult, de Dancy, de Molhonville, Sainte-Christine, Saint-Maur, Saint-Maurice, Saint-Martin-du-Péan, Flacey, Montharville, Trysey et Saint-Germain-lès-Alluye et du Houssay. Ces paroisses servoient successivement icy devant M. Belet pour tirer au sort, et etoient obligées de lui donner cinq livres par chaque milicien. Comme tous les ans en tems de paix les bataillons s'assembloient à Orléans pour y passer quinze jours, chaque compagnie se rendoit au lieu dont elle portoit le nom, où se trouvoient leurs capitaines et lieutenans, qui les conduisoient au quartier general d'assemblée; cet arrangement, qui valut une pension à M. de Baussan, ne dura que pendant qu'il fut intendant, et M. Pajot, son successeur, remit les milices sur l'ancien pied, et elles y sont encore aujourd'huy; chaque election se rend à son chef-lieu et y subit le sort devant le subdelegué de l'intendant qui y reside; la ville de Châteaudun tire un gros profit de ces tiremens, et elle était autrefois bien fachée de le voir partager entr'elle et les chefs-lieux des compagnies, qui voient aussi avec satisfaction les milices se tirer chez eux.

« La compagnie de Bonneval avoit autrefois pour capitaine un pauvre gentilhomme du coté de Dourdan, appelé du Buisson, qui servoit encore dans la milice du tems de M. de B..., intendant d'Orléans. Ce capitaine servoit admirablement bien cet intendant. Pendant plusieurs années, le sieur B... faisoit lever dans son département un plus grand nombre de miliciens que la Cour n'en demendoit; l'excedent etoit pour eux deux un Perou; parmi ceux qui tombent miliciens, il y en a toujours qui sont à leur aise, ou qui ont de grosses sommes d'argent de leurs paroisses; ceux-là, lorsqu'ils n'avaient point envie de servir, etoient assurés d'avoir un congé absolu; lorsqu'ils arrivoient de l'Intendance on les adressoit au dit du Buisson, qui faisoit la composition; des qu'elle étoit faite, il paroissoit un chirurgien, qui donnoit un certificat d'infirmité, et toute de suite du Buisson, qui avoit des congés absolus signés de l'intendant, les remplissoit du nom de celui qui avoit donné la somme convenüe, qui le partageoit entre l'intendant et l'officier; le chirurgien en tiroit aussy sa petite portion; cette mauvaise manœuvre parvint aux oreilles de la Cour, qui manda l'intendant pour rendre compte de sa conduite; il rejetta ce peculat sur du Buisson et le chirurgien, du Buisson sur le chirurgien qui fut obligé de s'evader; du Buisson perdit son employ et le sieur B... son intendance, car quoiqu'il ne parut point à ces traités frauduleux, la Cour étoit bien assurée par les informations secretes, qu'elle avoit fait faire dans toutes les paroisses de sa generalité, qu'il ne les ignoroit pas, et qu'il avoit une bonne part dans l'argent qu'on en tiroit. Quand la Cour fut bien certaine de l'invalidité de ces congés, elle donna ordre à tous les miliciens qui en avoient eu de joindre les bataillons pour lesquels ils avoient été tirés; ce qui causa beaucoup de murmures contre le sieur B..., et lui attira beaucoup de maledictions de la part de ces pauvres miliciens, qui aiant donné beaucoup d'argent qui leur auroit procuré bien des aisances pendant le tems de leur service, et qui n'aiant plus de resource ont languy miserablement; combien de familles qui s'etoient épuisées pour conserver un enfant qui leur etoit cher ou utile, ont eu le mortel deplaisir de s'en voir privées par les malversations de cet intendant. J'ai connu de ces miliciens qui, après cette funeste catastrophe, ont été obligés de servir plus de douze ans, aiant été incorporés dans de vieux corps.

« M. Perrin de Cypiere, intendant dès le commencement de l'année 1761, avoit promis à Madame de Montboissier de faire M. Belet fils, nouvellement pourvu de la charge de prevot, par la resignation de son pere qui l'avoit possedée plus de trente ans, son subdelegué à Bonneval, pour la commodité du canton; ce nouveau prevot, enflé de la promesse de l'intendant, et de cette future dignité qu'il comptoit avoir, publia partout ce qu'il alloit être. Ce bruit parvint aux oreilles des subdelegués de Chartres et de Chateaudun, qui s'y opposerent de toutes leurs forces, par la crainte d'une diminution considerable de leurs departements, et firent faire à M. de Cypiere des reflexions qu'il n'avoit pas faites, en donnant sa parole à Madame de Montboissier, et le firent balancer dans l'accomplissement de ses promesses, mais l'imprudence de M. Belet le decida tout à fait à ne lui pas accorder ce qu'il lui avoit si solennellement promis. Il alla faire part avant qu'il fut tems de cette dignité à dom Martin Fontaine, prieur de l'abbaye, et par là il se confessa au regnard; ce fin religieux sentant bien que le prevot qui les contrecarroit en tout, les abbé et religieux, pouroit encore leur vouloir plus de mal lorsqu'il seroit subdelegué, fit part de sa crainte à la communauté, qui décida qu'il falloit echoüer la subdelegation, et les moines reussirent à leur gré. Le prieur en écrivit à l'archevesque d'Arles qui engagea M. de Jumilhac, evesque de Lectoure, son cousin, beau-frere de M. Bertin, conseiller general des finances, qui avoit fait M. de Cypiere intendant, à renverser ce beau projet. M. de Cypiere, aimant mieux se dedire que de refuser quelque chose à M. Bertin, qui se mela de cette affaire, ne voulut pas donner au sieur Belet les provisions de son subdelegué dans le temps qu'il les lui avoit promises et chercha mille detours pour s'en excuser. Madame de Montboissier lui en fit des reproches, et il lui decouvrit tout le mistere ; l'orage tomba sur le prieur, qui nia avec l'effronterie ordinaire aux moines, toute la trame qu'il avoit ourdie lui-meme, et lorsqu'il sçut que Madame de Montboissier en avoit la preuve, il n'osa plus paroitre devant elle, mais il s'en consola par la satisfaction qu'il avoit d'avoir nuy au sieur Belet, qui fit voir au mois de mars suivant qu'il auroit été impitoiable subdelegué. Quelques jours auparavant, il avoit avancé quarante-cinq livres à M. l'intendant pour l'engagement d'un milicien que la ville devoit fournir cette année-là. Chaque garçon sujet à la milice devoit paier vingt-quatre sols, suivant la repartition qui en fut faite, tous paierent, à l'exception de quatre, qu'il fit emprisonner par les cavaliers de la marechaussée pour avoir le païement de ces quatre livres seize sous, somme très modique qu'il ne vouloit pas et qu'il n'etoit pas juste qu'il perdit.

« Pendant tout le tems que M. Belet pere fit tirer la milice, il n'y eut que les garçons d'Illiers qui se mutinerent contre lui, et que les cavaliers de la brigade qui est dans leur ville eurent bien de la peine à contenir dans le respect qu'ils devoient au porteur des ordres du Roy, et peut-etre se seroient-ils portés à quelques extrémités facheuses, s'ils n'avoient pas craint deux compagnies de dragons du regiment de Mailly, qui demanderent plusieurs fois à M. Belet son consentement pour prendre les armes et venir à son secours. Ces offres de service contre eux les calma à la fin, et ils obéirent forcement et bien malgré eux, et le sort tomba aux plus mutins.

« En l'assemblée du 12º décembre 1728, convoquée pour la nomination des échevins, Mº Jean Le Vassor, bailly de la justice temporelle des religieux, que M. Belet, son neveu, avoit laissé par affectation au rang des autres habitans, faché de se voir ainsy confondu dans la foule, et croiant y devoir avoir une place de distinction, protesta contre cette pretendue injure, disant qu'il devoit avoir aux assemblées de ville le rang qui lui avoit été accordé par plusieurs arrets contradictoires, et demanda acte de sa protestation, qui lui fut accordé. Mᵉ Jacques-Gilles Meliand, procureur du Roy, repondit qu'il prenoit ses remontrances pour un trouble dans la possession où il etoit de presider avec le prevot aux assemblées de ville ; cette protestation n'alla pas plus loin.

« Dans celle du 31ᵉ décembre 1731, où il s'agissait aussy d'élire de nouveaux échevins, Mᵉ Pierre Roullon, procureur fiscal des abbé et religieux, qui dans plusieurs autres assemblées y avoit presidé en l'absence du prevot, comme le plus ancien procureur du siege, renouvella la querelle de son bailly et soutint que les assemblées de ville devoient etre convoquées conjointement par les ordonnances du prevot et du bailly, et que l'élection des échevins devoit etre faite en leur presence et leur serment preté devant eux conformement à l'arret du 14ᵉ aoust 1539. Le meme procureur du Roy lui repondit de la meme maniere qu'il avoit fait au bailly trois ans auparavant, et il ajouta de plus que le bailly et le procureur fiscal des religieux n'avoient jamais eu de preseance aux assemblées de ville, et que s'ils y avoient assisté, ce n'avoit été que comme habitans ; le dit procureur fiscal se retira après avoir pris acte de ces dire et protestation qui n'eurent pas plus de suite que ceux de son bailly ; l'élection se fit malgré cela, et les sieurs Louis Vedie et Louis Lhoste, marchands, furent ceux que le prevot fit choisir par le duc d'Orleans parmy les six que les habitans avoient nommé au prince, conformement aux vœux du prevot, car il n'en connoissoit point, et il n'y en eut jamais qui le servirent mieux à son gré.

« Le sieur Pierre-Michel Cochet aiant été reçu procureur du Roy devant le prevot au mois de janvier 1759, fut installé le 11ᵉ fevrier suivant, en l'hotel-de-ville, comme procureur du Roy de la ville et communauté de Bonneval. Peu de temps après son installation, s'étant presenté en cette qualité à une assemblée de ville indiquée par les sieurs Jean-Louis Roullon et Louis Boucher, échevins depuis 1757, le sieur Roullon refusa de dire que l'assemblée avoit été convoquée en son nom et lui soutint qu'il n'avoit point droit de se trouver à aucune assemblée de ville ; mais le procureur du Roy lui aiant montré tous les arrets qui l'y authorisoient, dès que la ville n'avoit point de procureur du Roy en titre, il s'y conforma malgré toute sa repugnance et eut recours à lui dans la suite pour la convocation des assemblées, pour n'avoir point d'affaires personnelles avec lui, et depuis ce tems-là jusqu'à present on ne lui a fait aucune difficulté de l'y admettre.

« On a vu, à la page 256, bien des choses qui se sont passées sous M. Belet le fils, et ses entreprises à l'occasion de Mme de Montboissier, que nous ne repeterons pas icy ; nous rapporterons seulement ce qui s'est passé en 1760 entre lui, les bailly et procureur fiscal des abbé et religieux. Tous les marchands de bled qui avoient coutume de venir acheter icy, s'étant plaint que le marché au bled, qui par un long abus ne s'ouvroit qu'à une heure après midy, commençoit trop tard, ce qui les empechoit de s'en retourner chez eux avant la nuit et les exposoit à de facheux inconveniens ainsy que les vendeurs, il rendit le 20e octobre 1760 une ordonnance par laquelle il fixoit l'heure de l'ouverture du marché du bled à onze heures, sous peine de la saisie du bled qui seroit exposé plus tard dans le marché, et celui des denrées et volailles à huit heures, son ordonnance auroit été inutile sans cela ; les bailly et procureur fiscal aiant eu connoissance de cette ordonnance qui leur sembloit donner atteinte à leur droit, la police dans le marché de la volaille et des autres denrées leur appartenant selon eux, comme la police dans le marché du bled est au prevot, en rendirent une le 3e octobre 1760, par laquelle ils defendirent aux marchands, revendeurs, poulaillers, d'acheter avant onze heures, et leur ordonnerent de se conformer à l'ancien usage. Cette ordonnance fut suivie d'une autre du prevot, du 3e novembre 1760, par laquelle il enjoignoit au procureur fiscal des religieux de s'y conformer, et la lui fit signifier par un huissier malgré celle du bailly. Tout le monde de la campagne qui avoit de la volaille et des denrées à vendre obéirent à celle du prevot, parce qu'elle leur etoit plus favorable ; le jour du marché qui se tint après les deux ordonnances, le marché de la volaille et des denrées commença à huit heures, et les etrangers qui achetent pour Paris s'y rendirent à cette heure. Le prevot s'y trouva pour faire vendre et le procureur fiscal pour empecher et retarder l'heure de la vente, et le marché du bled se fit dès onze heures, au grand contentement du public.

« Ces ordonnances si contraires echaufferent les parties opposées, qui en vinrent à un pourparler, dans lequel elles convinrent de s'en rapporter aux decisions du Conseil de M^r le duc d'Orléans et de l'abbé, et de laisser les choses sur le pied où elles étoient auparavant. Le prevot sans avoir égard à cette convention se rendit encore au marché le 4e novembre 1760 avec l'épée pour faire observer ses ordonnances ; le lieutenant du bailly et le procureur fiscal des abbé et religieux l'y sachant, s'y transporterent aussi pour lui remontrer qu'il manquoit à sa parole ; il ne se rendit point à ces remontrances et continua à faire executer ses ordonnances. L'abbé, qui etoit pour lors à Paris, s'en plaignit au Conseil du prince, qui donna des ordres au prevot de se tenir tranquille jusqu'à nouvel ordre, qui ne lui etoit pas encore parvenu au mois d'avril 1766, malgré les grands memoires que les prevot et bailly produisirent chacun de leur côté pour faire valoir leurs droits respectifs et dans lesquels ils se donnerent reciproquement de furieux coups de dents. La lenteur de cette decision a causé et cause au public un dommage considerable, parce que depuis ce tems là il ne se fait aucune police dans les marchés de la volaille et des autres denrées ; que les bourgeois sont obligés d'arracher des mains des poulaillers, des beuriers et coquetiers et de les suracheter.

« Le 9e décembre 1760, jour auquel notre marché avoit été remis à cause de la feste de la Conception de la Sainte-Vierge, qui etoit cette année là le lundy, un particulier de Vouvray fit courir le bruit qu'il avoit été arreté et volé, en s'en retournant du marché à sept heures du soir, sur le chemin qui va de Bonneval à Vouvray, et s'etoit lui-meme donné plusieurs coups de couteau, et en avoit donné aussy dans ses habits ; quoique ce prétendu vol se fut fait sur le terrain des abbé et religieux, leur bailly, qui craignoit de les constituer en depense et ne sçavoit pas que ce vol etoit imaginaire, ne fit aucune formalité pour decouvrir les autheurs de ce vol et assassinat ; le public intéressé à voir pour sa propre tranquillité faire des poursuites, murmura si fort contre l'inaction des officiers des religieux, que Mr Belet prenant son fait et cause, engagea les religieux à en faire informer ; on meprisa ses remontrances, il en fut tellement piqué qu'il donna avis au procureur general de la negligence des officiers des religieux; ils reçurent des ordres de faire des informations. Après cela, ils en firent de très-exactes, firent assigner beaucoup de temoins et obtinrent meme des lettres de monitoires, dont on ne tira aucun eclaircissement ; ce qui fit croire que le vol et l'assassinat n'étoient pas réels. Les officiers des religieux crurent etre justifiés par ce moien ; et les Benedictins en regrettant beaucoup les frais qu'ils avoient été obligés de faire pour cette procedure, se dechainerent vivement contre celui qui en etoit l'autheur. Mais le prevot s'en moqua en disant qu'il n'avoit rien mis de personnel dans cette affaire, et qu'il etoit de son devoir de faire ce qu'il avoit fait ; on ne pouvoit effectivement l'en blamer, si c'étoit là son motif, et les religieux ne devoient pas lui en sçavoir mauvais gré. On ne doit pas juger de l'intention des hommes, je crois neantmoins que de part et d'autre il y avoit un peu d'humeur.

« Les officiers de la prevoté n'avoient icy d'autres affaires que de verbaliser sur les corps qui s'y trouvent, et de faire les procès aux assassins; en effet, depuis 1700, on connoit une infinité de procès faits à cette occasion par la prevoté, le premier est celui d'Angelique Hamard, fille de Moriers, que le peuple regardoit comme une sorciere, parce qu'elle etoit de ce village[1], accusée d'avoir assassiné Marie Coudray, couturiere, dans la cavée des Buis entre Saint-Martin-du-Pean et Jupeau.

« Le second est celui de M. Desfenestraux, qui, le 1er septembre 1701, assassina Jacques Garanchon, laboureur à Saumeray, dans la foire de Saint-Gilles. Je vais rapporter la cause de cet assassinat : Il y avoit dans ce meme tems dans la paroisse de Dangeau, un fameux voleur de grands chemins qui s'appeloit Garanchon, et qui etoit redoutable à toute la province par les desordres qu'il y causoit; la ressemblance du nom fut la seule cause de la mort de celui qui etoit connu pour le plus honneste de son canton, il descendit malheureusement à la meme tente où M. Desfenestreaux étoit; le maitre de la tente le voyant arriver alla au-devant de lui pour le saluer, et en le saluant le nomma par son nom. Notre gentilhomme qui n'avoit jamais senti son cœur que dans ce moment, et voulant s'immortaliser par un service signalé rendu à la patrie, tire avec peine son épée vierge de son foureau et la plonge dans le sein de cet homme de bien; il s'applaudit peu de tems de sa bravoure, car quand son hôte lui eut demandé la raison pour laquelle il avoit tué cet homme, il lui répondit : C'est parce que c'étoit un fripon et un insigne voleur. — Mais ce n'était pas Garanchon le voleur, lui repartit le cabaretier. Alors notre ecuier sentant combien sa bravoure deplacée lui alloit causer de mal et de chagrins, prit la fuite et alla employer ses amis pour obtenir sa grace, qu'il ne tarda pas à avoir, et la prevoté vint faire son ministere; elle fit conduire le cadavre à Bonneval pour verbaliser plus à son aise, et le fit enterrer dans le cimetiere de Notre-Dame après que la reconnoissance eut été faite et la visite des chirurgiens. Lorsque la grâce de M. Desfenestreaux eut été enterinée, il revint à Alluye où il faisoit ordinairement sa demeure; et quelque temps après en s'y en retournant du

---

1. Il paraît que Moriers avait alors une réputation de sorcellerie dont j'ignore la cause.

marché de Bonneval, il se mit dans une moliere des prez de Croteau, d'où son cheval ne put le tirer, il y passa la nuit, et le lendemain matin on le trouva sur sa selle, et le cheval en fut tiré sain et sauf. Sa mort fut regardée comme une punition de son crime, son yvrognerie cependant en etoit la première cause, car en partant d'icy il n'etoit pas en état de monter à cheval.

« En 1705, Alexandre Prieur, laboureur, demeurant à Augonville, paroisse de Montboissier, fut assassiné par Girard Boucher, de Neuvy-en-Dunois, un lundy sur les neuf heures du soir, au bout des murs des clos de Saint-Sauveur et de la Vicomté. Ce pauvre Prieur avoit une mine de terre qui etoit à bienseance de La Touche, marchand au dit Neuvy, et qu'il lui vouloit bien vendre. Ils allerent dans un cabaret avec le dit Girard et un autre laboureur nommé Silly, pour en faire le marché ; ne pouvant convenir du prix, Prieur prit le parti de s'en aller et sortit du cabaret pour s'en retourner chez lui ; Girard, sans rien dire à ses camarades, le suivit de près, et l'aiant rejoint, il lui fit beaucoup de reproches de n'avoir voulu obliger La Touche en lui vendant la mine de terre pour le prix qu'il lui en offroit, et qui etoit au-delà de sa valeur. Prieur lui répondit que, puisque le marché n'avoit pas été conclu, il avoit changé d'avis, et ne vouloit plus vendre. Girard, qui apparemment etoit pris de vin, se jetta sur lui, et le tua ; alors, croiant avoir fait grand plaisir à La Touche, il accourut lui faire part de cette belle prouesse à lui et à Silly ; ils en furent aussy fachés que surpris, et pour n'être pas soupçonnés d'être les complices, ils firent tout ce qu'il falloit pour l'etre ; ils allerent chercher tous trois le cadavre et le cacherent dans une écurie d'un amy, qu'ils avoient icy ; peu de temps après, dans la crainte que la mauvaise odeur ne le fit decouvrir, ils le porterent dans la riviere, au bas de l'ancien château des seigneurs de Bonneval, vis-à-vis du jardin des Benedictins, et avec des pieux et des cordes ils l'attacherent au fond de l'eau, où il resta peu, les cordes etant pouries, il parut au-dessus de l'eau ; la prevoté en etant informée, s'y transporta, et après avoir fait ses informations, elle declara Girard, La Touche et Silly comme assassins de Prieur, et ils auroient été punis comme tels, si La Touche, qui etoit riche, n'eut obtenu la grace des deux autres comme la sienne, à ses propres frais et paié lui seul tout le coust de la procedure ; j'ay toujours entendu dire que cette mauvaise affaire lui avoit couté dix mille livres.

« Au mois d'octobre 1728, dans un cabaret de la ville, on trouva un homme qui s'etoit pendu; la prevoté, qui s'etoit transportée sur le lieu, le fit porter dans la cour de la prison royale, où, après qu'il eut apparu par le rapport des chirurgiens de son genre de mort, elle le fit enterrer la nuit pour épargner au public le triste spectacle de le voir trainer sur la claye, a elle meme la peine de faire son procès, et au duc de Chartres les frais de la procédure. En 1730, elle fut encore obligée de se transporter à la Voie, paroisse de Saint-Maur, où un garçon meunier en avait tué un autre en jouant avec lui; elle fit toute la procedure necessaire en pareil cas, qui servit beaucoup dans la suite à cet homicide innocent, qui quelques années après eut sa grace à Vendome le jour de la procession du Lazarre.

« En 1740, le nommé Thoisnard, garde-chasse des Benedictins, fut tué par accident dans une maison de Saint-Michel, rue des Petites-Ouches, où on vendoit du vin à mussepot, c. à d. en cachette. Il y avait pour lors les plus honnestes gens de cette paroisse, et surtout le gendre du maitre de la maison, qui y beuvoient avec ce garde. Quand le garde fut un peu echauffé par le vin, il dit au fils de la maison qui etoit braconnier, qu'il seroit obligé de lui faire un procès s'il le trouvoit encore chassant; insensiblement on se piqua de part et d'autre, des gros mots on en vint aux coups; Guillaume Pasquier prit le garde au collet, le renversa par terre et tomba avec lui, le garde avoit une hernie considerable. Pasquier en tombant mit malheureusement un genou sur le mal, et le garde expira sur le champ et dans le moment où tous les convives se preparoient à separer les combatans. On peut juger que l'etonnement de Pasquier et de tous les presens fut grand quand ils virent Thoisnard expiré. Ils se concerterent ensemble pour ne point repandre le bruit de cette mort, ils convinrent d'en instruire leur curé, afin que par ses conseils il les tirât de ce mauvais pas; il le fit fort prudemment; il alla trouver le procureur du Roy, auquel il rendit la chose telle qu'elle s'etoit passée. Quoique le procureur du Roy ne doutât point de la vérité de l'exposé, il interrogea secretement et separement l'autheur du meurtre et ceux qui en etoient temoins, et voiant qu'on ne lui avoit dit que du vrai, pour ne mettre personne dans l'embarras, il conseilla de garder le corps quelques jours et de le jetter ensuite dans un puits voisin de la maison où il avoit peri, afin de faire croire qu'il s'y etoit noié lui-même en y tombant; on l'y jetta la nuit, et il n'y fut apperçu le lendemain que fort tard, on en avertit le procureur du Roy qui l'en fit tirer; les chirurgiens, qui l'ouvrirent, aiant été embouchés, firent un rapport favorable. Le procureur du Roy, pour n'etre pas soupçonné de n'avoir pas fait ce qui etoit de son état, dit hautement qu'il croioit qu'il avoit été jeté dans ce puits après avoir été tué ailleurs, puisqu'on ne trouvoit point le chapeau du mort, qui etoit debout dans le puits, et qu'il auroit des lettres de monitoire pour decouvrir les autheurs de cet assassinat; le chapeau se trouva le lendemain dans le puits, et on publia des monitoires dans nos trois paroisses, qui n'eurent d'autre effet que celui qu'on en attendoit, nulle preuve de la mort de Thoisnard. Cependant toute l'affaire transpira peu à peu et on en sçut tout le denoüement misterieux.

« Hyacinthe Dubois, qui quelques années après se noïa veritablement dans le même puits, en sortant yvre de la même maison où Thoisnard avoit été, persuada à quelques-uns que Thoisnard etoit mort du même genre de mort, mais il ne desabusa pas tout le monde; le procureur du Roy fut charmé de son malheur, qui selon lui le mettoit à couvert des reproches qu'on lui faisoit sourdement de sa trop grande complaisance.

« En 1742, Etienne Meaupu, fermier de Poireux, fut trouvé mort au haut de la cavée du Moulin-du-Pont; on crut qu'il avoit été assassiné, quoique selon le rapport des chirurgiens, il n'eut aucuns coups ny aucune marque qui put faire croire qu'il eut été assassiné, la prevoté fit tout ce qui etoit d'elle pour eclairer la cause de sa mort, elle ne trouva aucune preuve qui confirmât ce soupçon.

« Le 23ᵉ mai 1756, on trouva un jeune Benedictin nommé Salmon, du cours de théologie, qui etoit pour lors au couvent de cette ville, noié dans la partie de la riviere qui est entre le pont qui conduit du couvent dans les garennes et le batardeau de la Greve. Ce malheur donna lieu à faire bien des histoires sur cette mort. Nous ne rapporterons que celle qui est la plus vraisemblable. Lui et les religieux de son cours alloient souvent se baigner. Dom Jacques Viot, pour obvier aux accidens qui pouvoient arriver de cette baignerie trop repetée, la leur défendit très-expressement, et pour leur oter l'occasion de prendre le bain malgré ses defenses, il faisoit tous les soirs fermer très-soigneusement toutes les portes du couvent. Salmon, plus sensible que ses compagnons à cet interdit general, s'en dedommageoit sans cesse avec un flageolet qu'il avoit; le prieur voulant lui oter encore cet innocent plaisir, entra brusquement dans sa cellule pour le lui enlever; le jeune religieux le voyant entrer dans sa cellule, mit son instrument dans sa poche. Le prieur lui ordonna de le lui donner ; l'étudiant, disant que c'etoit l'unique delassement qu'il pouvoit avoir avec lui, ne voulut pas obéir. Alors dom Viot se jeta sur lui pour lui arracher le flageolet, et le jeune religieux se defendant contre lui, fut poussé contre son bureau et tomba, et en tombant se donna un coup à la tempe et se tua. Le prieur sur le champ va trouver son celerier pour trouver un moien de cacher la mort qu'il vient d'occasionner. Ils convinrent tous deux de le jetter dans la rivière pendant que les autres religieux seroient à matines. Ils executent ce projet sans etre apperçus, aiant cependant eu la précaution de mettre les habits près de l'endroit où ils le jettoient. Dès que le jour parut, le celerier appercevant les habits, dit au jardinier : Voilà des habits qui me font croire que quelqu'un de nos confrères s'est noié icy près. Il envoie sur le champ chercher le pescheur pour le tirer de l'eau ; il arrive, et lui-meme lui indique l'endroit où il etoit, et il ne se trompe point. Dès que le religieux fut hors de l'eau, il le fait couvrir d'un drap, sans donner à qui que ce soit le tems de visiter le cadavre, il le fait porter dans le chapitre, où il ne laisse entrer personne ; comme ce corps n'avoit pu etre tiré hors de l'eau sans etre vu, le prieur fut obligé de recourir au prevot pour en dresser procès-verbal ; le prevot, le procureur du Roy et le greffier se rendirent secretement au couvent, y aiant fait porter leurs robbes devant eux ; leur huissier et deux chirurgiens les y avoient precedés ; les chirurgiens, qui avoient été gagnés par le prieur, firent un rapport obligeant, et le prevot qui s'en rapporta à eux, et sans croire ce qu'il voioit, ordonna qu'il seroit inhumé, il le fut effectivement sur les six heures du soir ; non comme les autres religieux, la face decouverte ; mais comme tous les seculiers, afin qu'on ne vit pas le coup qu'il avoit à la teste ; le menuisier, qui prit la mesure de son cercueil, la prit sur le drap qui le couvroit ; toutes ces precautions etoient trop misterieuses pour ne pas confirmer le bruit commun. Tout ce que j'en puis dire avec verité, c'est qu'un des chirurgiens assigné pour le visiter, m'a dit qu'il n'etoit point mort dans l'eau ; que le prevot se plaignant de quelques impolitesses que les moines lui avoient faites, disoit hautement que s'il les avoit prevues, il n'auroit pas passé si legerement sur cette mort, et enfin que la nuit où on disoit qu'il s'etoit noié, il fit un orage considerable, accompagné d'une très-grande pluie, et ses habits furent trouvés secs, quoiqu'on fixât l'heure de la mort à neuf heures du soir. J'aime mieux dire qu'il est mort de la maniere que je viens de rapporter, que de dire qu'il s'est defait par desespoir; toutes les circonstances sont pour moi.

« Le 18ᵉ juin 1759 il se commit un assassinat en la personne du nommé Prevot, cavalier dans la compagnie de Mʳ Labesse, regiment de Chartres.

« Le dimanche 11ᵉ septembre 1763, Rotier, serrurier, fut assassiné sur les neuf heures du soir dans la Grande-Rue de cette ville, au milieu de bien des personnes, par Berthault et ses deux fils, aussi serruriers, en présence d'une de ses filles. La jalousie du metier avoit fait naître entre ces deux familles une haine implacable; toutes les fois que Rotier et quelqu'un de ces Berthaults se rencontroient, ils vomissoient des injures atroces les uns contre les autres, et très souvent ils en venoient aux mains. Ce jour-là, Rotier alla boire avec un de ses amis dans un cabaret sur le Pavé, où se trouverent malheureusement les deux frères, qui chercherent querelle à Rotier, qui etoit armé d'un baton; ils sortirent tous de ce cabaret les uns après les autres, les premiers sortis attendirent les autres dans la rüe, où la dispute recommença vivement, et on en vint aux mains; Rotier fut le vainqueur et il aurait assommé les Berthaults à coups de baton, s'ils ne s'etoient pas refugiés dans une maison voisine; Rotier, content de sa victoire, prit le chemin de sa maison, aussitôt les Berthaults sortirent de leur azile, et dans le dessin de livrer un nouvel assault à leur ennemy, ils courent chez eux, obligent leur pere, qui etoit déjà couché à se mettre de la partie, il se leve sans faire attention à ce qu'il faisoit, joint ses fils, et tous trois s'arment de chacun un marteau, et courent chercher Rotier. Comme après la premiere batterie il n'etoit point encore rentré chez lui et s'entretenoit avec ses voisins de ses belles prouesses, les trois Berthaults se jettent sur lui; un de ses amis qui veut le defendre, reçoit un coup de marteau sur la teste, qui la lui fend et le renverse par terre. Pendant ce tems, le plus jeune des Berthaults porte un coup de marteau à Rotier et lui casse la teste, et tous trois comme des enragés se jettent sur lui; on l'arrache avec peine d'entre leurs mains, on le relève, et il eut encore assez de force pour gagner sa maison, où, dès qu'il est rentré, il tombe en faiblesse et expire; son mal etoit sans remede. Les Berthaults, forcés d'abandonner Rotier, s'en alloient bien contents, et se disputoient la gloire de lui avoir porté le coup qui l'avoit terrassé, et qui etoit celui de sa mort; mais leur joie et leur satisfaction ne furent pas de longue durée; dès que le jour parut, ils apprennent la mort de Rotier; et prennent tous quatre la fuite dès qu'ils voient que la prevoté commence à verbaliser. Cependant on auroit pu les arreter tous les quatre avant leur evasion sur la clameur publique, quoiqu'ils ne fussent pas decretés, si on eut voulu faire icy des exemples. Les deux frères qui sçavoient leur metier, s'eloignerent beaucoup d'icy; l'age et les infirmités du pere et la faiblesse de sa fille, ne leur permirent pas de s'en ecarter beaucoup; le pere mourut icy dans son lit le 13 au 14 fevrier 1764 après quinze jours de maladie, ignorée des officiers de la prevoté, qui le firent ouvrir après sa mort, pour sçavoir s'il n'avoit point été empoisonné, et il y fut enterré avec les ceremonies ordinaires; sa fille continua de roder autour de Bonneval et y sejournoit souvent, et jusqu'au 17e septembre 1764, que les deux freres furent pendus en effigie; car pour lors elle se montra publiquement après avoir cependant été admonestée en chambre par le procureur du Roy; elle en fut quitte pour cela, quoiqu'elle eut été presente à l'assassinat de Rotier, et qu'elle eut meme encouragé ses freres et son pere à s'en defaire.

« Ces Berthaults avoient été la cause innocente de la mort de Pierre Davoust qui fut tué le 29e may 1761 par Rolland, huissier, de la maniere dont nous allons le rapporter. Les Berthaults se meloient d'etre armuriers comme font tous les serruriers des villes où il n'y a point de maitrises d'armuriers; il y avoit plusieurs fusils qu'on leur avoit apporté à raccommoder, exposés ce jour-là sur le devant de leur boutique, parmi lesquels il y en avoit un qui avoit été chargé par un d'eux pour tirer des moineaux; Rolland alla sur les deux heures après midy causer avec eux et pendant qu'ils conversoient ensemble, le dit Davoust parut de l'autre côté de la rüe, un morceau de pain à la main qu'il mangeoit avec grand appetit; Rolland prit parmi ces fusils celui qui precisément etoit chargé et, sans l'examiner, l'arme et dit en badinant à Davoust : Veux-tu que je te tüe ? En même tems il l'ajuste et tire le déclin, le fusil part et tüe Davoust qui meurt dans l'instant. Tous ceux qui furent temoins de ce malheur conseillerent à Rolland de s'evader et il n'en voulut rien faire, disant qu'il faut qu'il paie de sa vie celle qu'il a otée à son amy. Pendant qu'on étoit occupé à persuader à Rolland de prendre la fuite, la prevoté arriva pour verbaliser, il se presenta aux officiers lui-même et leur avoua que c'etoit lui-même qui avoit tué son amy; sur son aveu on le conduit dans la tour du Roy et on lui fait son procès. Le prevot connaissant par l'interrogatoire du criminel et l'audition des temoins, qu'il n'y avoit point de mauvaise volonté de la part de Rolland dans la mort de Davoust, fait expédier toute la procédure et l'envoie à Monsieur le Chancelier, qui fait expedier au petit sceau une grâce pour Rolland, qui fut enterinée à la prevoté de Bonneval.

« En 1765, au mois de juillet, la prevoté fut encore obligée de se transporter au village de Dancy, à l'occasion de la servante du nommé Gaudin, laboureur, qu'on disait s'être pendüe elle-même ; comme il ne faut point ajouter foy à tout ce qu'on dit, ny croire que les chirurgiens n'aient pas fait leur rapport comme ils le devoient, sur le genre de sa mort, je ne dirai point qu'elle a été etranglée par la maîtresse qui etoit jalouse d'elle, comme tous les habitans de cette paroisse le disoient, puisque les chirurgiens soutenoient qu'elle étoit morte vierge, ce qui detruit tous les faux bruits qui coururent pour lors à l'occasion de cette facheuse mort.

« Le 21ᵉ juin 1764, jour de la feste de Dieu, il arriva deux accidens facheux pendant la procession du Saint-Sacrement. Un enfant de quinze ans, natif de Chateaudun et originaire de cette ville, qui etoit venu voir ses parens, aiant quitté la procession pour aller manger des cerises dans le jardin du college où il ne pouvoit arriver qu'en traversant la riviere à la nage, se noia en présence de deux autres jeunes gens qui n'oserent lui donner du secours, à l'entrée de ce jardin où on dit qu'il y a un gouffre. Martin, ancien marchand de Chartres, qui etoit piqueur des chemins, se precipita selon toutes les apparences, et aussi pendant la procession, dans la riviere des religieux, au bas du bois de Richievre. Sa femme qui par sa mauvaise conduite etoit la cause de son desespoir, a essaié de faire tomber sa mort sur le mecontentement de ceux qu'il faisoit travailler sur la nouvelle route, mais elle n'y put réussir, il s'était trop ouvert sur le sujet de son chagrin pour qu'on la crut. Ces deux noiés donnerent encore beaucoup d'occupations à la prevoté. Je pourois encore rapporter d'autres morts accidentelles arrivées de mon tems pour lesquelles la prevoté a été obligée de travailler ; mais je les laisse là parcequ'elles ne nous fournissent rien d'intéressant et de curieux, et qu'elles ne pouroient prouver que ce que j'ai avancé, que c'est là ce qui est le plus beau fleuron de la juridiction de la prevoté. »

CINQUIÈME PARTIE

Aumône de l'Abbaye.

On trouvera, peut-être avec raison, que ce chapitre de la prévôté royale est bien chargé d'incidents insignifiants et dignes d'être retranchés sans aucun inconvénient. Cependant, outre la physionomie singulièrement naïve que le chroniqueur prête à la justice de ce temps-là, n'a-t-il pas encore été intéressant de juger, sur le vif et sans intermédiaire, ces débats intimes d'une petite ville qui s'insurge éternellement contre ses anciens seigneurs monastiques, parfaitement appuyée d'ailleurs et encouragée à la résistance par le pouvoir ducal ou royal ou épiscopal, qui n'aspire qu'à remplacer l'abbaye ; tandis que c'est la bourgeoisie qui recueillit en définitive le prix de toutes ces intrigues séculaires ?

Cette introduction a commencé par montrer la classe moyenne absolument broyée par l'invasion germaine et ne conservant que de rares survivants dans quelques villes plusieurs fois saccagées.

Nous avons vu les moines, mettant la pioche à la main, appeler à eux, pour déblayer les ruines de la Gaule, tout ce qui était encore susceptible de courage et de dévouement. Cette reconstitution dura mille ans ou à peu près.

Mais alors la prospérité perdit ces réformateurs en ralentissant leur zèle, en diminuant de plus en plus leur utilité. Ils ne travaillèrent plus et ils possédèrent toujours des biens de main-morte presque inaliénables, avec les mêmes droits de justice qu'autrefois ; double appât offert à l'envie incessante des comtes et des bourgeois.

S'imagine-t-on les convoitises que devait provoquer au XVIIIe siècle ce magnifique domaine de l'abbaye, presque désert aux portes de Bonneval ? On vient de lire la relation sans réticence de la guerre que le prévôt royal, excité, soutenu par les habitants, ne manquait pas de faire au bailli de l'abbaye ; et certes, en écoutant le récit de ces tracasseries de petite ville, on se rangerait plus volontiers du côté des moines, qui, tout bien considéré, ne faisaient que défendre leurs droits, s'ils avaient eux-mêmes, dans ce temps, montré un peu plus de l'ancien esprit de leur institution.

J'ai déjà indiqué combien ils laissaient à désirer sous le rapport du travail et de l'humilité. Le document qui va suivre en fournira la preuve irréfutable et d'ailleurs attristante, si l'on songe à ce que les moines furent autrefois.

Il s'agit de l'aumône de douze muids de blé que le couvent, ou plutôt l'abbé du couvent, devait donner aux pauvres de Bonneval.

D'où venait cette aumône ? Des religieux directement, ou d'un bienfaiteur dont ils n'étaient que l'intermédiaire ?

Il n'en est pas question dans l'*Histoire abrégée* de dom Lambert, qui s'arrête, il est vrai, à l'année 1642. La date la plus reculée à laquelle il en soit parlé est celle de 1661, dans la chronique de M. Beaupère. On peut donc supposer également, ou qu'elle a été fondée postérieurement et ajoutée à toutes celles que faisait l'abbaye depuis son origine, ou bien que dom Lambert n'en dit rien parce qu'il lui semblait trop naturel qu'un couvent fît des aumônes, pour les signaler dans son histoire.

M. Beaupère prétendait connaître le fondateur qui était, dit-il, de la paroisse de Saint-Sauveur, mais il ne le nomme pas, et sans aucun doute il ignorait la teneur de la donation, puisqu'il a relevé et soutenu cette étrange contestation sur le point de savoir si ladite aumône était volontaire ou obligatoire.

Voyez comme tout se retournait alors contre les religieux. Il est évident qu'une donation de cette espèce est volontaire en même temps qu'obligatoire : volontaire, puisque le couvent l'avait acceptée ; obligatoire, puisque, les conditions étant acceptées, il fallait bien exécuter le contrat. Mais ce n'était pas là le fond de la question. On voulait faire comprendre aux moines de Bonneval qu'ils ne donnaient après tout que ce qu'ils ne possédaient pas, et qu'on n'avait à leur devoir aucune reconnaissance.

M. Beaupère ne nomme pas le fondateur de la dite aumône que tout le monde à Bonneval était, selon lui, censé connaître. Cette affirmation, si elle était fondée, donnerait un caractère particulier, personnel, à cette munificence. Mais on sait que le bon curé s'égarait aisément dès qu'il s'agissait des moines de son abbaye.

Quoi qu'il en soit, c'était le couvent qui était chargé de faire la distribution du pain aux malheureux, et l'acte notarié que je vais reproduire, intéressant à plus d'un titre, démontre que les frais en étaient pris sur le revenu de l'abbé lui-même; mais j'ignore à quelle occasion précise.

Eh bien, dès 1661, le prévôt royal trouva moyen de faire des remontrances à l'abbé, soi-disant pour remédier aux abus de la distribution de cette aumône. Il est probable que les moines ne donnaient que d'après leur avis et non selon l'avis du dit prévôt royal. Le chroniqueur qui rapporte ce petit différend avait là une belle occasion d'établir l'usurpation des moines, mais il se contente d'insinuer qu'ils ne firent pas beaucoup d'objections, de peur d'avoir pis qu'une remontrance.

Enfin, voilà l'extrait de M. Beaupère sur la question; j'y joindrai le contrat passé à Bonneval en 1712, entre l'abbé Louis de La Vergne et maître Pierre Perineau, marchand, qui loue pour cinq ans les biens de la mense abbatiale, à la charge d'un revenu net et à part de douze muids de blé qui seront distribués aux pauvres.

Ce contrat est fort instructif. Il prouve d'abord que le revenu de l'abbé n'était pas aussi fort que le public le pouvait croire; qu'il était partagé entre divers fonctionnaires ou pensionnaires qui n'avaient de commun avec l'abbaye que d'y toucher leur rente; et que les terres qui constituaient ces revenus et qui confinaient aux murs des cloîtres, et le château abbatial lui-même, étaient loués à des laïcs qui les exploitaient.

« Puisque c'est une personne de Saint-Sauveur, dit M. Beaupère, qui a fondé l'aumosne de douze muids de bled que nos Benedictins distribuent tous les ans aux pauvres de la ville et de quelques autres paroisses voisines, il convient d'en joindre ici l'histoire; je la commencerai en disant que je suis très-surpris que les differens auteurs de l'histoire de l'abbaye n'en disent rien; cependant cette aumosne est d'une assez grande consequence pour qu'ils en touchassent quelque chose, soit qu'elle soit d'obligation, comme je le soutiens, soit qu'elle soit volontaire et gratuite, comme le pretendent les abbés et les religieux ; les raisons qu'ils en donnent, c'est qu'il s'est fait de semblables aumosnes dans toutes les maisons de leur ordre qui n'ont d'autres principes que la charité de leurs predecesseurs, et qui ne sont continuées que par le même motif. Il peut y en avoir quelques-unes qui viennent de là, et qu'on ne sait que parce qu'on les a trouvées établies ; mais elles ne sont pas de la même force que celle dont nous parlons, et quelque riches qu'aient été ceux qui les ont précédés ici, on peut dire, sans vouloir diminuer leurs bonnes actions, qu'on ne fait pas de soy meme d'aussi abondantes aumosnes, à moins que ce ne soit dans les tems d'une extreme calamité ; et que dans ces siecles où la charité est si refroidie et où les religieux n'observent plus une aussi simple frugalité que les anciens, et dans lesquels le luxe s'est si fort glissé dans les couvents, on les retrancheroit ou du moins on les diminueroit considerablement si on n'etoit pas forcé de les faire. On va voir par tout ce que je vais rapporter de cette aumosne que mon raisonnement est juste. Le 2ᵉ novembre 1661, le prevost de Bonneval convoqua une assemblée de la ville pour prendre l'avis des habitans sur les moïens de remedier aux abus qui se commettoient à la distribution du pain d'aumosne que l'abbé faisoit faire dans ce tems là les mardy et vendredy de chaque semaine, et de là il faut conclure que cette aumosne n'étoit pas dès lors censée volontaire ; si elle l'eut été, les officiers s'en seroient-ils mêlés ? personne ne devant trouver à redire contre une aumosne qu'on fait librement, celui qui la fait la pouvant faire à son gré ou même ne la pas faire. Les religieux ne se sont pas pourvus contre cette deliberation ; ainsi on doit regarder leur silence comme une preuve convaincante et qui détruit leur système, il auroit été à souhaitter que les officiers de ce siege eussent eu jusqu'ici la meme attention, les pauvres en seroient mieux.

« Le 12 février 1682, M. de la Vergne Montenard de Tressan, evesque du Mans et abbé de Bonneval, devant Gabriel Dubois, notaire à Bonneval, afferma au sieur Jacques Aubert, bourgeois de Paris, le revenu temporel de son abbaye, et, entre les autres charges, il l'oblige et le charge de donner par chacun an douze muids de bled pour l'aumosne ; *plus,* pour l'aumosne extraordinaire, qui se fait dans la semaine le mercredy et le vendredy, depuis le premier mercredy d'après la Toussaint jusqu'au dernier jour de juin en suivant, outre celle du jeudy saint, le dit preneur emploiera jusqu'à la quantité de douze muids de bled meteil mitoien, mesure de Bonneval, de la nature qu'on a coutume de le fournir, lequel bled sera converti en pain et distribué en la manière accoutumée.

« Cet article est extrait d'une copie collationnée du dit bail, et la dite copie, certifiée véritable et conforme à l'original, par Huche, le 21 août 1682, et par Bechet, 28 septembre de la même année, notaires à Paris. Tant que le dit sieur Aubert tint cette recette, cette distribution se fit regulièrement. A celles que fit faire après lui le sieur Bruant qui lui succéda dans cet emploi, assistoit un religieux du couvent. J'ai vu un état de cette distribution des années 1688, 1689, 1690, 1691 et 1692, où assistèrent alternativement frère Bonaventure Le Coq et frère J. Puget, signé par eux. Le meunier de Couture mouloit ce bled et donnoit la farine à celui des boulangers de Bonneval qui offroit d'en faire une plus grande quantité de pain et dont il reservoit quelque portion pour la distribuer dans le courant de l'année aux pauvres infirmes, ainsy qu'il est porté dans les memoires de Martin Richoux, maître boulanger, des années 1688, 1689, 1690, 1691 et 1692, que j'ai entre les mains.

« En 1712, le 14 novembre, pardevant Jean-Baptiste Janvier, notaire, tabellion royal à Bonneval, étant present illustrissime et noble personne messire Louis de la Vergne de Tressan, prêtre licencié en théologie de la Faculté de Paris, chanoine et comte de l'eglise de Lyon, abbé commandataire de l'abbaye de Bonneval et de Lepaux (?) premier aumônier de Son Altesse Royale Monseigneur le duc d'Orléans, petit-fils de France, demeurant à Paris, à l'hôtel de la Motte-Hodancourt, rue de Grenelle, paroisse de Saint-Sulpice, etant de present en son chateau abbatial de la dite abbaye de Bonneval, lequel a cejourd'hui baillé et delaissé, et par ces presentes baille et delaisse à titre de ferme et prix d'argent, et promet faire jouir au dit titre pendant six années et six cueillettes consecutives, dont la première a commencé au premier jour de janvier de l'année presente 1712, et finira au dernier decembre 1717, à maître Pierre Perineau, marchand, demeurant en cette ville de Bonneval, et à Jeanne Marie, son épouse, à ce presente, qu'il a authorisé et authorise par ces presentes pour eux, leurs hoirs et aïant cause, c'est à sçavoir le revenu temporel de l'abbaye de Saint-Florentin de Bonneval, circonstances et dependances, rentes foncières, dixmes, tous droits de champarts, bois-taillis, rivières, droits de pesche dans icelles, prez, à la reserve du Petit-Marin, situé derrière le château de l'abbaye, pour en avoir seulement la première herbe et disposer par les dits preneurs des regains, plus consistant en moulins, four bannal, enclos des Basses-Garennes, terres labourables et non labourables, une ferme, des halles et langayage, ensemble la somme de trois cents livres qui appartiennent par chacun an au dit seigneur abbé, et qui est due par les sieurs religieux de la dite abbaye, en consequence des transactions passées entre feu monseigneur l'evesque du Mans, precedent abbé, et les dits sieurs religieux de la dite abbaye, lesquelles transactions les dits sieurs preneurs seront tenus d'executer pendant le cours du present bail, pour tout cē qui est contenu en icelles, comme pareillement la somme de trois cents livres, qui est due au dit seigneur abbé de la dite abbaye par les dits sieurs religieux suivant le traité fait entre feu monseigneur l'evesque du Mans, abbé de la dite abbaye, et les dits sieurs religieux, pour la jouissance que font les dits sieurs religieux du greffe et droits seigneuriaux et autres choses portées dans le dit traité, et génerallement tout ce qui appartient au dit seigneur abbé à cause de la dite abbaye de Bonneval, non compris dans les concordats et traitez faits entre ses predecesseurs et les dits sieurs religieux dont le dit Pierre Perineau et la dite femme ont dit avoir bonne connoissance, et se contenter, sans qu'il soit besoin d'une plus grande enonciation par ces presentes, desquelles choses ainsi affermées les dits sieurs Perineau et la femme jouiroient à quelques sommes qu'elles se puissent monter, et a été expressement convenu entr'eux, qu'en faisant les baux et dependances de la dite abbaye à eux ci-dessus affermés, ils ne pouroient prendre aucuns pots de vin de ceux à qui ils affermeroient les domaines de la dite abbaye et pour plus parfaite connoissance des dependances et domaines de la dite abbaye, le dit seigneur abbé a mis presentement ès mains des dits preneurs un état d'icelles qui demeure attaché à la minute des presentes, pour y avoir recours quand besoin sera, lequel a été signé et certifié veritable par le dit seigneur abbé, sans que pour ce le dit seigneur abbé soit et demeure garand de l'insolvabilité des diteurs des rentes et fermes qui y sont enoncées, outre lesquelles choses cedées et delaissées aux dits preneurs ci-dessus enoncées, le dit seigneur abbé a cedé et delaissé aux dits preneurs la jouissance des grands greniers qui sont au-dessus des ecuries et autres lieux du dit chateau dont ont joui les precedans receveurs; à la reserve neantmoins des deux chambres hautes et basses dites de la chambre de la Reyne, de celle qui est au-dessus, de la chambre au bout de la salle en haut, avec antichambre, cabinet, cuisine et office, greniers de la maison abbatiale, et des grandes ecuries, et lorsqu'il |y aura des meubles dans les appartemens ci-dessus réservés, les dits preneurs seront tenus de la garde d'iceux en l'absence du dit seigneur abbé, suivant le memoire qui leur en sera donné, et à l'égard des lieux qui seront occupés par les dits preneurs dans le dit chateau abbatial. »

La topographie des lieux réservés ou concédés n'est pas très-claire. Il est probable que l'abbé gardait le droit d'habiter, le cas échéant, tout le premier étage de l'abbatiale, où étaient deux chambres occupées quelques jours, en 1581, par la reine Louise de Lorraine et sa belle-mère Catherine de Médicis. Ces chambres étaient situées à l'extrémité Sud du château abbatial, au-dessus de cette pièce du rez-de-chaussée qui ouvrait vers les prés sur un balcon massif, orné, à la base de son portique cintré, de l'écusson d'Illiers parfaitement conservé encore, mais le balcon est rompu. La porte Renaissance qui y donnait accès fut réparée ou arrangée, sans doute sous l'abbé de Choiseul-Praslin, dans le style de Louis XIV ; comme, sans comparaison, Gaston avait mis *au goût du jour* une partie de son château de Blois.

Henri IV y séjourna, en 1591, pendant qu'il assiégeait Chartres, — ceci rappelle le roi d'Angleterre qui habitait aussi l'abbatiale pendant le siége d'Orléans. — Henri IV, dis-je, était venu demander des subsides aux religieux qui lui en refusèrent. Il était bien le roi, mais encore huguenot, et ils avaient tant de motifs de se souvenir des calvinistes de Condé qui, en 1568, avaient brûlé leur couvent, leur église, renversé le clocher de l'église de Bonneval, pillé la ville comme le couvent et laissé la peste dans le pays. Quoi qu'il en soit, le receveur des religieux les trahit ; le sieur Lambert apprit au Roi que leurs greniers regorgeaient. Henri IV prit tout, et donna à Lambert un brevet de chasser en tous lieux. Je reviens au contrat.

« Seront tenus, les dits preneurs, des reparations locatives et de les rendre en pareil état à la fin de leur bail qu'ils leur ont été donnés, dont sera fait visite à l'amiable, à la charge par les dits preneurs de payer les charges de la dite abbaye dont le dit seigneur abbé est tenu aux tems et aux termes qu'il les doit acquitter, *sçavoir* douze muids de bled meteil par chacun an pour l'aumosne des pauvres, *plus* vingt septiers de bled de la qualité qu'il est dû au sieur prieur de Saumeray ; *plus* dix-huit septiers trois minots de bled meteil et pareille quantité d'avoine aux religieux de Saint-Père-en-Vallée de Chartres ; *plus* quinze septiers au sieur curé de Saint-Maurice, le tout mesure de Bonneval ; *plus* un muid de bled meteil, mesure de Patay, à l'abbaye de Nothonville[1] ; *plus* deux cent soixante et seize livres au sieur curé de Cormainville ; *plus* trois cents livres au sieur curé de Courbehaye ; *plus* trois cents livres au sieur curé de Saint-Sauveur de Bonneval ; *plus* vingt-cinq livres au sieur curé de Bouville ; *plus* cent livres au domaine de Chartres ; *plus* soixante livres aux sieurs bailly et procureur fiscal[2] pour leurs gages; cinq livres au predicateur; soixante et quinze livres aux sieurs religieux de la dite abbaye, de convention faite avec eux ; vingt-cinq au sieur curé de Notre-Dame de Bonneval ; cent livres pour les gages du garde des bois et chasse de la dite abbaye, lequel sera nommé par le dit seigneur abbé ; seize cents livres pour les taxes et decimes du clergé dont la dite abbaye est chargée; deux milles livres au sieur chevalier de Flamarin düe de pension sur la dite abbaye; DE TOUTES lesquelles charges les dits preneurs seront tenus d'apporter acquit et decharge à la fin de chacune des années du present bail, sans neanmoins que l'expression cy dessus faite des charges puisse nuire ni prejudicier aux droits du dit seigneur abbé, ni qu'elle puisse être tiré à consequence par ceux à qui il a été declaré ci dessus etre dus, et a été convenu qu'en cas que les dites charges puissent etre augmentées, les dits preneurs seront tenus d'en faire les avances dont il leur en sera fait deduction, comme pareillement en cas qu'elles diminuent ou qu'elles ne se montent pas aux sommes ci dessus exprimées, iceux preneurs seront obligés de la rapporter au dit seigneur abbé, et de lui en paier ce qu'ils deffandront de paier, tant sur la pension du dit sieur de Flammarin, que sur les taxes et decimes du clergé, que de toutes autres charges ; toutes lesquelles charges les dits preneurs seront tenus de paier et acquitter aux termes et en la manière qu'ils sont dües, à commencer dès le premier janvier de l'année 1712, et de faire acquitter par les fermiers les gros dont ils sont tenus, et de les en charger par leurs baux, sans diminution du prix du present bail et d'en rapporter par chacune année des quittances, A LA CHARGE par les dits preneurs de couper et exploiter les bois taillis dans les saisons convenables, et selon les coupes ordinaires par chacune année

---

1. Prieuré dépendant de Marmoutier.
2. Officiers de justice et de perception de l'abbaye.

sans qu'ils en puissent couper une plus grande quantité que celle qui est marquée par chaque coupe, et de laisser dans chaque coupe les baliveaux conformement aux ordonnances des eaux et forets et de vuider chaque coupe dans le dernier juin de chacune année, et pour engager les dits preneurs de veiller à la conservation des dits bois, pendant le cours de leur bail, le dit seigneur leur a abandonné et cedé les amandes qui pouroient lui appartenir pour raison des torts, vols et delits qui pouroient être causez dans les dits bois pendant le cours du present bail seulement, et de poursuivre les delinquans à leurs frais et depens ; OUTRE les charges et conditions cy dessus, s'obligent les dits preneurs de paier par chacun an au dit seigneur abbé la somme de deux mille cent livres, en sa demeure en la ville de Paris en deux paiemens egaux, sçavoir, au jour de Noël, et l'autre moitié à Pasques de chacune année, dont le premier terme de paiement pour la presente année sera au jour de Noël de la presente année, et le second au jour de Pasques aussy prochain, et attendu que le dit seigneur abbé a cedé et delaissé la joüissance des revenus de la dite abbaye, à commencer dès le premier janvier de la presente année, et que les dits revenus sont à present exigibles, le dit seigneur abbé et les dits preneurs sont convenus de la somme de milles livres, laquelle somme a été presentement paiée par les dits preneurs au dit seigneur abbé, qui les en quitte et decharge, et au moien de ce, leur cède et abandonne sans aucune garentie ce qui peut être dû par les fermiers de la dite abbaye, rentiers et debiteurs à icelle, laquelle somme de milles livres est sans diminution de celle de deux mille cent livres ci-dessus convenue et repaiée par chacun an par les dits preneur, outre laquelle somme de milles livres, les dits preneurs s'obligent d'acquitter envers Me Florent Daguet les sommes qu'il a paiées en avance en l'acquit du dit seigneur abbé, pour acquitter les charges de la dite abbaye en l'année presente, et ce qui peut lui être dû pour raison de la regie de la dite abbaye, suivant le compte et arresté qui en sera fait à l'amiable entre le dit seigneur abbé et les dits preneurs avec le dit sieur Daguet ; *plus* s'obligent les dits preneurs de paier par chacun an au dit seigneur abbé un muid d'avoine, mesure de Bonneval, rendu dans ses greniers, dont il ne leur paiera que cinquante sols par septier, et attendu qu'il y a des contestations pendantes aux Requestes du Palais, à Paris, et autres jurisdictions, pour raison des champarts de Gaubert et de Bagnolet, si par l'evenement des dites contestations, elles sont adjugées au dit seigneur abbé, les dits preneurs seront tenus d'en faire le recouvrement pour en rendre compte au dit seigneur abbé, sans par eux pretendre aucune diminution en cas que les dits champarts ne lui soient pas adjugés et nons été compris dans les effets cy dessus cedés, comme pareillement attendu les contestations qui sont entre le dit seigneur abbé et les debiteurs des champarts de la terre d'Ormoy, sont convenus le dit seigneur abbé et les dits preneurs, qu'au deffault de paiement des dits champarts par les proprietaires des terres chargées du dit droit, iceluy seigneur abbé sera tenu de faire aucune diminution aux dits preneurs par chacun an, pour le deffault de jouissance du dit droit ; sur la ferme qu'ils feront de la dite terre d'Ormoy, que de la somme de cent livres seulement, et au cas qu'aucuns proprietaires des dites terres paient les dits champarts, les dits preneurs tiendront compte au dit seigneur abbé de ce qu'ils recevront des dits champarts en deduction de la dite somme de cent livres, et à proportion des terres chargées du dit champart. Aux quelles clauses et conditions cy dessus le dit preneur et sa femme, le tout solidairement, seul et pour le tout sans les renonciations de droit, obligé même le dit sieur Perineau par corps, s'agissant de femme, et delivreront ces presentes en forme au dit seigneur abbé, promettant, obligeant et renonçant, fait en presence de Louis Viger, M^e chirurgien, et Martin Boucher, M^e boulanger, demeurant à Bonneval, temoins qui ont signé avec le dit seigneur abbé, et le dit preneur et sa femme, la minute des presentes, ainsy signé : Louis de la Vergne de Tressan, abbé de Bonneval, P. Perineau, F. Macé, Boucher, L. Viger, et Janvier, notaire. Et controllé à Bonneval le 22e novembre 1712, signé GODARD ; reçu vingt-deux livres ; et est signé JANVIER (avec paraphe). »

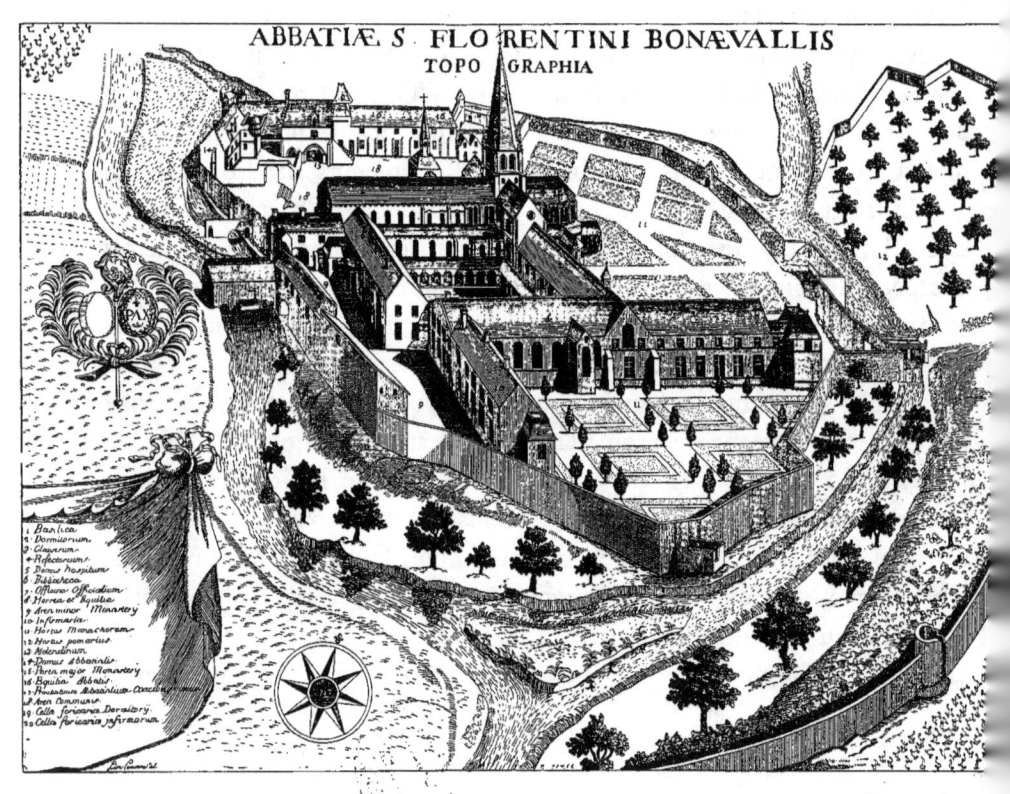

ABBATIÆ S. FLORENTINI BONÆVALLIS

TOPOGRAPHIA

CETTE introduction, qui a pour but principal de retrouver la physionomie d'une abbaye, celle de Bonneval en particulier, serait bien incomplète si elle ne se terminait par une vue, un portrait, un croquis quelconque du sujet. J'ai longtemps cherché en vain. Grâce à l'extrême obligeance de M. Merlet, l'archiviste si distingué d'Eure-et-Loir, j'ai pu trouver enfin cette gravure, dont la copie ci-annexée est très-exacte. Elle représente l'abbaye vers le temps qui suivit d'assez près son adjonction à la congrégation de Saint-Maur. Celle-ci eut lieu vers 1660. La vue doit être de 1666 à 1690. Voici les motifs de cette date approximative :

1° Les écuries de l'abbatiale furent construites en 1666 par César-Auguste de Choiseul, comte du Plessis-Praslin, chevalier de Malte, lieutenant général des armées du roi, etc., abbé commandataire depuis 1660 jusqu'en 1682. Celles du couvent étaient le long de la grande rivière.

Les écuries de l'abbatiale furent démolies ou s'écroulèrent en 1828.

2° Le petit clocher de l'église perdit sa flèche dans une tempête en octobre 1690.

3° Enfin, tout le carré de bâtiments qui compose aujourd'hui l'abbaye fut réédifié tel qu'il est, en 1698-1710, sous l'abbé commandataire Louis de la Vergne du Tressan, évêque du Mans, qui gouverna l'abbaye depuis 1687 jusqu'en 1712.

La vue que donne la *topographia* est donc assez différente, dans les détails, de l'abbaye au dernier siècle.

Ainsi, les ailes prolongées hors du carré qu'on y remarque n'existent plus; — le cloître n'a plus les mêmes cintres, il a été reconstruit vers 1735 par M. Toufer, de Châteaudun; — les écuries et remises, encore existantes, placées sur le bras de la petite rivière de la Grève, ont été faites à la même époque; — le pont de pierre qui en est proche, aussi; — la maison en façade au nord du cloître est de 1784.

Le côté Ouest du cloître est le plus ancien. Son rez-de-chaussée était le pressoir de la communauté, remarquable par une belle colonnade romane, et bien placé autrefois devant les vieilles écuries, les greniers, le moulin, qui bordaient la grande rivière. La porte cochère du couvent proprement dit, qui existe encore, donnait accès dans la cour, et, à gauche, on entrait dans le cloître.

La cuisine, semblable à celle du château de Châteaudun, est bien conservée; elle semble du XVe siècle.

L'abbatiale a conservé ses caves à piliers byzantins, qui paraissent appartenir au Xe siècle, époque de la restauration de l'abbaye par Eudes, fils de Thibault-le-Tricheur.

Il est certain que les tours et le palais ont été reconstruits vers 1490 par René d'Illiers, sur la base des tours ruinées par le roi Henri V d'Angleterre. On voit encore au-dessus de la porte d'entrée, dans la grande salle, qui dut servir de salle d'audience à la prévôté de l'abbaye, les annelets de la famille d'Illiers, dispersés en relief sur les grosses poutres : son écu est intact en plusieurs places, surtout sous le porche qui donnait accès à l'escalier du logement de l'abbé, et où réside aujourd'hui le concierge. La belle pierre sculptée qui est sur la grosse tour reproduit délicatement ses armoiries sur des insignes épiscopaux mêlés aux dauphins héraldiques de la maison de Valois, dont les d'Illiers étaient les protégés. En effet, René, évêque de Chartres, avait obtenu de gouverner l'abbaye pendant la maladie de son frère Louis, abbé, et après sa mort il continua.

Aujourd'hui, les restes de cette résidence féodale princière, aux trois quarts démolie pour faire de la chaux, achèvent de se ruiner sous l'intempérie des saisons. Il suffirait d'un toit pour les conserver et au moins pour les utiliser.

On peut remarquer encore le bas-côté du Sud de l'église conventuelle, seul resté debout. Les arcades en ogives qui ont été ajoutées aux pleins cintres témoignent des réparations nécessitées par le pillage et l'incendie. Un pan de l'aile gauche ou du Nord présente sur un chapiteau le martyre d'un saint par la décollation. Il paraît être la plus ancienne relique de cette abbaye et remonter peut-être à la fondation. En effet, cette aile est non-seulement fort vieille de style et bornée par une série d'arcades romanes, mais elle est si exiguë, qu'elle ne s'accorde guère que par sa position avec la grande basilique, monument de l'époque prospère du couvent. Son axe même ne correspond pas avec l'autre.

V. BIGOT.

Fin de l'Introduction.

HISTOIRE DE L'ABBAYE

DE

SAINT-FLORENTIN DE BONNEVAL

Depuis son Origine jusqu'à la Suppression des Couvents

PAR LE R. P. DOM JEAN THIROUX

DE LA CONGRÉGATION DE SAINT-MAUR

Continuée par L. R. P. dom René Lambert, *de la même Congrégation*
et M. André-Louis Beaupère, *curé de St-Sauveur de la même ville*

Terminée par M. Lejeune

TABLE

DES

ABBÉS DE BONNEVAL

Avant de livrer à l'impression le manuscrit des quatre chroniqueurs, je dois rappeler sommairement que cette histoire a été commencée et rédigée jusqu'à Hugues, septième abbé, du XIe siècle, inclusivement, par le Révérend Père dom Jean Thiroux, sous-prieur du couvent de 1710 à 1715. L'auteur s'étant alors retiré à l'abbaye de Saint-Germain-des-Prés, son histoire fut continuée jusques et y compris Philippe Hurault, trente-troisième abbé, par le Révérend Père dom René Lambert, également sous-prieur du couvent de Bonneval.

Le manuscrit est de la main de dom Lambert jusqu'à l'abbé Hurault, *inclusivement*. Il avait sans doute l'intention de continuer, car la table des abbés écrite par lui avait déjà compris le nom d'Auguste de Thou, le trente-quatrième abbé; mais il fut envoyé à Jumièges en qualité de procureur-célérier, à une époque que je ne connais pas.

Voici la table qui précède l'histoire.

TABLE.

Préface.

Chapitre Ier. — Des premiers commencemens de l'abbaÿie de Bonneval, où l'on montre qu'elle est de fondation royale.
    § I. — Si l'abbaÿie de Bonneval est de fondation royale.
    § II. — Du seigneur Foulques, fondateur de l'abbaÿie de Bonneval, conjointement avec l'empereur Charles-le-Chauve.
    § III. — L'abbaye de Bonneval a été fondée dans le Dunois, et non pas dans le pays Chartrain.

Chapitre II. — Des premiers abbés de Bonneval depuis l'an 841, jusqu'environ la fin du IXe siècle.
    § I. — Gausmar, premier abbé.
        La réforme de l'abbayïe d'Aisnay, à Lyon, et la translation des reliques de saint Florentin & saint Hilaire.
    § II. — Ingelaire ou Ingelard, 2e abbé de Bonneval.
    § III. — Ingelramme, 3e abbé.

Chapitre III. — Histoire de l'abbayïe et des abbés pendant le Xe siècle.
    § I. — Vaudric, abbé.

Chapitre IV. — Histoire de l'abbayïe et des abbés pendant le XIe siècle.
    § I. — Thedfroi, abbé.
    § II. — Salomon, abbé.
    § III. — Hugues Ier, abbé.
    § IV. — Gaultier, abbé.

Chapitre V. — Des abbés pendant le XIIe siècle.
    § I. — Robert, abbé.
    § II. — Bernier, abbé.
    § III. — Arnoul, abbé.
    § IV. — Hugues II, abbé.
    § V. — Chrétien, abbé.

Chapitre VI. — Des abbés pendant le XIIIe siècle.
    § I. — Girard, abbé.
    § II. — Hervé, surnommé *Blondel*, abbé.
    § III. — Jean, abbé.

Chapitre VII. — Des abbés pendant le XIVe siècle.
    § I. — Nicolas, abbé.
    § II. — Geoffroy, abbé.
    § III. — Pierre Brosset, abbé.
    § IV. — Florentin, abbé.

Chapitre VIII. — Des abbés pendant le XVe siècle.
    § I. — Léonard de Villebresme, abbé.
    § II. — Pierre de Pré, abbé.
    § III. — Louis de Ligone, abbé.
    § IV. — Louis d'Illiers, abbé.
    § V. — René d'Illiers, abbé.

Chapitre IX. — Des abbés pendant le XVIe siècle.
    § I. — Guillaume de la Voue, abbé.
    § II. — Odard de la Voue, abbé.
    § III. — Charles de la Chambre, abbé.
    § IV. — Jean de la Lande, abbé.
    § V. — Antoine de Lolin, abbé.
    § VI. — Martin de Beaune, abbé.
    § VII. — Renaud de Beaune, abbé.

Chapitre X. — Des abbés pendant le XVIIe siècle.
    § I. — Philippe Hurault, abbé.
    § II. — François-Auguste de Thou, abbé.

Ici finit la table manuscrite de dom Lambert, continuateur de dom

Thiroux. La suite est de la main de M. Lejeune, mais copiée sur les notes de M. Beaupère jusqu'en 1765. On sait que le curé de Saint-Sauveur mourut l'année suivante. Enfin, le complément jusqu'à la Révolution fut rédigé par M. Lejeune lui-même, notaire de Bonneval pendant la Restauration, avec l'aide des papiers trouvés dans le couvent et réunis aux Archives départementales. En sorte que le manuscrit de la Bibliothèque de Chartres est écrit de deux mains seulement, quoiqu'il contienne quatre chroniques d'auteurs différents, se suivant dans l'ordre chronologique.

Voici la suite des abbés, avec la date de leur nomination, d'après M. Lejeune. Elle manque pour les derniers. Le texte comblera cette lacune.

Charles le Prévost	1644,	35e abbé.
César-Auguste de Choiseuil	1660,	36e abbé.
Louis de la Vergne Monteynard de Tressan	1682,	37e abbé.
Louis de la Vergne Monteynard de Tressan, neveu du précédent	1711,	38e abbé.
Jean-Joseph Chapelle de Jumilhac	1743,	39e abbé.
Mr de Marbœuf, évêque d'Autun		40e abbé.
Mr Le Cornu de la Balivière, aumônier ordinaire du Roi		41e abbé.
Mr de Belbœuf, évêque d'Avranches		42e abbé.

M. de Belbœuf, évêque et baron d'Avranches, est le dernier abbé de Bonneval ; nommé en 1780, il le fut jusqu'à la Révolution.

V. B.

DOM THIROUX

ABRÉGÉ
DE
L'HISTOIRE DE L'ABBAYÏE
DE BONNEVAL

PRÉFACE

AYANT reçu ordre de travailler à l'histoire de cette abbayïe, je conçus une veritable joie de cet employ. La vaste étendue de l'enclos, la grandeur des lieux reguliers, le nombre et la qualité des prieurés qui en dépendent; la majesté de son temple, son antiquité, sa situation, tout me faisoit envisager cet ouvrage comme une occupation digne d'un homme d'étude; et tout ce que je craignois, étoit que l'entreprise ne fût au-dessus de mes forces, que je ne fusse accablé sous le poids d'une matière immense, et que je n'eusse pas assez d'étendue d'esprit pour mettre en ordre tant de choses différentes.

Mais quel fut mon étonnement quand je mis la main à l'ouvrage! Quelle tristesse, lorsque, cherchant les matériaux de cet édifice, je me vis manquer de tout! J'entre dans le chartier, je cherche les archives, je veux consulter les pièces originales : et après mille soins et mille veilles, je ne trouve rien. Je mets la main sur un manuscrit, qui m'apprend que presque tous les titres sont perdus; que l'abbayïe aïant été brûlée et minée de fond en comble par trois fois, la plus part des anciens monumens ont péri; que les Normans [1], quelques siècles après

---

[1] Ceci paroit être une faute, car ce fut vers le milieu du IXe siècle que les Normands commencèrent à ravager la France et d'autres États d'Europe, et ils les cessèrent en France dès que le roy Charles-le-Simple leur eut cédé le pays qu'on appeloit auparavant Neustrie. Or ce prince mourut environ en 929. — *Note de dom Lambert, qui copie son devancier dom Thiroux.*

la fondation, y exercèrent toute leur rage ; que les Anglois dans la suite renversèrent tout ce qu'on y avoit réparé ; et qu'enfin les Huguenots, dans ces derniers temps, ont mis le comble à sa désolation. L'église ruinée, les lieux réguliers détruits, les papiers dissipés, les monumens qui pouvoient en quelque sorte réparer cette perte abattus, les manuscrits ou brûlés, ou perdus, ou confondus ; quelle extrémité pour un homme qui entreprend l'histoire d'un monastère, et que faire dans de si grandes extrémités ! Il a fallu ramasser les débris d'un trésor immense, consulter les petits mais précieux restes de nos titres, recourir aux secours étrangers, fouiller dans les histoires ecclésiastiques et profanes des lieux circonvoisins ; & chercher partout des ressources que je ne trouvois pas chez nous. L'on peut juger que dans un si grand dénuement de toutes choses, il est impossible de faire une histoire bien complette, et un ouvrage suivi et achevé ! Qu'on n'attende donc de mon travail que des mémoires assez informes pour servir à ceux qui, plus heureux que moi, pourront trouver des pièces que j'ai cherché en vain, qu'un récit succint, peu suivi et peu détaillé, de ce qui s'est passé dans cette illustre abbayïe, et qu'on gemisse avec moi de la perte que nous avons faite de tant d'exemples de sainteté, capables de nous élever à la plus haute perfection, de tant d'ouvrages composés par nos prédécesseurs, qui auroient si fort enrichis la République des Lettres, et de tant de faits qui auroient servis à l'histoire de l'Église et du Royaume.

CHAPITRE I

Des premiers commencemens de l'Abbayïe de Bonneval, où l'on montre qu'elle est de fondation royale.

'AN 827, les reliques des saints Marcellin et Pierre aïant été apportées en France par les soins d'Eginhart, secrétaire et gendre de Charlemagne, il se fit une infinité de miracles par l'intercession de ces illustres martyrs; ce qui excita une dévotion extraordinaire envers eux dans tout le Royaume. On vit presque partout des églises bâties & consacrées sous leur nom, on distribua dans plusieurs lieux des parcelles de leurs saints ossemens, et on fonda des monastères pour avoir plus de personnes destinées à honorer leur mémoire. Foulques, homme de qualité, qui s'étoit distingué dans les armées, seigneur de Bonneval dans le territoire de Châteaudun et dans le diocèse de Chartres, qui possédoit de grands biens, touché de la dévotion commune en ces tems-là, aïant obtenu quelque partie des corps de ces saints, résolut de leur bâtir une église et d'y assembler un grand nombre de religieux Benedictins pour la desservir. Dans ce dessein, il fonda, l'an 841, le monastère de Bonneval sur son propre fonds, le dota de la plus grande partie de ses biens, qui consistoient en plus de 20 villages et presqu'autant de fiefs, et lui en assura le reste après sa mort. Il le plaça sur les bords du Loir, en une fertile et agréable vallée, y fit venir des moines de divers endroits, auxquels il donna pour abbé le vénérable Gausmar, homme très-connu et très-chéri de l'empereur Charles-le-Chauve. Il fit consacrer l'église sous le nom de saint Marcellin et saint Pierre par l'évêque de Chartres, et afin de rendre cette fondation et cette dotation plus respectable et empêcher que personne dans la suite y donnât la moindre atteinte, il engagea l'empereur, qui l'honoroit de son amitié, à y prendre part. Ce grand et pieux prince le fit avec plaisir, tant par le consentement qu'il y donna comme seigneur suzerain, que par l'abandon qu'il fit lui-même de tout ce qui lui pouvoit appartenir en cette qualité dans la ville de Bonneval & dans les autres lieux qui en dépendent.

Nous apprenons toutes ces choses d'une chronique de cette abbayïe, écrite dans le Xe siècle par un de ses religieux, rapportée par le P. Mabillon dans la 2e partie du *IVe Siècle Benedictin*, page 504 &c., n° 1 et 2.

Il ne me reste plus, pour achever ce chapitre, que d'examiner certains points qui regardent la fondation de l'abbayïe de Bonneval. Le premier est de sçavoir si elle est de fondation royale; le 2e, quel étoit ce Foulques qui la fonda avec Charles-le-Chauve; et le 3e, en quel territoire elle est située.

§ I.

SI L'ABBAYIE DE BONNEVAL EST DE FONDATION ROYALE ?

C'est une gloire et un avantage pour une abbayïe, d'être de fondation royale. L'indépendance de tout autre seigneur en est une suite ordinaire; la protection des rois, successeurs de celui qui l'a fondée, y est toujours attachée, plusieurs priviléges et exemtions considérables y sont jointes. Il ne faut donc pas s'étonner que nous destinions un article particulier, pour prouver que celle de Bonneval a joui de cet honneur.

La première preuve se tire de la Petite Chronique écrite avant l'an 980, & dont l'auteur avoit vu les titres de la fondation, étant presque contemporain. Il dit en termes formels qu'en 841, sous le règne de Charles, fils [1]   , le monastère de Bonneval fut fondé en l'honneur des SS^{ts} martyrs Marcellin et Pierre, par le

---

1. De Louis-le-Débonnaire. — *Note de dom Lambert.*

même Charles et par un certain grand seigneur nommé Foulques :
Anno ab incarnatione DCCCXLI, regnante Karolo
conſtructum est cœnobium Bonevallense per ipsum imperatorem
Karolum, et quemdam militem Fulconem nomine, in honore
SS. martyrum Marcellini et Petri. C'est donc Charles-le-Chauve, fils
de   , qui est le premier fondateur de l'abbayïe de Bonneval.
Mais, dira-t-on, il ne paroît pas que ce prince ait donné de grands biens
de son propre fonds, dans le sens de la fondation de ce monastère; je
réponds que cela est vrai, mais j'ajoute en même temps qu'il suffit,
pour porter la qualité de fondateur, qu'il ait donné de son fisc à
Bonneval & aux environs, qu'il ait consenti que Foulques se soit
dépouillé, en faveur de la nouvelle abbayïe, du lieu de Bonneval &
d'un grand nombre de villages dont il pouvoit tenir une partie des
bienfaits de ce prince & avoir reçu l'autre de la succession de ses pères,
qui les tenoient en foi et hommage des rois de France. Et c'est ce que
la même Chronique nous marque clairement, lorsqu'aïant fait le
dénombrement des terres et des fiefs donnés à l'abbayïe, elle dit qu'elle
les avoit reçus du roy Charles, son fidèle vassal : His denique terris
dotata ecclesia Dei, et SS. martyrum Marcellini et Petri, a rege Carolo
et fideli suo Fulcone, &c. Enfin, comme c'étoit un usage assez ordinaire
en ces tems-là, que ceux qui fondoient un monastère où il n'y avoit
point de religieux ni d'abbé en fissent venir pour celébrer les divins
offices, la même Chronique dit que ce fut l'empereur Charles-le-Chauve
qui, conjointement avec Foulques, mit des moines et un abbé dans ce
monastère : Miserunt etiam (dit-elle, parlant de tous les deux,)
quantum sibi placuit monachos, et elegerunt venerabilem abbatem
Gausmarum nomine.

La 2ᵉ preuve se tire de la charte du roy Lothaire ou Clotaire, par
laquelle il prend sous sa protection et sa sauvegarde le monastère de
Bonneval, & dans laquelle, comme il est marqué dans une autre charte
de Louis VI, de l'an 1222 : Donum illud (il parle de Bagnolet) cum
cœteris dictæ ecclesiæ denariis, gloriosi regis Clotarii concessione
firmatum erat, sicut charta annuli ejus impressione signata, quam
conspectu nostro præfati abbas et monachi produxerunt, publice testabatur.

La charte de Philippe Iᵉʳ, de l'an 1059, nous en fournit une
troisième. Ce Roy, dans cette charte, après avoir dit que le monastère
de Saint-Florentin de Bonneval a été doté de quantité de terres, de

domaines, de fiefs et de cens, par les rois de France ses prédécesseurs, en sorte qu'ils en passent pour les véritables fondateurs, et déclaré qu'il veut suivre les traces de ces grands princes, donne à ce monastère la justice et la seigneurie du Boullay, avec une certaine quantité de terres et de maisons : Nos igitur........ ecclesias et monasteria in illius (Dei) honorem constructa, sincero mentis affectu donis et eleemosynis quamplurimis cumulare desideramus; potissimum ea monasteria in quibus personæ religiosæ, sub illius illecebris renuntiantes in claustris se recluserunt, ut a terrenis negotiis et actibus segregati, facilius et melius salutiferis inhæreant disciplinis, cujus modi personas reperimus in monasterio S. Florentini Bonævallis, sito in nostro comitatu Dunensi, et multis jam terris, dominiis feodis et censibus a prædecessoribus nostris regibus Francorum dotato, ita ut illius veri fundatores credantur, in quo sunt monachi regulæ S. Benedicti professores quibus majorum nostrorum vestigiis insequendo, et beneficia in eos et alios ecclesiasticos continuando, dedimus unam medietariam vulgo Bullogum appellatam....... cujus medietariæ...... ponimus prædictos Hugonem abbatem et monachos Bonævallis in eadem possessione et saisiva qua sumus, et fuit aliquando noster servus Franciscus de Blouet dux militum custodiæ corporis nostri........ excepto quod idem abbas et monachi, eorumque successores, nobis successoribusque nostris vice-comitibus Dunensibus, vel aliis quibuscumque præsentibus et futuris, nullum unquam feodum neque costumam solvent; imo gaudebunt prædictis omnibus quiete et pacifice in perpetuum, ac si semper nostris in manibus remanerent....... præsentem donationem aliaque supradicta per curiam Parlamenti nostri confirmari, corroborari et approbari fecimus. Actum publice Parisiis, in curia, anno Domini MLIX.

En voici une quatrième, que fournit la charte de Louis VI, dit le Gros; elle est de l'an 1110. Par cette charte, il paroît que Bernier, abbé de Bonneval, alla trouver ce prince, et, présenté par le comte de Blois et le vicomte de Châteaudun, lui representa que son monastère avoit été fondé et doté par les rois de France ses prédécesseurs; qu'ils l'avoient pris sous leur sauvegarde et leur royale protection, comme il paroissoit par le privilége accordé par le roy Lothaire, et scellé de son sceau, dont il fit la lecture en présence du Roy et de tous les assistans : qu'il le supplia de suivre l'exemple de ses prédécesseurs, de conserver leur ouvrage, qui devenoit le sien par la place qu'il tenoit, et de prendre lui-même ce monastère et tous ses fiefs sous sa protection et de le défendre par ce moïen contre ceux qui, dans la suite des tems, voudroient le troubler ou l'opprimer. Ce bon Roy, comme portent les termes de la charte, en considération de ceux qui lui faisoient cette demande, et pour éterniser sa mémoire et celle des Roys ses prédécesseurs et ses successeurs dans cette abbayïe, la prend avec tous les biens qu'elle possède et qu'elle pourra acquérir dans la suite des tems, sous sa sauvegarde et sa protection particulière, ordonne de son autorité royale qu'on en dresse une charte, afin que dorénavant nul comte ou vicomte, nul juge ou officier quel qu'il soit, ne soit assez téméraire de ravir ni même d'attenter le moins du monde aux droits & libertés, biens & revenus de ce monastère; que nul ne soit assez osé pour les molester par des repas, des gîtes, des exactions, des corvées et charretes (c'étoient alors les voies ordinaires, dont se servoient les grands seigneurs, pour molester ceux qui n'étoient pas aussi puissants qu'eux); que nul, de quelque qualité et condition qu'il soit, n'entreprenne de vexer leurs vassaux et leurs terres par d'injustes coutumes, et surtout de s'attribuer aucun droit de seigneurie dans la ville de Bonneval, d'y exercer aucune violence, et d'en rien exiger contre le gré et le consentement des religieux, auxquels elle appartient en toute propriété. Il ajoute ensuite : Mais comme nous appréhendons qu'étant un peu éloigné de ce monastère, et occupé ailleurs pour les affaires de notre État, nous ne puissions vacquer autant qu'il seroit nécessaire et que nous le voudrions, à ses besoins & à sa défense ; Nous commettons en notre lieu et place nobles hommes Thibaud, comte de Blois, et Geoffroy, vicomte de Châteaudun, que les abbés & religieux nous ont demandés, pour défendre et conserver le d. monastère et ses biens, enjoignants spécialement au d. comte Thibault, que nous sçavons être le plus puissant, sous la fidélité qu'il nous a voué, de défendre à notre place (vice nostra) ce même monastère, les religieux avec leurs gens & leurs biens, des insultes de ceux qui cherchent à leur faire du mal; de les assister de son conseil & de son secours dans un esprit de désintéressement, sans en rien exiger, et sans leur causer la moindre atteinte. Enfin, il termine sa charte par ces mots : Que si par la suite des tems le comte ou quelqu'autre a la hardiesse d'opprimer ce monastère, d'introduire de nouvelles coutumes dans la ville et ses dépendances, ou de violer les franchises, il lui sera permis & au Roy de France ses successeurs, sur la plainte que l'abbé et les religieux lui en feront, nonobstant toute prescription et toute exception dont on pourroit se servir, de retirer le monastère de Bonneval d'entre leurs mains, d'empêcher par leur puissance royale le mal que des méchants lui feroient, & de le remettre dans le premier état de sa liberté……. Fait à Étampes, en public, l'an 1110.

Le roy saint Louis en fait une cinquième, lorsque dans sa charte de 1255, expédiée à Pontoise, il confirme de son autorité royale tout ce qui est dans la précédente, qu'il rapporte toute entière.

La sixième se tire de la charte de Philippe II, dit Auguste, donnée l'an 1222, par laquelle il prend sous sa protection le monastère de Bonneval & le défend contre les entreprises d'Hugues du Puiset, vicomte de Chartres, qui prétendoit avoir droit de gîte ou de procuration toutes les fois qu'il passoit par Bagnolet et autres terres et seigneuries voisines appartenantes à l'abbayïe, desquelles il étoit le défenseur et l'avoué, comme son père l'avoit été avant lui. Celui-ci se désista de ses prétentions, conformément à la volonté du Roy & du comte Thibault, et reconnut qu'il n'avoit aucun droit de gîte et de procuration.

Voici une septième preuve, qui est décisive. Je la tire d'un jugement contradictoire, rendu par le roy saint Louis, l'an 1261, entre Jean de Chatillon, comte de Blois, & François Hervé, abbé de Bonneval. Le comte demandoit la garde du monastère, de sa terre et de toutes ses dépendances. Son principal motif étoit qu'elle lui appartenoit, parce que, disoit-il, ce monastère avoit été fondé et doté par ses prédécesseurs. L'abbé s'inscrivoit en faux contre cette prétention du comte, et soutenoit que son monastère avoit été fondé et doté par les rois de France, et que, par conséquent, la garde du d. monastère, de sa terre, de sa seigneurie et de tout ce qui lui appartenoit étoit au Roy, devant lequel il avoit l'honneur de parler. Pour prouver ce qu'il avançoit, il produisit le privilége du roy Louis-le-Gros, on en fit la lecture en présence de S. M., on en pesa les paroles, on en examina le sens. Les parties proposèrent pour & contre tout ce qu'elles voulurent, toutes deux pressèrent conjointement le Roy de prononcer; et S. M. aïant pris l'avis de plusieurs personnes remplies de science et de probité, rendit son jugement et prononça que la garde de ce monastère, de sa terre et de ses dépendances, lui appartenoit en propre et lui demeureroit pour toujours; et défendit au comte et à ses successeurs d'en prétendre jamais la garde. Tout ceci fut fait à Argenteuil, au mois de novembre.

Je serois trop long si je voulois rapporter toutes les autres preuves de cette vérité. On peut en voir une éclatante dans l'arrêt de Charles-le-Bel, qui sera rapporté en son lieu; une autre dans celui de Philippe de Valois, du mois de juin de l'an 1340, dans lequel il dit : Religiosi viri abbas et conventus monastarii Bonævallis in nostra, una cum familia, gentibus, rebus et bonis suis existentes, gardia speciali; une autre dans un arrêt de la Cour, de la même année 1340, qui porte : cum ipsi religiosi, qui ex regia fundatione sunt veri domini dictæ villæ Bonævallis. Enfin, les lettres de sauvegarde, ou de seureté, données par le roy Charles VII, en l'an 1424, portent que l'abbaÿie est de fondation royale.

§ II.

DU SEIGNEUR FOULQUES, FONDATEUR DE L'ABBAYIE DE BONNEVAL CONJOINTEMENT AVEC L'EMPEREUR CHARLES-LE-CHAUVE.

Les comtes de Blois, de Chartres et de Châteaudun ont prétendus tirer des droits de l'abbaÿie de Bonneval, en être les seigneurs suzerains & s'en attribuer la garde, soutenants que c'étoit un de leurs prédécesseurs qui en étoit le fondateur. Pour cela, il faudroit que le seigneur Foulques, qui seurement l'a fondée et dotée, eût eu ces trois comtés ensemble, ou du moins l'un des trois, & c'est ce que l'on ne sçauroit montrer. Qu'on lise les histoires de ces trois comtés, on ne trouvera point qu'en 841 ils aient eus pour seigneur un nommé Foulques. Chartres n'étoit pas encore érigé en comté. Ceux qui occupèrent celui de Blois depuis l'an 833 jusqu'à l'an 865 furent Guillaume, deuxième fils de Theebert ou Theodebert, et Eudes, fils et successeur de Guillaume, si on en croit quelques écrivains; car il est bien plus probable que Blois, ainsi que Chartres, n'avoit point encore de comtes. A l'égard de Châteaudun, la Petite Chronique de Bonneval nous apprend que dans ce tems-là il avoit un comte; mais ce n'étoit pas Foulques, puisqu'elle les distingue tous deux, & qu'elle donne à celui-là le nom de Lambert : Defuncto rege Carolo....... fuit quidam comes Castrodunensis, Lambertus nomine, qui ob amorem Dei et sanctorum ejus dedit SS. martyribus Marcellino & Petro, & domno abbati Gausmaro, &c.

Je trouve dans l'histoire un Foulques, comte du Palais, qui fut chargé par Louis-le-Débonnaire, l'an 837, de remettre en possession du monastère de Saint-Calais Aldric, évêque du Mans, de la dépendance duquel les religieux de ce monastère avoient voulu se soustraire; mais il n'y a point de preuve que ce Foulques fut le même que celui qui est fondateur de l'abbayïe de Bonneval.

Qui étoit-il donc ? nous n'en sçavons que ce que la Petite Chronique de l'abbayïe, écrite dans le Xe siècle, nous en apprend. Elle le qualifie de *miles, chevalier;* qualité qui se donnoit aux personnes les plus relevées. Elle l'appelle *Bonævallis toparcha, souverain de Bonneval,* c'est-à-dire *seigneur ne relevant que du Roy;* & par la quantité des biens, des villages et des fiefs qu'il tenoit de ses pères et qu'il donna à l'abbayïe dans le tems de sa fondation, il paroît qu'il étoit très-riche et très-puissant. Il doit donc demeurer pour constant qu'il n'étoit comte ni de Blois, ni de Chartres, ni de Châteaudun, mais qu'il étoit seigneur de Bonneval et de ses dépendances, ne reconnoissant point d'autre seigneur suzerain ou supérieur que le Roy. D'où on doit conclure que les religieux, abbé et couvent aïant jouis depuis ce tems de tous ses biens, de la même manière que les comtes de Blois et de Chartres jouissoient de leurs domaines, ne relèvent point d'autre seigneur que du Roy, et que la terre et seigneurie de Bonneval n'a jamais relevé et ne relève encore aujourd'hui ni du comté de Chartres, ni de celui de Blois, ni d'aucun autre : ce qui se justifie encore par les anciens aveux et dénombremens rendus immédiatement au Roy à cause de sa couronne, par les abbés et religieux de Bonneval, en 1547 et 1640.

§ III.

L'ABBAYIE DE BONNEVAL A ÉTÉ FONDÉE DANS LE DUNOIS ET NON DANS LE PAYS CHARTRAIN.

Il y a des gens qui prétendent que Bonneval relève de Chartres, et qui le prouvent parce que, disent-ils, Bonneval est dans le territoire de Chartres. Sans examiner ici la conséquence, la proposition est très-fausse. Car en premier lieu le Pays Chartrain, suivant le sentiment des anciens écrivains, ne contient que quelques villages à l'entour de Chartres. Mais en second lieu, quelqu'étendue qu'on lui donne, il paroît par tous les titres ou chartes de l'abbayïe de Bonneval, qu'elle est dans le Dunois. Tous les titres l'y placent, sans qu'il y en ait aucun qui la mette dans le Pays Chartrain.

La charte par laquelle le roy Lothaire prend le monastère de Bonneval sous sa protection, dit qu'il est situé dans le Dunois, « in comitatu Dunensi. »

Louis-le-Gros, en sa charte de 1110, par laquelle il prend aussi le même monastère sous sa sauvegarde, dit qu'il est situé dans le comté de Dunois : « Bernerius abbas monasterii Bonævallis, quod situm est in comitatu Dunensi. »

Le pape Luce II, dans sa bulle de 1144, dit la même chose et dans les mêmes termes : « Ernaldo abbati monasterii SS. Marcellini et Petri, quod in comitatu Dunensi, in loco videlicet qui Bonævallis dicitur, situm est. » Pascal II, dans sa bulle de l'an 1109, et Callixte, dans la sienne de l'an 1120, disent tous deux la même chose.

Le roy saint Louis, dans sa charte de l'an 1255, confirmative de celle de Louis-le-Gros, place de même ce monastère : « Bonævallense cœnobium, quod situm est in pago Dunensi. »

Le roy Philippe Ier, en sa charte de l'an 1059, par laquelle il donne la métairie du Boullay et de la Martinière, dit, en parlant du monastère de Bonneval, qu'il est dans le Dunois : « Monasterium Bonævallis, situm in nostro vice-comitatu Dunensi. » Il veut que les religieux de ce monastère possèdent la dite métairie franchement, sans en payer aucun droit de fief ni aucune coutume; par où il paroît que le Boullay, qui est sur le chemin de Chartres, dépendoit alors de la vicomté de Dunois.

Le R. P. Mabillon, dans ses *Annales de l'ordre de saint Benoît*, parlant de la fondation du monastère de Bonneval en l'année 841, le place dans le Dunois, « in pago Dunensi. »

De plus, l'abb. de Bonneval est dans l'archidiaconé de Dunois. Les religieux ont dans leurs archives plusieurs actes concernants Bonneval, qui ont été passés pardevant l'archidiacre ou le doyen de Dunois. Il paroît, par plusieurs autres actes, que la monnoye qui avoit cours à Bonneval, étoit celle de Dunois. Voyez la charte de Jean de Chatillon à la fin de laquelle est un article pour la monnoie de Dunois.

Par tout ce que nous venons de rapporter, il est évident que la ville et l'abbayïe de Bonneval, avec quelques villages de leur dépendance, sont situés dans le comté de Dunois et non dans le Pays Chartrain. Ainsi, c'est mal à propos que dans le dernier aveu fourni à S. A. S. Mgr le duc d'Orléans, on les y a placés comme mouvants de son duché de Chartres, n'en aïant jamais fait partie. Contre lequel aveu, fait sans aucune formalité, les religieux protestent de se pourvoir, à ce qu'il soit réformé par rapport à cet article.

CHAPITRE II

Des premiers Abbés de Bonneval, depuis 841, jusqu'à environ la fin du IXᵉ siècle.

---

§ I.

GAUSMAR, PREMIER ABBÉ.

GAUSMAR étoit un religieux Bénédictin distingué par sa piété, sa science & son sçavoir-vivre; ces belles qualités brillèrent en lui avec tant d'éclat, qu'elles portèrent son nom jusqu'à la cour de l'empereur Charles-le-Chauve. Ce grand Prince voulut voir un homme dont la Renommée publioit tant de choses extraordinaires. Il fut mandé en cour, il entretint l'Empereur, le charma, l'édifia; il s'attira son estime et son amitié. Ce Prince ne lui permit qu'à peine de retourner dans sa solitude, de laquelle il le tiroit continuellement, pour jouir de sa présence & de ses entretiens, où il trouvoit tant de lumière & d'onction : il vivoit avec lui de la manière du monde la plus douce & la plus familière; c'est ce que nous apprend la Petite Chronique de cette abbayïe, lorsque, parlant de cet abbé, elle dit : « Qui semper familiaris extitit Carolo imperatori. » Le seigneur Foulques et l'Empereur aïants dessein de fonder une abbayïe qui fût encore plus illustre par sa régularité que par les grands biens qu'ils lui donnoient, cherchèrent un homme qui pût répondre à leur dessein. Après beaucoup de réflexions et de recherches, ils jettèrent les yeux sur Gausmar. Ils se dirent l'un à l'autre que, pour un établissement de cette conséquence, il falloit un homme qui eût des talens extraordinaires; l'esprit grand, pour entreprendre tout ce qui étoit nécessaire à un si grand ouvrage; beaucoup de sagesse, pour se conduire dans des premiers commencemens qui sont toujours difficiles et épineux; de la science, pour élever des jeunes gens et les rendre capables de s'occuper utilement dans la retraite; de la piété et de l'onction, pour l'inspirer à ces nouveaux religieux, & par eux à tout le païs; enfin du monde même et de la science du droit, pour vivre avec les grands seigneurs voisins et pour rendre la justice aux vassaux. Ils ne trouvèrent personne en qui ces différentes qualités se vissent réunies en un degré si éminent que Gausmar; c'est ce qui leur fit jetter les yeux sur lui, pour cet important employ. Ce grand homme, qui ne cherchoit qu'à rendre service à l'Église, l'accepta avec plaisir. Ni l'incertitude de l'événement, ni l'embarras inévitable dans ces premiers commencemens, ni les soins et les travaux auxquels il alloit s'exposer, ne purent rien sur son esprit. Son zèle l'emporta sur toutes les considérations humaines; et il crut qu'il seroit bien récompensé de toutes ses peines, s'il pouvoit réussir dans ce pieux dessein. Ainsi, prenant congé de l'Empereur, se séparant de ses frères, renonçant à toutes ses habitudes, prenant seulement avec lui une douzaine de religieux, il part avec le seigneur Foulques & se rend à Bonneval.

Arrivé dans ce lieu, il admira sa beauté, sa situation, la bonté de son air, & trouva qu'il y en avoit peu d'aussi propres pour un monastère de l'ordre de St Benoît. Une vallée agréable, arrosée du Loir, rivière très-poissonneuse, fertile en tout ce qui est nécessaire à la vie, fournissant dans une enceinte raisonnable tout ce qui peut rendre une solitude agréable. Foulques lui fit voir ce qu'il donnoit à cette nouvelle abbayïe : la petite ville de Bonneval & sa banlieue, St Maurice, Vouvray et plusieurs autres terres qui sont rapportées dans la Petite Chronique en ces termes : « Tradidit itaque prædictis sanctis et monachis totam villam Bonavallem, cum omnibus quæ ad se pertinere videbantur; id est terris cultis et incultis, pratis, molendinis, piscariis, aquis aquarumque decursibus, insuper et appendiciis quæ ad prædictam villam respiciunt : ecclesiam S. Mauritii, cum parochia quæ ad eam pertinet, id est villas quæ vocantur Vouredus, Delsinot, Villa Seglanda et Merdolum; ultra fluvium Letum, villas quarum hæc sunt nomina : Villa Navuncula, Moncion, Vender, cum terris cultis et incultis, sylvis, Poyros et Pulsultus cum terris cultis et incultis : item Miliciacum et Merdelonem, et Ozannam, et Siviriacum, et Montem Fulconem, cum pratis, molendinis, aquis aquarumque decursibus, sylvis, terris cultis et incultis : item ecclesiam S. Mariæ quæ vocatur Mererias, cum omnibus appendiciis suis quorum hæc sunt nomina : Vallis Petrosa, Pulluat, Nocumentum, Villare, Villa-Morin, Villa-Tignea, Villa-Tenera, et omnia quæ in circuitu possidebat. »

Sur ces fonds, Gausmar se fit un plan pour les bâtimens de l'abbayïe. Mais, comme ce n'étoit pas l'ouvrage d'un jour, il se mit d'abord, lui et ses religieux, dans la maison de ce seigneur et commença par se faire une petite église pour y chanter l'office divin, et la fit consacrer sous le nom de St Savin, martyr [1]. C'est ce que j'infère de l'historien de la translation des reliques de St Florentin et St Hilaire, qui dit que lorsqu'elles furent arrivées à l'abbayïe de Bonneval, on les mit sur l'autel de l'église dédiée à St Savin : « Inde Beati Sabini meritis dicatam ecclesiam ossa referuntur, ac in altario, ut decuit, martyris reponuntur. »

Au bout de quelques années, tout fut achevé : les dortoirs, les cloîtres, les autres appartenances et l'église. Il se fit un grand concours pour la consécration du temple : les prélats du premier ordre, des abbés, des grands seigneurs y furent invités et s'y rendirent. L'évêque de Chartres en fit la dédicace et la consacra à Dieu sous le nom des S^{ts} martyrs Marcellin et Pierre, dont Eginard avoit apporté les corps de Rome, et dont on mit des reliques sur l'autel [2]; l'auteur de la Petite Chronique appelle cet évêque Gilleric : « Ecclesia...... dedicata ab episcopo Carnotensi, nomine Gillerico. » Mais le P. Mabillon marque qu'il se trompe, et que ce prélat s'appelloit Valentin [3].

Le principal soin de ce grand abbé fut l'exacte observance, la régularité de ses religieux, l'application au service divin, l'édification des peuples, une piété solide et exemplaire, et une pratique exacte de toutes les vertus chrétiennes et religieuses. Chose admirable ! on vit en peu de tems dans l'abbayïe de Bonneval la règle de St Benoît observée à la lettre, une solitude édifiante, des prières presque continuelles, des jeûnes austères, une pauvreté rigoureuse au milieu de l'abondance, une

---

1. Le texte de la translation ne dit pas un mot de cela, mais seulement qu'on déposa les reliques dans l'église de Saint-Sabin de Bonneval. Aussi ne fit-on que mettre les reliques sur l'autel, en passant. — V. B.

2. Je croirois plutôt qu'il faut mettre *sous l'autel*, conformément à l'ancienne coutume de l'Église. — *Note de dom Lambert*.

3. Le savant Mabillon ne s'appuie sur aucun monument. On ignore la date de la dédicace et conséquemment le nom de l'évêque qui la fit. Ce peut être aussi bien l'un que l'autre. — V. B.

obéissance qui mettoit l'ordre partout, une pureté à l'épreuve de tout, une charité sans bornes, des aumônes continuelles, une justice rendue sans intérêt et sans acception de personnes, enfin, une vie sainte et sans défauts. Et de là qu'arriva-t-il? Un respect et une vénération extraordinaire de tout le pays pour cette abbaÿie naissante. Chacun regardoit les religieux comme des saints; tout le monde venoit à Bonneval pour ranimer sa tiédeur par l'exemple d'un zèle si ardent et d'une piété si chrétienne. Des gens de tout âge et de toute condition, touchés de l'esprit de Dieu, venoient y prendre l'habit et s'enroller dans cette sainte milice. Ceux qui ne pouvoient les imiter les combloient de bienfaits. C'est ce que nous apprend la Petite Chronique, lorsqu'elle dit : « Abhinc et deinceps crevit Ecclesia Dei, et sublimata est a cunctis bonis circumadjacentibus vicinis. »

C'est ainsi que Lambert, qui étoit comte de Châteaudun dans ces premiers commencemens, donna en propre à l'abbaÿie deux arpens et demi de terre dans sa ville et tous les souterrains jusqu'à la rivière, pour servir de refuge aux religieux dans des tems de guerre ; ce fut l'an 877 [1], le premier du règne de Louis II, fils de Charles-le-Chauve : « Defuncto rege Carolo, et filio ejus Ludovico succedente, anno primo regni ejus, fuit quidam comes Castridunensis, Lambertus nomine, qui ob amorem Dei et sanctorum ejus dedit SS. martyribus Marcellino et Petro, et domno abbati Gausmaro, ad refugium infra Castridunum, de terra agripennos duos et dimidium, in proprium perpetualiter habendos, et cryptas de subtus usque in aquis. »

C'est ainsi que Rampon, auquel la Petite Chronique ne donne que le titre de vicomte de Châteaudun, & qui est nommé Raymond dans un Ms. d'Orléans, donna au monastère la terre d'Ormoy [2] et toutes ses dépendances : « Tunc temporis (dit la Pet. Chronique), erat quidam vice-comes Castridunensis, nomine Rampo, qui Dei timore et sanctorum dilectione inflammatus, dedit prænominatis sanctis Ursum....... cum mancipiis et appendiciis, id est Villeri et Labant, cum terris cultis et incultis, et omnibus quæ habebat. »

Mais la réputation de régularité, de science et de sainteté des religieux

---

1. Cette époque coïncide avec les ravages des Normands dans le pays Chartrain. En cette année même ils assiégèrent et prirent Chartres. Les religieux de Bonneval durent chercher un refuge, et le vicomte ou comte de Châteaudun le leur offrit. — V. B.

2. Dom Lambert traduit à tort Ursum...... c'est-à-dire Ursum villam, par Ormoy. — Voir la note de la page 32. — V. B.

de Bonneval ne fut pas renfermée dans les bornes du pays. Son éclat étoit trop grand pour ne pas paroître plus loin. Elle s'étendit dans tous les endroits et perça jusqu'aux confins du Royaume, comme nous allons voir dans la réforme de l'abbayïe d'Aisnay et le récit de la translation des reliques de Sᵗ Florentin et Sᵗ Hilaire à Bonneval.

La Réforme de l'Abbayïe d'Aisnay à Lyon & la Translation des Reliques des Sᵗˢ Florentin & Hilaire à Bonneval.

Je ne sçaurois parler de ces deux articles, que je n'aie fait auparavant connoître Aurélien, qui fut le restaurateur de l'abbayïe d'Aisnay et qui donna aux religieux de Bonneval les reliques des SS. Florentin et Hilaire, que nous possédons encore aujourd'hui. Il étoit du Lyonnais. Son père, qui avoit le même nom que lui, étoit un homme de qualité qui possédoit de grands biens. Il fut instruit avec soin et fit de grands progrès dans les sciences. Il entra dès sa plus tendre jeunesse dans l'état ecclésiastique. Il fut fait archidiacre d'Autun, puis abbé d'Aisnay, monastère considérable situé dans l'un des plus beaux endroits de Lyon, au confluent du Rhone et de la Saone. Enfin, après la mort de Sᵗ Rémy, archevêque de Lyon, il fut élu à sa place pour gouverner cette grande Église et mourut en 895, plein de gloire et de mérites.

Ce grand homme, faisant la visite de son archidiaconé, étant arrivé dans le Duesmois, à Sémont, y vit des reliques de Sᵗˢ Martyrs qui n'étoient pas honorées comme elles le méritoient. Il s'informa de leur histoire; et voici ce qu'il en apprit, et ce que nous en trouvons dans la relation de leur martyre, que le P. Mabillon a tiré de deux Ms. de la Bibliothèque de Sᵗ Remy de Rheims.

Acta SS. ord. S. B. sœc. V, p. 11, page 492.

Au commencement du Vᵉ siècle, les Vandales aïant fait une irruption dans les Gaules sous leur roy Crocus, causèrent partout des ravages effroïables. Ils mirent tout à feu et à sang, partout où ils passèrent. Mais, comme ils en vouloient principalement aux chrétiens, il n'y eut point de genre de supplices qu'ils n'exerçassent sur les disciples de J.-C. Étant arrivés à un château qui portoit en latin le nom de Pseudunum Castrum, ils y trouvèrent deux saints personnages distingués par leur piété, édifians par leur zèle, soutenants les faibles par leurs exemples, rappellants les pécheurs à leur devoir par leurs exhortations, ranimants la foy des justes par leurs instructions, s'exerçants dans toute sorte de bonnes œuvres, faisants de grandes aumônes, passant la pluspart des jours en prières, affligeants leurs corps par des jeûnes rigoureux : « Jejuniis et orationibus, atque eleemosynis operam dabant. »

Les Barbares ne purent soutenir l'éclat de tant de vertus; ils voulurent abattre ces colonnes de l'Église de cette contrée, sûrs que, s'ils pouvoient les renverser, tout l'édifice tomberoit en ruine. Ils s'en saisirent, les presentèrent à leur prince qui employa tous les moyens imaginables pour les attirer à ses impiétés. Les exhortations, les prières, les menaces, les promesses, tout fut mis en usage; mais, vains efforts du mensonge, vous ne pûtes rien sur ces invincibles défenseurs de la vérité. Ils confondirent le tyran par leurs raisons, l'étonnèrent par leur résolution, ébranlèrent ses soldats par les preuves de la religion chrétienne qu'ils rapportèrent. Crocus, pour les faire taire et commencer le premier acte de la tragédie, leur fit rompre les dents à grands coups de poings & de pierres, & couper la langue; mais ce supplice ne pouvant rien sur ces cœurs généreux, il leur fit enfin trancher la tête : « Pro fide Christi per oris contusionem, per dentium effractionem, atque linguarum eradicationem, capitali sententia puniuntur. »

Il y a icy une difficulté. Plusieurs auteurs, et même des martyrologes imprimés, mettent le lieu du martyre de ces saints dans la ville de Sion, en Suisse, *Seduni ;* mais c'est une faute qu'il faut corriger, comme l'a démontré le P. Mabillon. La preuve en est évidente. Jamais Sion n'a été du diocèse d'Autun; personne n'en doute et n'en peut douter. C'est néanmoins dans ce diocèse que ces S^{ts} ont soufferts. L'auteur de leur martyre, qui est du Xe siècle, le marque expressément : « Tunc temporis B. Florentinus, mundo adhuc militiam exercens, finibus Æduorum...... habitabat. » On lit la même chose dans un Ms. de la Bibliothèque de Royaumont, dont le sçavant Mr Wion d'Hérouval fit présent au P. Mabillon. Usuard, dans l'original de son Martyrologe, au V. des Kal. d'octobre, dit : « *Castro Pseuduno* S^{ti} *Florentini* » &c. Ainsi, il faut corriger les imprimés, qui portent : *Castro Seduno*, qui est Sion. Adon suit Usuard et met *Pseudunum* au lieu de *Sedunum,* et ajoute ces mots, qui ne sont point dans les imprimés et qui se trouvent dans un Ms. très-ancien de l'abbayïe de St-Germain-des-Prez : « In territorio Augustodunensi, passio SS. martyrum Florentini et Hilarii, qui apud *castrum Pseudunum* christianitati operam dabant. » Nevelon, moine de Corbie sur la fin du XIe siècle, dans un Martyrologe qu'il a fait, qui n'est que manuscrit et presque un abrégé de celui d'Adon, se sert des mêmes mots, exceptez qu'il met *Seudunum*, ayant retranché la première lettre de *Pseudunum;* mais il met ce château : « in territorio Augustodunensi. » Le Martyrologe de Gellon, qui est un Ms. de 900 ans, et qui a été imprimé dans le 13e tome du *Spicilége*, met le martyre de St Florentin *in Æduis*, dans l'Autunois.

Où est donc le lieu de leur martyre? C'est *Pseuduni*, à Sémont, dans le Duesmois, auprès de Brémur, où l'on garde aujourd'hui le chef de St Florentin, et auprès duquel la tradition du païs porte que nos Sts furent mis à mort pour la foy de J.-C. Car ce lieu, aussi bien que Brémur, est dans le diocèse d'Autun et dans le Duesmois ; et du latin *Pseudunum* on a fait d'abord *Pseumont* (car Dunum chez les anciens Gaulois signifioit un *mont*), de *Pseumont* on a fait ensuite *Seumont*, et par une plus grande corruption, *Sémont*.

Aurélien, dans le cours de ses visites, étant arrivé dans ce lieu et voyant que l'église où reposoient ces saints corps étoit ruinée, que la dévotion pour ces martyrs étoit rallentie ; il prit la résolution de les transporter ailleurs, il en obtint la permission des habitans et de l'évêque d'Autun, et les transféra dans son abbayïe, à Lyon, qui étoit dédiée sous le nom de St Martin.

Mais cette maison étoit dans un état pitoyable. L'église subsistoit, mais les lieux réguliers étoient presque tous détruits, les moines les avoient abandonnés. Ainsi, il ne restoit plus personne pour chanter les louanges de Dieu et garder le précieux dépôt qu'Aurélien y avoit apporté ; ou s'il y avoit encore quelques religieux, ce n'étoient plus ces saints qui édifioient la ville de Lyon : ils n'avoient presque plus que le nom de moines et ils en négligeoient tous les devoirs. Dans cette extrémité, il résolut de remettre cette illustre Maison dans son premier état. Un comte puissant se joint à lui pour ce pieux dessein, et tous deux ensemble cherchent dans le voisinage des enfans de S. Benoît, capables de ce grand ouvrage. N'en trouvants pas dont le zèle fût assez grand pour cette entreprise, ils ont recours à la prière, ils invoquent le Ciel et le supplient de leur faire connoître ceux qu'il a choisi pour la réformation d'Aisnay. Leurs prières furent exaucées, car dans le même tems qu'ils avoient formés ce dessein, la renommée de la régularité de

Bonneval va jusqu'à Lyon, toutes les personnes de piété s'en entretiennent et admirent l'abondance des grâces que Dieu faisoit à ces saints religieux, et leur fidélité à y correspondre. Ce bruit parvient jusqu'à Aurélien, il en fait d'exactes perquisitions, et en étant pleinement asseuré il députe sur le champ à Bonneval, écrit à l'abbé et le conjure de lui donner de ses religieux. Gausmar, plein de charité, ravi de trouver l'occasion de rendre service à l'Église, ne respirant que la gloire de Dieu et le salut du prochain, accorde la demande, choisit douze de ses religieux distingués par leur science & leur régularité, habiles dans l'Écriture et la théologie, consommés dans la pratique de la règle, pleins de zèle et de piété, et les envoye à Lyon. Ils furent reçus de l'abbé d'Aisnay comme des anges tutélaires. A peine les eut-il vu, et conversé avec eux, que son âme se colla, pour ainsi dire, avec la leur. Ils entrèrent dans ses vues et travaillèrent de concert à la réforme de cette grande abbayïe. Ils en refirent l'église prête à s'écrouler, réparèrent les lieux réguliers, rétablirent l'observance, reformèrent les religieux qui avoient quittés leur première ferveur, reçurent des novices auxquels ils inspirèrent l'esprit de St Benoît; et à peine quelques années se furent écoulées, qu'Aisnay reprit une nouvelle face. Ce lieu désert fut rempli de saints. Le temple de Dieu, qui pendant très-longtems avoit été la retraite des hiboux et des autres oiseaux ennemis de la lumière, retentit nuit et jour des louanges du Seigneur ; l'abstinence et les jeûnes y reprirent leur première vigueur, le silence y fut exactement observé, l'oraison presque continuelle, le travail assidu, l'étude de l'Écriture et des Pères rétablie ; le recueillement intérieur, la modestie, la piété y brillèrent d'une manière extraordinaire ; et, pour tout dire en un mot, Aisnay devint un second Bonneval.

Ainsi, tout étant en état et en ordre dans ce monastère, la réforme y étant parfaitement établie, les saints religieux qui étoient les auteurs d'un si saint et si excellent ouvrage, voïants que dorénavant leur présence y seroit inutile, préférants l'obéissance au commandement, soupirants après la maison de leur profession, souhaitants avec ardeur de se rejoindre à leurs frères et au S^t abbé Gausmar, leur Père, ils supplièrent Aurélien de leur permettre de se retirer en leur monastère. Ce grand homme, convaincu de la justice de leur demande, la leur accorda; mais ce ne fut pas sans répandre des larmes. Les termes lui manquants pour leur faire connoître la grandeur de sa reconnoissance, il leur offrit ce qui dépendoit de lui, les pria de voir ce qui pourroit être à leur gré dans son abbayïe et les assura qu'il le leur donneroit de tout son cœur. Mais ces pieux solitaires n'aïants de vues que pour le Ciel, refusèrent tous les présens qu'il leur voulut faire, et se contentèrent de lui demander une partie des corps des SS. martyrs Florentin et Hilaire, pour les porter à leurs confrères comme un témoignage éclatant de leur bonne conduite, comme un précieux gage de la satisfaction et des bontés d'Aurélien, enfin, comme un présent qui devoit faire le bonheur du pays où ils retournoient. Aurélien, charmé de trouver cette occasion de leur témoigner sa reconnoissance et de leur donner le fruit de leurs travaux, leur accorda une grande partie des corps de ces martyrs [1] : « *Dedit eis partem sanctorum corporum præcipuam.* Dedit [2] *eis venerabilis abbas Aurelianus partem corporum præcipuam Christi martyrum Florentini et Hilarii, quæ nunc usque servatur a nobis sicut scriptum habetur in codicibus nostris.* »

Enrichis de ce précieux dépôt, plus remplis de joie que si on leur avoit donné tout l'or du monde, ils prennent congé des religieux d'Aisnay, qu'ils avoient engendrés à J.-C., pour parler le langage de St Paul. Quelle sensibilité! combien de soupirs et de larmes! quelle tendresse de part et d'autre dans ce départ! Combien de promesses de demeurer toujours unis d'esprit, de cœur et de prières! Ils sortent de Lyon et se mettent en chemin. Une partie de ces saints religieux portent leur trésor sur leurs épaules; les autres l'entourent et ne cessent de chanter les louanges de Dieu, des hymnes et des cantiques en l'honneur des S[ts] martyrs. Dieu voulant récompenser leur piété et faire éclater partout la gloire de ces saints, fit un nombre presqu'infini de miracles par leur intercession; toutes leurs journées furent marquées par de nouveaux prodiges. Enfin, les merveilles qui s'opéroient par leur intercession furent en si grand nombre que l'auteur de la translation dit qu'il n'oseroit entreprendre de les rapporter tous.

Dès le second jour de leur départ, aïant mis leur sacré dépôt dans une église de la Ste Vierge, et eux prenant leur repas à l'entrée, le Démon, qui depuis longtems s'étoit emparé du corps d'une fille, s'écria par sa bouche d'une manière horrible : « Florentin et Hilaire, vous m'avez chassé de Lyon, dans la crainte que j'avois d'être persécuté par

---

1. HISTOIRE DE LA TRANSLATION DES SAINTS FLORENTIN ET HILAIRE. — *Note de dom Lambert.*
2. Le passage qui commence à *Dedit eis venerabilis abbas* est de l'auteur de la Petite Chronique. — *Note de dom Lambert.*

vous : pourquoy faut-il que je le sois dans ma retraite ? » Après avoir répété ces mots mille et mille fois, il quitta enfin le corps de cette misérable, laquelle, rendue à elle-même, suivit longtems les saintes reliques, mêlant sa voix avec celle des religieux qui chantoient leurs louanges. De là, s'embarquants sur la Loire, ils arrivèrent heureusement à Orléans et se retirèrent dans le monastère de St Aignan pour y passer le saint jour du dimanche. Là, des aveugles recouvrèrent la vue, des muets la parole, des impotens l'usage de leurs membres ; l'auteur de l'histoire de la translation rapporte leurs noms. D'Orléans, ils passèrent à Bagnolet, dont l'église est dédiée sous le nom de St Sébastien, où deux femmes furent guéries d'une infirmité fâcheuse : ce qui toucha tellement le seigneur du lieu qu'il donna tout le village et l'église au monastère de Bonneval.

Toutes ces merveilles étant portées à l'abbayïe, le pieux Gausmar, impatient de voir ce riche et précieux trésor, prit un bon nombre de ses religieux et se rendit à Bagnolet pour y rendre ses devoirs aux S^{ts} martyrs. Quelle joie, quels transports dans cette agréable réünion du père avec les enfans, et des frères avec leurs frères! Quelles caresses ne leur fit pas ce saint abbé pour leur bonne conduite, l'heureuse réüssite de leur entreprise! Quelle reconnoissance, quelles actions de grâces pour le présent qu'ils apportoient! Quelle dévotion pour nos S^{ts} patrons! Ils les portent à Dancy, qui leur fut donné en propre, et pendant tout le chemin ils ont un cierge allumé à la main et chantent des cantiques à leur gloire. De Dancy, ils passèrent par Givez, qu'on leur donna, & de là se rendirent à l'abbayïe. Dans tous ces lieux il se fit un nombre prodigieux de miracles. Il s'en fit autant à Bonneval, dont l'auteur de l'histoire de cette translation en rapporte quantité. Ces merveilles firent tant de bruit, que l'église dédiée sous le nom de St Marcellin & St Pierre, quitta peu à peu son premier nom et ne fut presque plus connue dans la suite que sous le nom de ses nouveaux patrons.

Il y a dans cette histoire deux difficultés que je ne dois pas omettre. La première regarde la translation de ces reliques, la seconde l'abbé sous lequel elle s'est faite.

Par la première, on pouroit douter si véritablement nous avons ces reliques, plusieurs endroits fameux se glorifiants de les posséder toutes entières. Le monastère de Lagny, en Brie, prétend avoir toutes les reliques de St Florentin, excepté le chef, qui est à Brémur. Le château de St Florentin, près d'Auxerre, prétend de son côté avoir le chef de ce saint et une grande partie de son corps. Ces deux endroits ont aussi chacun l'histoire de leur translation, leurs préjugés et leurs preuves.

Mais cela n'est rien, et nos reliques sont infiniment plus sûres que celles de ces deux endroits. Pour celles de Lagny, elles ne font aucune difficulté, leur translation n'est que de l'onzième siècle; ainsi elle ne peut contrebalancer l'autorité des deux autres, qui sont plus anciennes de deux siècles.

Pour celles du lieu qui porte le nom de St Florentin, à considérer les circonstances, on ne peut faire comparaison entre la foi que mérite notre histoire et celle de ce château. Dans celle-cy, ce sont des femmes qui ne font que passer par Brémur : des gens du village leur disent qu'ils ont le corps de St Florentin. Leur dévotion s'échauffe ; elles demandent son chef et une partie de son corps au seigneur du lieu, elles les payent même par de riches présens qu'elles lui font : « Multa prece, et munerum largitione impetraverunt sibi dari caput S^{ti} Florentini cum maxima parte reliquiarum corporis illius. » Ce gentilhomme, peu embarassé des reliques, peu soigneux de s'instruire de qui elles étoient, ravi même peut-être de contenter ces pieuses dames et ébloui de la grandeur de leurs présens, leur accorde ce qu'elles demandent et baptise du nom de St Florentin ce qu'il leur donne : « Dominus autem, in dandis reliquiis minime avarus, quod petebant effectui mancipavit. »

Dans la nôtre au contraire, Aurélien, homme de qualité, de probité, d'esprit et de prudence consommée, engagé dans l'état ecclésiastique, abbé d'une abbayïe considérable, archidiacre d'un grand diocèse, faisant ses visites dans la partie du territoire sur lequel s'étendoit sa dignité, et les faisant avec un soin, un zèle et une sollicitude dignes des premiers siècles, *cum diligenter sollicitudine ecclesiastica cuncta perlustraret*, trouve dans le Duesmois les corps de ces saints négligés, leur église plus qu'à demi ruinée, leur culte interrompu, s'informe exactement de ce que c'est, se fait rendre compte de leur histoire, examine le lieu de leur sépulture, et trouvant qu'il y avoit là trois corps saints, sçavoir ceux de St Florentin, de St Hilaire et de Ste Aphrodise, il prend la résolution de les enlever d'un lieu qui sçavoit si peu profiter d'un si précieux trésor. Mais ne voulant point agir par autorité ou par des voies détournées, il s'adresse aux clercs du lieu, leur demande les corps de St Florentin & de St Hilaire, et les obtient. Mais pour agir encore plus dans les règles, il demande le consentement de son supérieur l'évêque d'Autun, qui l'accorde avec plaisir. Muni de ces pouvoirs, il enlève ce saint dépôt, et le porte à Lyon dans son abbayïe d'Aisnay, dont l'église portoit le nom de S\ Martin. Là elles sont révérées de tout le monde, mais encore plus par ce saint abbé que par tout autre : en sorte que faisant bâtir dans le Bugey une abbayïe, qui n'est plus qu'un prieuré qui porte le nom de S\ Benoît de Seyssieux (*Saxiacum*), il le fait pour l'amour de Dieu, en l'honneur de S\ Benoît & des S\ts martyrs Florentin & Hilaire, comme porte son testament, rapporté dans les *Actes de l'ordre,* siècle IV, part. II, page 499 : « Pro amore Dei omnipotentis, ac veneratione beatissimi Benedicti confessoris Christi, martyrumque Florentini & Hilarii fieri sancivi. » C'est aussi ce que marque S\ Remi, pour lors archevêque de Lyon, dans la lettre qui confirme la donation d'Aurélien : « Ita ut corde & animo pleno isdem abbas cum fratribus jam cœptum monasterium perficiat in honore S. Benedicti, et martyrum Florentini et Hilarii. » Enfin c'est ce que nous apprennent les évêques de la province, dans le privilége donné à cette abbayïe : « Monasterium...... in honore omnipotentis Dei, et veneratione egregii confessoris Benedicti, et martyrum Florentini et Hilarii. » Ce grand homme avoit donc ces précieux corps, et il les avoit dans son abbayïe d'Aisnay. Au reste, qu'il en ait donné une partie aux religieux de Bonneval, c'est une chose plus claire que le jour, prouvée par des auteurs contemporains, et attestée par le changement des patrons de notre église. C'est donc nous qui, avec Aisnay, possédons ce riche trésor.

Mais est-ce donc que ni le lieu de S\ Florentin, ni l'abbayïe de Lagny n'ont point de reliques des S\ts martyrs? Le P. Mabillon semble lever la difficulté lorsqu'il dit qu'il restoit encore à Sémont le corps de S\te Aphrodise. Il pouvoit y en avoir encore d'autres, auxquels les habitans, pour les rendre plus vénérables, ont pu donner le nom de S\ Florentin, le chef et le père des martyrs de ce païs.

La seconde difficulté regarde l'abbé sous lequel s'est faite la translation des reliques de nos saints. Je l'ai placée sous Gausmar, premier abbé de Bonneval. J'ai contre moi l'auteur de la Petite Chronique, qui dit, n° 3 : « Ablato bonæ memoriæ abbate Gausmaro ab hac luce, venerabilis Ingelarius subrogatur ejus regimini, ab omni congregatione. » Et au n° 4, parlant de la demande que fit Aurélien, des religieux de Bonneval, pour réformer son abbayïe d'Aisnay, il dit : « Qui concite dirigens missos ad præfatum monasterium, obnixe deprecans ut ven. Ingelarius, supradicti monasterii abbas, numerum monachorum ei mittere non denegaret... Itaque vir Domini cum esset plenus caritate..... elegit ex suo grege monachos duodecim, » &c.

Mais quelqu'égard qu'on doive avoir d'ailleurs pour cet auteur, je ne laisse pas de persister dans mon sentiment & de soutenir que cette translation s'est faite sous Gausmar : j'en tire la preuve de la Petite Chronique même. Elle nous apprend que Gausmar survécut l'empereur Charles-le-Chauve, puisqu'elle nous avoue que la première année du règne de Louis-le-Bègue, son fils, Lambert, comte de Châteaudun, donna un lieu de refuge dans la ville aux SS. martyrs Marcellin & Pierre, et à dom Gausmar, abbé : « Defuncto rege Carolo & filio ejus Ludovico succedente, anno primo regni ejus..... comes Castridunensis Lambertus nomine..... dedit SS. martyribus Marcellino & Petro, et d. abbato Gausmaro, ad refugium, » &c. Gausmar vivoit donc encore en cette année, qui étoit la 877 de J.-C. ; or la translation est antérieure à cette année, puisqu'elle s'est faite avant l'épiscopat d'Aurélien et lorsqu'il n'étoit encore qu'abbé, & qu'il fut élu à l'archevêché de Lyon l'an 874 ou le suivant.

L'abbé Gausmar, plein d'années, de travaux pour l'Église, de mérites & de sainteté, mourut vers l'an 879, après avoir gouverné l'abbayïe de Bonneval avec une sagesse admirable, l'avoir mise dans l'état le plus florissant pour le spirituel et pour le temporel, et l'avoir rempli d'un grand nombre de saints religieux ; avec les regrets sincères de ses enfans, l'estime et la vénération de tout le monde et une réputation infinie de sagesse et de sainteté.

§ II.

INGELAIRE OU INGELARD, 2ᵉ ABBÉ DE BONNEVAL.

Après la mort de Gausmar, les religieux s'assemblèrent pour lui donner un successeur digne de remplir sa place, de répondre à sa réputation & de continuer le bien infini qu'il avoit fait à cette abbayïe. Comme ils cherchoient Dieu, que les vues humaines n'avoient point de part à cette action & qu'Ingélaire avoit toutes les qualités nécessaires au gouvernement dans un degré plus éminent qu'aucun autre, tous sans partage & sans division jettèrent les yeux sur lui, & il fut élu tout d'une voix : « Ablato Gausmaro ab hac luce (dit la Pet. Chronique), venerab. Ingelarius subrogatur ejus regimini ab omni congregatione. »

Le nouvel élu répondit aux espérances qu'on avoit conçues de lui. Il consacra la régularité dans son monastère, il augmenta le nombre des religieux, il s'attira l'estime de ses voisins & les bienfaits des grands. Rampon, à qui la Petite Chronique (comme nous l'avons déjà observé,) ne donne que la qualité de vicomte de Châteaudun & qui, dans un Ms. d'Orléans, porte le nom de Raimond, touché de dévotion pour les saints martyrs Florentin & Hilaire, frappé des prodiges que Dieu opéroit par leur intercession, édifié de la vie des religieux & de la piété de leur abbé, leur donna la terre d'Ormoy avec toutes ses dépendances : « Tunc temporis erat quidam vicecomes Castridunensis, nomine Rampo, qui Dei timore & sanctorum dilectione inflammatus, dedit prænominatis SS. Ursum....... [1] cum mancipiis et appendiciis, id est Villeri et Labant, cum terris cultis et incultis, & omnibus quæ habebat. »

Nos mémoires et nos archives ne nous fournissent rien davantage de la vie, des actions & du tems de la mort de cet abbé. Quel malheur pour nous! Combien de choses curieuses pour la maison, combien d'exemples de vertu, d'actions éclatantes, perdons-nous par le malheur des tems & les guerres des Normans!

§ III.

INGELRAMNE, 3ᵉ ABBÉ.

Je ne trouve rien autre chose de cet abbé qu'une donation qui fut faite de son tems à l'abbayïe par un chevalier nommé Ménélaüs : « Fuit quidam miles, nomine Menelaüs (dit la Pet. Chronique), qui pro Dei amore, et vita eterna acquirenda, dedit SS. martyribus alodum in Laneroïco villa, sibi a parentibus hereditario jure derelictum, tempore Ingeleramni abbatis. Item dedit alium alodum ubi ipse manebat, ejus nomine dictum Mansum-Menelaüs. »

---

1. On lit dans la Petite Chronique *Ursumvillam*; c'est Orsonville, hameau de la paroisse de Donnemain-Saint-Mamès, près de Châteaudun. *Villeri* est une ferme qui existe encore dans la même commune. *Labant* a dû disparaître; le dictionnaire topographique de M. Merlet ne le cite pas. — V. B.

CHAPITRE III

Histoire de l'Abbayïe et des Abbés pendant le Xe siècle.

JE suppose que les trois abbés que je viens de nommer se sont succédés immédiatement l'un après l'autre, quoique la chose ne soit pas certaine, par rapport à Ingelramne. Quoi qu'il en soit, nous ne sçavons rien ni de l'abbayïe ni des abbés pendant tout ce siècle, jusqu'à Vaudric, qui y fut mis par Eudes, comte de Blois.

Ce malheur fut causé par la guerre des Normans, qui commirent mille violences dans tout le païs, pillèrent l'abbayïe, la brûlèrent et firent périr presque tous les monumens qui s'y trouvoient ; en voici l'histoire :

L'an 911, Rollon, chef des Normans, qui peu d'années auparavant avoit quitté son païs pour venir chercher fortune en France, étoit entré dans la Neustrie par la Seine, avoit pris Rouen qui en étoit la capitale, & plusieurs autres villes, & avoit assiégé deux fois Paris, sans pouvoir le prendre. Ensuite il quitta la Seine, et s'en vint par terre assiéger Chartres ; non plus uniquement pour le butin, comme avoient faits ses prédécesseurs, mais dans la vue de se faire un établissement ou d'étendre celui qu'il s'étoit déjà fait dans la Neustrie.

Il croyoit l'emporter d'emblée, mais il se trompa dans ses conjectures. Watelme, qui en étoit évêque & apparemment seigneur, se mit en état de lui résister, et de faire avorter ses desseins. Il commença par des prières, des jeûnes, et d'autres bonnes œuvres capables d'appaiser la colère de Dieu. Il chercha des secours étrangers, et ils lui vinrent à point nommé. Richard, duc de Bourgogne, Robert et Ebolus, l'un comte de Paris et l'autre de Poitou, vinrent à sa défense avec des troupes. On donna bataille à la porte de Chartres : elle fut opiniâtre et sanglante. Watelme, qui de dessus les murailles en voioit l'événement incertain, arme ses habitans, se met à leur tête, sort avec eux portant l'étendart de la croix de J.-C. et la chemise de la Ste Vierge, revêtu de ses habits pontificaux & suivi de son clergé. Les habitans, animés par le péril où ils étoient, par les exhortations de leur prélat et les promesses qu'il leur donnoit d'une victoire asseurée, fondent par derrière sur l'ennemi, tandis que les alliés le pressent de front ; & tous ensemble le réduisent à une telle extrémité qu'il étoit perdu sans une ruse de guerre qui le tira de leurs mains et le sauva lui et son armée. Il leva le siége et se retira, mais désespéré du mauvais succès de ses armes. Quelles cruautés n'exerça-t-il pas ? Il mit tout à feu et à sang partout où il passa. Il ne pardonna ni aux femmes, ni aux enfans, ni aux temples : le plat pays des environs de Chartres, du Dunois et de l'Orléanois fut ravagé, et on ne voïoit en tous les lieux de son passage que des ruisseaux de sang et un incendie continuel.

Bonneval, qui eut le malheur de se trouver sur son chemin, éprouva tout ce que la guerre et la barbarie ont de plus cruel. Une partie des religieux et des habitans prennent la fuite pour éviter la rage de ces cruels hôtes ; ceux qui restoient sont presque tous égorgés. Tout ce qu'il y avoit de vivres, de meubles précieux et d'argent fut pillé, le monastère, la ville et les églises brûlées. Quelle perte ne fit-on pas ! La bibliothèque en feu, le chartrier consumé par les flammes, les ornemens sacrés profanés par ces impies ; quelle catastrophe, quelle désolation ! On n'eut que le tems d'enfouir les saintes reliques, les vases sacrés et quelques monumens du chartrier.

Au bruit de ces ravages, les François s'assemblent. Charles-le-Simple les consulte, & tous ensemble ne trouvent pas d'autre moïen d'empêcher la ruine entière de la France que de céder ce que nous appellons aujourd'hui la province de Normandie et la sœur du Roy en mariage à Rollon, à condition qu'il se feroit baptiser. Il le fit de bonne foy, et ses soldats suivants son exemple, devinrent chrétiens et bâtirent grand nombre d'églises et de monastères pour réparer en quelque sorte leurs brigandages.

Mais toutes leurs libéralités furent renfermées dans le païs de leur domination, et les autres qui avoient été le théâtre de la guerre demeurèrent longtems désolés. Bonneval fut de ce nombre. La pluspart des religieux réfugiés dans d'autres païs y demeurèrent, craignants de semblables malheurs ; ceux qui y restèrent ne furent pas en assez grand nombre pour faire le service divin avec la décence ordinaire : les bâtimens et l'église brûlés ne leur permirent pas de s'acquitter des observances avec la même exactitude que sous les abbés précédens. Les fermes ruinées ne purent fournir ce qui auroit été nécessaire à la réparation des lieux sacrés et des bâtimens réguliers : ainsi ils gémissoient, accablés sous le poids de la misère. Peut-être même ne se donnèrent-ils point d'abbé pendant un très-long tems, étant séparés les uns des autres et ne se trouvants pas en assez grand nombre pour un choix si important.

Enfin les seigneurs d'alentour, touchés de compassion sur l'état déplorable d'une abbaÿie autrefois si florissante, s'empressèrent à lui faire du bien et à tirer les religieux de la misère sous laquelle ils gémissoient. Geoffroy, vicomte de Châteaudun, leur donna vers l'an 960 la terre de Villesis avec toutes ses dépendances : « Vicecomes Castrodunensis (dit la Petite Chronique), Gaufridus nomine, pro redemtione animæ suæ et uxoris Hermengardis nomine dedit ad locum SS. martyrum suum alodum, qui appellatur Villa Situla, cum omnibus consuetudinibus, et servis et ancillis quæ illic manebant. » Son fils, nommé Hugues, imita sa piété, et leur donna un village attenant à Villesis : « Similiter filius suus, nomine Hugo, dedit aliam villam juxta sitam, nomine Buxeriam. » Thibault-le-Tricheur et le Vieux, comte de Blois, de Chartres, &c., leur fit aussi du bien. Il leur donna des terres et des vignes assez considérables dans le Blésois, qui sont ainsi rapportées dans la Petite Chronique : « In pago Blesensi dedit comes Theobaldus primus inter sergerolas & cambum III. arpennos de terra arabili, et novem de vinea instructa, et terminatur una parte terra S. Mariæ, et altera S. Leobini..... Item ipse dedit in fisco Blesensi IIII. arpennos vineæ instructæ, & VIII. denarios cum alia terra arabili, et ad closellos IIII. arpennos vineæ instructæ, et in alio loco unam salergiam ubi navis quædam receptabat, in alodum perpetualiter habendum. »

Mais le principal bienfaiteur, qu'on peut à juste titre regarder comme le restaurateur & un second fondateur de l'abbaÿie, fut Eudes, fils de Thibault-le-Tricheur & dans la suite successeur de ses États. Ce prince, plein de piété, ne put souffrir plus longtems la désolation de ce saint lieu. Il en fit réparer tous les édifices à ses dépens, augmenta le nombre des religieux et leur donna un abbé.

§ I.

VAUDRIC, 4ᵉ ABBÉ.

Ce fut Vaudric (en latin *Valdricus*). On ne sait s'il le tira d'entre les religieux de Bonneval, ou s'il le fit venir d'ailleurs, mais il étoit très-digne de l'emploi qu'on lui confia. Il corrigea tous les abus qu'une longue désolation avoit occasionnés, réforma toutes les mauvaises coutumes qui s'étoient introduites, augmenta le nombre des religieux et les remit sous les lois de l'obeïssance, qui avoient eu peu de force pendant plusieurs années. Il rétablit le service divin dans toute sa splendeur et fit reprendre à ses religieux la ferveur & la régularité qui avoient brillés avec tant d'éclat sous ses prédécesseurs : « Qui (Petite Chronique,) abbatem Valdricum ad instruendum & reformandum in hoc loco posuit. » Le comte Eudes, pour favoriser ses pieux desseins, lui fit encore de grands présens. Il leur donna une terre à Bray-sur-Seine, qu'il avoit hérédité d'un seigneur nommé Burchard, & l'église de Saint-Sauveur. Il y ajouta plusieurs autres terres considérables, rapportées dans la Petite Chronique en ces termes, n° 7 : « Dedit in augmentationem hujus loci quemdam locum hæreditarium in honore S. Salvatoris dicatum, Braïco situm, a quodam hæreditabili viro sibi derelictum nomine Borcardo, ita ut absque ulla divisione esset sub hujus potestate, cum omnibus appendiciis quæ illic adjacent, sicut in privilegiis nostris scriptum habetur. Item ipse dedit nobis Grolerias cum decima et vicaria, et omnibus consuetudinibus quæ ad eam pertinent. Item dedit et aliam villam juxta Silvam Longam, quæ vocatur Nascellas & illam quæ vocatur Villepant, cum omnibus consuetudinibus et mancipiis, terris cultis et incultis. Item dedit & molendinos qui sunt Marboïco & vineas, terras & omnia quæ illic habebat, in alodum perpetualiter habenda. »

Non content de tant de bien qu'il avoit fait à cette abbayïe, ce pieux prince voulut y mettre le comble en priant le roy Lothaire de la prendre sous sa protection royale, avec tous ses biens & toutes ses dépendances. Et pour obtenir plus facilement cette grâce, il engagea l'illustre duc Hugues de joindre ses sollicitations aux siennes. Ils agirent donc de concert auprès du Roy, qui leur accorda très-volontiers la grâce qu'ils lui demandoient. On en voit la charte, qui est de l'an 967 de J.-C., la 13ᵉ du règne de Lothaire : « Hac de re, (dit le Père Mabillon dans sa note sur le n° 7 de la Petite Chronique, Acta SS. ord. S. B. sœc. IV, p. II, pag. 506,) legitur charta Clotarii, seu Lotharii regis, qua ad petitionem Odonis clarissimi comitis, necnon Hugonis gloriosissimi ducis, sub sua defensione monasterium Bonævallense suscepit, in quo candidatus grex monachorum degebat. » Les souscriptions portent : « Clotarius rex ; Gero notarius ejus, ad vicem Olderici archiepiscopi & summi cancellarii ; Goffredus vicecomes (c'est ce Geoffroy, vicomte de Châteaudun, qui fit du bien à l'abbayïe) ; Herbertus comes ; Harduinus ; Rotrocus ; Hugo dux ; Odo comes ; Odo filius ejus. Datum Non. Julii, regnante domno Clotario, anno XIII, indict. X. Actum Verberaïco Palatio. » Voici le motif qui porta le comte Eudes à obtenir ce privilège : « Ego Odo comes hoc præceptum fieri rogavi pro remedio animæ meæ, uxoris & filiorum necnon et vicecomitis Gaufredi fidelis mei, cunctorum et fidelium nostrorum. »

Il est fait mention de cette charte dans celle du roy Louis-le-Gros de l'an 1110, où il est dit que « Bonavallense monasterium regalis munificentiæ libertate ac protectione corroboratum est, sicut gloriosi regis Clotarii præceptum insertum litteris et sigillo suo munitum, quod idem abbas in auribus nostris recitavit, publice testabatur. »

Ces bienfaits de ce pieux prince, si avantageux à l'abbayïe dans ces tems de misères, lui firent un tort très-grand dans la suite. Ses successeurs s'en prévalurent, se regardèrent comme fondateurs, nommèrent ou investirent les abbés, empiétèrent sur sa jurisdiction, la dépouillèrent de ses plus beaux droits, lui imposèrent des tailles & autres charges très-onéreuses, comme nous le verrons bientôt.

On ne sçait pas l'année de la mort de l'abbé Vaudric, ni combien de tems il gouverna l'abbayïe, ni ce qui se passa sous son gouvernement. Le nécrologe de Sᵗ-Père de Chartres marque le jour de sa mort en ces termes : « III Nonas Julii (obiit) Gualdricus Bonævallensis abbas. » On pourroit penser que le comte Eudes, fils de Thibault-le-Tricheur, le tira de l'abbayïe de Fleury ou de Sᵗ-Benoît-sur-Loire, pour le faire abbé de Bonneval ; premier titre de domination exercée par les comtes de Chartres et continuée quelque tems dans la suite.

Ce pieux comte, qui avoit tant fait de bien à l'abbaÿie, mourut en 996, ou 995 selon Moréri, laissant de Berthe de Bourgogne, sa seconde femme, Thibault III, qui mourut sans postérité, Eudes II, qui succéda à ses États, et une fille nommée Agnès.

CHAPITRE IV

Histoire de l'Abbayïe et des Abbés pendant le XIe siècle.

§ I.

THEDFROI, 5e ABBÉ.

PAR la retraite que fit Thedfroi à l'abbayïe de St Benoît-sur-Loire et par la protection qu'il reçut de l'abbé, il paroît qu'il étoit profès de ce monastère. Il est probable qu'il vint à Bonneval ou sous Vaudric ou sous quelqu'autre abbé, car on ne sçait pas s'il succéda immédiatement à Vaudric. Quoi qu'il en soit, il se comporta pendant tout le tems qu'il fut à Bonneval avec tant de sagesse & de régularité, qu'enfin après la mort de son prédécesseur, quoiqu'il fût étranger, tous les religieux le choisirent pour lui succéder. Ses commencemens parurent beaux ; mais dans la suite, soit qu'il se relâchât de sa piété et que l'autorité qu'il avoit lui donnât occasion de se pervertir, soit que les religieux profès de l'abbayïe fussent jaloux de son rang ou indignés qu'un étranger eût été préféré aux enfans de la maison, il fut accusé d'abord par un religieux et ensuite par toute la communauté, d'un crime infâme pour un homme consacré à Dieu. L'accusation fut portée au vénérable Fulbert, évêque de Chartres. Thedfroi, outré de l'affront que lui faisoient ses moines, prit une résolution extrême, qui, selon qu'on est disposé à son égard, peut avoir une bonne ou une mauvaise face. Car au lieu de comparoître devant son évêque, y faire venir ses accusateurs et soutenir son innocence contre ses calomniateurs, s'ils l'étoient, il prit un autre tour qui peut marquer ou une crainte du jugement ou un souverain mépris et de l'accusation et de ses dénonciateurs. Il va trouver Fulbert, lui rend sa plainte contre ses religieux, fait tous ses efforts pour se disculper de ce dont on l'accusoit. Il se récrie contre la malice de ses inférieurs; il proteste qu'elle est si noire, qu'il ne peut se résoudre à s'y exposer davantage; que rester plus longtems dans un lieu si corrompu ce seroit se livrer à mille accusations semblables; qu'il veut une bonne fois se mettre en repos, & qu'ainsi il déclare à ce S^t évêque et à tous ceux qui étoient présens, qu'il renonce pour toujours à sa qualité d'abbé de Bonneval et qu'il ne veut plus de supériorité ni de commerce avec ces religieux. Il demande permission de se retirer à Fleury; et l'aïant obtenu, il s'y retira en effet, et fut suivi dans sa retraite d'un seul religieux, nommé Dodon, qu'il avoit gagné, qui seul lui étoit attaché, et qui voulut suivre sa fortune. Nous apprenons tout ce que nous venons de rapporter, de la 39e lettre de St Fulbert à Guy, archevêque de Bourges et abbé de St Benoît, qui a pour titre : *Venerabili Bituricensium Præsuli Guid.....* Voici ce qu'il y dit : « Domnus namque Thetfridus a suis monachis criminatus, ut scitis, apud me de infamia sua querimoniam fecit, eorumque malitiam ferre se non posse dicens, sub audientia mea et eorum qui mecum erant, prælationi suæ perpetualiter renuntiavit, asserens abbatem monachorum Bonævallis se non esse futurum : sicque petita a nobis migrandi licentia, transivit ad vos. » Laissons-le pour un moment dans sa retraite, et voyons ce qui se passa dans Bonneval après sa renonciation.

§ II.

SALOMON, 6e ABBÉ.

Aussitôt que les religieux de Bonneval eurent appris la nouvelle de l'abdication de Thedfroi, ils procédèrent à l'élection d'un nouvel abbé, & choisirent d'un commun consentement Salomon, leur confrère, homme sage & dans la conduite duquel il n'y avoit rien à reprendre. C'est ce que nous apprend la lettre de Fulbert, que nous avons déjà citée : « Monachi vero qui in Bona Valle remanserant, hoc scientes, alium quemdam de fratribus, eo quod irreprehensibilis esse videbatur, elegerunt. » Après l'avoir élu, ils le présentèrent au comte Eudes II, afin qu'il lui donnât l'abbayïe, comme c'étoit alors la coutume, et ensuite à Fulbert, pour le faire consacrer. « Electum obtulerunt Odoni comiti abbatia illa donandum, ut mos erat, mihique deinde consecrandum. » Ce sont les paroles de ce S^t évêque, qui prouvent ce que j'ai dit à la fin du chap. précédent, que les bienfaits d'Eudes I. donnèrent occasion à ses successeurs d'empiéter sur les droits du monastère, car il paroît par là que les comtes de Blois s'étoient attribués l'investiture de l'abbayïe de St Florentin. Les religieux avoient le droit d'élire, les comtes celui d'investir le religieux élu, & l'évêque de Chartres celui de le bénir.

Ces nouvelles, arrivées à St-Benoît, y causèrent d'étranges mouvemens. Thedfroi, au désespoir de l'affront qu'on lui faisoit, en jetta les hauts cris. Il prétendit que c'étoit une entreprise inouïe ; que les moines de Bonneval avoient faits schisme, élevés autel contre autel, en mettant à sa place un homme qui étoit son inférieur & son sujet. Il en porta ses plaintes à Guy ou Gauzelin (car il porte ces deux noms), qui étoit en même tems abbé de St-Benoît & archevêque de Bourges. Ses confrères se joignirent à lui & engagèrent ce prélat dans des démarches tout à fait extraordinaires. Il écrivit à Fulbert & lui reprocha comme une faute, de ce qu'il avoit élevé un moine au-dessus de son abbé, sans avoir entendu les parties, & prétendit qu'il n'avoit pas eu droit de le faire. « Miramur (disoit-il,) qua autoritate fieri potuit, ut sine audientia subditus prælato præpositus sit [1]. » Il fit plus, car dans une lettre qu'il écrivit à Arnoul, abbé de St-Père de Chartres, il prononça anathème contre les moines de Bonneval et les déclara excommuniés : « Oblatæ sunt nobis quædam litteræ sub vestro nomine conscriptæ (dit Fulbert, *Ibid.*,) ad domnum Arnulfum abbatem S. Petri, significantes vos excommunicasse monachos nostros. » L'évêque de Chartres, quoique l'homme le plus doux du monde, répondit avec beaucoup de fermeté et de feu. Pour ce qui regarde les reproches que lui faisoit Gauzelin, il répond que si on l'accuse de présomption pour ce qu'il a fait, il est prêt de répondre et de se justifier par raison et par autorité : qu'il est certain que lorsqu'un abbé, accablé sous le poids de ses infirmités, ou du corps ou de l'esprit, renonce pour toujours à son

---

[1]. Apud Fulbertum, epist. 39. — *Note de dom Lambert.*

rang, le quitte et se retire, l'évêque diocésain en peut ordonner un autre ; que c'est là le cas de Thedfroi ; qu'on ne peut renoncer à sa dignité plus solennellement qu'il a fait ; qu'après son abdication volontaire, il lui a demandé permission de se retirer dans sa première maison ; et que conséquemment, quand il a béni Salomon comme abbé de Bonneval, il n'a pas élevé un simple moine sur la tête de son supérieur, puisque Thedfroi n'étoit plus alors abbé de Bonneval : « Si quis me super hoc facto præsumptionis arguat, noverit me respondere paratum, & hoc tam ratione quam autoritate approbatum, quod si quis abbatum vel animi vel corporis ægritudine molestatus, prælationem suam in perpetuum renuntiando deserat, episcopus ipsius diœcesis in loco ejus alterum debeat ordinare. » D'où il insinue que Gauzelin a tort dans l'étonnement qu'il fait paroître sur la bénédiction de Salomon : « Quod, ut puto, mirari non debetis quia non est, sed illud potius attendere quod est. Non enim hoc sine audientia factum est, neque subditus Salomon Thedfrido adhuc prælato suppositus est. » Il parle encore plus fortement sur l'excommunication lancée par Gauzelin contre les religieux de Bonneval, il assure qu'il n'a aucun droit de le faire, qu'il ne sçait pas sur quel fondement il l'a entrepris ; il le prie de le lui faire connoître, qu'autrement cette excommunication doit être regardée comme nulle & téméraire : « Autoritatem qua vobis id liceat, me non memini vidisse : at si apud vos habetur, nobis eam debetis ostendere ; aut temere aut minime excommunicati esse dicantur. » Enfin, Gauzelin demandoit par sa lettre que Thedfroi fût entendu en présence de ses accusateurs. Fulbert lui fait réponse qu'il a retenu longtems celui qu'il lui avoit envoyé, parce que l'abbé Salomon étoit absent de son monastère avec quelques-uns de ses religieux, & qu'il ne lui pouvoit rien mander sans les avoir consultés ; qu'après leur retour il leur avoit ordonné de venir à l'audience déclarer ce qu'ils avoient à dire contre dom Thedfroi ; mais qu'ils avoient répondus qu'ils avoient tant d'affaires pendant le tems de la moisson qu'il leur étoit impossible de vaquer à des procès : qu'à la mi-octobre, toutes leurs affaires temporelles étant terminées, ils se trouveroient au concile d'Orléans, et que là ils conviendroient avec lui du jour et du lieu auquel on pourroit terminer cette affaire : mais que préalablement à toutes choses, ils demandoient que l'abbé de St-Benoît-sur-Loire renvoyât à Bonneval Dodon, confrère profès de leur maison.

Je ne sçais ce qui se passa à Orléans ; mais il paroît qu'il n'y eut rien de déterminé, je ne sçaurois dire à qui en fut la faute ; il paroît seulement certain par les autres lettres de Fulbert à Gauzelin, que ce fut ou par celle de Thedfroi ou par égard pour lui, que ce grand évêque ne termina point cette affaire. Voici ce qu'il dit dans sa 40ᵉ lettre :

« Quod ego……. hactenus, Deum testor, non insidiando distuli, sed providendo dissuasi, sciens quia causa ejus infimæ turpitudinis est, et sentinæ modo quo amplius agitatur, eo dirius fœtet. Nec vero turpis tantum, sed et periculosa est ; adeo ut si venerit ad judicium, aut ipse, aut accusator cum magna sit contumelia degradandus.

« Voilà ce que je craignois (ajoute-t-il), voilà ce qui me tenoit en suspens, voilà ce qui me faisoit tirer l'affaire en longueur. Mais puisque l'impatience de Thedfroi ne peut souffrir ces sages ménagemens ; puisqu'il fait tant d'instances & que son opiniatreté pousse à bout ma pieuse dissimulation, je cède enfin à ses importunités, quoique ce ne soit pas sans peine & sans répugnance : je lui assigne le jour et le lieu de…… et du jugement de sa cause, n'osant plus laisser indécis ce que je crois que la Providence ne veut pas laisser impuni.

« Ergo, quamvis invitus et coactus, cedo, diemque et locum, ut rogasti, constituo, jam non audens relinquere indiscustum, quod Deum puto nolle præterire inultum. »

De là qu'arriva-t-il ? Si l'ordre des lettres est juste, Thedfroi se rendit au jour assigné, mais il se retira bientôt sans attendre le jugement & même sans paroître devant ses accusateurs & sans se mettre en état de les récuser ou de les convaincre de faux. Car voici comme parle Fulbert dans sa lettre 44ᵉ : « Noverit prudentia vestra, quod D. Thedfridus abbas discedens nobis tristitiam reliquit et lacrymas ; non quod innocentiam ejus, si esset, nequiremus facere tutam, sed quia culpam nec purgare, nec tegere poteramus. »

C'est pourquoy il prie une bonne fois pour toutes Gauzelin, que si Thedfroi se veut encore servir de lui, pour demander l'examen de sa cause, il l'arrête tout court, parce qu'il ne peut l'obtenir qu'avec un danger évident de la perte de son ordre & de l'infamie du Sacerdoce :

« Unde si vestro ducatu quasi ad examinationem venire affectat, cum periculo sui gradus, et communi dedecore sacerdotum, conatus ejus efficaces sagaci ratione compescere vos oportet, servantes illud apostoli : Si præoccupatus fuerit homo in aliquo delicto, &c. »

On ne trouve rien dans la suite qui regarde cette affaire, que le P. Mabillon met à l'an 1018. Il paroît que Thedfroi, devenu plus sage

& plus tranquille par toutes ces lettres, demeura en repos, ne s'empressa plus pour un jugement, qui, au sentiment d'un sage & saint évêque, ne pouvoit tourner qu'à sa honte, et qu'il passa le reste de ses jours à Fleury, vivant comme un simple religieux et expiant par cet affront sa faute, s'il en étoit coupable; ou méritant un trésor immense de gloire pour l'autre vie par sa patience, s'il étoit innocent. Ce que nous pouvons assurer, c'est que Salomon demeura paisible possesseur de l'abbayïe de Bonneval, qu'il gouverna avec beaucoup de douceur & de modération. Le P. Mabillon [1] rapporte qu'il assista à la dédicace de l'église de l'abbayïe de Vendôme, faite par Thierry, évêque de Chartres, l'an 1040, & qu'il souscrivit au privilége d'exemtion que ce prélat lui donna. En effet on y lit : *Salomon Bonævallis*, parmi les noms des 23 autres abbés de l'ordre.

Sous Salomon ou Thedfroi vivoit à Bonneval un religieux nommé Bérenger, homme d'un mérite distingué, auquel Guillaume comte de Bellesme donna le prieuré de Ste-Gausberge, dans le territoire de Bellesme. Il en fut consacré abbé; mais ne pouvant supporter les guerres fréquentes qui se faisoient dans le païs, et la pauvreté du lieu qui augmentoit tous les jours, il retourna dans son monastère. Le sçavant P. Mabillon prétend qu'il a été abbé de Bonneval & se fonde sur deux Mss. de St-Père de Chartres, dont l'un est celui d'Ataganus & l'autre le nécrologe de ce monastère. Dans le premier il est dit, parlant de Bérenger : « Abbas consacratus, bellorum frequentiam atque loci paupertatem quotidie crescentem ferre non valens, sponte ad suum cœnobium est revertus. » Le nécrologe porte : *XII Kal. Jan. obiit Berengarius abbas*. A quoy le même Père ajoute : *Haud dubie Bonævallis*.

J'ai peine à entrer dans ce sentiment : 1° parce que, parmi les catalogues de nos abbés, je n'en trouve aucun du nom de Bérenger; 2° parce que je ne vois pas d'époque où placer cet abbé. Le P. Mabillon rapporte la donation de Ste-Gausberge à l'abbayïe de St-Père de Chartres à l'an 1034, par Yves, fils de Guillaume comte de Bellesme; il falloit par conséquent que son père l'eût donnée à Bérenger dix ou douze ans auparavant. Ainsi, comment auroit-il été abbé de Bonneval, puisque le P. Mabillon met lui-même l'installation de Salomon, successeur immédiat de Thedfroi, à l'an 1018, & qu'il rapporte la charte d'exécution de Vendôme, à laquelle Salomon avoit souscrit, à l'an 1040? Dira-t'on

---

1. ANNAL. BEN., tom. IV, p. 440.

que Bérenger a été élu abbé de Bonneval dès le commencement du XIe siècle? Si cela étoit, nous en serions ravis, car nous aurions une partie d'une grande lacune remplie. Pour en juger, il faudroit sçavoir en quel tems est mort Guillaume comte de Bellesme, et en quel tems il avoit donné ce prieuré : je ne sçaurois l'examiner, parce que je n'ai point d'histoire de ce païs-là; 3° parce qu'il est dit, à la vérité, que Bérenger fut consacré abbé d'un autre endroit que de Bonneval. Les voici : « *Abbas consecratus, bellorum frequentiam atque loci paupertatem quotidie crescentem ferre non valens, sponte ad suum coenobium est reversus.* » Son monastère étoit sans doute celui de Bonneval : c'est donc à Bonneval qu'il retourne après avoir quitté le lieu dont il avoit été consacré abbé : *Abbas consecratus, loci paupertatem....... ferre non valens, &c.*

§ III.

HUGUES, 7e ABBÉ.

Nous n'avons ni le commencement de la prélature de Hugues, ni l'année de sa mort, ni ce qui se passa sous son gouvernement; et nous ne le connoissons que par la charte du Roy Philippe Ier, qui lui donna, & au monastère, la terre et seigneurie du Boullay. Ce prince y dit d'abord que le monastère de St-Florentin de Bonneval a été doté de quantité de terres, de domaines, de fiefs et de cens par les Rois de France, ses prédécesseurs, en sorte qu'ils en sont regardés comme les véritables fondateurs. Il ajoute que, voulant marcher sur les traces des mêmes Rois, ses prédécesseurs, il continue à leur faire du bien & leur donne la justice et seigneurie du Boullay, avec une certaine quantité de terres et de maisons : « *Nos igitur....... ecclesias & monasteria in Dei honorem constructa sincero mentis affectu donis et eleemosynis quamplurimis cumulare desideramus ; potissimum ea monasteria, in quibus personæ religiosæ sub illius Regis excelsi militia pugnaturæ, ultro bonis temporalibus se abdicarunt, mundoque et illius illecebris renuntiantes, in claustris se recluserunt, ut a terrenis negotiis & actibus segregati, facilius & melius salutiferis inhæreant disciplinis. Cujusmodi personas reperimus in monasterio S. Florentini Bonævallis,* sito in nostro vice-comitatu Dunensi, et multis jam terris, dominiis, feodis & censibus a predecessoribus nostris Regibus Francorum dotato, ita ut illius veri fundatores credantur, in quo sunt monachi regulæ beati patris Benedicti professores ; quibus majorum nostrorum vestigia insequendo, & beneficia in eos et alios ecclesiasticos continuando unam medietariam vulgo *Boulleyeum* appellatam....... cujus medietariæ....... ponimus prædictum Hugonem abbatem et monachos Bonævallis in eadem possessione & saisiva qua sumus, et fuit aliquando fidus noster, servus Franciscus Blouet, dux militum custodiæ corporis nostri,...... excepto quod idem abbas & monachi, eorumque successores, nobis successoribusque nostris vice-comitibus Dunensibus, vel aliis quibuscumque dominis præsentibus et futuris, nullum unquam feodum neque costumam solvent; imo gaudebunt prædictis omnibus quiete et pacifice in perpetuum, ac si semper nostris in manibus remanerent....... præsentem donationem aliaque supradicta per curiam Parlamenti nostri confirmari, corroborari et approbari fecimus. Actum publice Parisiis, anno Domini MLIX. »

La datte de cette charte peut faire de la difficulté, parce qu'elle est dattée de l'an 1059, auquel tems vivoit encore Henry, père de Philippe, qui ne mourut qu'en 1060. Mais il faut sçavoir qu'Henry avoit associé son fils à l'Empire dès l'an 1059, et le fit sacrer à Rheims, le jour de la Pentecôte, par l'archevêque Gervais. Voyez Duchesne, tom. 4, pag. 161 et suiv., & le P. Mabillon, *Annal. Ben.*, t. VI, p. 591. Ainsi, il pouvoit fort bien avoir fait quelqu'acte de souveraineté du vivant de son père, et avoir commencé par un acte de piété.

DOM LAMBERT

NOTA [1].

Ce commencement d'histoire de l'abbayïe de Bonneval jusqu'à Hugues, abbé, a été composé en 1715, à la sollicitation du R. P. dom Charles Dujardin, prieur de lad. abbayïe, par le R. P. D. Jean Thiroux, son intime ami, R. B. de la Congr. de S. M., d'une science et d'un mérite distingués, persécuté, comme plusieurs autres de tous états, par les Jésuites, pour la défense de la doctrine de St Augustin contre les sentimens erronés de Molina. Il fut pour ce sujet pendant 5 ans prisonnier à la Bastille, et exilé en 1708 ou 1709 à l'abbayïe de Bonneval, où il demeura près de six ans, et d'où il sortit après la mort du Roy Louis XIV, protecteur outré des Jésuites, pour aller demeurer à l'abbayïe de St-Germain-des-Prez, à Paris, au mois de novembre 1715, et ensuite à St-Denys en France.

Ce sçavant religieux, aimé de tous les honnêtes gens, avoit été professeur de philosophie et de théologie, prédicateur et prieur en plusieurs monastères. Il l'étoit de Meulan lorsqu'il fut fait prisonnier. Pendant son séjour à Bonneval, il a composé un ouvrage de généalogie des nobles maisons de France, une dissertation sur une ordination douteuse de l'évêque de Chartres, laquelle est en l'abbayïe de St-Père de Chartres, et ce commencement d'histoire de l'abbayïe de Bonneval,

---

1. Cette note, intercalée dans le texte, est de la main même de dom Lambert, ainsi que ce qui précède et ce qui suit. — V. B.

que le R. P. dom René Lambert, sous-prieur de Bonneval, a continué sur les mémoires de dom Jean Thiroux & autres, jusqu'à l'abbé de Thou, en 1612.

§ IV.

GAULTIER, 8ᵉ ABBÉ.

Quoique nous ne sçachions pas positivement le tems de la mort de l'abbé Hugues, ni celui de l'élection de Gaultier, nous dirons cependant qu'il lui a immédiatement succédé, ne trouvant rien qui puisse faire conjecturer le contraire.

Gaultier avoit été d'abord religieux de Marmoutiers, si nous en croyons Yves de Chartres dans sa lettre 78ᵉ, adressée aux religieux de Dol dans le diocèse de Bourges, dans laquelle il dit que Marmoutiers étoit le lieu de sa conversion; et sa retraite dans cette abbayïe, lorsqu'il quitta celle de Bonneval, en est une preuve très-forte.

Il est certain que Gaultier étoit abbé de Bonneval en 1079, puisqu'en cette qualité il signa un acte de donation faite par Gouët, comte du Perche, rapporté dans le cartulaire de Dunois.

Ce fut sous cet abbé qu'Étienne, surnommé Henry, comte de Blois, qui étoit un prince très-puissant, après avoir été nommé protecteur et défenseur de l'abbayïe de Bonneval par Philippe I, Roy de France, obtint des religieux, par ses prières & ses sollicitations, la permission d'ériger un marché dans leur ville, où il n'y en avoit point eu jusqu'alors; mais aux charges et conditions suivantes : 1º Qu'il continueroit d'être leur protecteur & le défenseur de tous leurs biens. 2º Dans la crainte qu'à l'occasion de ce marché nouvellement établi, la franchise et les libertés de leur ville ne reçussent quelque altération, que toute la justice qui concernoit le marché, tant sur les personnes du dehors de la ville, que sur celles qui y faisoient leur demeure, appartiendroit aux religieux, sans que les officiers du comte pussent y faire aucun acte de justice. 3º Que lorsque le prévôt du comte ou autres de ses officiers, auroient soufferts quelques injures, ils ne pourroient porter leurs plaintes ailleurs que pardevant l'abbé ou le prévôt de l'abbayïe, pour en avoir justice. 4º Que si on arrêtoit un voleur dans le marché, il seroit mis entre les mains des officiers des religieux avec tout ce qu'on trouveroit sur lui. 5° Que le comte payeroit tous les ans au chambrier de l'abbayïe, pour les habits des religieux, la somme de dix livres de cens sur les revenus du marché. Et afin que, par la suite, ses successeurs ou héritiers n'oubliassent pas les conditions, ni la manière dont ce droit de marché leur avoit été accordé, il en fit dresser un acte autentique, qu'il fit ratifier par la comtesse Adèle, son épouse, & par le comte Guillaume, son fils, prenant Dieu à témoin & promettant en présence de plusieurs personnes de probité, de garder inviolablement ce traité et d'employer tous ses soins et son autorité pour la conservation des biens et des droits de l'abbayïe.

Voilà ce qui nous reste de plus considérable du tems de l'abbé Gaultier, pour le temporel. Mais, pour ce qui regarde le spirituel ou l'observance régulière, on peut dire que le désordre qui étoit déjà dans cette abbayïe du tems de l'abbé Thetfride ou Thetfroy, comme nous l'avons remarqués ci-dessus, avoit de beaucoup augmenté, puisque plusieurs religieux de probité, entre lesquels étoit Bernier, que nous mettrons dans la suite au nombre des abbés de ce monastère, furent obligés de l'abandonner, à cause des désordres qui s'y commettoient. Gaultier même fut obligé de se retirer à Tours, comme nous l'apprenons de la 4ᵉ lettre d'Yves de Chartres, adressée à Bernard, abbé de Marmoutiers, par laquelle il lui reproche de ne pas garder les coutumes de ses prédécesseurs, en retenant dans son abbayïe des religieux qu'il avoit lui-même envoyé pour en gouverner d'autres; que cela faisoit tort à sa réputation et causoit de grands désordres. C'est pourquoi il le prioit en l'avertissant, et l'avertissoit en le priant de lui envoyer au commencement du carême Gaultier, ci-devant abbé de Bonneval, pour examiner les raisons de sa retraite, afin que si elles étoient légitimes il les approuvât, & que, si elles ne l'étoient pas, il reprît le gouvernement de son abbayïe.

Mais, soit que Gaultier fût trop mal satisfait de la conduite de ses religieux, ou qu'il se sentît coupable, comme il y a bien de l'apparence, si nous en croyons Yves de Chartres, qui, dans sa lettre aux religieux de Dol, dit qu'il vaut mieux taire les raisons de la retraite de Gaultier, que de les rapporter, de peur de déshonorer l'état monastique, il refusa de comparoître et passa le reste de ses jours dans l'abbayïe de Marmoutiers.

Quant à cette retraite, on ne peut la mettre plus tôt qu'à la fin de l'an 1099, puisque les religieux de Sᵗ-Père aïant obtenus de Pascal II, qui fut élevé cette même année sur le St Siége, un privilége pour tous les biens de leur abbayïe et les six prébendes qu'ils avoient dans la cathédrale de Chartres, Yves, qui en étoit évêque pour lors, & Gaultier, abbé de Bonneval, souscrivirent comme témoins à la lecture qui en fut faite dans le chapitre de cette cathédrale.

CHAPITRE V

Des Abbés pendant le XIIe siècle.

§ I.

ROBERT, 9e ABBÉ.

Yves de Chartres n'ayant pu obtenir de Bernard, abbé de Marmoutiers, le retour de Gaultier, les religieux de Bonneval élurent en sa place Robert pour abbé; ce qui ne peut avoir été fait que vers l'an 1100, puisque Gaultier étoit encore à Bonneval l'an 1099, comme il paroît par le privilége de St-Père, cité ci-dessus.

Cependant il paroît aussi qu'on ne peut rejetter plus loin cette élection, puisque Robert souscrivit en qualité d'abbé de Bonneval au privilége qui fut accordé par Étienne, comte de Blois, & sa femme Adèle, fille de Guillaume-le-Conquérant, à Yves de Chartres l'an 1100, dans lequel cet évêque le nomme *Disciplinæ Cultor,* car ce comte, étant parti pour la Terre-Sainte l'année suivante, y mourut l'an 1102.

Ce fut aussi vers ce même tems que Bernier, qui avoit quitté l'abbayïe de Bonneval, comme nous l'avons remarqués, fut élu abbé de Dol, au diocèse de Bourges. Mais plusieurs s'étant opposés à cette élection, ils ne voulurent point le recevoir.

C'est ce qui obligea Yves de Chartres de leur écrire la lettre 78e, par laquelle il leur marque qu'aïant appris le différent qui étoit entre eux touchant l'élection de Bernier, autrefois religieux de Bonneval, il avoit aussitôt fait assembler l'abbé de Bonneval et les principaux prêtres de son église, pour sçavoir d'eux s'il n'y avoit rien à redire dans sa conduite : mais que tous ayant rendus un témoignage très-avantageux de lui, tant pour ce qui regardoit l'ordre clérical que l'état monastique, l'abbé et les religieux de Bonneval lui avoient seulement reprochés d'être sorti de leur monastère sans permission, et que s'étant informé à fond des raisons de cette sortie, il avoit appris de plusieurs personnes dignes de foi que c'étoit à cause du déréglement qui étoit pour lors en cette abbaye : qu'il étoit arrivé à plusieurs autres de faire la même chose, et que leur abbé même s'étoit retiré à Marmoutiers, qui étoit le lieu de sa conversion, mais pour des raisons bien différentes & qu'il n'étoit pas à propos de révéler pour l'honneur de l'état monastique; que la sortie de Bernier, bien loin de lui faire tort, devoit au contraire les confirmer dans le choix qu'ils en avoient faits, puisque le Pape même ne l'avoit pas désapprouvé, en communiquant avec lui, & lui ayant fait célébrer la Messe en sa présence; et enfin que Guitmond, évêque d'Averse, Robert, abbé de St-Laurent, & Arnoult, moine de St-Simplicien de Beauvais, qui gouverne à présent à Cantorbéry, avoient été dans le même cas, sans que cela leur eût porté aucun préjudice. Mais toutes les raisons d'Yves de Chartres n'eurent point assez de force pour faire changer les religieux de Dol et leur persuader de prendre Bernier pour leur abbé.

Si, au rapport d'Yves de Chartres, le désordre avoit continué dans l'abbaye de Bonneval jusqu'à l'élection de Robert, les choses changèrent bientôt de face sous son gouvernement. Car dès le commencement il s'appliqua avec tant d'ardeur à rétablir l'observance régulière, que cet évêque le nommoit par excellence *Disciplinæ Cultor*. Il est vrai que de son tems il arriva un accident assez fâcheux. Un religieux prêtre du monastère de Bonneval ayant surpris les domestiques d'un chevalier nommé Raimbaud, qui s'étoit distingué au siège de Jérusalem, lui dérobants de l'herbe, après les avoir fait maltraiter, les chassa honteusement. Le chevalier, furieux de cet affront, chercha toutes les occasions de s'en venger : c'est pourquoy, ayant un jour trouvé un religieux en un lieu écarté, il le fit mutiler. Yves de Chartres en ayant été informé, défendit au chevalier de porter les armes, et lui imposa une pénitence de 14 ans, à laquelle il se soumit. Mais il fit dans la suite de grandes instances pour qu'on lui permît de porter les armes, parce qu'il se trouvoit tous les jours exposé aux insultes de ses ennemis. Yves de Chartres l'envoya à Rome, laissant la chose au jugement du

Pape, auquel il adressa le chevalier, comme il paroît par sa lettre 135°.

Mais comme il est presque impossible que sur un si grand nombre il ne s'en rencontre quelqu'un qui n'ait pas toute la prudence & la discrétion nécessaires, cela n'empêche pas que la discipline & l'observance régulière ne fussent si étroitement gardées à Bonneval, que les religieux se virent en peu de tems en état de faire de nouveaux établissemens, comme il paroît par celui du prieuré d'Auneau, qui se fit sous la conduite de Robert.

Hugues, seigneur de Galardon, Auneau & autres lieux, donna plusieurs biens, avec la chapelle de S.ᵗ Nicolas qui étoit dans son château d'Auneau, aux religieux qui servoient Dieu avec édification dans l'abbayïe de Bonneval, en reconnoissance de ce qu'ils avoient enterrés fort honorablement Hervé son père, & afin d'avoir aussi part à leurs prières. Robert, qui ne cherchoit que l'occasion d'exercer son zèle et d'augmenter le nombre des monastères, y envoya quelques religieux de sa communauté, de la conduite desquels Hugues fut si édifié, qu'il augmenta leur revenu, afin qu'on augmentât le nombre des religieux. Il leur donna encore de nouvelles marques de sa libéralité, à cause d'un miracle qui se fit un jour de fête de S.ᵗ Nicolas, à l'occasion d'un homme qui avoit le pied brûlé du feu du ciel depuis trois semaines; lequel, après avoir été prosterné depuis la grand'messe jusqu'à l'heure des vêpres, fut soudainement guéri. Enfin, étant prêt de partir pour la Terre-Sainte, il confirma en présence de son épouse, de ses enfans, & autres parens, tous les biens qu'il avoit donné en plusieurs fois aux religieux, et y en ajouta encore de nouveaux ; comme il paroît par la charte qui en fut expédiée, dont nous allons rapporter copie :

« Quoniam quæ Dei sunt non occultare, sed ut tardioribus tepidioribusque imitanda proponantur, juxta ejus præceptum, lucem coram hominibus condecet lucere ; tam futuris quam præsentibus litterali tenacitate volo declarare, quia fidelibus ego Hugo Gualardonensium dominus Deo dicatis cœnobitalibus in Bonevall. monasterio summo Regi, ejusque, quorum adsunt ibi reliquiæ, martyribus, devote famulantibus, pro patris mei Henrici absolutione traditi tam honorificæ ab ipsis sepulturæ ; et ut ego crebri eorum adminiculante deprecatione erui a Gehennali tribulatione, quæ chartulæ huic inserendo nominatim mandavi retinere. Scilicet mansum quod Fersuilla vocatur totum ; apud Ancellum castrum noviter extructum, terram aratri unius culturæ sufficientem, et furnos qui in ipsa villa facti vel futuri sunt; decimam quoque culturarum mearum quæ ibi erunt, necnon ipsius castelli forum decimum, et omne herbarum fructuumque seloncum, et stagnum quoddam cum dimidia parte molendini ibi construendi : capellam quoque castelli et ad ejus ædificationem quindecim libras monetæ Carnotensis, et quidquid homines mei, sive servi sive liberi, illis dederunt, concessi. His vero interfuerunt testes, qui hoc audierunt & viderunt : Guarinus clericus canonicus S. Mariæ, Gaufredus marescalchus, Hugo Fulconi, Albericus coqus, Ansoldus de Mongervilla, Guido & Milo fratres mei, Haimericus et Herveus Balistarum, Raynaldus de Bray, Joannes de Dismont, Yvo Gaucherii, Joannes Vital, Rainaldus clericus, Osmundus de Alneel, Robertus Brito.

« In ipsius quoque S^{ti} scilicet Nicolaï festivitate, videns quia nominati fratres jam data honorifice construebant, domum adauxi : scilicet presbiteratus de Dismonte, et decimam culturarum mearum ubicumque erant vel fuerint, et vinearum quas habebam vel habiturus eram, et forum totum quod *fera* dicitur, in festivitate ipsius sancti ; necnon apud Gualardonem aream molendini, quæ *Revacallis* nuncupatur, in castello quoque jamdicto Alneello scilicet quidquid habetur a porta quæ respicit Sanctum Romanum et ab officinis fratrum, et domos et hortos usque ad aquam. Hi affuerunt testes : Robertus filius Garthonis, Guillelmus Dapifer, Marinus præfectus, Harduinus de Danovilla, Osmundus de Alneel, Haimericus Albalestarius et filius ejus Ansoldus, Ingelbertus de Bunena villa, Joannes de Climonte, Odo Danovilla, Gaufredus filius Milosendis, Guido de Barvilleriis..... Radulfus ex Puteo, Guarinus et Guido fratres mei, cum quibus signo crucis chartulam signavi.

« Deinde videns monachos a suprascripta devota congregatione apud nos jam directos regulariter degere, Deoque, utpote a tanta concione bene extructos, in hymnis et laudibus die noctuque deservire, ut talium numerus, quorum me credebam plurimum posse adjuvari precibus, adaugeretur, unde plures inibi vitæ necessaria haberent, donavi, scilicet de quatuor reditibus quos habebam, vulgariter *Pedagia* nominatos, decimam partem, redduntur apud Alneellum, et apud Gildopontem, et apud Gumret, et apud Gualardon; in ipso quoque castello Gualardon dedi decimum mercatum, et de duobus furnis quos inibi habebam, cariorem prope donum Nivelonis situm; tali videlicet tenore, quatenus mater mea dum advixerit fructus inde colligat, si vivens eis concedere noluerit voluntate spontanea. Dedi et apud Versiam unius carrugæ terram. Testes ex parte mea Guido frater meus, Marinus præfectus,

Hervenis Balistarius, Robertus de Donvilla, Osmundus miles........ Germundus Solimontà, &c. In alia quoque festivitate præscripta confessoris, dum Missa celebraretur solemnis, allatus est quidam in Rhedula nimis anxius, cujus pedem tribus hebdomadibus consumpserat ignis divinus, qui usque ad vesperas inibi jacens, atque ipsius S^{ti} auxilium attentius deposcens, Domino quantum apud se ipsius sancti possent merita demonstrante, subito curatus est; et cujus curationem ego Hugo audiens, lætus adveni, atque pretioso confessori terram cultui unius carrugæ sufficientem per cultellum Willelmi filii Rothaldi donavi, apud villam quæ dicitur Solaris, duorum borum, et apud Versiam duorum. Testes Guillelmus Rothaldi, Vulginus Pelliciarius, Odor pistor; de famulis monachorum, Tebaldus de Pometo, Radulphus de Puteo, Stephanus Carpentarius.

« Dominicum quoque sepulchrum Jerosolymis petiturus, audientibus quibus ipso die castella mea et filiam meam commendavi, fidelibus meis Garino quoque fratre meo & uxore mea Agnete, atque unica mea Mathildi audientibus et concedentibus; cuncta quæ Bonævallentibus fratribus diversis temporibus diversa per loca donaveram, quæque rerum charta quam habebat præsens abbas Robertus in manibus, continebat veritatis, duo clausa vinearum quæ apud Galardonem via publica dividit, eis adauxi; videlicet post obitum meum alterum & præsentialiter alterum. Apud Alneellum quoque post me habendam illis propriam carrucam donavi, cum omni apparatu & omnibus illius culturis. Hoc autem torum, ut jam prædixi, Guarinus frater meus cum uxore mea & filia mea, quæ inde in memoriam rei gestæ, utpote parvule, unum denarium de abbate accepit: ad hoc enim eos convocaveram, audicatibus testibus subscriptis concessi. Testes Robertus Gathonis, Ilnardus de Gayot, Drogo Alberti, Gaufredus Haganonis & Radulphus frater ejus, Guillelmus de Sancto Piato, &c.

« Hoc autem meum beneficium meis annuens precibus comes de Petra Forti, Guido nomine, de cujus feodo erat, cum uxore sua concessit. Testes ego ipse, Voso Ursonis filius, Simon Neelfa. S. Hugonis †, S. Guarini †, S. Guidonis †. »

Il ne nous reste rien de plus particulier, touchant ce qui s'est passé sous l'abbé Robert. Il eût été à souhaitter qu'il eût vécu plus longtems, puisque ce qu'il a fait pendant le peu de tems qu'il a gouverné fait assez connoître ce qu'il auroit fait dans la suite, si la mort ne l'eût pas si promptement enlevé.

§ II.

BERNIER, 10ᵉ ABBÉ.

Après la mort de Robert, les religieux de Bonneval cherchants une personne digne de lui succéder, jettèrent tous les yeux sur Bernier, qui ne fit point difficulté de revenir, quoiqu'il eût été obligé d'abandonner cette abbayïe, comme nous l'avons rapportés ci-dessus, voyant que les choses avoient bien changé de face depuis sa sortie.

Ils ne se trompèrent pas en effet dans leur choix. Car à peine fut-il revêtu de cette dignité, qu'il s'attira les louanges et gagna la bienveillance tant des Souverains Pontifes que des autres puissances, par sa piété, sa doctrine & son zèle pour la discipline monastique ; & sa réputation devint si grande, qu'Yves de Chartres le députa vers le pape Paschal II, afin de faire reüssir plus facilement par son moyen la négociation dont il l'avoit chargé.

Bernier employa d'abord tous ses soins pour accomplir ce que son prédécesseur avoit bien commencé, c'est-à-dire à rétablir dans sa perfection la discipline monastique : mais il fut bientôt traversé dans son entreprise & obligé de mettre une partie de ses soins à défendre les biens et les droits de son monastère, comme nous allons le voir.

Adelle, fille de Guillaume I, roy d'Angleterre, surnommé le Conquérant, et veuve d'Étienne, surnommé Henry, comte de Blois, Chartres et autres lieux, qui fut tué l'an 1102 dans son second voyage d'outremer, étoit fort irritée contre l'abbé et les religieux de Bonneval, à cause de la mort d'un homme qui lui appartenoit, nommé Hugues Le Noir, qui avoit été tué par les gens des religieux. Comme elle cherchoit toutes les occasions de s'en venger, elle n'en trouva point de plus propre que d'imposer une espèce de taille sur les habitans de Bonneval, qu'elle obligea de payer, ayant la force en main.

L'abbé et les religieux, étonnés d'une entreprise si injuste, l'allèrent trouver & lui remontrèrent de parole & par les titres qu'ils avoient en main, que c'étoit une usurpation manifeste de sa part, & qu'elle n'avoit aucun droit de faire une telle imposition sur la ville de Bonneval, ni sur les autres dépendances de l'abbayïe. Mais bien loin de se rendre à leurs raisons, elle poursuivit sa pointe avec plus de chaleur : ce qui obligea Yves de Chartres de lui en écrire sa lettre 187ᵉ, par laquelle il l'avertit d'arrêter les plaintes des religieux de Bonneval, en faisant cesser les vexations qu'elle faisoit à leurs gens, pour venger la mort de Hugues Le Noir, dont ils étoient innocens : qu'elle agissoit contre la justice et les droits reconnus par ses prédécesseurs ; & qu'enfin elle devoit apprehender la colère de Dieu, & qu'il ne refusât un jour de lui faire miséricorde, si elle négligeoit de la faire aux autres et de rendre la justice. Mais toutes ces remontrances n'eurent point assez de force pour arrêter la violence de cette princesse irritée : c'est pourquoy Bernier, se trouvant fort embarrassé, profita du crédit qu'il avoit auprès du pape Paschal II, pour en obtenir une bulle par laquelle ce pontife confirme tous les biens & les droits accordés à l'abbayïe de Bonneval, & même celui qu'ils avoient d'élire un abbé. Cette bulle est du mois de décembre 1108.

Cependant, comme la princesse continuoit toujours à lever la taille sur les habitans de Bonneval, l'abbé & les religieux firent un dernier effort, et l'ayant été trouver de rechef, ils lui firent voir si clairement leur bon droit, que rentrant en elle-même elle acquiesça à leurs justes remontrances. Et afin de leur faire une satisfaction plus solemnelle de l'injustice qu'elle leur avoit faite, elle vint à Bonneval l'an 1109, où s'étant présentée devant l'autel des SS. Pierre et Marcellin, Florentin et Hilaire, elle déclara en présence d'Yves de Chartres, de Bernier, abbé de Bonneval, de Guillaume, abbé de Sᵗ-Père, et de plusieurs autres personnes de distinction, et du consentement de Thibault et Étienne, ses enfans, que c'étoit à tort qu'elle avoit imposée cette taille, qu'elle n'avoit aucun droit de le faire, et qu'elle n'entreprendroit rien de semblable dans la suite. Et dans la crainte que ses successeurs ne s'en prevalussent à l'avenir, lorsqu'elle fut arrivée à Chartres, elle en fit dresser un acte autentique conçu en ces termes : « Notum est omnibus, nec persuasione indiget, quod ad pacem et quietem custodiendam maxime valent rerum veritatem litterarum memoriæ commendare. Et ideo ego Adela comitissa, uxor Stephani comitis, omnibus successoribus tam meis quam monachorum Bonevallensium, per præsentis chartæ notitiam decrevi certificare, qualiter injuriam quamdam quam illis monachis faceram studui emendare, ne illius exemplo posteri mei præsumant similem attentare. Aliquando enim erga ipsos, propter unum meum hominem quem eorum servientes occiderant irata fueram...... in ultionem descriptionam pecuniæ, quæ vulgo Tallia nominatur, in burgo Bonævallensi fieri præceperam. Quod graviter tolerantes abbas & monachi me adierunt, et antiquorum scriptorum testimonia nec mihi nec aliqui hoc licere monstraverunt. Ego tamen non illico acquievi, et prout ira trahebat, aliquanto tempore in proposito perduravi. Illis autem instantibus, et precibus assiduis rogantibus ne novam et nocivam consuetudinem in burgo illorum inducerem, tandem ira sedata et pœnitudine ducta de hoc quod faceram, quam expetierunt monachi satisfactionem feci. Veni enim ante altare SS. martyrum Marcellini et Petri, Florentini et Hilarii, et vadimonio..... ante altare peracto, coram iis qui aderant confessa sum..... ne ulterius fieret spopondi. Et ut successores mei facere non præsumant, concedentibus et volentibus filiis mei Theobaldo comite et Stephano, in præsentia Yvonis Carnotensis episcopi, & Bernerii tunc ibidem abbatis, et Guillelmi abbatis S. Petri, et multorum aliorum in perpetuum confirmavi. Actum apud Carnotum, anno gratiæ M C IX. »

Telle fut la manière dont cette dispute entre la comtesse Adèle et les religieux fut terminée. Cette Princesse les laissa dans la suite jouir paisiblement de tous leurs droits.

L'année suivante, 1110, Bernier obtint du Roy Louis-le-Gros, à la sollicitation de Thibault, comte de Blois, & Hugues I, vicomte de Châteaudun, des lettres de sauve-garde, par lesquelles il défend à toutes personnes, de quelque qualité et condition qu'elles soient, de rien entreprendre sur les biens et droits de l'abbayïe de Bonneval, qui est de fondation royale, comme il paroît par les lettres de Lothaire, son prédécesseur, qui lui avoient été représentées, et qu'il prend aussi sous sa protection. Et parce que l'embarras des autres affaires de son royaume lui permettoient pas d'y veiller lui-même, il enjoint au comte Thibault qui étoit un puissant seigneur, de les défendre envers et contre tous, comme avoit fait ci-devant feu son père le comte Étienne, sans que cependant cela lui donnât aucun droit sur eux, ni qu'il pût rien exiger des religieux pour récompense, que ce qu'ils voudroient bien lui accorder; et confirme en même tems l'acte de la comtesse Adèle que nous venons de rapporter, par la même charte dont voici la copie :

« In nomine summi et æterni Regis ; Ludovicus Dei gratia Francorum rex. Nihil æque sublimitati regiæ condecens esse dignoscitur, quam humilium Christi servorum justis petitionibus aures pietatis clementer inclinare, atque omnes ab eis, ut quiete Deo servire valeant, inquietationes et vexationes propellere. Noverint igitur universi tam præsentis temporis quam futuri, quod vit religiosus Bernerius abbas monasterii Bonævallensis, quod situm est in comitatu Dunensi, intervenientibus cum eo nobilibus viris et fidelibus nostris Theobaldo comite Blesensi, & Hugone vicecomite Castridunensi, sublimitati nostræ humiliter supplicantes ut quia Bonevallense monasterium a piæ recordationis antecessoribus nostris Francorum regibus fundatum fuerat et dotatum, regalis etiam munificentiæ liberalitate ac protectione corroboratum, sicut gloriosi regis (seu potius Lotharii) Clotarii præceptum insertum litteris & sigillo suo munitum, quod idem abbas in auribus nostris recitaverat, publice testabatur; nos quoque qui autore Deo dignitatis regiæ apicem obtinemus, juxta exemplum præfati gloriosi Regis, idem monasterium cum omnibus bonis & possessionibus suis in defensionis nostræ dextera susciperemus, & per diuturna sæculorum spatia propugnaculo institutionis nostræ, & regalis autoritatis privilegio contra perturbationes et oppressiones infestantium muniremus. Quorum petitionibus condignis benignum inclinantes auditum, ob nostram etiam et nostrorum in prescripto monasterio memoriam æternaliter conservandam ipsum Bonævallense monasterium cum omnibus bonis suis quæ modo possidet, vel quæ divina gratia inspirante possessurum est, in nostra speciali provisione ac protectione suscipimus, & *jure regalis efficaciæ instituendo* præcipimus, et ad totius posteritatis notitiam litterarum seriei tradi decrevimus, quatenus a die præsenti in reliquum ævum nullus comitum, vicecomitum, seu quorumlibet judicum aut officialium, libertatem aut jura ipsius monasterii, vel possessiones ibidem Deo famulantibus monachis collatas, aut conferendas, præsum at infringere, minuere, vel auferre comestionibus, hospitiis, exactionibus, chartatis, seu quibuslibet malis consuetudinibus terram eorum gravare, et præcipue in villa Bonævallensi, quæ propria monachorum est, præter assensum et voluntatem eorumdem aliquam dominationem, exactionem seu violentiam audent exercere. Verum quoniam a sæpedicto monasterio corporali presentia remoti aliquantulum sumus, et familiaribus regni nostri negotiis occupati, provisioni et defensioni ejusdem monasterii, sicut oporteret et necessarium esset, continuo intendere non valemus, prænominatis nobilibus viris comiti et vicecomiti idem monasterium ac bona ipsius in fide sua conservanda et defendenda commisimus, ad suggestionem abbatis et monachorum suorum, comiti Theobaldo quem potentiorem esse novimus, sub fidelitate nobis præssita specialiter injungentes, ut vice nostra ipsum monasterium et monachos cum hominibus et possessionibus eorumdem, quotienscumque ab eis requisitus fuerit, contra insultus malignantium defendat, consilium et auxilium suum eisdem monachis amicabiliter et gratis impendat; nec occasione hujus præcepti nostri aliquod eis gravamen inferat, nullum in villa Bonævallensi, vel in aliqua terra eorum præter id quod a monachis forte ei concessum fuerit aut donatum, jus sibi usurpet : quod et ante præceptum nostrum et se et patrem suum carissimum comitem Stephanum libenter fecisse, sub attestatione monachorum respondit, et de cætero cum autoritate nostræ præceptionis, quam gratanter amplectebatur, se libentius et efficacius idipsum impleturum bona fide promisit. Si vero tempore procedente ipse comes, vel aliquis alius, sæpedictum monasterium opprimere, & consuetudines pravas inducere, seu libertatem ipsius monasterii violare præsumserit, licebit nobis, vel successoribus nostris Francorum regibus, ad conquestionem abbatis et monachorum, non obstante prescriptione temporis, aut aliqua exceptione quæ objici posset, Bonevallense monasterium de manibus opprimentium et diripientium eripere, & malignantium improbitates compescendo per regalem potentiam, in antiquæ libertatis statum & integritatem omnino reformare. Illam etiam emendam quam & satisfactionem quam Adela nobilis comitissa, mater præfati comitis Theobaldi, approbantibus eodem comite et fratre suo Stephano, fecit monachis super infractione libertatis Bonævallis, ratam habemus et confirmamus, atque ne aliquid simile a successoribus suis in præjudicium libertatis ejusdem monasterii committatur, autoritate regia prohibemus. Hanc nostræ constitutionis autoritatem ut per successiones temporum firma et intemerata permaneat, et ab omnibus irrefragabiliter observetur, litterarum memoriæ commendari, ac sigilli nostri impressione corroborari præcepimus in præsentia fidelium nostrorum, quorum inferius signa & nomina scripta sunt; regii quoque nominis caractere subtus firmavimus. Actum publice Stampis, anno Incarnati Verbi M C X; regni nostri anno secundo, XIII. mensis octobris. Signum Theobaldi, comitis Blesensis, signum Stephani fratris ejus, S. Hugonis vicecomitis Castriduni, S. Gaufridi filii sui, S. Anselli de Garlenda, S. Guidonis de Merevilla, S. Roberti Clementis, S. Ursionis Condonis de Stampis, S. Alberici de Monbarres, S. Pagani de Dunois. »

 Il paroît que si Bernier s'appliquoit à faire fleurir la discipline monastique, il ne négligeoit pas pour cela les droits de son abbayïe; la dispute qu'il eut avec l'abbé de St-Lomer de Blois en est une preuve.

C'étoit à l'occasion de l'église de Verde, que Bernier prétendoit lui appartenir; l'abbé de St-Lomer, au contraire, prétendoit en avoir une partie. La dispute s'étant échauffée, eut des suites assez fâcheuses, car Yves de Chartres prenant le parti de l'abbé de St-Lomer, écrivit contre Bernier les lettres 216 et 217 à Richard, évêque d'Albano & légat du St-Siége, lui marquant qu'il étoit surpris que l'abbé de Bonneval osât tant l'importuner, en exaggérant beaucoup les moindres circonstances qui lui étoient avantageuses, et tâchant d'éluder tout ce qui lui étoit contraire; qu'il avoit fait tout son possible pour accommoder cette affaire & qu'il n'en avoit pu venir à bout, parce que l'abbé de Bonneval ne vouloit acquiescer qu'à ce qui lui étoit favorable, se plaignant même de ce qu'on ne lui avoit pas rendu justice au concile de Fleury. Cela causa entre eux une haine presque irréconciliable, puisque plusieurs personnes de distinction s'employèrent inutilement pour les raccommoder.

Cependant Robert d'Arbrissel, touché de voir une si grande aliénation entre deux personnes d'un mérite si distingué, s'étant joint avec Bernard de Tyron, ils vinrent à Chartres, où ils travaillèrent avec tant de succès à les reconcilier qu'ils les remirent aussi bons amis qu'ils avoient été auparavant. On en peut juger par les lettres qu'Yves de Chartres écrivit dans la suite à Bernier. Car nous voyons que dans la 226e il le prie de vouloir bien recevoir un religieux qui avoit apostasié de son monastère & qui étoit répentant de sa faute; et dans la 269e, il lui recommande un religieux de sa communauté qui souhaittoit passer de la vie cénobitique à la vie solitaire. Il lui représente que c'étoit un don particulier qui ne devoit point causer de jalousie aux autres religieux et que cela ne faisoit aucun tort à leur réputation. Enfin, dans la 284e, ce S^t évêque accorde à l'abbé et aux religieux de Bonneval la chapelle de St Pierre de Châteaudun, dont quelques séculiers s'étoient emparés, & confirme la donation de la chapelle de St Vincent dans la ville de Chartres.

Le comte Thibault avoit été nommé par le roy Louis-le-Gros protecteur et défenseur de l'abbayïe de Bonneval comme il paroît par la charte ci-dessus transcrite, sans qu'il pût rien exiger des religieux ni entreprendre sur leurs droits. Cependant, comme il étoit un Prince très-puissant puisqu'il avoit fait la guerre au Roy même, il ne faut pas s'étonner s'ils avoient tout à craindre de sa part en lui refusant quelque chose qu'il leur demanderoit.

Ce fut aussi sans doute dans cette vue qu'ils avoient accordés au comte Étienne, son père, la permission d'ériger un marché dans la ville de Bonneval, où il n'y en avoit point eu jusqu'alors. C'est pourquoy ils ne purent aussi, sans s'exposer à de grands périls, refuser au fils la demande qu'il leur fit de la justice de quatre cas, sçavoir : du meurtre, du rapt, de l'incendie furtif et du trésor trouvé et recelé, dans la ville et banlieue de Bonneval, où il n'en avoit aucune. Il prit pour prétexte que c'étoit une chose odieuse, pour des religieux, de juger de tels crimes; car, en effet, dans ces tems-là les seigneurs rendoient souvent la justice eux-mêmes, et c'étoit un religieux qui étoit pour lors prévôt de l'abbayïe. Voilà l'origine de la Prévôté, que nous appelons à présent Royale; sçavoir : la concession des quatre cas ci-dessus énoncés, dans la ville et banlieue de Bonneval, où le comte n'avoit aucune autre justice, comme il le reconnoît lui-même par l'acte qu'il en fit dresser, comme aussi que c'étoit à la sollicitation et aux instantes prières de son père, que l'érection du marché avoit été accordée à la charge de 10 L. de cens, pour le payement duquel ses receveurs devoient être contraints par la justice des religieux. Voici de quelle manière il s'en explique par cet acte :

« In nomine sancte et individue Trinitatis, amen. Principibus Christianis nihil magis convenire dignoscitur, quam ecclesiarum Dei, per, quem Christi principes dominantur, jura illæsa conservare, et omnibus Christianis, sed præcipue religiosis personis quæ assidue Domino omnium famulantur, quietem et pacem continua sollicitudine providere. Hac igitur consideratione motus, ego Theobaldus comes, quem dominator Dominus inter alios principes dominari permisit, quædam quæ temporibus recolendæ memoriæ Stephani comitis carissimi patris mei, de quibus mihi multorum bonorum virorum et fidelium meorum certissima testificatione constabat; quædam etiam quæ in diebus meis inter nos et religiosos viros abbatem et monachos Sancti Florentini Bonævallis acta sunt, ad pacem in posterum conservandam litteris annotare, et sigillo meo in perpetuum signare et confirmare curavi, ne ea quæ prætaxati abbas et monachi in patrimonio crucifixi sibi commisso ad multarum præcum nostrarum instantiam, et maxime ob defensionem suam et hominum suorum, quam amore Dei, etiam sine expectatione alicujus mercedis temporalis eisdem semper impendere deberemus nobis liberaliter concesserunt habenda; hæredes nostri rerum gestarum veritatem ignorantes, temere sibi vindicare præsumunt.

Universis igitur tam instantis temporis quam futuri notum facio, quia antequam præfati abbas et monachi concessissent piæ recordationis prænominato patri meo, quod ipse cum beneplacito eorum institueret marcatum publicum in burgo Bonævallensi, ubi prius non fuerat, et in quo comes nihil antea habuerat, ipsa villa Bonævallensis ita erat, libera, quieta, et absoluta, abbatis et monachorum, ut nulli liceret in ea facere ereditionem aliquam, nullam penitus capturam, nullam omnino justitiam, nisi tantum abbati monachisque ejus. Verum quoniam timor erat, ne libertas villa ante habita occasione mercati minueritur, aut aliquo modo deperiret, seu etiam gravaretur : sæpedicti abbas et monachi precibus venerabilis patris mei acquiescantes, ea tandem conditione in burgo suo Bonævallensi mercatum institui concesserunt, ut et ipsi haberent omnem justitiam quæ pertineret ad mercatum, tam de hominibus de foris advenientibus, quam de in eadem villa commanentibus; ita plane ut præfecto ipsius comitis, aut alicui ejus ministro ullam de aliquo justitiam facere non liceret, sed abbati tantum aut monachis suis omnis justitia de omnibus libera remaneret, et præfectus comitis de sibi fore factis ad abbatem aut præpositum monasterii clamorem deferret, et per eorum manum justitiam reciperet. Latro quoque, si in mercato deprehensus fuisset, cum suis omnibus justitiæ monachorum redderetur. Quæ omnia venerabilis pater meus Stephanus comes libentissime fieri voluit; et ut firma et inconcussa in reliquum ævum permanerent, volentibus et collaudantibus carissima matre mea Adela comitissa & fratre meo Guillelmo comite, se firmiter servaturum, & pro posse suo jura et libertatem monasterii Bonævallensis ubicumque potestatem haberet se defensurum, coram omnibus qui astabant sub firma fidei obtestatione spopondit. Placuit etiam eidem patri meo sæpe recolende, ut quia abbatem et monachos in petitione sua benignos invenerat, camerarius eorumdem ad vestimenta emenda, pro censuali redibitione concessionis sibi factæ, decem libras cursualis monetæ de reditibus mercati quod de novo institutum erat, annuatim haberet. Hoc ipse comes atque ejus conjux Adela, filiusque ejus concesserunt, et firmiter in perpetuum custoditi voluerunt. Cum autem in diebus meis census prætaxatus decem librarum, a venerabili patre meo monachis assignatus, per ministrorum meorum incuriam aut omnino eisdem auferretur, aut diu differretur, monachorum querimoniis sæpe pulsatus institui, ut quicumque deinceps a me ministerium præfecturæ nostræ, vel recolligendi pedagia et consuetudines mercati in Bonavalle recipiet, aut statim monachis decem libras reddat, aut idoneos fidejussores de justitia ipsorum tribuat, securos eos facientes quod in festo S. Florentini per annos singulos, quandiu præfecturam administraverit, censum prætaxatum persolvet, vel fidejussores dati absque dilatione aliqua solvere pro eo tenebuntur. Justitiam quoque murtri, raptus, incendii furtivi, thesauri inventi et celati, quia durum erat monachis de talibus judicare, mihi et hæredibus meis comitibus Carnotensibus in Bonavalle, et in terra sua de banleuga concesserunt habendam. Item si vadimonium belli in curia monachorum datum fuerit et ibi adjudicatum; si pendente die assignata partas inter se facere pacem nequiverint, ex tunc in curiam meam deducetur, et judicio curiæ meæ finietur, salvo tamen in omnibus jure monachorum. In Bonavalle vero hominem aut aliquid omnino capere aut tenere non possum, nisi per monachorum justitiam, et exceptis prætaxatis quæ mihi a monachis concessa sunt : nullam consuetudinem, nullam exactionem, nullam justitiam in Bonavalle seu in terra monachorum infra banleugam me habere cognosco, et exemplo patris mei terram ipsorum et homines manu tenere, custodire, et defensare modis omnibus contra omnes, salva conscientia me promitto. Hoc idem etiam ante paucos coram Dno Rege constitutus promiseram, qui de beneplacito suo ad suggestionem abbatis & monachorum, sæpedicti monasterii et bonorum ipsius in fide mea me specialem constituerat defensorem. Præterea volo et constituo ut tam mercatum quam prænominatæ consuetudines quas habeo in Bonavalle, semper maneant in manu comitis Carnotensis, nec aliqua ratione unquam a comitatu Carnotensi separentur; ut monachi in necessitatibus et oppressionibus terræ suæ adjutorem et magis propinquum defensorem semper paratum inveniant, ad quem recurrant. Et ut prædicta omnia nostrorum successorum commendentur, nec aliquo modo ab hæredibus meis possint infringi, sed semper firma permaneant, præsentibus litteris annotata sigilli mei impressione confirmo. Actum publice apud Carnotum in palatio Gaufredi tunc Carnotensis episcopi, anno ab incarnatione Domini M C XVIII, regnante Ludovico filio Philippi regis, tempore Bernerii abbatis Bonævallensis. »

Ce fut cette même année que Geoffroy, évêque de Chartres, accorda à l'abbé et aux religieux l'église de Galardon.

L'année 1120, ils obtinrent du pape Callixte II une bulle par laquelle il confirme tous les biens et les droits de l'abb. de Bonneval et l'exemte en même tems de la visite de l'évêque de Chartres, suivant l'accord qui en avoit été fait avec ses prédécesseurs, et auquel ont signés plusieurs clercs de cette cathédralle comme témoins.

Mais quelques précautions que pussent prendre les religieux, il leur étoit bien difficile d'éviter les disputes et la jalousie, à cause des grands biens qu'ils avoient, particulièrement dans un siècle où chaque seigneur étoit maître absolu dans ses terres et faisoit continuellement la guerre à ses voisins afin d'augmenter ses biens et sa puissance. Comme donc les religieux n'étoient pas capables de se défendre par eux-mêmes, ils avoient recours au Roy, qui les mettoit sous la protection d'un seigneur voisin, duquel ils avoient souvent bien plus à appréhender et à se donner de garde que de leurs ennemis. Car ils étoient obligés souvent d'accorder pour toujours à ces seigneurs ce qu'ils n'auroient abandonnés du moins que pour un tems à la force des armes, sans se priver du droit d'y rentrer un jour, quand l'occasion s'en seroit présentée. Il arrivoit même quelquefois que ces protecteurs s'emparoient de ce qui ne leur avoit point été accordé, ou vouloient avoir pour toujours ce qui ne leur avoit été accordé que pour un tems. C'est aussi ce qui causa cette grande dispute qu'ils eurent avec Hugues du Puiset, vicomte de Chartres.

La guerre, qui étoit allumée aux environs de Bagnolet, obligea les religieux d'avoir recours au père de Hugues du Puiset, pour défendre ce village et les circonvoisins qui leur appartenoient, contre les courses fréquentes des ennemis. Et afin de le dédommager en quelque chose de la dépense qu'il étoit obligé de faire, ils lui accordèrent un certain droit qu'on appeloit *de gîte et de procuration*, à prendre sur ces villages pendant qu'il seroit sur les lieux pour les défendre. Hugues, son fils, regardant ce droit comme héréditaire, voulut l'exiger toutes les fois qu'il passoit par là, quoique ce ne fût point pour leur rendre aucun service; ce qui obligea les religieux de s'opposer à une entreprise si manifeste. C'est pourquoy l'aïant fait venir pardevant le Roy, cette contestation fut réglée de la manière qui suit :

« In nomine summi et æterni Regis : Ludovicus Dei gratia Francorum rex. Nihil æque regiæ majestati convenire dignoscitur, quam ecclesiam Dei, per quem regnamus, pia sollicitudine fovere, et ea quæ ad pacis ejus diuturnitatem vigeant, intentione continua providere. Hac igitur consideratione universis tam instantis temporis quam futuri notificare decrevimus, qualiter fidelis noster Hugo de Puisato, Carnotensis vice-comes, contentiones quas malorum depravato consilio contra religiosum virum Bernerium & monachos Bonævallensis cœnobii, quod situm est in Pago Dunensi, injuste aliquando movebat, per admonitionem nostram in melius respiciens, disponente Deo, studuit emendare. Quidam Stampensis clericus, Fredericus nomine, alodum quoddam dictum Bannoletum, a progenitoribus suis jure hæreditatis sibi dimissum, prætaxato Bonævallensi monasterio quondam in eleemosynam dederat quiete possidendum ; & donum illud cum cæteris dictæ ecclesiæ donariis, gloriosi regis Clotarii (seu potius Lotharii) concessione firmatum erat, sicut charta annuli ejus impressione signata, quam in conspectu nostro præfati abbas et monachi produxerunt, publice testabatur. Contigit autem propter inquietationes hostium, & guerras quæ tunc temporis multæ erant, quod monachi dicti cœnobii, sicut ex multorum testimonio nobis innotuit, ob custodiam terræ suæ patrem dicti Hugonis, eximiæ probitatis et strenuitatis verum, prædictæ villæ Bagnoleti, & aliarum quarumdam villarum adjacentium, quas similiter nomine eleemosinæ possidebant, advocatum et defensorem fecerunt. Exinde prædictus Hugo occasione malignandi accepta in monachorum villis quæ, ut dictum est, tuitioni patris sui commissæ fuerant, gistum & procurationes, quotiescumque per ipsas villas transitum faceret, de jure se habere declamabat. Sed monachis contradicentibus et tam de authenticis scriptis quam ex probabili multorum testimonio jus suum et libertatem terræ suæ, quam per multa annorum curricula absque alicujus infestatione possederant, protestantibus : tandem inspiratione divina et admonitione nostra, atque consilio nobilis comitis Theobaldi pœnitudine ductus vicecomes, coram regia majestate nostra, audientibus ipso comite et omnibus qui aderant, atque videntibus, de omnibus gravaminibus quæ ob hanc causam terræ monachorum injuste intulerant, rectitudinem fecit ; et neque gistum, neque procurationem, neque consuetudinem aliquam, sed nihil omnino in supradictis eorum villis de jure se habere cognovit. Post hanc vero ipsius cognitionem factam, quia terræ monachorum valde necessaria, & admodum utilis erat præfati Hugonis tuitio, ut ad id efficacius teneretur adstrictus, ad nostrum et jamdicti comitis consilium monachi sæpedicti in villis illis quas in sui tuitione vicecomes suscipiebat, cum propter negotium terra veniret, semel in anno procurationem, si eam capere vellet, non de jure aliquo, sed de liberalitate sua sola concesserunt habendam. Quod dictus vicecomes gratanter accipiens, & terram monachorum pro posse suo defensurum in fide sua se promittens, ut mala quæ eis fecerat indulgerent affectu, super donum illud quod per manum venerabilis viri Yvonis Carnotensis episcopi, de capella S. Vincentii et domibus suis apud Carnotum Bonevallensi cœnobio jam devote contulerat, quodque confirmando iterum replicabat, quidquid de feudis suis emptione sive dono undecumque monachi possent acquirere, absque aliqua contradictione sui, vel ab hominibus terræ illius per violentiam extorquere præsumant [1], quod non irrationabiliter nec cum magno gravamine ad capiendam procurationem veniret, comitem Theobaldum fidejussorem ad petitionem monachorum, ipso volente et concedente, instituit. Volentes igitur, ut quæ coram regia majestate nostra ad pacis custodiam gesta sunt, debitæ firmitatis robur obtineant, prædicta omnia scripto commendavimus, ut ne possint a posteris infirmari.... et nominis nostri charactere subter firmavimus. Actum Parisiis publice, anno Incarnati Verbi M C XXII; regni nostri xv, astantibus in palatio nostro, quorum nomina subtitulata sunt et signa. Signum Stephani dapiferi, S. Gilberti cubicularii, S. Hugonis constabularii, S. Alberici camerarii. Datum per manum Stephani cancellarii. »

Ainsi finirent les disputes avec ce vicomte, duquel il y avoit tout à craindre comme d'un très-dangereux ennemi.

Mais si Bernier avoit beaucoup travaillé au dehors, pour défendre les biens et les droits de son abbayïe, on peut dire aussi qu'il n'avoit pas moins d'occupations au-dedans, puisqu'il y avoit plusieurs religieux qui ne cherchoient qu'à le chagriner : de sorte que nous ne sçavons pas s'il finit ses jours dans sa dignité d'abbé, ou s'il s'en démit. Il étoit intime ami de Geoffroy de Vendôme, qui parle de lui avec beaucoup d'éloges dans la 21e lettre de son 1er livre. Il lui en a aussi écrit plusieurs. Dans la 15e du 4e livre, il le prie de venir à Vendôme pour la fête de la Trinité, après son retour d'Angers ; dans la 16e, il le loue de son zèle et de sa fermeté. Dans la 17e, il s'informe de la santé de son corps, étant très-persuadé de celle de son esprit. Dans la 18e, il se plaint de ce que les religieux de Bonneval avoient pris en mauvaise part ce qu'il avoit dit simplement et par une pure manière de parler. Enfin, dans la 19e, il prie Bernier de lui prêter sa mule, pour faire le voyage de Rome.

Mais soit que Bernier eût fait attention à ce que Geoffroy lui avoit mandé dans sa 18e lettre, des embûches que lui dressoient des religieux

---

1. Il y a évidemment quelques mots de passés, dont l'omission rend ce passage obscur. — V. B.

de Bonneval, soit qu'il se fût aperçu lui-même de leur mauvaise intention, il forma le dessein de les abandonner & de se retirer à Clugny auprès de Pierre le Vénérable, qui en étoit pour lors abbé, aussitôt qu'il en auroit obtenu la permission du Pape, par l'entremise de Matthieu, évêque d'Albano. Nous ne sçavons point s'il exécuta son entreprise ou s'il mourut dans son abbayïe. L'auteur de notre *Abrégé latin* le fait vivre au moins jusqu'à l'an 1135 ; mais si la copie que nous avons de la charte d'Henry, archevêque de Sens, de l'an 1130, est exacte, il est certain qu'il étoit mort avant cette année, puisque cette charte est adressée à Arnoul, abbé de Bonneval, dont nous allons parler.

§ III.

ARNOUL, 11ᵉ ABBÉ [1].

Entre tous les abbés de Bonneval, nous n'en trouvons point qui se soient plus distingués par la piété et la science que celui-ci. Les écrits que nous avons de lui, et les louanges que lui ont donnés les plus grands personnages de son siècle, en sont des preuves authentiques. Quoique nous ne sçachions point positivement le tems où il a commencé à gouverner ce monastère, il est certain qu'il en étoit abbé dès l'an 1130, si nous en croyons la copie d'une charte d'Henry, archevêque de Sens, de cette même année, par laquelle il confirme les donations que ses prédécesseurs avoient faites, des églises que l'ab. de Bonneval possédoit dans son diocèse, conçue en ces termes :

« In nomine D. N. J. C. Henricus Dei consecratione Senonensis archiepiscopus. Scient præsentes pariter et futuri, quoniam dilectus filius noster abbas Bonævallis, Ernoldus nomine, cum omni devotione et humilitate a nobis postulavit, ut ecclesias quas in nostro archiepiscopatu, tam prædecessorum nostrorum quam nostro beneficio possidebat, ei scripto firmaremus, et ne de cætero super hoc aliqua prædicto monasterio inquietatio nasceretur, charitate provideremus. Et nos quidem petitionem ejus benigne accipimus, et fraternæ paci in futurum consu-

---

1. Ou Arnaud, ou Ernauld. Mabillon aussi l'appelle en latin : *Ernoldus*.

lentes, quietam ei et liberam possessionem earum ecclesiarum, quas in nostra diœcesi hodie obtinet, suisque successoribus et monachis Bonævallensibus Deo autore concedimus, & præsentis paginæ autoritate firmamus, quarum nomina sunt hæc : ecclesia S^{ti} Salvatoris, secus Brayum, ecclesiæ de Roncenai et de Busseio, de Gannois, de Loraïo, de Lisimis, de Pareto, de Callistula parva, de Basochiis, media pars ecclesiæ Vincopoli, capella de Sarginis, ecclesia de Suppis [1], ecclesiæ de Chestroliis et de Segi, ecclesiæ de Modrevilla et de curte Guillervi, ecclesia de curte Dampetræ. In omnibus his ecclesiis decimas, quas dimittentibus laïcis qui eas injuste occupant, Domino juvante possunt adipisci, concedimus..... Id quoque abbati et monachis Bonævallensibus concedimus, ut defunctis vel decedentibus in prædictis ecclesiis sacerdotibus, eligendi presbiteres habeant potestatem, virosque boni testimonii querant, nobisque presentent.... de omnibus quoque pertinentes, ab omni parochiali jure absolutas cum cæteris annumeramus, et confirmando constabilimus. Datæ Stempis, anno ab Incarnatione Domini M C XXX, indict. VIII, regnante Ludovico Francorum rege, anno regni sui XXII, archiepiscopatus autem nostri VIII. »

Ce fut aussi sous ce même Arnoul que le comte Thibault, qui avoit déjà la justice de quatre cas dans la ville et banlieue de Bonneval, que les religieux lui avoient accordés, et les coutumes du marché qui avoient été accordées à son père Étienne, entreprit aussi d'y avoir un établissement. Mais comme il n'avoit aucun domaine dans ce païs, il pria les religieux de lui accorder une place, entre les murs de la ville & leur monastère, devant leur grange, afin d'y pouvoir bâtir une maison, s'obligeant d'en faire quatre sols & obole de cens le lendemain de la fête de la Nativité de N. S., promettant de ne point empiéter au-delà de la place qui lui seroit marquée, & reconnoissant que le surplus appartiendroit aux religieux. Il demanda en même tems qu'on lui permît aussi d'avoir quelques vignes pour son usage, à la charge d'en payer le cens et la dixme. Les religieux qui ne faisoient peut-être pas assez d'attention au danger qu'il y a d'avoir chez soi des seigneurs aussi puissans, ou qui appréhendoient qu'un refus n'eût des suites bien plus fâcheuses que ce qu'ils accorderoient n'en pourroit avoir,

---

[1]. En 1789, il ne restait plus que l'église de *Souppes* de tout ce qui constitua longtemps les dépendances du *Petit-Couvent*, comme on appelait le prieuré de Saint-Sauveur, de Bray-sur-Seine. — V. B.

cédèrent au comte la place qu'il leur demandoit, dont il leur passa une reconnoissance conçue en ces termes :

« Theobaldus comes Carnotensis & Blesensis. Noverint tam præsentes quam futuri, quod cum domos proprias non haberem in Bonavalle, nec etiam terram propriam ad hebergamentum faciendum, abbas et monachi precum mearum assiduitate moti, plateas quasdam juxta granchiam ipsorum a parte villæ, et tantum terræ contiguæ quantum volui infra vallum meum [1] concludi, ad ædificia mea facienda, sub annuo censu quatuor solidorum et oboli, sicut ipse petebam, devitans damnum monasterii, mihi et hæredibus meis concesserunt : ita tamen quod censum prætaxatum annuatim in crastino Nativitatis Domini tenebimur solvere eisdem monachis, nec extra ambitum signatum, præter assensum eorumdem ædificia nostra extendere poterimus, aut reliquam terram quæ propria eorum est occupare. Similiter vineas in usus nostros, nobis habendas in Bonavalle concesserunt, ita quod censum et decimam eis teneamur. Quod ut inconcussum permaneat litteris annotavi, et sigillo meo confirmavi. Actum apud Bonvallem anno Dni M C XXXI. Testes Odo de Montigniaco, Hugo de Brueria, et alii. »

C'est ainsi que les comtes de Chartres ont commencés à s'emparer des droits de l'abbayïe de Bonneval, ce qu'ils ont continué de faire dans la suite.

Mais les religieux n'avoient pas seulement affaire au comte de Chartres, comme nous l'avons déjà remarqués à l'occasion d'Hugues du Puiset, et comme nous l'allons voir par ce qui suit. Evrard Dupuy, jaloux du progrès que faisoient les autres, et de n'y avoir point de part, essaya aussi d'attirer quelque chose de son côté. Pour cet effet, il attaqua les religieux sur un certain droit qu'il prétendoit avoir sur leur terre de Cormainville ; mais la cause ayant été portée pardevant le roy Louis le Jeune, il fut obligé en présence de plusieurs seigneurs de faire satisfaction à l'abbé et aux religieux du tort qu'il leur avoit fait, et de reconnoître que le droit qu'il avoit exigé étoit une usurpation manifeste ; de laquelle il se désista, comme il paroît par l'acte suivant que le Roy en fit dresser :

« In nomine sanctæ et individuæ Trinitatis. Ego Ludovicus Dei gratia Francorum rex, et dux Aquitanorum, universis tam præsentibus

---

1. Cette expression, *mon fossé*, prouverait que dès ce temps les fortifications de la ville appartenaient au comte, chargé de les défendre, mais rien que cela. — V. B.

quam futuris notum facio, quod Elvardus de Puteolo, videntibus et audientibus comite Theobaldo, comite Nivernensi, Guillelmo Goëto, Goherio de Alneto, Huberto Pagano, Gualterio de Bernon, Rogerio de S. Mauro, controversiam & querelam quam erga abbatem et monachos Bonævallenses habebat, super consuetudinem quam in eorum villa quæ Colomainvilla dicitur injuste clamabat, omnino et in perpetuum dimiserit, et in ea nec accubitum, nec procurationem, nec aliquam aliam consuetudinem habuisse, vel habere cognoverit; pro exactione vero & usurpatione, et cæteris injuriis quas injuste fecerat, in manu abbatis rectitudinem egerit. Quod ut ratum et incommutabile in posterum habeatur, scripto commendari et sigilli nostri autoritate muniri, nostri que nominis subter inscriptionis caractere corroborari præcepimus. Actum publice apud Jenvillam, anno Incarnationis Dominicæ M C XLI, regni nostri VI, in palatio nostro. »

Quoiqu'Arnoul ait encore eu plusieurs autres différens à démesler avec de puissants seigneurs qui lui donnoient beaucoup d'occupation, cela n'empêcha point toutes fois qu'il n'entreprît le voyage de Rome en 1144, où il fut très-favorablement reçu du pape Luce II, qui occupoit alors le St Siége, & qui lui accorda une bulle par laquelle il confirme tous les biens & les droits que Pascal II et ses prédécesseurs avoient accordés à l'abbaÿie de Bonneval, & même le privilége d'élire leur abbé, à condition qu'il seroit béni par l'évêque de Chartres, & la met sous la protection du Saint Siége. Nous ne la rapporterons pas ici, parce qu'elle est presque la même que celle de Grégoire X, dont nous parlerons dans la suite. Arnoul, évêque de Lisieux, lui écrivit une lettre à l'occasion de ce voyage, pour lui marquer la joye qu'il ressentoit de ce que le Pape lui avoit rendu justice et l'avoit reçu selon qu'il le méritoit. Ce prélat, qu'on peut mettre du nombre de ses amis, lui en a écrit plusieurs autres, dont la principale est celle qui traite de l'utilité du sacrifice de la Messe, dans laquelle il dit qu'on ne peut rien offrir de plus précieux que J.-C., rien de plus efficace que ce sacrifice, rien de plus utile à celui qui l'offre et à celui pour qui il est offert, si l'indignité des personnes ne le rend inutile. Il faut que celui qui l'offre ait les mains pures, et que celui pour qui il est offert en connoisse le prix par la foy, qu'il le souhaitte ardemment et qu'il l'aime d'une charité parfaite. O que ce bienfait est grand, dit-il, qui sert à celui qui le reçoit et à celui qui le donne! Car quelque étendue que soit la charité du prêtre envers certaines personnes, ce sacrifice reste tout entier pour tous en particulier. Il est communiqué à plusieurs sans que sa vertu soit diminuée, et à chacun en particulier, et différentes personnes y participent sans qu'il souffre aucune division. On ne peut pas douter qu'Arnoul n'ait fait réponse à toutes ces lettres, & qu'il n'y ait fait éclater la solidité d'esprit qu'il a fait paroître dans tous ses ouvrages.

Arnoul ne fut pas moins en commerce de lettres avec S. Bernard, abbé de Clairvaux. La dernière que ce saint homme lui écrivit est une preuve certaine de l'amitié qui étoit entre eux, puisqu'étant très affoibli de la maladie dont il mourut peu de tems après, il dicta cette dernière lettre, qui est la 310e dans le recueil qu'on a fait de toutes celles qu'il a écrites, pour lui marquer la triste situation où il étoit, et pour se recommander à ses prières. Arnoul, de son côté, en a écrit plusieurs à St Bernard et à d'autres personnes de distinction, qui nous ont été ravies par l'injure des tems. Mais la dernière marque et la plus singulière qu'il ait donné de son amitié et de son estime pour ce saint, c'est la continuation de sa vie [1], qu'il entreprit après la mort de Guillaume de St-Thierry qui en avoit fait le 1er livre. Il n'y a pas de doute qu'Arnoul ne l'eût finie, s'il avoit vécu plus longtems ; mais la mort l'ayant enlevé pendant qu'il étoit occupé à ce travail, cela fait que nous n'avons de lui que le 2e livre.

Il a encore composé divers autres ouvrages : sçavoir un Traité sur l'ouvrage des six jours, un autre Traité touchant les paroles de J.-C. sur la croix, un Traité des œuvres cardinales ou principales de J.-C., qui a longtems porté le nom de St Cyprien & a été imprimé parmi ses œuvres, un Discours sur les louanges de la Vierge, des Méditations sur la Passion de J.-C., un Traité des sept dons du St Esprit, & un du corps et du sang de N.-S. Les cinq premiers ouvrages sont imprimés dans la dernière édition des œuvres de St Cyprien, à Oxford.

Quoiqu'Arnoul eût toutes les qualités que l'on peut souhaiter dans un abbé, tant pour ce qui regarde la piété que la science et la conduite, il semble néanmoins qu'il n'a pas été exempt de la persécution que quelques religieux avoient déjà fait souffrir à ses prédécesseurs, puisque Arnulfe, évêque de Lisieux, lui écrivant à l'occasion d'une maladie qu'il avoit, marque à la fin de sa lettre que sa douleur sera changée en com-

---

1. *Vie de St Bernard,* abbé de Clairvaux. Guillaume de St-Thierry écrit le 1er livre et Arnoul le 2e.

passion lorsqu'il envisage ses incommodités et les travaux pour lesquels son grand soin et la cruauté du persécuteur affligent son innocence.

Mr Dupin marque la mort d'Arnoul en l'année 1154, et le nécrologe de St-Père fait son éloge lorsqu'il fait mention de lui.

§ IV.

HUGUES, 12e ABBÉ.

Il y a de la difficulté pour sçavoir celui qui a immédiatement succédé à Arnoul. L'auteur de notre *Abrégé latin des Abbés de Bonneval* met Hubert dans la place de Hugues, appuyé, comme il le rapporte, sur une charte du roy Louis VII. Mais, puisque cette charte met seulement la lettre *H,* pour désigner le nom de l'abbé, il avoit dû apporter d'autres raisons pour appuyer celle-ci, qui peut aussi bien désigner le nom d'Hugues que celui d'Hubert. Ainsi il faut qu'il se soit trompé, comme nous le ferons voir dans la suite, puisqu'il se trouve des preuves qui persuadent le contraire & sont décisives pour Hugues.

Il reste donc maintenant à sçavoir si ce Hugues est le novice auquel S. Bernard adresse la lettre 322e, et qui depuis fut abbé de Bonneval. Mr Souchet est de ce sentiment, et la circonstance du tems semble assez favoriser son opinion, mais au reste il semble plus probable que ce novice étoit de l'ordre de Cîteaux, et qu'il a été ensuite abbé de Bonneval au diocèse de Besançon, qui est une abbayïe du même ordre ; puisqu'il est très-difficile de croire qu'une personne qui étoit si particulièrement connue de S. Bernard ait embrassée un autre ordre que celui de Cîteaux, qui étoit pour lors très-florissant, & qu'il fût venu à Bonneval en Beauce se faire novice, ou que les religieux de Bonneval aient été chercher si loin un abbé ; d'ailleurs, il n'est pas impossible que dans les deux abbayïes de Bonneval il y ait eu vers le même tems deux abbés de même nom : c'est pourquoy, sans nous arrêter à toutes ces raisons, qui ne sont proprement que des conjectures, nous dirons que c'est Hugues qui a succédé immédiatement à Arnoul, ce qui paroît évident par un bref qu'Alexandre III adressa à cet abbé et aux religieux de Bonneval, afin de terminer un différent qu'ils avoient avec une autre abbayïe pour le prieuré de Souppes au diocèse de Sens, qui est encore de la dépendance de l'abbayïe de Bonneval. Le bref est conçu en ces termes :

« Alexander episcopus, servus servorum Dei, dilectis filiis abbati et fratribus monasterii Bonævallensis, salutem et apostolicam benedictionem. Justis petentium desideriis dignum est nos facilem præbere consensum.... quapropter, dilecti filii, justis vestris postulationibus grato concurrentes assensu, compositionem inter vos et Petrum priorem Nemensvillæ, de mandato abbatis et fratrum Sylvæ Majoris, super ecclesiam de Suppis quam in..... ecclesia de Chantereau ab eis accepistis venerabili fratre..... episcopo Ostiensi, et dilecto filio nostro..... SS. Nerei et Achillei presbitero, tandem mediantibus de utriusque partis assensu, rationabiliter factam, sicut in eorum scripto authentico exinde facto noscitur contineri, devotioni vestræ autoritate apostolica confirmamus, & presentis scripti patrocinio communimus, statuentes ut nulli omnino liceat hanc paginam nostræ confirmationis infringere, vel ei aliquatenus contra ire. Si quis autem hoc attentare præsumserit, indignationem omnipotentis Dei & beatorum Petri et Pauli apostolorum ejus se noverit incursurum. Datum Senonis, quarto Idus fabruarii M C LV. »

Il est donc constant, par ce que nous venons de rapporter, que Hugues étoit abbé de Bonneval. Quoique nous ne sçachions pas de quelle famille il étoit, on peut cependant juger par son nom, qui étoit fort illustre en ce tems-là, qu'il étoit de distinction & même qu'il avoit quelqu'accès auprès du Roy, comme il paroît par l'acte d'association qu'ils firent ensemble l'an 1169, par lequel le Roy veut bien être associé aux biens et droits que l'abbé et les religieux de Bonneval avoient à Lorrey, et les associa réciproquement aux biens et droits qu'il avoit à la Perelle, de telle sorte que le Roy ni ses successeurs ne pourroient aliéner de la Couronne les choses sus-dites sans le consentement de l'abbé et des religieux, ni l'abbé et les religieux sans le consentement du Roy, lequel acte fut passé à Orléans en la manière qui suit :

« In nomine sanctæ & individuæ Trinitatis, amen. Ego Ludovicus (Ludovicus VII) Dei gratia Francorum rex. Notum facimus universis præsentibus et futuris, quod H. abbas Bonævallis Senonis nos adiit, ibique nos participem et socium fecit, et, ut vulgo dicitur, acollegit in villa quæ dicitur Lorry, supra Lunam, in aquis & molendinis in bosco et in plano, et in omnibus ad jus et potestatem villæ illius pertinentibus usque ad Vallem Coldre, exceptis decimis et ecclesiis, et excepta domo monachorum ibidem manentium, et vinea, et pratis, et terra unius carrucæ. Dominus etiam Rex terram unius carrucæ sibi habere poterit. Rex autem accolligit..... abbatem et ecclesiam Bonævallis in omnibus quæ in villa et potestate Perellæ habebat, et in omnibus accollectionibus quæ sibi in potestate Lorri vel Perella factæ erunt, omniumque acquisitionum participes erunt quas similiter facere poterunt. Ex amborum itaque assensu constitutum est, ut ibidem castellum seu villa constituatur, ad consuetudinem alterius Lorry, in omnibus reditibus, in omnibus utilitatibus regibus Franciæ et ecclesiæ Bonævallensi semper et per omnia communis. Sancitum est etiam a Rege, ne locum istum ipse aut aliquis Regum possit dare, aut aliquo modo de proprietate Coronæ eliminare, nisi ex consensu ecclesiæ Bonævallis. Ad stagna aquarum facienda, ad molendinos faciendos Rex biennos suos habebit; cæteræ expensæ de communi fient. Præpositus Regis non sine assensu... abbatis aut prioris ejusdem loci constituetur; qui constitutus jurabit se consuetudines villæ servare, et abbati, aut cui jusserit abbas, sacramentum faciet de omni jure ecclesiæ fideliter conservando & reddendo. Cum autem litigantibus causarum diem assignaverit, prior ejusdem loci si voluerit, causis assidebit, et tam ipsius quam prætoris consilio causæ agentur et finientur. Si autem causa talis emerserit, cui abbas interesse velit, quindecim diebus expectabitur. Quod ut ratum sit in posterum, sigillo nostro muniri præcipimus. Actum Aurelianis anno Domini M C LXIX (selon la charte originale M C LXVIII), astantibus in palatio nostro, quorum nomina & signa subscripta sunt. Signum Theobaldi comitis dapiferi nostri, S. Matthæi camerarii, S. Guidonis buticularii, S. R. constabularii. »

Hugues n'eut pas moins à travailler pour conserver les biens et les droits de son abbaÿie, que ses prédécesseurs. Car outre ce que nous avons déjà rapporté, il eut encore un différend avec Josselin d'Auneau, pour les dixmes des terres qui lui appartenoient. L'abbé et les religieux de Bonneval prétendoient les avoir comme leur aïant été données par Hugues de Galardon, ainsi qu'il est marqué dans la charte dont nous avons cy-devant donnés la copie en son entier. Josselin prétendoit au contraire ne rien devoir, et que toutes ses terres étoient exemtes. Cette dispute qui avoit duré assez longtemps, fut enfin terminée par Robert, évêque de Chartres, de la manière qui suit :

« Ego Robertus Dei gratia Carnotensis episcopus, ut memoriter teneatur, litteris assignavi quod Dnus Josselinus de Alneello redecimationes culturarum suarum, quas monachi Bonævallenses clamabant ex dono Dni Hugonis de Gualardone et per successores Dnorum Alneelli diu tenuerant, injuste auferebat. Qui tandem seniori acquiescens consilio, ut super hoc pax irrefragabiliter inter ipsum & monachos deinceps haberetur, in ipsa sua cultura quæ ad sinistram euntibus de Alneello Roenvillam dedit eis quinque agripennos eorumdem culturæ contiguos, fratre ipsius et uxore id concedentibus, Gaufrido scilicet et Ferelina. Quo facto, quæ inter monachos et Dnum Josselinum diu fuerat, finem habuit controversia. Pax ista in audientia nostra composita fuit, presente D. Hugone abbate Bonævallensi, D. Fulcando abbate S. Joannis de Valleïa, D. Amaurico cantore, D. Willelmo archidiacono Dunensi, Christiano priore Bonævallensi, Gautio priore Alneelli; astantibus etiam Dno Josselino, et fratre ejus Gaufrido, & canonico, ipsorum avunculo Hugone de Ærivilla, &c. Litteras autem hujus pacis, ne unquam debeat perturbari, sigilli nostri impressione roborandas fore decrevimus & roboravimus. »

Quoique le tems de la mort de Hugues nous soit inconnu & qu'il ne nous reste rien de certain de lui depuis l'acte ci-dessus, il y a cependant bien de l'apparence que ce fut encore avec lui que Gaultier, chambellan du Roy, eut un différent qui se termina en faveur des religieux de Bonneval, comme il paroît par l'acte suivant :

« Ego Gualterius Ludovici regis camerarius, notum fieri volo tam præsentibus quam futuris, quod de tribus familiis servorum & ancillarum Adæ scilicet de S^{to} Petro, & Roberti Tardif, & Godardis & Reginæ, inter me & monachos de Bonavalle orta est dissentio; quæ, cum Jerosolimam proficisci vellem, ita pacificata est : quod eisdem monachis prædictos servos & ancillos in pace reliqui, pro remedio animæ meæ, et amicorum meorum. Et ut hoc perpetuam obtineat firmitatem, sigilli mei autoritate roborari feci. Actum Nemausii, anno Dni M C LXXIX. »

Il seroit à souhaitter que le malheur des tems ne nous eût pas privé de plusieurs choses considérables qui se sont passées tant sous cet abbé que sous ceux qui l'ont précédé et suivi, comme nous l'avons déjà remarqué ci-dessus, & comme la suite nous le fera connoître.

§ V.

CHRÉTIEN, 13e ABBÉ.

Après la mort de l'abbé Hugues, les religieux de Bonneval élurent en sa place Chrétien. Il était auparavant prieur de cette abbayïe, puisqu'en cette qualité il signa l'acte d'accommodement qui fut fait entre eux et

Josselin d'Auneau, en présence de Robert, évêque de Chartres, et que nous avons rapportés ci-devant. Quoique le tems de son élection ne nous soit pas plus connu que celui de la mort de Hugues, il est cependant certain qu'elle fut faite avant l'an 1188, puisque ce fut lorsqu'il étoit abbé, que Thibault, comte de Blois, se désista du droit qu'il prétendoit avoir de lever tous les ans sur les habitans de Bonneval une certaine taille le jour de la My-Carême, à condition toutes fois qu'on lui payeroit *cent livres de rente*, comme il est plus amplement spécifié dans l'acte qui suit :

« Ego Theobaldus comes Blesensis, Franciæ senescallus, notum facio omnibus tam futuris quam præsentibus, quod laudantibus et concedentibus Adelicia uxore mea, & filiis meis Ludovico et Philippo, et Catharina uxore Ludovici, et filiabus meis Marguarita et Isabella, talliam quam per manum abbatis Bonævallis de burgentibus ejusdem villæ, et quibusdam villis ecclesiæ [1]...... pro remedio animæ meæ et animarum parentum meorum quitto et in perpetuum dimitto, sub hac conditione quod singulis annis centum libras Andegavenses accipiam ab illis hominibus, qui primam talliam exolvebant media quadragesima, persolvendas præposito meo ejusdem villæ. Quod si terminum præfixum transierint, infra octavam diem in emendatione centum solidorum persolventur. Si vero octavum diem excesserint, emendatione sicut debuerint emendabunt. Hujus reditus erunt immunes tam servi mei, quam monachorum servientes, qui primitus in tallia nihil mittebant. Hujus rei sunt testes Hugo vicecomes Castriduni, Evrardus de Puisiaco, Ursio de Merleio, Hugo de Alneto, Goherius de Lanerio..... frater ejus, Robertus de Carnoto, Matthæus de Langeio, Galeranus de Bevilla, Paganus de Frovilla, Petrus de Villetal, Robertus de Mescio, Gaufredus Cointet, &c. Quod ut ratum sit et firmum, nec possit oblivione deteri, nec a posteris infirmari, litteris meis commendavi, et sigilli mei impressione firmavi. Actum Castriduni, tempore abbatis Bonævallentis Christiani, anno Incarnati Verbi M C LXXXVIII° ; datum par manus Hugonis cancellarii. »

Il est surprenant qu'après tous les témoignages que l'ayeul et le père de ce comte nous ont laissés & toutes les protestations qu'ils ont faites, de n'avoir aucun droit dans la ville et banlieue de Bonneval, cette taille se trouve en si peu de tems tellement établie, qu'il semble faire

---

1. Il y a en cet endroit une omission.

une grande grâce en la remettant pour la somme de cent livres de rente. Quoique l'origine de cette taille nous soit inconnue, il ne sera pas difficile d'en juger en considérant la manière dont se sont établis les autres droits rapportés ci-dessus, qui ont été plutôt cédés par crainte et par force qu'accordés de bonne volonté. L'acte suivant suffiroit seul pour nous en convaincre, par lequel Louis comte de Blois et de Clermont, qui avoit succédé au comte Thibault, se désiste du droit de cornage qu'il avoit levé sur les terres des religieux à cause de l'urgente nécessité à laquelle il se trouvoit réduit, quoique ses prédécesseurs ne l'eussent jamais exigé, ni par droit ni par coutume. Voici comme il s'en explique dans cet acte :

« Ego Ludovicus Blesensis comes et Claromontanus, notum facio universis tam præsentibus quam futuris, quod cum ab abbate et capitulo Bonævallensi, sicut ab aliis abbatiis et hominibus terræ meæ, propter imminentes necessitates meas cornagium exigerem in terra sua, licet illud de jure et consuetudine nec antecessores mei habuerint, nec ego vel hæredes mei habeamus, vel habere debeamus, imo etiam contra publicas et antiquas consuetudines terræ meæ sit : abbas tamen et monachi instantia precum mearum moti, et meis petitionibus acquiescentes, sicut et alii fideles mei, illud tandem mihi habendum concesserunt. Ego vero, ne hac a me vel ab hæredibus meis aliquo modo possit requiri, de cætero in omnimodam hujus inusitatæ rei abolitionem per manum Petri de Villaribetun dilecti militis mei in animam meam jurare feci, quod juramentum meum proprium esse contestor, nec me nec hæredes meos, quandiu ex ipsis dominium aut potestatem habuero, supradictam cornagii consuetudinem a supradictis monachis amodo petituros. Quod ne hæredes mei contra juramentum meum ire posterum ire præsumant, vel presentis scripti paginam ausu temerario valeant infirmare, litteris commendo, et sigilli mei autoritate in perpetuum confirmo. Hujus rei testes fuerunt Gaufredus de Brullun, Guillelmus de Mondeau, Gaufredus Caurtet, Petrus de Villaribetun per cujus manum prædictum juramentum feci, Robertus de Carnoto, Hugo de Valleriis, Goherius de Laneriaco, Reginaldus Crispin mariscalcus meus, Hugo camerarius meus, Reginaldus de Milleio, Gilbertus de Milleio, Odo Decanus, Robertus de Carnoto præfectus meus de Bonavalle, Reginaldus Avis major monachorum, &c. Actum Castriduno, anno ab incarnatione Dni M C nonagesimo tertio, regnante rege Philippo, Reginaldo Carnotensi episcopo. »

Si le comte Thibault avoit agi avec la même sincérité pour la taille de la Mi-Carême, que le comte Louis, son successeur, pour le droit de cornage, il y auroit absolument renoncé sans en rien réserver, puisque le droit qu'il avoit de la percevoir n'étoit pas plus légitime.

Ce fut l'abbé Chrétien qui obtint du pape Célestin III une bulle par laquelle il confirme tous les droits & biens de l'abbayïe, présent et avenir, et les met sous la protection du St Siége, avec défenses d'y attenter, sous peine d'encourir l'indignation de Dieu, des SS. apôtres Pierre et Paul, donnée à Latran le 10 de mars.

Ce fut aussi sous lui que Girard Artemale, écuyer, donna à Dieu et aux religieux de Bonneval la dixme de tous les légumes qu'il avoit à Moriers; sçavoir dans le territoire de Moisville et Sernanville [1] les menues dixmes des susdits villages, si par hazard on les rebâtissoit. Il fit cette donation avec son fils Odon, que les religieux reçurent parmi eux pour l'amour de Dieu et en considération de Girard, son père, comme il est porté dans l'acte qui suit.

« Ego Herveius alodiæ dominus notum facio universis, quod Girardus de Artemala miles dedit Deo & monachis Bonævallensibus, decimam totius leguminis quam habebat apud Moriers, in territorio scilicet Moesvillæ & Servavillæ, minutas quoque decimas supradictarum villarum, si forte easdem villas reædificari contigerit, cum filio suo Odone quem ideo monachi amore Dei et intuitu ipsius Girardi monachum susceperunt. Hujus doni testes fuerunt Gaut. de Gaudonvilla, Girardus frater ejus, Rothrodus præpositus, Philippus de Pertuis, Robertus frater ejus, Girardus de Chateit. Quod ut ratum sit, et ne in posterum supra hoc erga eosdem monachos oriatur contentio, quin de feodo meo prædictæ erant, litteris commendavi, & sigilli mei autoritate confirmavi. Actum anno gratiæ M C° nonagesimo sexto. »

Cet abbé vivoit encore sans doute l'an 1198, comme on le peut inférer de la charte par laquelle Louis, comte de Blois, donne aux religieux de Bonneval une certaine terre avec une mazure qu'il avoit à la Gahaudière [2], en pure aumône, pour l'amour de Dieu et le salut de son âme, à l'instigation & par les prières de son bien-aimé Girard, prieur de Moasi, qui est sans doute celui qui a succédé à

---

1. Moiville et Sernelles, vers Saint-Denis-du-Gault. — *Note de dom Lambert.*
2. La Gahaudière, commune de la Colombe, département de Loir-et-Cher. — V. B.

Chrétien, & dont nous parlerons après avoir rapporté cette charte :

« Ego Ludovicus Blesensis comes et Claromontanus, omnibus has litteras inspecturis notum facio, quod ego amore Dei, et pro remedio animæ meæ et parentum meorum, ad instantiam quoque precum dilecti mei Girardi prioris de Mosiaco, terram quamdam cum mazura, quæ apud Gahauderiam de Meherio homine meo mihi exciderat, ecclesiæ Bonævallensi & monachis ibidem Deo servientibus in perpetuam eleemosynam ad opus carrucæ ipsorum propriæ dedi, absque contradictione aliqua quiete & libere possidendam. Quod ut ratum habeatur et firmum et a successoribus meis inviolabiliter observeretur, litteris commendo, & sigilli mei impressione confirmo. Actum publice Castriduno, anno gratiæ M C XVIII. Testes sont Petrus de Villaribetun, Reginus Crispini mariscalcus, Theobaldus clericus, Andreas clericus, Joannes Bretel. Datum per manum Theobaldi cancellarii, mense aprili. »

Voilà ce qui nous reste de plus considérable touchant ce qui s'est passé sous l'abbé Chrétien. Il n'a pas sans doute vécu longtems après l'an 1198, puisque Girard, qui lui a succédé, étoit abbé l'an 1202, comme nous l'allons voir.

CHAPITRE VI

*Des Abbés pendant le XIII*ᵉ *siècle.*

---

§ I.

GIRARD, 14ᵉ ABBÉ.

On peut inférer de la charte de Louis, comte de Blois et de Clermont, rapportée ci-dessus, que l'abbé Girard étoit d'une famille distinguée ; puisque n'étant encore que religieux de Bonneval & prieur de Moasi, qui est une dépendance de cette abbayïe, ce comte l'appelle son ami et dit que c'est à sa considération et à ses prières qu'il donne la terre de la Gahaudière. Le tems de son élection nous est inconnu : cependant il est certain qu'il étoit abbé l'an 1202, puisque ce fut lui qui, en cette qualité, acheta de Richer de Juppeau et de tous ses parens la terre de Juppeau, avec l'agrément de la comtesse de Blois et des ses enfans, en l'absence du comte son époux, qui étoit allé à Jérusalem, comme il paroît par l'acte suivant :

« Ego Catharina Blesensis et Clarimontis comitissa, notum facio omnibus tam futuris quam præsentibus, quod Richerius de Jupello & Havisia uxor ejus, et ipsorum hæredes, videlicet Mauritius, Joannes Fulcherius, et Odo..... totum tenementum suum de Jupello, videlicet hebergiamentum, vineas et prata, terras cultas et incultas, et quidquid omnino apud eumdem locum in bosco et plano habere videbantur, venerabili viro Girardo abbati et ecclesiæ Bonævallensi unanimi assensu legitime vendiderunt, quiete et pacifice jure perpetuo possidendum; et venditionem istam se firmiter observare, et pro posse suo contra omnes homines garantizare, præstito corporaliter sacramento promiserunt. Insuper et in eadem venditione decem et octo denariorum et unius oboli censum, quem apud Gesenvillam habebant, prædictis abbati et monachis concesserunt. Ego vero, concedentibus Theobaldo filio meo, et Joanna filia mea, pro comite Dno meo Jerosolymam profecto, sine cujus assensu hoc esse non poterat, ad petitionem Nivellonis de Merlaïco, & Gaufredi de Melon, et Odonis de Lolon, et Stephani Ecuyer, ad quorum feodum prætaxata venditio pertinebat, hoc volui hoc concessi, et factum illud, sicut in litteris Dni Nivellonis quas monachi supec hoc habent plenius continetur, garantisandum et tenendum firmiter manu cepi. Quod ut ratum sit et firmum, litteris commendavi et sigillo meo confirmavi. Actum anno gratiæ millesimo ducentesimo secundo. »

Nous avons l'acte de Nivelon de Meslay, qui ratifie et approuve cette vente, et donne aux rel. de Bonneval tout le droit de seigneurie et autres qu'il pouvoit avoir sur ces héritages, avec le consentement de Geoffroy de Mélon & autres, énoncés dans cet acte; nous ne le rapporterons pas ici, parce qu'il est un peu trop long et qu'il répète une partie de celui de la comtesse Catherine, que nous venons de rapporter. C'est pourquoy nous nous contenterons de mettre ici celui que Ursion de Meslay a donné dans son particulier, conçu en ces termes :

« Ego Ursio de Merlaïco, notum facio universis præsentes litteras inspecturis, quod omne tenementum de Jupello, & quidquid modis omnibus ego et pater meus, et homines nostri qui de nostra servili conditione erant, apud Jupellum habebamus, venerabili viro Girardo abbati et monachis Bonevallensibus cum omni feodo quittavi, proque remedio animæ meæ et patris mei in perpetuam eleemosynam concessi quiete et pacifice dictis monachis possidendum; ita quod ego et hæredes mei in supradictis rebus nihil omnino poterimus de cætero reclamare. Quod ut ratum & stabile perseveret, feci litteris annotari, et sigilli mei munimine roborari. Actum anno gratiæ M CC XIII°; mense junio. »

L'an 1203, le 13 décembre, Girard, abbé de Bonneval, termina le différend qui étoit entre le prieur & les religieux de Galardon, d'une part, et les prêtres de l'église paroissiale dud. lieu, d'autre part, à cause des oblations qui se faisoient en cette église. Ce qui fut fait en présence de l'évêque de Chartres, de Jean et Rotrou, prêtres, & dont l'acte est en bonne forme.

L'année suivante, Girard et les religieux de Bonneval eurent un différend avec Froger, prêtre de la Gahaudière, pour une certaine terre, un livre et la célébration de l'office le jour de S\ Jean-Baptiste. Le Pape nomma des commissaires pour examiner la chose, sçavoir : l'abbé de S\-Remy, le doyen de Sens & l'archidiacre de Melun, qui envoyèrent au sous-doyen de Chartres et à l'archidiacre de Dunois un pouvoir pour entendre des témoins de part et d'autre. Mais les deux derniers accommodèrent l'affaire en la manière qui suit, sçavoir :

« Quod ille presbiter coram illis positus, recognovit librum missalem super quo erat contentio, absque presbiteri participio proprium esse monachorum, nec se in prædicto libro messali, sive Breviario monachorum posse aliquid de jure reclamare confessus. Abbas vero ad precum nostrarum instantiam quadraginta solidos Dunensis monetæ, ad comparandum missalem, prædicto presbitero se daturum promisit...... Insuper terram quam presbiter tenebat, salvis consuetudinibus et obnoxietatibus quas eorum terra debebat monachis, eidem quandiu vixerit dedit possidendam : ita tamen ut eamdem terram in alteram manum transferre non poterit, per quod pejor possit fieri conditio monachorum. Præterea in B. Joannis Baptistæ festivitate, tam in vigilia quam in die, omnis solemnitas ad monachos pertinebit, ita quod vesperas, vigilias & majorem Missam monachi celebrabunt. Si vero ante majorem Missam presbiter celebrare voluerit, submissa voce et absque nota Missam poterit celebrare; et in oblationibus tertiam partem accipiet, et duæ cæterræ, sicut antea habuerant, erunt propriæ monachorum. Compositionem vero istam abbas in Verbo veritatis, presbiter autem in interpositione fidei se observaturum irrefragabiliter repromisit. Actum publice Carnoti, anno Incarnationis Dominicæ M CC IV°. »

L'an 1205, l'abbé Girard fut obligé de prendre le parti du prieur de S\-Sauveur en Brie, qui étoit une dépendance de son abbaÿie, contre le prêtre de l'église de Lorry, qui est à la nomination de ce prieur. Et quoiqu'il y eût des commissaires nommés de la part du pape Innocent III pour examiner cette affaire, ils transigèrent entre eux de la manière qui suit, sçavoir : que le prêtre reconnut qu'il avoit été présenté par le prieur pour avoir l'église de Lorry, qu'il n'a que le tiers des oblations de cette église, et le prieur les deux tiers avec les grosses dixmes, en fournissant au prêtre le nombre de septiers de grain spécifié dans cette transaction, avec les autres conditions qui y sont plus amplement déduites.

L'an 1207, Girard eut un différent avec Thibault, comte de Blois et de Clermont, pour un orme qui étoit sur le chemin de Chartres, que la quantité de frimats qui s'y étoit attachée avoit fait tomber; lequel orme chacun de son côté prétendoit lui appartenir. Cependant, la chose aiant été examinée, le comte passa l'acquiescement qui suit :

« Ego Theobaldus Blesensis et Claromontis comes, omnibus notum facio quod cum contentio esset inter me et abbatem Bonevallensem, super quadam ulmo sita in via Carnotensi extra Bonamvallem, quæ pressa pondere brumæ ceciderat; tandem diligenter inquisita veritate, ulmus et tota justitia remansit abbati. Quod ut ratum sit et firmum, litteris commandavi, et sigilli mei munimine confirmavi. Actum apud Firmitatem Villænolii, anno gratiæ M CC VII°, mense aprili. Datum per manum Thierici cancellarii nostri. »

L'année suivante, il en eut un bien plus considérable avec un nommé Guérin Bouteiller, écuyer, qui prétendoit avoir la haute et basse justice de Chauvreux. L'évêque d'Orléans s'étant employé pour les accommoder, la chose fut enfin terminée de la manière qui est spécifiée dans cet acte qu'il fit dresser :

« Ego Manasses Dei gratia Aurelianensis episcopus, notum facio universis tam præsentibus quam futuris, quod cum inter religiosos viros Girardum abbatem et monachos Bonævallenses ex una parte et Guarinum militem cognominatum Bouteiller ex alia, non parva verteretur contentio, tam super magna quam parva justitia cujusdam villæ quæ Calverosum dicitur, tandem bonorum et prudentum virorum consilio inter discordantes pax et concordia intercessit. Supradictus enim Guarinus ad cor suum regrediens de suæ timens detrimento animæ, in mea coram multis tam clericis quam laïcis recognovit præsentia, se in dicta villa nihil juris habere penitus, nec in terra, nec in hospitibus, nec in frosciis (?) nec in domibus, nec in aliis quibuslibet rebus ad dictæ villæ dominium, vel ad villam pertinentibus, nec in magna vel in parva dictæ villæ justitia ; scilicet furtum, murdrum, raptum, furtivum incendium, sanguinem et bellum; cæteraque omnia quæ tam ad-magnam quam parvam justitiam pertinent, coram omnibus in præsentia mea assistentibus, sine aliquo participe dicebat monachorum debere justitia terminari. Et quoniam genus humanum ad malum et injurias pronum esse cognoverat, ne sui hæredes quod vi extorquebat sibi jure hæreditario appropriarent, quidquid in dicta villa reclamabat, quidquid in eadem quod contra jus, si quid habuit, Hernando nepote suo cognomento Boteiller, de quo tenet apud dictam villam quoddam feodum, et Odone Bernaud, qui a dicto Guarino milite tenet idem feodum, et Hugone Boteiller ejusdem Guarini filio concedentibus et volentibus, dictis (Girardo et) monachis quittavit et dimisit ita pacifice possidendum perpetuo, quod ipse vel hæredes ipsius in dicta villa vel dictæ villæ justitia, vel aliis rebus eidem villæ pertinentibus, nihil de cætero reclamabunt, vel poterunt reclamare. Insuper, ut de illata Girardo abbati et monachis injuria plane satisfacerat, eorumdem monachorum possessiones in suo feodo quod apud Calverosum habet, multiplicari concessit emptionibus, donis, eleemosinis, et augeri. Ego vero qui quieti et paci omnium religiosorum maxime ex injuncto mihi officio providere teneor, pretaxatam pacem ad utriusque partis petitionem sigilli mei munimine, ne a posteris super hoc rediviva suboriretur contentio, roboravi. Actum anno gratiæ M CC° VIII°; mense martio. »

Comme nous avons rapportés en son entier l'acte par lequel le comte Thibault reconnoissant qu'il n'avoit aucun domaine dans la ville, ni dans la banlieue de Bonneval, prie les moines de lui accorder une place pour y bâtir une maison [1], à la charge de payer quatre sols et obole de cens, et de ne rien prendre au-delà de ce qui lui seroit marqué, il ne faut pas s'étonner si Catherine, comtesse de Blois et de Clermont, à qui cette maison étoit échue, voulant l'augmenter, a recours à Girard, abbé, et aux religieux, pour avoir permission de le faire, & s'oblige en même tems d'augmenter le cens de deux sols, comme il paroît par la reconnoissance qu'elle en donne en ces termes :

« Ego Catharina Blesensis et Claromontensis comitissa, notum facio...... quod cum Dnus meus comes Ludovicus, et ejus antecessores apud Bonamvallem in terra monachorum, juxta ipsorum abbatiam censuale ædificium possiderent, pro quo eisdem monachis in Nativitate Dni censum quatuor solidorum et oboli reddere consueverant; cum idem ædificium ad manum meam devenisset, volens ipsum ampliare, et dilatare ambitum; cum hoc sine assensu monachorum et voluntate facere non possem et non deberem, in quorum terra et ædificium et ædificii ambitus consistebat; tandem de voluntate Girardi abbatis et totius conventus assensu in ipsorum terra murorum ambitum dilatavi, pro quo censui prætaxato duorum solidorum censum superaddidi......

---

1. Le vieux château, ou la salle du comte, à l'extrémité, au levant, de la grève. — *Note de M. Lejeune*, à la marge du manuscrit de dom Lambert.

Quod ut ratum et stabile perseveret, sigilli mei munimine feci roborari. Datum per manum Terrici cancellarii mei, anno gratiæ M CC X°, mense maio. »

La même année et au même mois, l'abbé Girard s'obligea de payer à un seigneur du Puiset trois mines d'avoine rases, pour pacifier le différent qui étoit entre eux, touchant un certain droit de procuration, que ce seigneur prétendoit avoir sur la terre de Cocherel (ou Cochereau).

Il eut encore une autre dispute pour la justice de Chauvreux, dont nous avons déjà parlé, avec un nommé Geoffroy écuyer de Nonanville et ses enfans, qui passèrent enfin un acquiescement, et ratifièrent par le même acte l'échange de certaines terres qui étoient de leur fief, en présence de l'évêque d'Orléans.

Ce fut aussi vers ce même tems que Guillaume de Parleu, chevalier, et Greburge, sa femme, et Ada sa fille, du consentement de Jean Malherbe, Odon et Geoffroy ses frères, s'obligèrent par serment en présence de Pierre de Mereville, de donner aux religieux et au monastère de Bonneval, pour toujours et à titre d'aumône, les dixmes de Bouville, dont ledit Jean Malherbe tenoit une partie en fief de Guillaume de Parleu; lequel Guillaume en investit les religieux tant pour ce qui lui appartenoit, que pour ce qui étoit à Jean Malherbe de son consentement, & mit l'acte de donation scellé de son sceau.

L'an 1212, le comte Thibault ratifia l'accommodement qui avoit été fait par ses prédécesseurs avec l'abbé et les religieux de Bonneval, comme il paroît par l'acte qu'il en fit expédier par son chancelier.

L'an 1216, Girard, abbé, et le couvent de Bonneval firent un accord avec le prêtre de l'église de N.-D. du même lieu, en présence de R...... évêque de Chartres, par lequel ils consentent que la rente de 12 livres, d'un muid de froment, & les deux tiers des offrandes qu'ils avoient à prendre dans cette église, soient commués en 20 livres de rente payables en 4 termes, sçavoir : 5 à la Nativité de N.-S., 5 à Pâques, 5 à la Sᵗ-Jean-Baptiste, et 5 à la Sᵗ-Remi, comme il est marqué dans l'acte suivant :

« R. Dei gratia Carnotensis episcopus, universis J. C. fidelibus præsentes litteras inspecturis, salutem in Dno. Generatio præterit, et generatio advenit : quapropter a notitia modernorum transferri volentes quod cum abbas et monachi Bonævallis in ecclesia B. Mariæ ejusdem villæ, quæ ad eorum donationem pertinere et spectare dignoscitur, 12 libras

Dunensis monetæ ad usum coquinæ monachorum, et unum modium boni frumenti pro panum oblatione in festis annualibus, et duas partes oblationum ceræ et candelarum perciperent ab antiquo, quorum perceptio inter monachos et personas ejusdem ecclesiæ multoties contentionis et odii fomitem generabat; tandem ut hæ contentiones et odia de medio tollerentur, de prudentium et bonorum consilio, pro bono pacis, et ne monachi a supervenientibus personis inquietarentur, statuimus quod personæ quæ in dicta ecclesia ad præsentationem monachorum...... pro omnibus supradictis, videlicet 12 libris et uno modio frumenti, pro panum oblationibus, necnon et duabus partibus oblationum ceræ et candelarum, quas monachi in dicta ecclesia solebant percipere, summam viginti librarum, centum videlicet solidos in Nativitate Dni, centum in Resurrectione, centum in Nativitate S. Joannis Baptistæ, et centum in festo S. Remigii, non obstante et interveniente incommodo, eisdem monachis persolvere tenebuntur annuatim; campanas vero plures quam quatuor non habebit (presbiter), et ipsas diabus et horis statutis, donec monachi suas pulsaverint non pulsabit; et unam pitanciam harentorum recentiorum tam ipse quam ipsius successores, more aliorum presbiterorum in eadem villa existentium, annuatim dictis monachis exhibebit. Cæterum omnes alias consuetudines antiquas, rationabiles et approbatas, ab antecessoribus suis antiquitus observatas, præstito juramento tenebuntur observare. In cujus rei memoriam, &c. Datum Carnoti, anno gratiæ M CC XVI°. Mense septembri. »

La 19ᵉ année du pontificat d'Innocent III, c'est-à-dire vers l'an 1217, ce pape accorda à l'abbé et aux religieux de Bonneval une bulle par laquelle il confirme tous les droits qui leur avoient été accordés par ses prédécesseurs, et met sous la protection du Sᵗ-Siége tous les biens que cette abbayïe possède et possèdera légitimement dans la suite.

L'an 1220, Geoffroy Mansel, Luce, sa mère, & Jeanne, sa femme, reconnurent pardevant Geoffroy, archidiacre de Dunois, avoir donné à Girard, abbé, et aux religieux de Bonneval une maison nommée Toloze et tout ce qu'il possédoit autour de cette maison dans la ville de Bonneval; et en reconnoissance de cette donation l'abbé & les religieux leur donnèrent 40 livres, monnoye de Dunois.

Nous avons déjà remarqués ci-dessus que les seigneurs qui s'engageoient à défendre les biens et les droits de l'abbayïe de Bonneval, étoient souvent les premiers à les usurper, ou que s'ils s'en abstenoient, ils se mettoient fort peu en peine de les protéger et défendre contre ceux qui les ravissoient. Il ne faut donc pas s'étonner si Geoffroy, vicomte de Châteaudun, qui s'étoit fait déclarer protecteur de cette abbayïe, après avoir souffert toutes les usurpations que Hugues de Loesville avoit faites sur cette abbayïe, rentrant enfin en lui-même, en fut touché, et s'obligea, en présence de Gaultier, évêque de Chartres, de payer à l'abbé et aux religieux la somme de dix livres tous les ans, pour réparer le tort qui leur avoit été fait, & promit de rechef de les défendre dans la suite contre Hugues et ses complices, en témoignage de quoy il en fit dresser l'acte qui suit :

« Ego Gaufridus vicecomes Castriduni, notum facio universis præsentes litteras inspecturis, me in capitulo Carnotensi in præsentia D. episcopi Carnotensis tactis SS. reliquiis jurasse, quod ad consilium venerabilium virorum Stephani Carnotensis & Gaufredi Dunensis archidiaconorum, annuum reditum decem librarum monasterio Bonævallensi assignabo, et monachis ipsius monasterii, in perpetuum pacifice possidendum, pro restitutione damnorum et deprædationum in terra sub mea potestate et defensione constituta, ab Hugone de Loëvilla et ejus complicibus eisdem monachis illatorum, per defectum meæ defensionis, sicut dictus episcopus et monachi asserebant. Ibidem juravi similiter, quod ad consilium eorumd. archidiaconorum monasterium et monachos Bonævallis, et res eorum sub potestate mea constitutas, pro posse meo ab Hugone de Loëvilla et ejus complicibus, tanquam terram meam propriam defenderem in futurum; et jurari facerem a fidelibus meis baillivis et præpositis, se dictos monachos et eorum res a prædictis hostibus pro posse suo defensuros. In cujus rei testimonium.... præsentes litteras feci sigillo meo confirmari. Actum anno gratiæ M° CC° XXIII°, die Veneris ante festum S. Dionysii. »

Nous avons aussi l'acte par lequel il assigne dix livres à prendre sur son ban, aux jours de St-Jean-Baptiste et de St-Martin d'été, du consentement de Clémence, sa femme, qui est attaché à celui que nous venons de rapporter, et de même datte. L'an 1226, il en fit dresser un autre par lequel il confirme les précédens.

Au mois de mars de la même année, Guérin, évêque de Senlis, chancelier de France, rendit à Neaufle-le-Vieux un jugement contre led. Hugues de Loësville, par lequel il le condamna d'aller à Rome solliciter le pardon du Pape, d'en apporter les lettres, ou d'aller servir un an contre les Albigeois en qualité de simple soldat et d'en apporter un certificat; comme aussi d'abandonner aux abbé et rel. de Bonneval tout ce qu'il possédoit à Bonneval même, un four et un friche, avec des censives qu'il avoit dans un bourg y dénommé, & un arpent de terre qu'il possédoit auprès de St-Martin : le tout sous la caution d'Aimery et Josselin ses frères, de Renaud et Simon ses oncles, d'Aimery de Crot et de Pierre de Richierville, qui s'engagèrent de garder prison à Jenville, s'il venoit à aller contre ce jugement qui fut confirmé par St Louis et scellé de son sceau à St-Germain-en-Laye, les mêmes mois et an.

Dans cette même année 1226, l'abbé Girard et les religieux de Bonneval eurent une contestation avec Guillaume de Mémilon, pour un bois et des terres qui étoient près d'un village nommé le Rouvre, sur laquelle les parties transigèrent : Guillaume abandonna aux abbé et religieux les objets contentieux avec tous les autres bois et terres jusqu'à la rivière du Loir & 12 deniers de rente qu'il avoit à prendre tous les ans sur la ferme d'un nommé Nicolas Duchêne; et en reconnoissance l'abbé et les rel. donnèrent à Guillaume 40 livres monnoye de Dunois.

L'an 1228, les abbé et prieur de St-Remy, avec le prieur de St-Jean de Sens, ayant été établis commissaires par le Pape, pour examiner le différend qui étoit entre l'abbé Girard et les religieux de Bonneval, d'une part, et Guy de Bléville et ses frères d'autre part, touchant les dixmes de Rouvray [1] et une certaine grange qu'il falloit bâtir à frais communs, l'affaire fut terminée à l'amiable par Étienne, doyen de Dunois, en la manière suivante : sçavoir que la grange en question seroit bâtie sur le fonds des moines de Rouvray, & qu'on y emploiroit cent livres monnoye de Dunois, afin d'engranger les dixmes et champarts, de laquelle somme Guy et ses frères fourniroient cinquante livres. Que si la dépense excédoit les cent livres, les religieux de Rouvray payeroient le surplus, mais qu'à l'égard des réparations qu'il conviendroit de faire à cette grange après qu'elle auroit été une fois achevée, elles se feroient en commun. Qu'il y auroit deux clefs, dont les religieux de Rouvray auroient une, & Guy et ses frères l'autre. Que les fourrages des uns & des autres ne pourroient être gardés dans cette grange après la St J.-B. Que les dixmes de la fosse Renau appartiendroient aux prieur et religieux de Rouvray; mais que pour la dixme de Loisville, qui avoit été aumônée à l'abbé et aux religieux de Bonneval, elle seroit engrangée en commun et partagée entre eux et Guy et ses frères.

---

1. Il s'agit ici de Rouvray-Saint-Florentin, entre le Dunois et le pays Chartrain.

L'acquêt que Girard et les religieux de Bonneval firent l'an 1232 de Simon, S^{gr} de Rochefort et du Puiset, et vicomte de Chartres, moyennant la somme de quatre mille livres, qui pour lors étoit considérable, mérite bien que nous rapportions en son entier le contract qui en fut dressé en ces termes [1] :

« Ego Simon, dominus Rupefortis et Pusati, vicecomes Carnotensis, universis præsentes litteras inspecturis, salutem in Domino..... Noverint universi, quod ego vendidi et in perpetuum quittavi religiosis viris abbati et monachis Bonævallis, pro quatuor mille libris Turonens., omnia tensamenta quæ ego habebam, et habere debebam, et percipere consueveram in villa Bonævallis, et in aliis villis et locis inferius subnotatis : videlicet in Burgo Novo, Mathueriis, Pratis, Valle Petrosa, Monte Falconis, Moncello, Perucheto, Meriis, Bourecellis, Vacheria, Gaudonvilla, Crotello, Touchia, Villa Nemoris, Givesio, S^{to} Mauro, Nemore Noarum, Seglandera, Migaudry, Merogier, Pulois, Veteri Virgulto, Chesia, Villermorin, Villa Iancien, Sambelione, Perusio, Osenain, Joëimeria, Jupello, S. Martino de Pedano, Berci, Villerperous, Cochereau, Chevilleinvilla, Montacheri, Bregnians, Touchiabalo, Villeri, Villa Ursionis, Vallainvilla, Peleinvilla, Eteauvilla, Jallans, S. Christophoro & Melio Milonis, et in aliis villis in quibus aliquando perceperam tensamenta, si quæ sunt in quibus tensamenta percipere consuevi, et unum servientem proprium in villa Castriduni, de burgensibus ejusdem villæ ad colligendum tensamenta, liberum et immunem ab omni tallia et qualibet alia exactione, in anno in quo colligit tensamenta, sicut ego et antecessores mei habere consuevimus : insuper denarios et obolos quos percipiebam in villis prædictis, in festo S. Petri ad vincula, ratione tensamentorum, cum omni et justitia pariter et districtu. Præterea ego vendidi et quittavi prædictis abbati et monachis, omnes domos et plateas quas habebam, vel alius nomine meo possidebat in villa Bonævallis, et præposituram et justitia Albanorum, & quidquid ad dictam justitiam & præposituram noscitur pertinere, salvo jure præpositi Albanorum. Item vendidi et quitavi decem denarios censuales,

---

1. C'est ici l'accord de Simon de Rochefort du Puiset, vicomte de Chartres, dont j'ai parlé dans l'Introduction. En comparant le texte latin avec la traduction de M. Beaupère, on verra qu'il confond toujours *tensamentum* avec *tenementum*. Tensamentum veut dire *droit de protection ;* tenementum veut dire *tenure,* espèce de propriété non noble. Mais, dans le même acte, Simon de Rochefort vend aussi quelques maisons qu'il louait à Bonneval et sa justice et prévôté des Aubiers, et divers droits qu'il possédait à Saint-Maur, etc. — V. B.

quos percipere consueveram de domo dictorum monachorum, sitam juxta S. Vincentium apud Carnotum, et sexdecim denarios censuales in domibus juxta S. Vincentium sitis, annuatim percipiendos; et quidquid habebam apud S. Maurum, videlicet hospites, census, furnum, terras, nemus et aquas, et omnem justitiam dictæ villæ, et pasturagia, et omnes marescalciatas quas percipiebam apud Sanctum Maurum et apud S. Christophorum et apud Bonamvallem, et in omnibus pratis in quibus easdem marescalciatas percipere consuevi, cum omni justitia districta et emenda, et omne jus quod habebam in percipiendo supradicta. Item quatuor solidos censuales annuatim percipiendos de quadam terra sita apud Ligaudry, quos Grafardus mihi persolvebat, et alios duos solidos censuales quos Hugo de Talpied miles de quibusdam terris sitis apud Ligaudry et apud Basochias mihi annuatim persolvebat; et totum feodum quod Philippus Jollain de me tenebat apud Gisenvillam, cum omni jure et justitia ad ipsum feodum quod Philippus Jollain de me tenebat apud Ligaudry et apud Basochias mihi annuatim persolvebat; et sex alios denarios quos Garnerius de Mathueriis et Vitalis de Colle mihi annis singulis persolvebant; et totum feodum quod Philippus Jollain de me tenebat apud Gisenvillam, cum omni jure et justitia ad ipsum feodum pertinente. Volo etiam et concedo quod dicti abbas et monachi acquirant, si potuerint, et pacifice possideant sine costamentis erga me vel hæredes meos factis, decimam Roberti de Escuretis, quam ipse Robertus habet in parochia de Danciaco, quæ decima est de meo feodo, et ad grangiam monachorum venire apud Danciacum consuevit. Insuper recognosco, quod nec ego nec hæredes mei aliquid juris habebamus, nec habere debebamus in percipiendis procurationibus quæ vulgaliter Gista nominantur; quæ aliquoties apud Balnoletum, Curbehay, Ulmetum, Villeperous, et Guillonvillam, super quibus dictus abbas et monachi coram venerabilibus viris abbate et priore S. Remigii, et priore S. Joannis Senonensis, judicibus a Dno Papa delegatis, contra me moverant quæstionem. Et quia minus debite dictos procurationes in ipsorum præjudicium et gravamen perceperam, quittavi eis et remisi quidquid in prædictis villis habere me dicebam, sive in majore justitia sive minore, sive in percipiendis procurationibus, sive in rebus aliis quibuscumque. Hæc autem omnia ita vendidi et quittavi in perpetuum, quod nihil omnino juris mihi vel hæredibus meis retinui in villa Bonævallensi. Hanc autem venditionem, quittationem et concessionem promitto me bona fide inviolabiliter et firmiter in perpetuum observaturum. Insuper recognosco, me coram R. Patre archiep° Senonensi jurasse, quod contra prædicta per me vel per alium nullo modo veniam, nec quæstionem sive contentionem aliquam movebo, vel movere faciam contra abbatem et monachos superius memoratos. Beatrix vero uxor mea omnia prædicta voluit, concessit, et laudavit, et coram dicto archiepiscopo juravit quod contra prædicta nullo modo veniat, nec in prædictis aliquod jus sive ratione dotis, sive hæreditatis, sive acquisitionis, sive donationis deinceps reclamabit; et hoc bona fide fecit et quittavit spontanea, non coacta. Hugo vero primogenitus filius meus omnia supradicta, per juramentum suum coram dicto archiepiscopo corporaliter præstitum, de non reclamando et de non veniendo in contrarium, concessit et laudavit, et quidquid juris in prædictis jure hæreditario, vel alia ratione habebat, vel habiturus erat, dictis abbatis et monachis in perpetuum quittavit. Agnes vero uxor dicti Hugonis omnia supradicta laudavit et concessit, promittens per juramentum coram dicto archiepiscopo corporaliter præstitum quod occasione dotis, acquisitionis, donationis, vel aliqua ratione alia nihil reclamabit deinceps in prædictis : et hoc concessit et quittavit in perpetuum spontanea, non coacta. Simon vero filius meus, Isabella et Margareta filiæ meæ, hoc idem laudaverunt, et in perpetuum quittaverunt, et quod contra prædicta deinceps non venient, juramento præstito firmaverunt. Guido vero filius meus Lingonensis canonicus omnia supradicta laudavit, concessit et quittavit, et fide corporali præstita in manu R. P. Gualteri Carnotensis episcopi, promisit quod contra prædicta per se vel per alium nullo modo veniet, nec quæstionem sive contentionem aliquam aliquatenus movebit, vel movere faciet contra abbatem et monachos superius memoratos. Hugo vero de Aspero Monte miles, frater meus, omnes prædictas venditiones, concessiones et quittationes voluit et laudavit, et juravit se nullatenus contra prædicta venturum. Ut autem istæ venditiones, concessiones et quitationes in perpetuum firmæ et inconcussæ permaneant, feci presentes litteras sigilli mei munimine roborari. Actum anno gratiæ M CC XXXII°, mense junio. »

La même année, Geoffroy, vicomte de Châteaudun, ratifia et approuva cette vente, pour ce qui relevoit de lui; et ayant reçu la démission de Simon de Rochefort, il en investit les religieux, pour par eux en jouir en toute propriété et sans trouble, comme il est plus amplement porté dans l'acte qu'il en fit dresser et sceller de son sceau.

L'an 1233, l'abbé et les religieux de Bonneval achetèrent de Robert d'Escure et Thomas, son fils, toutes les dixmes qu'ils avoient dans la paroisse de Dancy, moyennant la somme de cinquante livres tournois. Cette vente fut approuvée et ratifiée par sa femme, et aussi par tous les seigneurs desquels ces dixmes relevoient : sçavoir par Simon de Rochefort, Jean, comte de Chartres, et autres, en différens tems & par divers actes attachés ensemble [1].

L'an 1234, le même comte de Chartres et Isabelle, sa femme, ratifièrent le contract de vente de Simon de Rochefort, et le consentement qu'y avoit donné Geoffroy, vicomte de Châteaudun, et cédèrent en même tems tout ce qu'ils pouvoient y prétendre, comme il est plus amplement porté par l'acte qu'ils en firent dresser [2].

L'an 1236, l'abbé Girard et tout le couvent de Bonneval donnèrent à un nommé Buffet de Merainville et à Gilles, sa femme, une certaine tenure qui avoit appartenu à Gilon, dit Rasoir, pour en jouir pendant leur vie, et leur accordèrent en même tems que l'on célébreroit tous les ans après leur mort leur anniversaire dans l'église de Mérainville. En reconnoissance de cette gratification, Buffet et sa femme donnèrent au prieuré de Mérainville, par acte passé devant Ménard, doyen d'Étampes, un arpent de vigne situé aux Champs-Rouges, et la terre qu'ils avoient proche l'orme de défunt Garnier, qui étoit de la continence de 12 mines de semence, avec les prés et les jardins qui avoient appartenus à Arnoul Dugué, pour en jouir en toute propriété et sans trouble après leur mort. Ces choses se firent avec l'agrément d'Ursion de Meslay, de qui relevoient les biens ci-dessus; lequel consentement dud. Ursion est attaché à cet acte et daté de la même année.

Voilà ce qui nous est resté de plus considérable touchant ce qui s'est passé sous l'abbé Girard. D'où l'on peut inférer qu'il y a bien des choses échappées à notre connoissance, de celles qui se sont passées sous son gouvernement, qui selon toutes les apparences a été de plus de 40 ans, puisque nous ne trouvons rien devant l'an 1247 qui fasse mention de celui que nous mettons pour son successeur. L'auteur de notre *Abrégé* n'a donc pas eu raison de le faire mourir avant le mois de juin de l'an

---

1. NOTA. — Thibault, dit le Grand et le Posthume, vend en cette même année le fief de Chartres à St Louis, moyennant 40,000 liv., suivant Dupuy, Brusselles et autres. — *D. Lambert.*

2. NOTA. — Le titre de cette vente et de celle de 1286, et les comptes de la prévôté de Chartres et de Bonneval reünis de 1287 ont été brûlés par le dernier incendie de la ch. des comptes de Paris, arrivé en 1736. — *D. Lambert.*

1231, puisque l'acte de 1236, dont nous avons parlé ci-dessus, prouve évidemment le contraire. Et comme il ne se trouve rien qui puisse faire conjecturer qu'il y ait eu un abbé entre lui et celui que nous prétendons lui avoir succédé, on peut dire qu'il a au moins vécu jusqu'à l'an 1242, puisque Hervé Blondel étoit encore chambrier de l'abbayïe de St-Père en cette même année, comme il paroît par l'acte suivant :

« Universis præsentes litteras inspecturis, Hugo archidiaconus Carnotensis, salutem in Dno. Notum facimus, quod cum inter priorem et monachos de Alneolo ex una parte, et Michaëlem presbiterum S. Remigii et S. Nicolaï de Alneolo ex altera, contentio verteretur super omnibus oblationibus factis et faciendis in dictis ecclesiis, et capella domini de Alneolo, qualiter et quando dictæ oblationes debebant recipi, custodiri, et partiri inter ipsos : tandem de bonorum virorum consilio dictus prior et monachi ex una parte, et dictus Michaël ex altera, supra dictis controversiis compromiserunt fide media in nos et religiosum virum fr. Blondellum camerarium abbatiæ S. Petri Carnotensis, sub prædictæ fidei interpositione promittentes, quod ipsi inviolabiliter observarent quidquid nos et frater Blondellus supra præmissis pace vel judicio ordinaremus. Nos vero convocato bonorum virorum consilio, per arbitrium nostrum ordinavimus, quod in ecclesia S^{ti} Remigii erit una pixis, in ecclesia S. Nicolaï alia, et in capella domini castri alia ; et erit qualibet bene ferrata. Unam clavem habebit prior, et presbiter aliam ; et ibi reponentur omnes oblationes, quæ æqualiter inter priorem et presbiterum dividentur..... Item arbitrando ordinavimus quod persona quando de novo instituetur, in sacramento quod faciet apud Bonamvallem abbati et conventui dicti loci tanquam patronis suis, jurabit de istis et aliis juribus ecclesiæ Bonævallis observandis bona fide, sicut jurare consuerit....... Ista autem sunt ordinata inter priorem et presbiterum super prædictis, de consensu ipsorum coram nobis, accedente consensu abbatis Bonævallis per litteras suas patentes. In quorum omnium testimonium, &c. Actum anno Dni M CC XLII, mense aprili. »

§ II.

HERVÉ, SURNOMMÉ BLONDEL, 15e ABBÉ.

Si nous en croyons l'auteur de notre *Abrégé latin des abbés de Bon-*

neval [1], Hervé, surnommé Blondel, étoit d'une famille très-noble, et frère de Robert de la Villette, écuyer. Il fit profession dans l'abbayïe de St-Père de Chartres, et y posséda ensuite l'office de chambrier, comme il paroît par l'acte que nous venons de rapporter. Si c'est lui qui a succédé à l'abbé Girard, comme il y a bien de l'apparence, il est certain qu'on ne peut mettre son élection plutôt qu'en l'an 1243, puisque, comme on l'a déjà dit, il étoit encore religieux de St-Père l'an 1242. Quoique nous n'ayons rien de lui avant l'an 1247, cela n'empêche pas que nous ne disions que ce fut sous lui que Jean de Meslay et Mathilde, sa femme, reconnurent en présence de Simon de Thoriac, chanoine et official de Chartres, une certaine vente que Pierre de Champfroids et Eremburge, sa femme, avoient faite aux religieux de Bonneval de tout ce qu'ils possédoient, de quelque manière et à quelque titre que ce fût, dans la ville et banlieue de Bonneval, même le fief de Champfroids, qui apparemment relevoit du dit Jean de Meslay; puisque celui-ci en investit les religieux, et leur céda tout son droit pour en jouir en toute propriété, sans qu'ils pussent être inquiétés dans la suite ni par lui ni par ses successeurs; ce dont il fit dresser un acte au mois de février de l'an 1246.

L'année suivante, un nommé Gilles de Bonneval, fils de Philippe Joillin et chanoine de Tours, intenta un procès contre l'abbé et les religieux de Bonneval, prétendant qu'ils avoient fait bâtir une chapelle et fait faire un vivier à Poireux, sur des terres qui appartenoient en propre à sa mère; de plus, qu'ils s'étoient emparés d'une dixme proche le Perruchet, qui lui appartenoit; et en troisième lieu que son père, Philippe, aïant vendu aux religieux, pendant que lui, Gilles, étoit allé en Lombardie, des terres à Juppeau, qu'il avoit voulu retirer au retour de son voyage, ils avoient refusés d'en recevoir le remboursement : Hervé, abbé de Bonneval, le fit désister de toutes ses demandes en présence de l'official de Chartres, comme on verra dans l'acte qui suit :

« Universis præsentes litteras inspecturis, fr. Herveus miseratione divina Bonnævall. ecclesiæ minister humilis, salutem in Domino. Controversiæ multæ erant inter nos et conventum nostrum ex una parte, et magistrum Ægidium de Bonavalle, filium defuncti Philippi Joëlin,

---

1. Il y avait, on a dû s'en apercevoir à la lecture, trois abrégés : 1º le *Breve Chronicon*, que nous avons donné à l'Introduction, et qui date du Xe siècle environ; 2º l'*Abrégé latin des abbés de Bonneval*, dont il s'agit ici, et qui a disparu ; 3º enfin l'*Abrégé de l'Histoire de l'Abbayïe de Bonneval*, qu'écrit dom Lambert. — V. B.

canonicum B. Martini Turonensis ex altera, super eo quod idem magister Ægidius dicebat prædecessores nostros...... fundasse quoddam manerium, et capellam, et vivarium prope Bonamvallem, apud locum qui vulgaliter dicitur *Perusium,* in solo quod ad matrem dicti magistri pertinebat jure hæreditario, ut dicebat; et ideo petebat dictus magister Ægidius tanquam legitimus hæres matris suæ, prædicta sibi restitui a nobis, et fructus qui ex eis percipi potuerant, a die qua prædecessores nostros abbates fuisse super hoc legitime interpellatos dicebat. Item super eo quod idem magister Ægidius dicebat abbatiam Bonævallis tenuisse decimam dicti magistri, sitam circa Perruchetum prope Bonamvallem, pluribus annis et diversis temporibus, et dictæ decimæ fructus percepisse, quos sibi petebat restitui ad æstimationem sexties viginti librarum Turonensium. Item super eo quod dicebat idem magister Philippum patrem suum, ipso Ægidio existente in Lombardia, vendidisse abbati qui tunc temporis erat quamdam terram sitam apud Jupellum; et ipsum Ægidium in reversione sua de Lombardia obtulisse dicto abbati pretium, eumdem abbatem recipere recusasse dicebat; et ideo petebat dictam terram restitui, fructibus a die prædictæ oblationis computatis in pretio. Item super eo quod item Ægidius dicebat abbatem et conventum Bonævallis extorquere ab eo injustissime viginti solidos annui reditus, super domum dicti magistri sitam apud Bonamvallem ante ecclesiam B. Mariæ; quæ domus fuit quondam Mariæ La Chaussière aviæ suæ; et ideo petebat et se et domum suam a prædicto redditu absolvi...... de quibus controversiis et aliis querelis...... se subjecit et commisit dictus magister Ægidius *haut et bas* in omnibus et per omnia dicto, voluntati, ordinationi et beneplacito nostro, promittens idem Ægidius præstito super hoc tactis sacrosanctis corporaliter sacramento et sub pœna centum marcarum argenti, quod super præmissis omnibus stabit *haut et bas,* et præcise, dicto, voluntati, ordinationi et beneplacito nostro, non obstante quacumque constitutione juris canonici vel civilis : volens et concedens idem Ægidius, et per idem sacramentum et sub eadem pœna quod si contra præmissa vel aliquid præmissorum veniret, vel venire attentaret, pœnam prædictarum centum marcarum monasterio solvere teneretur, et pœna soluta nihilominus dictum, voluntas, ordinatio et beneplacitum nostrum super præmissis omnibus rata manerent. Goslenus et Petrus Bernardi erga nos per fidem suam se fidejussores prædicto magistro ad mandatum ejus constituerunt, et sub eadem pœna...... Nos vero fr. Hervæus abbas monasterii Bonævallis dicto compromisso pro bono pacis in nos recepto, veritate super præmissis controversiis diligenter inquisita..... consilio bonorum et deliberatione præhabitis, die ad hoc assignata, prædicto Ægidio et procuratore conventus nostri monasterii autoritate nostra ad hoc constituo nobis præsentibus, et petentibus ut dictum nostrum et ordinationem nostram super præmissis controversiis diceremus, abbatem et monasterium ab impetitionibus prædicti Ægidii, per definitivam dicti nostri et ordinationis sententiam absolvimus. Actum anno Domini M CC XLVII. »

La même année, tous les parens de M^{tre} Gilles ratifièrent et approuvèrent la sentence ci-dessus, et en outre confirmèrent la donation que ledit M^{tre} Gilles avoit fait à l'abbé et au couvent de Bonneval, d'une terre valant huit livres de rente, située dans le fief qu'il tenoit de leur église au territoire de Gérainville. Le tout par acte passé devant l'official de Chartres.

L'an 1250, Robert, dit le Gros, de Bagnolet, donna aux religieux de Bonneval tous les acquêts qu'il avoit faits du vivant de sa femme Milesende, à Villarceaux, Villepreux, Ormoy et Courbehaye, à titre d'aumône, par acte fait en présence de Mgr l'évêque de Chartres.

L'an 1255, un nommé Jean Picard, bourgeois de Vieuxvic, qui avoit acheté, de l'abbé et des religieux de Bonneval, un bois de haute-futaye situé près de Bonneval, appellé le Bois-de-St-Florentin, déchargea les dits abbé et religieux de la vente qui lui avoit été faite, et ils le déchargèrent du prix, comme il est plus amplement marqué dans l'acte qui suit :

« Universis præsentes litteras inspecturis, officialis archidiaconus Dunensis, salutem in Dno. Noveritis quod Joannes dictus Picard, burgensis de Veteri-vico, quittavit coram nobis abbatem et conventum Bonævallis de venditione nemoris alti eorumdem abbatis et conventus, quod est situm juxta Bonamvallem, et quod vulgariter appellatur nemus S. Florentini, eidem Joanni per eosdem abbatem et conventum facta, et de omnibus conventionibus in eadam venditione, et propter illam venditionem appositis inter dictum Joannem et conventum Bonævallis. Et simili modo frater Hervæus abbas quitavit pro se et pro conventu suo coram nobis dictum Joannem et plagios suos de venditione nemoris supradicti, et de omnibus conventionibus supradictis. In cujus rei testimonium et perpetuam firmationem, ad requisitionem prædicti Joannis Picardi et predicti abbatis, præsentes litteras sigillo curiæ nostræ sigillavimus. Datum anno Dni M CC LV°. Mense decembri. »

L'année suivante, l'abbé Hervé eut un différend avec le comte de Blois, qui prétendoit avoir de droit la garde du monastère de Bonneval, comme ayant été fondé par ses ancêtres. L'abbé Hervé et les religieux soutenant le contraire, la cause fut portée devant le roy S. Louis, qui la termina en la manière qui suit :

« Ludovicus Dei gratia Francorum rex. Noverint universi præsentes pariter et futuri quod dicebat fundatum et dotatum a prædecessoribus suis monasterium, et terræ ejusdem monasterii custodiam, et pertinentium ad idem monasterium, dicebat ad se pertinere : dicto abbate hoc negante, et dicente dictum monasterium fundatum et dotatum esse a regibus Franciæ, et custodiam prædicti monasterii et terræ ejusdem cum suis pertinentiis nostram esse, et ad nos nullo medio pertinere : ad quod probandum, chartam piæ memoriæ Ludovici regis exhibuit coram nobis. Tandem dicta charta coram nobis lecta, et plenius intellecta, hinc inde propositis iis quæ partes proponere voluerunt, partibus super hoc petentibus jus proferri, bonorum communicato consilio per judicium decernimus (vel decrevimus) dictam custodiam ejusdem monasterii, terræ suæ, et pertinentium ad ipsam, nobis et nostris successoribus Regis Franciæ tanquam propriam perpetuo remanere, dicto comiti et ejus successoribus super prædicta custodia perpetuum silentium imponentes. Quod ut firmum et stabile permaneat in futurum, præsentes litteras sigilli nostri fecimus impressione muniri. Actum apud Argentolium, anno Dni M CC LVI°. Mense novembri. »

L'auteur de notre *Abrégé latin* n'a donc pas dû dire qu'Hervé est mort cette même année le 6e de devant les calendes d'octobre, puisque l'acte ci-dessus n'a été passé qu'au mois de novembre, ou l'année suivante, puisqu'on ne trouve rien qui oblige d'avancer ainsi sa mort; à moins qu'il ne veuille peut-être faire place à un certain Girard qu'il croit avoir été abbé de Bonneval en 1258. Mais il pourroit bien s'être trompé, en lisant l'acte par lequel Gaultier de Frescot, chanoine de Chartres, rend aux religieux de Bonneval le pressoir de Montfaucon, que Girard, abbé de Bonneval, lui avoit donné à vie. Voici les termes dans lesquels cet acte est conçu :

« Universis præsentes litteras inspecturis magister Gualterus de Frescoto, canonicus Carnotensis, salutem in Dno. Universitati vestræ notum facio, et fieri volo, et publice recognosco, quod religiosi viri abbas et conventus monasterii Bonævallis pressorium suum de Monte-Falconis, cum ejusdem pressorii pertinentiis mihi tradiderunt tenendum a me ad vitam meam, salva semper abbati et conventui Bonævallis dicti pressorii et pertinentiarum ejusdem proprietate; et ita etiam, quod idem pressorium cum pertinentiis suis, et cum omni melioratione et augmentatione in eodem pressorio, et in pertinentiis ejus facta, ad abbatem et conventum Bonævallis post discessum meum libere reverterentur. Sane cum ego dictum pressorium et pertinentias ejus in forma prædicta diutius tenuissem, ego prudenter attendi et adverti quod dies mali sunt, et quod vergentis in senium sæculi corruptela de die in diem magis..... maligna, quam a malo converti. Quapropter præcavere et providere cum exacta diligentia cupiens, ne monasterium de gratia sua mihi facta per executores meos, seu per hæredes meos post decessum meum pro gratiarum actione vexationem et injuriam reportet, sanus corpore et sanæ mentis compos...... abbati et conventui Bonævallis supradictum pressorium suum, et omnes pertinentias ejusdem pressorii, et omnem meliorationem et augmentationem in dicto pressorio, et in pertinentiis ipsius pressorii quocumque modo factam, cum multa gratiarum actione liberum et quietum omnino et in perpetuum in presenti littera trado et quito. In cujus rei perpetuam notitiam et firmitatem, præsentes litteras sigilli mei impressione sigillo et munio. Datum anno Dni M CC LVIII°, mense novembri. »

Il paroît par cet acte que Gaultier de Frescot reconnoît que l'abbé Girard et le couvent de Bonneval lui ont donné pour sa vie le pressoir de Montfaucon. Et comme il le rend en 1258, après en avoir longtems joui, comme il dit lui-même, il est certain que cela doit s'entendre de ce Girard auquel Hervé a succédé, et non d'un autre Girard, avec d'autant plus de raison, qu'il ne paroît point par cet acte que le pressoir en question soit rendu à un Girard.

La charte de Jean de Châtillon n'est pas plus favorable pour ce prétendu Girard IIe, puisqu'elle n'exprime aucun nom d'abbé. C'est pourquoy sans nous arrêter à toutes les preuves de l'auteur de notre abrégé, qui n'ont aucun fondement, nous continuerons de mettre les actes suivants sous l'abbé Hervé.

Mais, puisque nous avons parlé de Gaultier de Frescot, il est bon de remarquer en passant que cette famille étoit très-illustre, et qu'elle a toujours eu beaucoup d'affection pour l'abbayïe de Bonneval; que souvent elle l'a comblée de ses bienfaits, et même que plusieurs de ce nom y ont choisis leur sépulture, entre lesquels on peut mettre selon toutes les apparences Gaultier dont nous parlons, avec deux de ses frères. Car avant qu'on eût diminué le chapitre, il y avoit trois tombes sur lesquelles étoient gravées les inscriptions suivantes :

I

PAGUS FRESCOTI GUALTERUM ME GENERAVIT
URBS QUOQUE CARNOTI PRÆBENDA CONDECORAVIT
CAPTIVI QUE REI LICET ALTÆ PROGENITRICI
SPIRITUS ALME DEI, TU MISERERE MEI.

II

A TENERIS ANNIS FUIT HUJUS CURA JOANNIS
CARNOTI CLARÆ FAMULARI VIRGINIS ARÆ
CLARA QUE FRESCOTI GENERI DANS LUMINA TOTI
MORIBUS ET VITA CLARUS FUIT ARCHILEVITA
PAGI BLESENSIS, QUEM NONUS IN ORDINE MENSIS
JUSTINÆ FESTO TUMULAVIT FUNERE MŒSTO.

Ces deux tombes sont dans le chapitre.

III

N[1]. DE FRESCOT JACET HIC, QUEM PROSPERA CLOTO
MAGNIFICAVIT ITA DUNENSIS UT ARCHILEVITA
LAUDE FORET MERITA VIR FLORENS CŒLIBE VITA
VIR PROBUS AC TUTUS VALIDE SUA JURA SECUTUS
CUM CHRISTO COMITE DUO FRATRES ARCHILEVITÆ
HI PROPE JUNGANTUR PROPE JUNCTI QUI TUMULANTUR.

Cette tombe est au milieu du chœur de l'abbayïe.

Mais, dans ce changement, la première et la troisième de ces tombes furent enlevées, et il n'est demeuré que la troisième qui se voit encore aujourd'hui au milieu du chapitre, avec son inscription telle que nous venons de la rapporter.

L'an 1263, R...., abbé de la Madeleine de Châteaudun, et le couvent du même lieu passèrent une reconnoissance de 5 P. de cens à l'abbé

---

1. Nicolaus. — Cette pierre existe encore à l'Asile qui a remplacé l'abbaye. — V. B.

et au couvent de Bonneval, payables à la St-Remi dans la maison du prieur de St-Pierre de Châteaudun, pour les terres que Guillaume Roussignol, prêtre, leur avoit donné de son vivant, avec la permission de l'abbé et des religieux de Bonneval, dans la censive desquels elles étoient situées, avec un demi-arpent de vigne qui avoit appartenu à Jean Asseline, prêtre de St-Valérien de Châteaudun.

Comme la charte de Jean de Châtillon, comte de Blois et de Chartres, et seigneur d'Avesne, n'exprime point le nom de l'abbé avec lequel elle a été faite, nous la mettrons encore ici sous l'abbé Hervé, quoiqu'elle soit de l'an 1265.

Cette charte est une espèce de transaction ou accord de ce seigneur avec l'abbé et les religieux de Bonneval, par lequel ils consentent qu'il jouisse dans la suite des droits qui y sont spécifiés, dans l'étendue de la ville et banlieue de Bonneval. Et comme elle répète presque toutes celles que nous avons déjà rapportées, & que d'ailleurs elle est fort longue, nous n'avons pas cru devoir l'insérer ici, renvoyant ceux qui la voudront voir, au cinquième article du petit Cartulaire, où elle est rapportée en son entier.

Cependant il ne sera pas inutile de remarquer en passant, qu'elle est bien différente de celle du comte Étienne, surnommé Henry, son prédécesseur, dans laquelle il reconnoît n'avoir dans la ville & banlieue de Bonneval que le droit de marché qui lui avoit été accordé par l'abbé et les religieux. Il est vrai qu'ils en ont encore accordés quelques autres à ses successeurs, soit de bonne volonté ou par contrainte; et peut-être même à cause des guerres fréquentes en ces tems-là, qu'ils n'étoient point en état de soutenir. Celle de Jean de Châtillon, au contraire, en contient un si grand nombre dont ne sçait point l'origine, et qui se sont trouvés établis en si peu de tems, qu'il est très-naturel de croire qu'ils ont été usurpés par la trop grande puissance de ce seigneur & de ceux qui l'ont précédés.

Aussi cette transaction est-elle la dernière qui ait été faite avec les comtes de Blois et de Chartres, puisque ce comté ne resta pas longtems depuis entre leurs mains. Car Jeanne de Châtillon, qui en étoit demeurée héritière par la mort de son père, arrivée en 1279, s'étant mariée vers l'an 1272 à Pierre de France, comte d'Alençon, fils du roy saint Louis, & en étant restée veuve sans enfans, elle vendit le comté de Chartres l'an 1286 au roy Philippe le Bel, qui le donna ensuite à son frère Charles, comte de Valois, après la mort duquel étant retourné à Philippe de Valois, son fils, il le reünit une seconde fois à la couronne de France.

Si tout ce que nous avons rapportés jusqu'à l'an 1265 a été mis sous l'abbé Hervé, ce n'est que par conjecture, puisque nous n'avons rien de certain de lui depuis l'an 1256.

§ III.

JEAN, 16ᵉ ABBÉ.

Nous trouvons encore ici une preuve de la supposition gratuite de ce Girard II, dont nous avons parlé ci-dessus, en ce que l'auteur de notre *Abrégé latin* le fait vivre du moins jusqu'à l'an 1279, quoique nous ayons un témoignage autenthique de l'an 1270 que Jean étoit dès lors abbé de Bonneval, et qu'il l'a même été quelques années auparavant, selon toutes les apparences ; ce que nous supposons en mettant sous lui l'acte par lequel Guillaume, dit le Forcené d'Anguerran, renonça de son bon gré en présence de l'official de Chartres, au fief qu'il avoit tenu, comme il le disoit, de l'abbayïe de Bonneval, situé au village de Pré[1], et remit à Thomas, Jean et Renaud, ses hommes liges, la foi et hommage dont ils étoient tenus envers lui, afin qu'ils la portassent dans la suite à l'abbé de Bonneval : ce qui fut fait l'an 1267, au mois d'octobre.

L'année suivante, l'abbé et les religieux de Bonneval eurent un différend avec l'abbé et les religieux de Marmoutiers, touchant les dixmes de certaines terres près Villeau, que ceux de Bonneval prétendoient avoir été usurpées sur eux par ceux de Marmoutiers. L'affaire fut mise en compromis par devant Mᵗʳᵉ Gille.... de l'église de Saint-Martin de Tours, et frère.... prieur de Sᵗ-Martin au Val près de Chartres, et l'accord fut signé par Étienne, abbé de Marmoutiers, le mardi d'après la fête de la Madeleine, l'an M CC LXVIII.

L'an 1269, Guillaume, sʳ de Moharville, donna en aumône aux religieux de Bonneval, le fief qu'il avoit à Montfaucon, avec tout ce qui en dépend, et même toute la justice qu'il pouvoit avoir en ce lieu. En reconnoissance de quoy les religieux lui promirent de célébrer pour lui après sa mort, tous les ans, un service le jeudi d'après la Purification.

---

1. Pré-Sᵗ-Martin.

L'an 1270, au mois de novembre, Jean, abbé de Bonneval, et tout le couvent, eurent un différend avec un nommé Guillaume..... bourgeois de Bonneval, au sujet d'une maison et de ses dépendances, qui fut ainsi terminé : sçavoir que ledit Guillaume donna quinze livres d'argent, monnoye de Chartres, pour jouir à toujours et en toute propriété de cette maison, à la charge néanmoins de payer annuellement les cens & autres redevances dont elle étoit chargée envers l'abbayïe.

La même année, l'abbé et les religieux de Bonneval acquirent de Hervé Doumel, écuyer, Jean et Pierre, ses frères, tout ce qu'ils possédoient à Patay, Chauvreux, Villepreux, Cormainville, Villeneuve-sur-Connye, Prunneville, Guillonville et autres lieux, moyennant la somme de cent livres tournois, par contract passé devant Henry Bafleue et Henri Le Roux.

L'an 1272, le pape Grégoire X accorda à l'abbé et aux religieux de Bonneval une bulle par laquelle il confirme et met sous la protection du St-Siége tous les biens et les droits de l'abbayïe, présens et à venir, de laquelle nous donnerons ici un extrait plus ample que des précédentes, afin de donner quelque idée des biens, des droits et des bénéfices dont jouissoit l'abbayïe dans ce tems-là :

« Grégoire, évêque, serviteur des serviteurs de Dieu, à nos bien-aimés fils l'abbé du monastère de Bonneval, et à ses frères, tant présens qu'à venir, qui ont faits profession d'une vie régulière..... Nous vous accordons vos humbles requêtes, & recevons sous l'obéissance de St-Pierre et en notre protection l'abbayïe de Bonneval, où demeurant vous vous êtes obligés à servir Dieu, & vous fortifions de l'écrit de ce présent privilége. Ordonnons en premier lieu que l'ordre des religieux que l'on sçait être institué selon Dieu et la règle de saint Benoît dans ladite abbayïe, soit à jamais inviolablement gardé : que tous les biens que lad. abbayïe possède présentement et possédera à l'avenir par la libéralité des papes, des rois et des princes, vous demeurent asseurés et en entier; entre lesquels nous avons voulu exprimer ceux-ci : sçavoir le lieu même où est l'abbayïe, avec toutes ses appartenances ; les paroisses de N.-D., de St-Sauveur, St-Michel, et St-Jacques de Bonneval, avec les rentes annuelles et toutes les autres appartenances d'icelles. *Item,* la ville de Bonneval et tout ce qui en dépend, les terres, dixmes, possessions, rentes annuelles & la jurisdiction temporelle que vous avez là; le prieuré de St-Sauveur, situé près Bray, la cure, les rentes, et une prébende que votre abbayïe a en l'église collégiale dudit lieu de Bray ; les cures, chapelles, dixmes, et autres possessions qui sont dans le territoire de Villeneuve, Rosson et Bussy ; le prieuré et la cure de Sargines, le prieuré et la cure de Chalautre-la-Petite, le prieuré et la cure de Lorray, le prieuré et la cure de Merenville, avec les chapelles, dixmes et autres revenus que votre abbayïe possède en ces paroisses...., le prieuré et la cure d'Auneau, le prieuré et la cure de Thimer, le prieuré et la cure de Galardon, le prieuré et la cure de Bagnolet, le prieuré et la cure de Magny, le prieuré et la cure de Bouville, le prieuré et la cure d'Alluye, le prieuré et la cure de Saumeray, le prieuré et la cure de St-Pierre de Châteaudun..., le prieuré et la cure de St-Calais, le prieuré et la cure de Moaisy, le prieuré et la cure de Bergoville [1] ; le prieuré et la cure de la Gahaudière, le prieuré et la cure de Patay, le prieuré et la cure de Cormainville, le prieuré et la cure de Courbehaye, le prieuré et la cure de Rouvray [2], le prieuré et la cure d'Orlu...., les chapelles de Givès, de St-Thomas de Châteauneuf, de Poirreux, de St-Vincent et St-Éman de Chartres, avec tous les biens et droits qui vous appartiennent dans les lieux desdits prieurés, cures et chapelles, les metairies de Juppeau, la Chaise, Villemorin...., les cures de St-Maurice, de St-Maur, de Moriers, de Dancy, de Lolon, de Gérainville, la chapelle de Villepreux, les cures de Bourneville, de Villeneuve, de St-Aubin, de Romilly, de Liseaux, de St-Symphorien, d'Aunonville, de Faviers, de Fontenay...., les cures de la Villette et de St-Sauveur près Châteauneuf, de Gauhaury, des Ardelles et de la Ferrière, avec toutes leurs appartenances ; comme aussi les dixmes, terres, vignes, et tous les droits que votre abbayïe y a..... Personne ne pourra demander les novales des terres que vous labourez, ni des troupeaux que vous nourrissez. Il vous est aussi permis de recevoir chez vous les hommes libres, clers ou laïques..... Nous défendons qu'aucun de vos frères ayant fait profession dans votre abbayïe, en sorte sans la permission de l'abbé, que pour entrer dans une religion plus austère..... Quand il y aura un interdit général, nous vous permettons de célébrer la messe basse, les portes fermées, sans sonner les cloches, pourvu que vous n'ayez pas été la cause de cet interdit. Vous recevrez de l'évêque diocésain le chrême, les saintes huiles, la consécration des autels et les ordres. Nous défendons à aucun de bâtir une chapelle dans l'étendue

1. Bourgueil.
2. Rouvray-Saint-Florentin.

de votre paroisse, sans le consentement de l'évêque et le vôtre. Nous ordonnons aussi que vous pourrez enterrer chez vous ceux qui auront cette volonté, sauf le droit de leurs curés..... De plus, nous vous donnons droit de retirer et racheter légitimement tous les biens et les dixmes qui appartenoient à vos églises, qui sont détenus par des laïques..... Quand il arrivera que vous abbé, ou vos successeurs mourront, qu'aucun ne soit fait abbé par finesse ou par force, mais celui que les frères d'un commun consentement, ou la plus grande partie des plus avisés aura trouvé bon d'élire selon Dieu et la règle de saint Benoît. Nous défendons à tous par l'autorité apostolique de dérober, mettre le feu, répandre du sang, prendre un homme par force, ou le tuer dans l'enclos de vos lieux réguliers.... Défendons à toutes personnes de troubler ladite abbaÿie, de lui ôter ses possessions, de les retenir, les diminuer ou molester par aucune sorte de vexation..... Partant si quelque personne ecclésiastique ou séculière sçachant cette constitution par nous faite, ose attenter d'y contrevenir témérairement, et étant avertie ne se corrige pas, qu'elle demeure dégradée de tout honneur et puissance, et privée du corps de Notre-Seigneur, et sujette au dernier jugement à la vengeance et punition de son crime. Mais à ceux qui garderont les biens et les droits dudit lieu, soit la paix de N. S. J. C., et qu'ils reçoivent la récompense de leurs bonnes. Ainsi soit-il. Signé GRÉGOIRE et plusieurs cardinaux, l'an M CC LXII, et du pontificat de Grégoire X le Ier. »

L'an 1286, le roy Philippe-le-Bel ayant acheté le comté de Chartres et ses dépendances de Jeanne, comtesse de Blois, sa tante, les officiers qui furent établis à Bonneval pour administrer les biens et les droits que les comtes de Chartres avoient obtenus des religieux plutôt par force que de bon gré, comme nous l'avons déjà remarqué, se sentant appuyés de l'autorité royale, crurent avoir l'occasion favorable de pousser leurs entreprises plus loin que n'avoient osé faire les officiers des comtes, comme nous allons le voir par la suite.

Ils commencèrent par disputer aux religieux la possession où ils étoient d'avoir un sergent dans la ville de Chartres. C'est pourquoy l'an 1290 les religieux furent obligés d'avoir recours à Thibault, comte de Blois et de Clermont, de la maison duquel le comté de Chartres étoit sorti, qui leur donna un acte scellé de son sceau, par lequel il certifie qu'ils ont droit d'avoir dans la ville de Chartres un sergent exemt de tout impôt.

L'année suivante, les officiers qui étoient à Bonneval faisant tous les jours des entreprises, les religieux s'adressèrent immédiatement au roy Philippe-le-Bel, qui envoya une commission au bailly d'Orléans et de Chartres, sur la requête qui lui avoit été présentée, dans laquelle les religieux de Bonneval se plaignoient de ce que, depuis que le comté de Chartres avoit été reüni à la couronne de France, les gens du Roy faisoient payer la taille et contraignoient les personnes qui dépendoient des abbé et religieux de comparaître en la justice du doyen et du Chapitre de Chartres, au lieu de les appeller pardevant les officiers de l'abbayïe : d'où les doyen et Chapitre de Chartres avoient pris occasion de faire porter devant le juge ecclésiastique les causes de l'abbé et du couvent de Bonneval, qui se traitoient auparavant dans leur justice; qu'outre cela le Roy avoit établi un sceau à Bonneval, au grand préjudice de l'abbé et du couvent, quoiqu'il n'y en eût aucun avant la réunion du comté de Chartres. C'est pourquoy S. M. ordonne audit bailly de faire cesser le trouble causé par les doyen et Chapitre de Chartres, sous peine de saisie de leur temporel, et ensuite de s'informer exactement s'il n'y avoit pas un sceau dans la ville de Bonneval, avant la réunion du comté de Chartres à la couronne, pour en faire un rapport fidèle au Parlement prochain. Donné à Paris le dimanche avant les Rameaux, l'an 1291. Et sur les informations et rapport dudit bailly, il y eut un arrêt rendu au mois de may de la même année, conçu en ces termes :

« Philippus Dei gratia Francorum rex, universis præsentes litteras inspecturis salutem. Notum facimus, quod cum ad requisitionem religiosorum virorum abbatis et conventus Bonævallis..... de mandato nostro quædam informatio ad sciendum in qua saisina seu possessione dicti religiosi erant, tempore quo dilecta amita nostra Joanna comitissa Blesensis nobis tradidit illud quod habebat apud Bonamvallem, faciendi fieri solutiones dictæ comitissæ per manum suam reddituum comitissæ : Visa dicta informatione et eorum privilegiis, inventum fuit probatum, quod tempore quo dicta comitissa tenebat illud quod nobis tradidit et in nos transtulit, quod quando præpositus comitissæ vendebat alicui suum mestivum, et non solvebat dicta die, quod dictus præpositus comitissæ requirebat præpositum abbatiæ, quod faceret sibi solvi ; et tunc præpositus abbatiæ faciebat capi per servientem suum, gagia penes illos qui erant in defectu solvendi, quando recognoscebant debitum, et gagia sic capta ipse tradebat præposito comitissæ. Item quod dicti religiosi erant in saisiva, quod quando præpositus comitissæ volebat habere juramentum a mercatoribus villæ Bonævallis, qualiter ipsi solverent coutumias suas, tempore præterito dictus præpositus comitissæ requirebat præpositum abbatiæ, quod faceret adjornari coram se dictos mercatores; qui adjornati gagiabant præposito comitissæ coram præposito abbatiæ, facere juramentum quod bene et fideliter solverent coutumias prædictas. Item quod quando aliqui menesterelli adjornati coram præposito abbatiæ, ad requestam præpositi comitisse, super defectum solutionis pecuniæ debitæ pro suis menesteriis, negabant debitum se aliquod debere dicto præposito comitisse ex causa prædicta, et super hæc convincebantur, gagiabant emendam dicto præposito abbatiæ. Et ideo per curiam nostram extitit ordinatum, quod si processu temporis nos poneremus prædicta extra manum nostram, quod hoc quod gentes nostræ levant ad præsens..... et per manum nostram explectant, et non per manum dictorum religiosorum, non faciat eis præjudicium in futurum, quin res predictæ ad statum pristinum revertantur, et salvis ipsis religiosis emendis suis, quas habere consueverunt ab illis qui non solvunt ad terminum constitutum. In cujus rei testimonium præsentibus litteris nostrum fecimus apponi sigillum. Actum Paris. Anno Dni M CC XCI°, mense maio. »

L'an 1292, le prieur d'Auneau eut un différend avec Guy, seigneur du lieu, pour plusieurs droits qu'il prétendoit lui appartenir. Jean de Chesoy, religieux et prévôt de Bonneval, fut chargé par l'abbé et couvent d'une procuration pour le terminer, conçue en ces termes :

« A tous ceux qui ces présentes lettres verront, Jean, par la permission divine, humble abbé de Bonneval, & tout le couvent, salut. Nous déclarons que procès s'étant mû entre notre prieur d'Auneau et Guy, seigneur dud. lieu, pour raison de notre prieuré, nous avons choisis notre confrère Jean de Chesoi, prévôt et religieux de notre abbayïe, auquel nous avons donné un plein pouvoir d'agir et terminer par devant quelque juge que ce soit, ecclésiastique ou laïque, et pour accommoder tout ce qui nous regarde ou notre dit prieuré. Donné l'an 1292, au mois de mars. »

La même année, l'abbé Jean jugea le procès qui étoit entre un nommé Dugué, qui dépendoit du prieuré de Saint-Sauveur-sur-Seine, près Bray, & le prieur dud. lieu, dans un chapitre général qui étoit assemblé à Bonneval le lundi fête des S[ts] martyrs Marcellin et Pierre, et du consentement unanime de tous les assistans.

L'année suivante, le roy Philippe-le-Bel adressa au bailly d'Orléans,

en faveur de l'abb. de Bonneval, un ordre conçu en ces termes :
« Philippus Dei gratia Francorum rex, baillivo Aurelianensi, salutem. Mandamus tibi, quatenus abbatem et conventum monasterii Bonævallis, personas et bona ejusdem monasterii de garda nostra speciali existentes ab injustis violentiis et gravaminibus manifestis protegas, et defendas in statu in quo erant tempore quo comitatus Carnotensis venit ad manum nostram; etiamsi ex parte Gentium fratris et fidelis nostri comitis Carnotensis fiant eis violentiæ, non sustineas, judicia vero curiæ nostræ pro ipsis abbate et conventu facta teneri facias et servari, prout in litteris nostris super hoc confectis videbis contineri. Actum Parisiis die lunæ post festum B. Mathiæ apostoli, anno Domini M CC XIII°. »

L'an 1296, l'abbé Jean tint encore un chapitre général, le jour de la fête des S^{ts} martyrs Florentin et Hilaire, ce qui fait voir que c'étoit la coutume dans ces tems-là de tenir des chapitres généraux, du moins tous les trois ans, apparemment composés de tous les prieurs dépendans de l'abbaÿie. Nous trouvons celui-ci marqué dans un acte qui fut fait à l'occasion d'un nommé Renaud de Bonneval, et Alise, sa femme, lesquels voulant fonder une messe quotidienne du St-Esprit dans l'église de Notre-Dame de Bonneval, à l'autel bâti de nouveau en l'honneur de la Ste Trinité et du B. S. Julien, comme cela ne se pouvoit faire sans l'agrément de l'abbé et des religieux, ils en obtinrent les lettres suivantes :

« Universis præsentes litteras inspecturis, frater Joannes divina permissione abbas humilis monasterii Bonævallis, totusque ejusdem loci conventus, salutem in Dno. Notum facimus tam præsentibus quam futuris, quod magister Reginaldus de Bonavalle castellarius ad nos personnaliter accedens, interveniente cum eo et pro eo Nicolao dicto Vaillant presbitero rectore ecclesiæ B. M. Bonævallensis, asseruit coram nobis quod ipse de bonis sibi a Deo collatis, pro salute et remedio animarum excellentissimi principis Dni nostri Philippi Dei gratia Francorum regis, et illustrissimæ serenissimæque dominæ reginæ nostræ Joannæ uxoris suæ, et eorumdem liberorum, ex quorum speciali gratia et solita largitate bona congratulabatur quam plurima recepisse, necnon et pro salute et remedio animæ et Alisiæ uxoris suæ et liberorum suorum, et pro animabus patrum et matrum eorumdem, et omnium benefactorum suorum, ac etiam pro utilitate totius Patriæ, et maxime omnium per dictam villam Bonævallis transeuntium, quoddam altare in dicta ecclesia B. M. in honore Sanctæ et Individuæ Trinitatis, et B. Juliani confessoris et omnium sanctorum ardentissime fundare cupiebat, et eidem altari decem libras annui redditus assignare, pro una missa de S^{to} Spiritu ad notem ibidem a dicto rectore et successoribus ejus qualibet die in aurora lucis in perpetuum celebranda. Ad quia dictus Reginaldus dictam fundationem sine assensu nostro commode facere non poterat, tum quod dictæ ecclesiæ sumus patroni, tum quod sine licentia nostra et auxilio nostro dictum redditum acquirere, et dicto altari assignare sine difficultate permaxima non valebat; idcirco nobis humiliter supplicavit, ut nos eidem super hoc nostrum præberemus assensum, dictum que redditum dicto altari, ut dictum est, assignaremus, et in nostro dominio permitteremus acquiri ; pro quo redditu in nostro dominio acquirendo et admortisatione ejusdem, nobis centum solidos annui redditus similiter in nostro dominio in perpetuum assignaret, et quod nos de viginti libris Turon. quæ a quocumque rectore dictæ ecclesiæ infirmario nostri monasterii de jure infirmariæ annuatim debentur, dicto rectori decem libras ex nunc in perpetuum relaxare vellemus, ad hoc ut ad perfectionem dicti negotii citius posset procedi : qui magister Reginaldus pro prædictis decem libris alias decem libras annui redditus, nomine permutationis puræ, et in recompensatione earumdem dicto nostro infirmario daret, et de suo proprio in loco sufficienti ad æstimationem boni viri in perpetuum assignaret. Quorum petitionibus condignis nos charitative moti, benignum inclinantes auditum, devotione ferventi occasione aliqua resilire ; ob nostram etiam et nostrorum in præscripta ecclesia memoriam æternaliter conservandam, dictam fundationem quantum in nobis est volumus etiam et laudamus, et eidem firmiter consentimus ; dictoque rectori decem libras de prædictis viginti libris infirmario nostro annuatim debitis, ut dictum est, ex nunc relaxamus in perpetuum et quitamus, et easdem dicto altari pro dicta missa, ut dictum est, celebranda et pulsanda, prædicti Reginaldi nomine assignamus. Præterea quitamus in perpetuum dictum Reginaldum, et ejus hæredes, et omnes ab ipso causam habentes, de decem libris quas idem Reginaldus in nostro dominio in loco sufficienti, et ad æstimationem boni viri infirmario nostro et ejus successoribus assignavit nomine permutationis puræ, et in recompensatione dictarum decem librarum dicto rectori jam quitatarum, et dicto altari, ut dictum est, assignatarum ; de quibus decem libris infirmarius nostri monasterii qui nunc est, se tenuit coram nobis plenarie pro pagato. Tenemus autem et nos pro bene pagatis de centum solidis annui redditus nobis a dicto Reginaldo pro admortisatione prædicta assignatis, ipsum et hæredes suos et omnes ab ipso causam habentes de omnibus prædictis absolventes in perpetuum et quitantes, promittentes nos bona fide quod contra per nos, seu per alium vel alios non veniemus in posterum clam vel palam, nec ipsa revocabimus in futurum. Quod ut ratum et stabile permaneat in futurum, præsentes litteras sigillorum nostrorum munimine fecimus roborari. Datum in capitulo nostro generali, anno Dni 1296, die Jovis, in festo B. martyrum Florentini et Hilarii, omnibus consentientibus, nulloque contradicente. »

La même année, ledit Nicolas Vaillant prêta serment devant l'official de Dunois, et promit de garder inviolablement le traité ci-dessus : ce qui fut fait en présence de Simon, évêque de Chartres, qui l'approuve en la manière qui suit :

« Nos autem hac paterna sollicitudine intendentes, videntesque ac scientes ipsam missam pro magno animarum commodo, et ipsius ecclesiæ utilitate fundatam esse, statuimus, volumus et ordinamus, quod dicti missa de S^{to} Spiritu in ipsa ecclesia B. M. Bonævallis in futurum, quatuor festis Annalibus necnon diebus dominicis duntaxat exceptis; et quod dictus Nicolaus rector jurabit ad sancta Dei coram dicta officiali Dunensi, quod ipse dictam missam, quandiu vixerit et rector fuerit ejusdem ecclesiæ, per se vel per alium alius fideliter celebrabit. Et si aliqua die, quod absit, dictam missam obmiserit celebrare, pro illo defectu, toties quoties evenerit, solvet idem rector pauperibus eleemosinæ Bonævallis quinque solidos Carnotenses pro pœna et nomine pœnæ, quam nolumus posse per aliquam relaxari, nec per solutionem pœnæ solvimus ipsum rectorem, si cessaverit, a periculo perjurii excusari. Et ut præmissa firma permaneant in futurum, ea volumus, laudamus, et approbamus. In cujus rei testimonium et munimen, præsentes litteras sigilli nostri munimine fecimus roborari. Datum anno Dni 1296. »

Voilà ce qui nous reste de plus considérable, touchant ce qui s'est passé sous l'abbé Jean. Nous n'en avons rien de certain après l'an 1296, quoiqu'il ait peut-être vécu encore plusieurs années après ; puisque le premier acte de celui que nous mettons pour lui succéder, est seulement de l'an 1308.

CHAPITRE VII

Des Abbés pendant le XIVe siècle.

---

§ I.

NICOLAS, 17ᵉ ABBÉ.

DE tous les siècles, il n'y en a point où les abbés nous soient moins connus que dans celui-ci, et dont il nous reste si peu de choses. Cependant, selon toutes les apparences, on peut dire que celui qui succéda à l'abbé Jean, dont nous avons parlé ci-dessus, se nommoit Nicolas. Quoique le tems de son élection ne nous soit pas plus connu que celui de ses prédécesseurs, on peut néanmoins assurer qu'il étoit abbé avant l'an 1308, puisque nous avons un acte de cette même année, qui porte son nom, ou du moins la lettre N, qui en est la première, suivant la manière assez usitée dans les actes de ce tems-là. Celui dont nous parlons, est un bail à toujours, par lequel N., humble abbé de Bonneval, donne à un nommé de Villiers, et à Jeanne, sa femme, une maison dans la ville de Bonneval, qui appartenoit à l'abbayïe, avec un jardin et ses dépendances, moyennant trois livres de rente annuelle et perpétuelle, payable en deux termes : sçavoir la moitié à la Nativité de N. S., et l'autre à la Sᵗ Jean-Baptiste, sans préjudice des autres droits, qui ont coutume d'être payés par ceux qui en ont joui ci-devant. Ce qui fut fait dans un Chapitre général tenu après la Pentecôte, l'an M CCC VIII.

Il paroit par cet acte que l'abbé Nicolas suivoit les traces de ses prédécesseurs en faisant assembler de tems en tems des chapitres généraux, ce qui a été aussi pratiqué par quelques-uns de ses successeurs, comme nous le verrons dans la suite.

Il y a même tout lieu de croire qu'il étoit abbé dès l'an 1306, et que ce fut lui qui termina la dispute qui étoit entre Marguerite, reine de Jérusalem et de Sicile, comtesse de Tonnerre et dame du Perche, d'une part, & les religieux de Bonneval, d'autre, touchant plusieurs droits de justice dans les villes et lieux de Frescot, Milsay, Rouvray-St-Florentin, Alluye, Saumeray, Bouville et Moriers. Les parties convinrent d'arbitres, lesquels, après avoir diligemment examiné toutes choses, dressèrent plusieurs articles en forme de règlement, qui furent acceptés et approuvés de part et d'autre, comme il est plus amplement spécifié dans l'acte qui en fut dressé et scellé du sceau de la dite Reine.

Quoique Nicolas ait été abbé environ 12 ou 15 ans, nous ne trouvons cependant rien de certain de ce qui s'est passé de son tems; on peut dire toutes fois qu'il a eu des affaires assez considérables, soit que les choses dont il étoit accusé fussent véritables ou supposées. On en peut juger par une commission qui fut adressée au prieur claustral du monastère de Bonneval, au dioceze de Chartres, par Berenger, évêque de Frescati, qui apparemment avoit été députe pour informer contre l'abbé Nicolas. Cette pièce est tellement usée et effacée, qu'il n'a pas été possible de la lire en son entier. C'est pourquoy nous nous contenterons d'en rapporter ici le commencement :

« Berenger, par la grâce divine évêque de Frescati, au religieux homme prieur claustral du monastère de Bonneval, ordre de S.-Benoît, diocèse de Chartres, salut en N.-S. Ayant vu les supplications qui nous ont été faites de la part du frère Nicolas, abbé du susdit monastère, les recevant avec autant de douceur qu'il nous est possible, par l'autorité de N. S. P. le Pape. Nous commettons à votre discrétion le pouvoir d'entendre exactement la confession de cet abbé; et si vous découvrez qu'il ait agi avec violence envers les religieux ou convers, ou envers d'autres personnes religieuses, ou clercs seculiers....... »

Par le reste de cet acte, duquel on ne peut lire que quelques mots détachés, il semble que le prieur est autorisé à donner pénitence à cet abbé, le suspendre de ses ordres, ou bien même le déposer, si le cas le requiert, ou enfin le traiter plus doucement, s'il remarquoit qu'il se fût trompé par simplicité. Cet acte fut donné la première année du pontificat de Jean XXII, c'est-à-dire vers l'an 1316. Mais nous ne sçavons point la manière dont cette affaire fut terminée, non plus que ce qui y avoit donné occasion.

Cependant, suivant l'auteur de notre *Abrégé latin,* qui dit que le successeur de l'abbé Nicolas fit des baux dès l'an 1317, on peut croire ou que cet abbé a été déposé, ou qu'il est mort peut-être même avant que cette affaire eût été décidée.

Il y a dans le sanctuaire de l'église de l'abbayïe, du côté de l'Évangile, un tombeau sur lequel est une figure d'abbé revêtu d'habits pontificaux, que l'on dit être l'abbé Nicolas. Mais comme on n'en donne aucune preuve, nous ne faisons pas grand fond sur cela, et nous laissons aux curieux à examiner la chose de plus près.

NOTA. — Au-dessus de son tombeau il y avoit cette inscription : NICOLAS ABBAS ANNO 1310. Cette date est sans doute une erreur de ceux qui, après les dévastations du couvent et de l'église, en restaurant cette partie, n'ayant plus apperçu la queue du bout du 9, ont mis un o à la place.

§ II.

GEOFFROY, 18ᵉ ABBÉ[1].

Suivant ce que nous avons dit ci-dessus, que Geoffroy avoit fait des baux en qualité d'abbé de Bonneval dès l'an 1317, il faudroit dire qu'il a été élu au commencement de cette même année, ou sur la fin de la précédente. Cependant nous ne trouvons rien de certain touchant ce qui le regarde, devant l'an 1322, qu'il donna à titre de cens avec l'armoirier de Bonneval, cinq mines de terre qui dépendoient de son office, aux charges et conditions énoncées dans l'acte qui suit :

« A tous ceux qui ces présentes lettres verront, frère Geoffroy, humble abbé de Bonneval, & tout le couvent dudit lieu, salut. Nous faisons sçavoir que nous et l'armoirier de notre dit monastère avons

---

1. 30 mars 1317. Geoffroy, frère N. abbé de Bonneval (diocèse de Chartres), donne procuration scellée à frère Gilbert, prieur de Bazoche-en-Dunois, à Gilles Barbier, prévôt de Bonneval, à Pierre de Chenilleinville, prieur de Saint-Laurent (tous moines de Bonneval), pour représenter le couvent aux États généraux tenus à Paris en 1317, sous Louis X le Hutin. (Archives de l'Empire, carton F, 443, n° 4, 187). — *Note de M. Stadler, inspecteur des Archives de l'Empire (avril 1856).*

accensé et donné pour toujours à Jean Songuet et à Jeanne, sa femme, cinq mines de terre ou environ, situées dans la censive et terrage appartenant audit armoirier et à son office, au territoire de Pré, qui touchent d'un côté l'hébergement des susdits Jean et Jeanne, d'autre la terre de Gilon Coulon, d'un bout au chemin par où l'on va du Pré à Bulainville, et d'autre bout les terres de Bernard de Godonville, pour en jouir à toujours eux et leurs hoirs ou ayant cause, à la charge de payer huit sols tournois de cens chaque année de la St-Rémy à l'armoirier de l'abbayïe, et faute de payement seront condamnés à cinq sols d'amende envers le même, sans préjudice des relevoisons qu'ils seront tenus payer audit armoirier, toutes les fois qu'il y aura mutation : sçavoir, cinq sols tournois pour chaque mine de terre, soit qu'elle soit cultivée ou non, sauf aussi le droit de justice, qui nous a toujours appartenu. Ce qui fut accordé par les parties, et scellé du sceau de l'abbé et de l'armoirier l'an 1322, dans un chapitre général tenu à la St-Martin d'hiver. »

Dans le même chapitre, on fit encore un autre acte, par lequel il est enjoint aux prieur et religieux d'Auneau de faire cesser les plaintes que le seigneur du lieu faisoit contre eux. En voici la copie :

« A tous ceux qui ces présentes lettres verront, Geoffroy, par la permission divine, humble abbé de Bonneval, salut. Sur la requête qui nous a été présentée, et à notre chapitre général, par noble homme Guy, seigneur d'Auneau, par laquelle il se plaint de ce que le prieur et les religieux dudit lieu étant obligés de célébrer une messe à perpétuité tous les jours dans le château, et une autre messe pour ses ancêtres et parens défunts dans l'église du prieuré, comme il est porté dans la charte qui avoit été faite avec Girard, autrefois abbé, et le couvent de Bonneval, ils avoient cependant refusé de les dire, après en avoir été requis plusieurs fois. C'est pourquoy il nous prioit de les obliger à dire les susdites messes, et de les punir comme ils l'avoient mérité. Cette requête ayant été lue avec la copie de la charte, en présence de tout le chapitre, il fut ordonné que les prieur et religieux diroient les messes, excepté les jours qui sont spécifiés dans la charte : à quoy, est-il dit, nous les obligeons du consentement de toute l'assemblée, à condition que ledit seigneur les tiendra quittes des manquemens du passé, s'il y en a eu jusqu'à présent; et nous avons enjoint à frère Pierre, pour le présent prieur dudit lieu, en présence de tout le chapitre, de faire acquitter ces messes dans la suite, en telle sorte que le prieur dudit lieu n'ait pas sujet de porter de rechef ses plaintes par devant nous.

Donné dans notre chapitre général tenu à la St-Martin d'hiver. »

Il ne nous reste proprement que ces deux actes qui portent le nom de Geoffroy. Cependant s'il est vrai, comme le dit l'auteur de notre *Abrégé,* qu'il a encore fait des baux l'an 1342, il n'y a point difficulté de mettre sous lui les actes suivans, dont le premier est un arrêt de règlement entre les religieux et le comte de Chartres, qui est trop considérable pour ne le pas rapporter ici en son entier :

« Philippus Dei gratia Francorum rex, universis præsentes litteras inspecturis, salutem. Notum facimus quod dudum lite mota in nostra curia, inter abbatem et conventum Bonævallis ex una parte et carissimum dominum genitorem nostrum ratione comitatus Carnotensis ex altera, super eo quod dicti religiosi dicebant, quod licet ad ipsos ex fundatione abbatiæ suæ omnimoda jurisdictio alta et bassa dominum, redibentia villarum de Bolayo, Sancti Martini, Sancti Mauri, ad ipsos pertinerent, essentque et fuissent per tempus sufficiens in possessione et saisina præmissorum ; quodque essent et fuissent ex fundatione regia villæ et banleucæ et pertinentiarum villæ Bonævallis, et in possessione ipsius, et ratione dominii eorum forefacturæ, portæ, muri, et fossata Bonævallis ad ipsos pertinerent, essentque et fuissent in possessione præmissorum ; necnon compellendi habitatores Bonævallis ad solvendum comiti Carnotensi centum libras Turonenses annuales, per dictos habitatores debitas et ad præstandum eidem cavalcatem pro guerra, tempore debito et competenti, cum dictus comes nullam coactionem haberet super iis in habitatoribus prædictis, et licet essent et fuissent per tempus sufficiens in possessione et saisina cognoscendi et decidendi de causis de quibus lis movetur ratione solutionis non factæ ad plenum, et solutionis allegatæ quæ accidunt in dicta villa ratione pedagii, redditum et coustumiarum eidem comiti debitarum, recipiendique ibidem teloneum panis et certos census in domo et vineis et mercatum ipsius comitis, justitiandique in feudis et retrofeudis dicti comitis locorum prædictorum, et exercendi in locis prædictis altam justitiam, et specialiter d'espavæ, falsæ monetæ, executionis quarumlibet litterarum, dandi tutelas, habendi aubenagia et bona batardorum, habendique jurisdictionem..... de latrone, traditore, de fractore domorum sive de die sive de nocte, et cognoscendi de emendis et ipsis levandis ab illis qui fore faciunt in monasterio suo, cognoscendique et corrigendi de et supra monopolis, conspirationibus, et de omnibus aliis casibus ad altam et bassam jurisdictionem pertinentibus, exceptis simplici occisione, meurtro, raptu, incendio, thesauro invento et recelato, duello, quando fuerit judicatum in curia dictorum religiosorum, et pax non fuerit facta inter partes pendente die ad duellum faciendum assignato, et causis treogarum fractarum et assecuramenti facti coram judice, qui quidem casus ad dictum comitem per punctum chartæ pertinebant; necnon habendi et tenendi baillivum, præpositum, et servientes pro assisiis tenendis, jurisdictionem exercendi apud Bonamvallem, et tabelliones sigillum et contrasigillum ad consignandum et sigillandum quascumque litteras, contractus et obligationes, puniendique damnum dantes in vineis et pratis infra villam et banleugam de nocte et die, et habendi emendas a damnum dantibus prædictis; insuper licet essent et fuissent in possessione et saisina, quod si aliqua bona immobilia devenerint vel deveniant ad dictum comitem, ex fore factura propter casus prædictos ad ipsum pertinentes, ipse comes absque requesta ipsorum religiosorum infra annum debet ponere dicta bona extra manum suam, alioquin dicti religiosi assenaverunt et assenare consueverunt et potuerunt ac possunt ad dicta bona, et tenere tanquam sua; et justitiandi homines de corpore comitis, ac judæos commorantes infra villam et banleucam Bonævallis; faciendique fieri monstram de burgensibus propriis, quotiescumque opus fuerit, et habendi super hoc cognitionem et punitionem; habendique cantelagium in villa Bonævallis et banleuca prædictis, et specialiter infra domum comitis et Guillelmi de Dozymay; faciendi proclamari ibidem bannum nomine ipsorum religiosorum et comitis; necnon recipiendi a præposito dicti comitis ibi de novo instituto decem libras Turonenses infra octo dies a tempore institutionis prædictæ, vel recipiendi fidejussores sufficientes dictorum religiosorum de solvendis dictis decem libris, ratione mercati dictæ villæ; tenendique et habendi ibidem in turri sua guaitam, et in villa sua scalam pro malefactoribus puniendis; habendi que roagium; ibidem necnon habendi et recipiendi in pratis Bonævallis mareschaussies in quadrigiis et faissellis usque ad festum B. Joannis; habendique coutumias de omnibus piscibus marinis, & de alecibus et maquerellis salsis, qui vendi consueverunt in dicta villa Bonævallis[1]; necnon habendi et recipiendi duplices coustumas mercati, quotiescumque festum S^{ti} Marcellini accidit in die lunæ..... Procuratore præfati genitoris nostri contradicente, &c. Lite igitur supra præmissis inter partes coram commissariis regiis super hoc deputatis contestata, & per ipsos

---

1. Le droit de rivage ne viendroit-il pas de là?

enquesta facta, et ad curiam nostram de mandato nostro speciali pro judicando reportata, auditisque religiosis et nostro procuratore nomine nostro, cum successerimus prælibato genitori nostro in comitatu Carnotensi prædicto, et ipsa enquesta pro judicando recepta, visaque et diligenter inspecta una cum fundationibus, litteris et instrumentis utriusque partis ; cum per ipsam repertum fuerit quod ipsi religiosi sufficienter probaverint, quod sunt et fuerunt per tempus sufficiens in possessione et saisina exercendi in villa S^{ti} Mauri omnem jurisdictionem altam et bassam, et in villa de Bolayo S^{ti} Martini jurisdictionem eamdem ; et insuper cum per ipsam enquestam repertum fuerit ipsos religiosos melius probasse intentionem suam ad finem ad quam tendebant, quam procurator prædicti domini genitoris nostri, in certis casibus superius expositis : per judicium nostræ curiæ dictum fuit, quod impedimentum per prædictum genitorem nostrum et gentes suas, in præmissis per dictos religiosos superius propositis et nominatis, et nominatim expressatis, exceptis casibus pro nobis ratione comitatus prædicti inferius expressatis, et manus regia ibidem apposita ad commodum et utilitatem ipsorum religiosorum amovebuntur, et attentata in contrarium annullabuntur, et ad statum pristinum reducentur, etc. In cujus rei testimonium præsentibus litteris nostrum fecimus apponi sigillum. Datum Parisiis in parlamento nostro, die XI maii, anno Dni M CCC XXXI. »

Il y a encore un arrêt de l'an 1333 pour expliquer le précédent, et enfin une exécution desdits arrêts de l'an 1334 : ce qui cependant n'empêcha pas les officiers pour le Roy de former tous les jours des contestations, comme il paroît assez par les arrêts de 1340, 1343 et autres, qui ont été obtenus contre eux.

Nous mettons encore ici la charte du roy Jean, par laquelle il permet à l'abbé et aux religieux de Bonneval d'avoir des fourches patibulaires à trois pilliers de bois ou de pierre, conçue en ces termes :

« Joannes Dei gratia Francorum rex ; notum facimus universis tam præsentibus quam futuris quod nos pensatis affectione quam dilecti et fideles viri abbas et conventus monasterii S^{ti} Florentini Bonævallis, et sui prædecessores ad nos et nostros prædecessores reges, ac etiam coronæ Franciæ hactenus habuerunt, et etiam gratuitis serviciis per eos nobis et prædecessoribus nostris dudum impensis, supplicatio dictorum religiosorum humilis nobis porrecta continebat, quod in dicto loco Bonævallis et ejus pertinentiis, ubi noscuntur jurisdictionem habere omnimodam, altam, mediam, bassam, et exercitium ejusdem, certis casibus ratione comitatus nostri Carnotensis nobis pertinentibus duntaxat reservatis ; quod cum contingit per eorum officiales sæculares, aliquem ad suspendendum condemnari, oportet et est conneɑum talem suspendi in quadam pertica vocata Gibet quæ cum magna difficultate et copia gentium et magno labore oportet ipsam incurvari seu pertrahi juxta terram; et interdum quando in eadem pertica est cadaver alicujus, vel aliquorum qui ibidem fuerunt suspensi, cum magna abominatione, fœtore et corruptione descenditur, ex quibus vix inveniunt aliquem qui velit ipsam descendere, seu incurvare; supplicantes ob hoc humiliter nobis, quod inibi seu prope diɑam perticam valeant furcas patibulares ligneas aut lapideas cum tribus pilariis construi et erigi facere, et ereɑas inibi tenere pro condemnatis..... concedere dignaremur. Quorum supplicationi consideratione præmissorum favorabiliter annuentes, de speciali gratia et regiæ potestatis autoritate præfatis religiosis concessimus, ac tenore præsentium concedimus, quod in eorum jurisdiɑione furcas ligneas aut lapideas cum tribus pilariis plantari et erigi facere possint et valeant; dante baillivo Carnotensi in mandatis, quatenus prædiɑos abbatem et conventum contra tenorem nostræ præsentis gratiæ non impediat, vel perturbet, sed uti et gaudere ad plenum deinceps faciat. Datum anno Dni 1354, mense martio. »

Comme on ne sçait point le tems de la mort de Geoffroy, il faut avouer que si on a mis les aɑes ci-dessus sous lui, c'est sans en avoir aucune preuve certaine; ne sçachant pas même s'il n'y a point eu un abbé entre lui et celui que nous mettons pour son successeur, puisque le tems qui est entre l'un et l'autre, duquel nous n'avons aucune certitude, est assez considérable pour en faire douter[1].

§ III.

PIERRE BROSSET, 19ᵉ ABBÉ.

Il est certain que Pierre Brosset étoit abbé de Bonneval l'an 1367, puisqu'en cette qualité il paya au receveur de M. le duc d'Orléans la

---

[1]. De 1356 à 1364, les lieux forts du centre de la France furent occupés par les Grandes-Compagnies, dont Duguesclin délivra le territoire. En 1358, Bonneval était au pouvoir de ces pillards, et le couvent dut être abandonné des moines. — V. B.

somme de deux cent florins d'or, pour l'amortissement de la maison du Cheval-Blanc, située dans la rue Guillerie, à Orléans, devant l'église de Ste-Catherine; laquelle maison avoit été donnée aux religieux par un bourgeois de la même ville, nommé Jean Lestrestienne, à la charge de célébrer pour lui et ses amis un service tous les ans & avoir part à leurs prières.

Nous mettrons aussi sous lui l'arrêt que le roy Charles V rendit au mois de septembre de l'an 1365, le 11. de son règne, par lequel il met aussi au néant toutes les contestations qui avoient été formées par les officiers royaux touchant les clefs des portes, les murailles et fossés de la ville de Bonneval, qui avoient été adjugés aux religieux par l'arrêt de 1331; renvoyant audit arrêt pour tous les autres différens qu'ils pourroient avoir, et ordonner de rechef qu'il sera exécuté selon sa forme et teneur.

On peut dire même qu'il étoit abbé de Bonneval plusieurs années avant ce tems, puisqu'il l'étoit déjà lorsque cette abbaÿie fut pillée et brûlée par les ennemis; la paix n'aïant été conclue que vers l'an 1360, à Brétigny près la ville de Chartres, avec les Anglois, qui avoient ravagé pendant les années précédentes la Beauce et les pays circonvoisins. Cela paroît par l'acte qui fut donné au chapitre général de l'an 1375, le mercredi d'après le dimanche *Lætare,* sur la demande que fit un abbé que l'on célébrât après sa mort tous les ans un service pour lui et Jean Lestrestienne, qui avoit donné la maison dont on a parlé ci-dessus, à condition néanmoins qu'il en jouiroit le reste de sa vie, et qu'après sa mort l'abbé jouiroit d'un tiers et les religieux des deux autres; lequel tiers il donnoit aussi après sa mort aux religieux, avec 16 sols de rente, pour la célébration de cet anniversaire, comme il est plus amplement porté dans l'acte suivant :

« Universis præsentes litteras inspecturis, Petrus permissione divina monasterii S. Florentini Bonævallensis abbas, &c.

« Nos frater Bartholomæus prior claustralis, totusque conventus dicti monasterii Bonævallis, ac omnes et singuli priores et membra ejusdem in dicto generali capitulo existentes, et generale capitulum, ut præmittitur, celebrantes, recipientes et super ea et eam tangentibus habita inter nos deliberatione matura et consilio cum peritis præmissis attentis, et cum hoc quod Rev. Pater et Dnus Petrus abbas et pastor noster prædictus tempore guerrarum et persecutionum quæ patriam et nos dictumque monasterium et membra ejusdem per hostes captum pluries oppresserunt, et ad nihilum redegerunt, corpus suum fere usque ad mortem laboribus et periculis exposuit, nosque et ipsum monasterium ab interitu quantum potuit eripuit et defendit, aliisque laboribus et beneficiis ab eo pro nobis et dicto monasterio exhibitis et impensis, et ut antea, ut speramus, impendendis, de et pro quibus ei vicem debitam reddere non possemus : petitionem suam prædictam, utpote eidem obnoxii, et ad majora teste Deo et nostra conscientia obligati, vitium ingratitudinis aliter incurrere merito formidantes, unanimi nostrorum omnium voluntate pariter et assensu devote et benigniter decrevimus et duximus admittendam, ac dicto Dno nostro Petro abbati quæ per eum requisita nobis fuerunt unanimiter et concorditer concedendum, et concedimus per præsentes, sicque faciendo et celebrando per nos conventum prædictum depositionem et missam superius declaratas cum solemni servitio et campanarum pulsatione, prout est superius declaratum, nos conventus generalis prædicti habebimus et possidebimus ac percipiemus perpetuo in futurum integre totum redditum quem quondam Theobaldus dictus Rabeau et Joanna ejus uxor legaverunt et dimiserunt in suo testamento seu sua ultima voluntate dictæ ecclesiæ, seu dicto monasterio nostro S^{ti} Florentini Bonævallis, absque eo quod nos abbas prædictus vel successores nostri aliquandiu vel de dicto redditu petere vel habere possimus quomodolibet pro tempore præterito vel futuro; et cum hoc nos prædictus conventus percipiemus et habebimus perpetuo viginti solidos Parisienses annui et perpetui redditus, quod nos abbas prædictus jampridem acquisivimus in parochia S^{ti} Petri de Merevilla in censiva prioris nostri dicti loci; quos quidem viginti solidos Parisienses annui et perpetui redditus Petrus de Puteo tenetur facere et solvere annis singulis in futurum nobis conventui prædicto Bonævallis ad terminum festi Nativitatis S. Joan.-Baptistæ, pro certis terris et hæreditatibus quas dictus Petrus tenet, ad dictam summam redditus perpetuo obligatis, prout in litteris super hoc factis plenius continetur; quos quidem redditus superius declaratos, et alios acquisitos per dictum conventum, vel eidem legatos, et qui de cætero erunt acquisiti vel legati per aliquos religiosos monasterii nostri pro anniversariis suis fundendis, et in dicto monasterio celebrandis, duntaxat qui a nobis abbate prædicto tenentur in censiva, vel aliter, nos dicto conventui nostro ex nunc admortisavimus et admortisamus penitus per præsentes, volentes et concedentes quod dictus conventus et ejus successores in futurum teneant, percipiant et habeant redditus supradictos et alios acquisitos et acquirendos pro dictis anniversariis suis fundendis et celebrandis, ut præfertur, tanquam admortisatos a nobis in quantum possumus, & a nobis licet penitus in futurum, acto et concordato a nobis abbate et conventu prædictis in dicto capitulo generali, quod omnes redditus, fructus et emolumenta dictæ domus superius designatæ, et alii redditus supradicti post decessum nostrum abbatis et Joannis Lestrestienne ac nostrum cujuslibet prædictorum, prout est superius declaratum, capti, collecti, expletati et recepti per Bursarium dicti conventus solum et in solidum vel per ejus mandatum quolibet anno reponantur et convertantur in pitantiam competentem pro dicto conventu in vigilia et in die anniversarii missæ et depositionis prædictarum; in qua missa et in officio defunctorum ponentur per dictum Bursarium decem libræ ceræ ad convertendum in cereos in vigilia et die præmissis; et in fine servitii hujusmodi erit et remanebit residuum dictorum cereorum sacristæ dictæ ecclesiæ; et dabit prædictus Bursarius matriculariis dictæ ecclesiæ quinque solidos Turnenses pro campanarum solemni pulsatione, in vigilia et in die anniversarii memorati; residuum vero prædictorum reddituum et emolumentorum quod remanebit, distribuetur in vestiariis monachorum dicti conventus, quod quidem anniversarium prædictum celebrabitur anno quolibet pro nobis Petro abbate et Joanne prædictis et amicis nostris post nostrum decessum, & ex nunc nobis viventibus pro parentibus nostris, amicis et benefactoribus universis. In quorum testimonium sigilla nostra præsentibus litteris duximus apponenda. Datum et actum anno, die et loco superius designatis. »

Nous allons donner la traduction de l'acte ci-dessus :

« A tous ceux qui ces présentes lettres verront, Pierre, par la permission divine humble abbé de St-Florentin de Bonneval, nous, frères Barthélemy, prieur claustral, et tout le couvent dudit monastère dudit Bonneval, & tous & chacun prieur et membres d'icelui assistant et étant audit chapitre général et célébrant comme il est dit le chapitre général, et le recevant, et après avoir mûrement délibéré sur ces choses et sur tout ce qui les conserne, et pris conseil desdites personnes habiles et expérimentées, et outre cela, parce que notre révérend et seigneur Pierre, abbé, et notre dit pasteur, dans le tems des guerres et des persécutions qui ont opprimé la patrie et nous notre dit monastère et ses membres pris plusieurs fois par les ennemis, et l'ont presque réduit au néant et exposé son corps presque jusqu'à la mort par les travaux et les dangers qu'il a été obligé de souffrir, et qu'il nous a autant qu'il a pu arraché à la mort et sauvé le monastère même de sa ruine totale, et d'autres peines et bienfaits ayant été par lui accordés et entrepris pour nous et qui seront encore accordés comme auparavant par l'aide de Dieu comme nous l'espérons; desquelles choses nous ne pouvons lui rendre le réciproque, comme en étant très-reconnoissans et obligés, et de plus grandes choses en appellant le témoignage de Dieu et notre propre conscience, de l'unanime volonté de nous tous et également d'un même consentement, nous avons dévotement et bénignement, craignant avec raison d'encourir autrement le vice d'ingratitude, résolu et délibéré que ladite demande fût admise et d'accorder unanimement et avec concorde tout ce que notre dit seigneur abbé Pierre nous a requis pour ses prieurs et nous l'accordons pour ces présentes et ainsi en faisant et en célébrant pour notre dit couvent la disposition et la messe ci-dessus déclarées, avec un service solennel et le son des cloches, comme il a été ci-devant déclaré. Nous susdit couvent et nos successeurs, du consentement de notre dit seigneur abbé et de tout le chapitre général susdit, nous aurons, possèderons et percevrons à toujours et à perpétuité et en entier tout le revenu qu'autrefois Thibault, surnommé Rabeau, et Jeanne, sa femme, ont légué et ont abandonné pour leur testament ou par leur dernière volonté à ladite église ou à notre dit monastère de Saint-Florentin de Bonneval, sans que nous dit abbé ou nos successeurs puissions en quelque sorte dans la suite demander et avoir quelque chose dudit revenu pour le tems passé et à venir; et avec cela, nous dit couvent, nous percevrons et aurons à perpétuité vingt sous parisis de revenu annuel et perpétuel que nous dit abbé avons acquis il y a déjà du tems dans la paroisse de St-Pierre de Mereville, situé dans la censive de notre dit prieur du susdit lieu, lesquels vingt sous parisis de revenu annuel et perpétuel Pierre Dupuits est tenu de faire et payer tous les ans à perpétuité à nous dit couvent de Bonneval, au terme de St-Jean-Baptiste, pour certaines terres et héritages que tient ledit Pierre Dupuits, chargés à toujours mais de ladite somme de revenu, ainsi qu'il est plus au long contenu dans les lettres faites à ce sujet, lesquels revenus ci-dessus déclarés et les autres acquis pour notre dit couvent ou qui lui ont été légués, ou qui dans la suite seront acquis et légués pour quelques religieux de notre monastère, pour fonder des anniversaires pour eux et pour être célébrés dans ledit monastère. Ceux seulement qui sont tenus de nous abbé dans notre censive ou autrement, nous les avons présentement amortis et amortissons à notre dit couvent pour ces présentes, voulant et accordant que ledit couvent et ses successeurs tiennent, perçoivent et ayent à l'avenir lesdits revenus et les acquis ou qui seront acquis par la suite pour leurs dits anniversaires qui seront fondés et célébrés comme il est dit comme amortis pour nous, autant que nous le pouvons et qui nous est permis et ce à perpétuité. Fait et accordé pour nous susdits abbé et couvent dans ledit chapitre général, que tous les revenus, fruits et émolumens de ladite maison ci-dessus désignée et les autres dits revenus après le décès de nous abbé et de Jean Lestrestienne et de quelconque des susdits, pris, amassés, exploités et reçus par le célérier dudit couvent, seul et solidairement, ou par son ordre, soient tous les ans dans une pitance convenable pour ledit couvent, la veille et le jour de l'anniversaire de la messe et dépôts susdits, dans laquelle messe et office des morts seront mises pour ledit célérier dix livres de cire pour être employés en cierges pour lesdits veilles et jours ; et à la fin de ce service, ce qui sera et demeurera de reste desdits cierges sera et appartiendra à la sacristie de ladite église, & ledit Boursier donnera aux marguillers de ladite église cinq sous tournois pour la sonnerie solennelle des cloches la veille et le jour du susdit anniversaire, et le reste des revenus et émolumens qui restera sera employé au vestiaire des moines dudit couvent, lequel annuel susdit sera célébré à perpétuité tous les ans pour nous Pierre abbé et Jean susdits, & nos amis après notre décès, et à présent pour nous vivant, pour nos parens et amis & tous nos bienfaiteurs ; en fin de quoi nous avons fait mettre nos sceaux aux présentes lettres ; donné et fait lesdits an, jour et lieu ci-dessus. »

Cet acte est de 1375. Il fut ratifié le 6 août 1377 par l'évêque de Chartres, qui y fit apposer son sceau.

Ce même abbé vendit, le 14 décembre 1374, à Jean Jouet et à Gisette, sa femme, une maison sise en la rue de St-Michel et appellée Jolinelle. Il fut convenu entre les parties que si la forteresse de St-Michel étoit un jour démolie, les acheteurs pourroient emporter les tuilles et charpente de la couverture de ladite maison dans la forteresse de Notre-Dame, qui fait aujourd'hui la ville. On prévoyait dès lors que la partie de St-Michel déjà ruinée en ce tems-là par les Anglais aurait bien de la peine à être rétablie et que les habitans seroient tôt ou tard obligés de se retirer dans le cœur de la ville, ce qui est arrivé depuis qu'elle a souffert en 1420 et 1421 deux différens siéges.

Un acte portant reconnoissance et souscrit par Gillot Laligot, de

Bonneval, en 1385 devant le prevost d'Yenville, au profit dudit abbé, pour deux setiers de terre qu'il avoit au clos de St-Sauveur, dont l'un étoit planté en vigne et l'autre étoit en terre labourable, fait voir que le clos de St-Sauveur étoit anciennement en fief, puisqu'il y est dit qu'il reconnoît les terres en fief de lui, selon la coutume de Paris.

§ IV.

FLORENTIN, 20ᵉ ABBÉ.

Florentin, vingtième abbé, succéda à Pierre Brosset. L'époque de son élection n'est pas bien connue, cependant il est certain qu'il étoit abbé dans le même siècle que son prédécesseur, puisqu'en 1395 il donna au village de Massuère, paroisse de Dancy, une place à bâtir une maison, à la charge de payer quatorze deniers de taille de mi-carême, deux sous parisis, une mine d'avoine et un demi-poulet à l'infirmier de son couvent dans la censive duquel étoit cette place. Et, en l'année 1398, lui et son religieux obtinrent du duc d'Orléans la permission de faire rétablir les fourches patibulaires qu'ils avoient autrefois à Pré-Saint-Évroult, et qui avoient été ruinées par les guerres précédentes, et dont il ne subsistoit plus rien. Les abbés de St-Florentin perdirent la jurisdiction de ce lieu, qui passa au duc d'Orléans & au chapitre de Notre-Dame de Chartres.

En 1402, Nicole, femme de Jean Le François, avec l'agrément de son mari, céda pour toujours à Jean Chatelain, marchand en la ville de Bonneval, une maison qu'elle avoit donné aux religieux pour en jouir après sa mort, laquelle cession les abbés et religieux ratifièrent ainsi que nous allons l'exposer par la charte qui suit. Cet acte en latin commençoit ainsi : « Universis præsentes litteras inspecturis frater Florentinus permissione divina humilis abbas, &ᵃ, » et se terminoit par ces mots : « Sigilla nostra præsentibus litteris duximus apponenda; datum, anno 1402, quarta die aprilis. » Nous allons en donner la traduction :

« A tous ceux qui ces présentes lettres verront, frère Florentin, par la permission divine, humble abbé du monastère de Saint-Florentin de Bonneval, et tout le couvent, salut éternel dans le Seigneur. Nicole

La Françoise pour l'augmentation du culte divin, par une affection spéciale et dévotion nous ayant à nous et à notre couvent donné et accordé pour toujours, pour le salut et le remède de son âme et de ses parens, sa maison et tout ce qu'elle contient en longueur, hauteur et profondeur, située dans notre ville de Bonneval, rue Chartraine, qui est dans l'étendue de notre censive et jurisdiction, dans laquelle demeure à présent Jean Chatelain, et dans la suite Jean François et Nicole, sa femme, ayant donné leur concession à toujours, mais auxdits Jean Chatelain et Elisabeth, sa femme, et à leurs héritiers, pour avoir et tenu cette maison, savoir pour le prix de quatre livres dix sous tournois de revenu annuel et perpétuel, payable en deux termes le jour de la Nativité de St-Jean-Baptiste et celui de la Nativité de Notre-Seigneur à ladite Nicole et à ses ayant cause, et outre cette somme lesdits preneurs seront tenus de livrer l'avoine dans notre grenier, et de payer les cens, la taille et tous les autres droits dont ladite maison est chargée envers nous depuis longtems. Savoir faisons que nous à qui ladite maison appartiendra après le décès de ladite Nicole, ayant examiné notre propre avantage, nous confirmons cette transmission, sauf cependant et ayant retenu la justice et la jurisdiction sur ladite maison; en fin de quoi nous avons fait apposer nos sceaux aux présentes lettres; donné l'an 1402, le quatrième jour d'avril. »

Bonneval avoit été pris et pillé par les Anglais en 1370, sous l'abbé Pierre Brosset. Ces troupes, conduites par Knolle, leur général, après avoir dévasté les environs de Paris, passant de Champagne dans le Maine et l'Anjou, se répendirent dans la Beauce et y répendirent la désolation. Après les désastres commis par ces insulaires dans la partie de la ville de Bonneval qui forme aujourd'hui le faubourg St-Michel et dont les fortifications avoient été détruites, les habitans de la paroisse de Notre-Dame voulant se mettre à l'abri de leurs insultes journalières projettèrent de se séparer de ceux de la paroisse de St-Michel et de fortifier dans cette partie qui a formé depuis la ville, et à laquelle ils donnèrent le nom de fort de Notre-Dame, demandèrent à Charles V, roi de France, la permission de faire enclore leur fort des anciennes démolitions de celui de St-Michel, à leurs dépens et à ceux des habitans, &c., environs à deux lieues à la ronde. Cette demande leur fut accordée par des lettres patentes expédiées à Melun le 8 octobre 1370. On fit alors une trouhée au fossé qui partit de la tour du Roi ou de la prison jusqu'au fossé de St-Sauveur venant de St-Michel, le pont de St-Roch et sa porte flanquée de deux tours, tels qu'on les voit encore, furent construits. Les habitans du fort St-Michel (car c'est ainsi qu'ils appelloient la partie qu'ils occupoient), soutenus par l'abbé et les moines, présentèrent contre l'exécution des travaux de la trouhée une requête tellement motivée, que ces travaux furent suspendus & que cette fortification resta dans l'état où elle est encore. Les fortifications de St-Michel sortirent promptement de leurs ruines et les travaux en furent poussés avec tant d'activité et tant de zèle que la ville fut en état de soutenir de ce côté le siége qu'Henry V, roi d'Angleterre, vint y établir en 1420 et qu'ils ne purent y entrer qu'à l'aide de la trahison d'un nommé Coulon, l'un des principaux habitans de la ville, qui livra la porte Boisville à l'officier anglais Talbot, qui lui brûla la cervelle d'un coup de pistolet sur la place de la ville, au moment où cet infâme citoyen lui demandoit le prix de sa honte. Un an après, en 1421, le Dauphin vint s'assiéger et ne put parvenir à y entrer qu'après en avoir ruiné et détruit toutes les fortifications du faubourg St-Michel.

CHAPITRE VIII

Des Abbés pendant le XVe siècle.

---

§ I.

LÉONARD DE VILLEBRESME, 21e ABBÉ.

LÉONARD de Villebresme, religieux et procureur de cette abbayïe en 1410, puisqu'en cette qualité il alla à Chartres dans cette année avec le procureur de Mgr le duc d'Orléans pour signifier au bailly de ladite ville les lettres royaux qu'ils avoient obtenus conjointement pour l'empêcher de connoître de la cause que les habitans de Notre-Dame de Bonneval avoient portée devant lui, contestation qui avoit pour objet la nouvelle enceinte de la ville. Il fut appellé à remplacer l'abbé Florentin au siége abbatial de Bonneval sans qu'on puisse connoître le tems de la mort de ce dernier ni l'époque de l'élection de son successeur.

Ce fut lui qui, après le pillage par les Anglais de son abbayïe et de la ville, en 1420, obtint du roy Charles VII, en 1424, de faire rentrer au couvent les religieux et dans la ville les habitans qui avoient fui et s'étoient dispersés pendant les siéges de 1420 et 1421, et même une dispense pour qu'on n'obligeât point ses moines d'aller à la guerre, afin de pouvoir rétablir et cultiver les terres qui étoient en friche, et même de prendre des sauf-conduits des ennemis, afin d'empêcher les pillages qu'ils avoient continué d'exercer et de n'être point tracassés dans leurs monastères ni aux environs. Ces lettres ont été expédiées de Chinon au mois de mars, le 6, 1424, la troisième année du règne de ce prince. Il acheta de Pétronille, femme de Guillaume Brolier, de lui autorisée, quatre arpens de bois situés aux environs de Bonneval, pour demeurer quitte avec lui de 18ˢ de rente qu'elle lui devoit pour chacun an, et des arrérages qui en étoient dus, à prendre sur ce bois, & de 40ˢ que lui devoit son mari, à cause de quelques terres qu'il possédoit de son côté.

En 1445, il donna, conjointement avec sa communauté, à Pierre Ferré et à Gilles Desmoulins, de cette ville, les moulins de Cantine, pour quatre livres de rente foncière ; un de ces moulins étoit pour son et farine, et l'autre à tan.

En 1416, comme étudiant de l'Université d'Orléans, il fit assigner devant le bailly de ladite ville l'administration de la Maladrerie de Sᵗ-Gilles, pour le déjeuné ou boire du matin qu'il prétendoit lui être dû par lui à la chapelle de Sᵗ-Gilles, le jour et au moment de l'ouverture de la foire.

Léonard de Villebresme quitta, selon toute apparence, son abbayïe, dont il se démit vers l'an 1450, car vers la fin de cette année il fit donner à des particuliers devant le bailly d'Orléans une assignation dans laquelle il est qualifié de religieux et d'ancien abbé de Bonneval. Il est dit la même chose dans une autre assignation qu'il fit donner aux mêmes personnes en 1452.

Enfin, quel que soit le sujet de sa démission du siège abbatial de Bonneval, l'acte qu'il fit en 1452 avec ses religieux, et que nous allons rapporter, prouve qu'il y avoit renoncé.

« A tous ceux qui ces présentes lettres verront, Louis de Ligone, par la permission divine humble abbé du monastère de Sᵗ-Florentin de Bonneval, et tout le couvent dudit lieu, salut ; savoir faisons que, par considération des grands, bons et profitables services et plaisirs qu'a fait pour longtems à nous et à notre dit monastère révérend père en Dieu frère Léonard de Villebresme, naguères abbé dudit lieu de Bonneval, et espérons qu'il fera encore au tems avenir, nous à icelui naguères abbé, pour ces causes et autres justes et raisonnables, à ce nous mouvant avons donné, cédé, quitté et transporté, et encore par ces présentes donnons, cédons, quittons et transportons par irrévocable, pour et parfait don, dès maintenant et à toujours mais, tous les arrérages qui nous sont et peuvent être dus depuis vingt-deux ans à cause de soixante sous de rente annuelle et perpétuelle que feu Guillaume Roger et Gillon, sa femme, en leur vivant demeurant audit lieu de Bonneval, donnèrent et transportèrent à nous et à notre dit monastère dès le 13 septembre 1412, et nous les lui assignons à prendre chacun an sur les personnes et héritages ci-après déclarés, &c. Lesquelles lettres nous avons scellées de notre sceau, l'an 1452, le 9ᵉ novembre. »

§ II.

PIERRE DE PRÉ, 22ᵉ ABBÉ.

Pierre de Pré, qui succéda à Léonard de Villebresme, mourut peu de tems après son élection, dont il fut redevable à son prédécesseur qui ne s'étoit démis de sa dignité que pour la lui faire avoir. On n'auroit aucune preuve de son élection sans une quittance du prieur de Sᵗ-Samson d'Orléans, qui en parle, et que nous rapporterons comme un monument unique de lui :

« A tous ceux qui ces présentes lettres verront, Jean Lemaître, licencié ès-loix, garde de la prevôté d'Orléans, fut présent et établi personnellement vénérable et discrète personne Mᵉ Godard, licencié en droit canon, prieur du prieuré conventuel de l'église de Sᵗ-Samson d'Orléans, lequel reconnut et confessa avoir été et être entièrement payé et satisfait des religieux et couvent de l'abbaÿie de Bonneval, de toutes les relevaisons à plaisir qui d'eux lui étoient dues par le décès de feu Pierre de Pré, qu'on dit avoir été élu abbé et pasteur de ladite abbaÿie, et de tout autrement, et de quelqu'autre que ce soit, de tout le tems passé jusqu'à présent, à cause d'un hôtel nommé le *Cheval-Blanc,* que lesdits religieux ont en cette ville d'Orléans, devant l'église de Sᵗ-Pierre en   censive dudit prieuré ; si comme icelui prieur s'est tenu et tient content et en a quitté et quitte iceux religieux et tous autres à qui quittance en peut être due et peut appartenir, sous l'obligation de lui et de son successeur prieur, et des biens temporels appartenant à son dit prieuré, meubles et immeubles présent et à venir, en témoignage de ce, à la relation dudit notaire juré, avons fait sceller le présent en lettres du scel, aux contrats de ladite prévôté d'Orléans, et fut fait le 19ᵉ jour du mois de décembre 1452.

§ III.

LOUIS DE LIGONE, 23ᵉ ABBÉ.

Louis de Ligone a été élu abbé de Bonneval sur la fin de l'année 1452, après la mort de Pierre de Pré, puisque c'est de lui dont il est parlé dans l'acte d'abandon de trois livres de rente fait à l'abbé Léonard de Villebresme, en 1452. Il s'est passé peu de choses mémorables de son tems. On dit seulement qu'il obtint de la Chambre des comptes une remise de 40 l. sur la taille de la mi-carême, qui est de 100 l., que son monastère étoit obligé de payer au domaine, et qu'on ne pouroit le contraindre de payer ses 60 l. restant, en considération de ce que, le pays étant ruiné et les terres incultes, il ne pouroit pas faire payer ceux qui étoient obligés à cette somme qui, dit-il, étoit une espèce de taille à laquelle les religieux sont seuls obligés originairement. On ne fit sous son administration du couvent que des reconnoissances et des baux à toujours.

C'est lui qui, le 22 octobre 1463, a donné 38 setiers trois minots de terre sis à Moriers, à toujours mais, aux Billards, dont Louis d'Illiers, son successeur, a confirmé le bail, et dont on fait 18 setiers de bled moisonnier et 12 d'avoine. Cette rente s'appelle la rente des Billards.

On a un acte du 23 juillet 1464 pour lequel il paroît qu'il a reçu du receveur du comte de Dunois dix livres de rente foncière due par ledit Sgr à l'abbayïe de Bonneval.

§ IV.

LOUIS D'ILLIERS, 24ᵉ ABBÉ.

Louis d'Illiers succéda à Louis de Ligone, abbé, dès la fin de l'année 1464 ou au commencement de 1465. Il étoit de l'illustre famille d'Illiers, qui s'est éteinte dans le courant du XVIIIᵉ siècle, et qui est trop connue pour que l'on se croye obligé d'en faire ici la généalogie. Il n'a laissé de remarquable dans le cours de son administration qu'une aliénation considérable faite par lui des biens de son abbayïe dans lesquels ses successeurs sont rentrés, ou du moins dans la plus grande partie; nous n'en ferons point le détail, qui n'est pas intéressant.

Il continua l'abandon des terres sises à Moriers, fait par Louis de Ligone aux Billards dudit lieu. Cet abbé mourut en 1504, après avoir été plusieurs fois dans une phrenesie si grande qu'on fut obligé de le lier.

§ V.

RENÉ D'ILLIERS, 25ᵉ ABBÉ.

René d'Illiers, frère du précédent, et qui avoit d'abord été chanoine et archidiacre de Pinserais, sans attendre la mort de son frère, obtint, vers l'année 1487, l'abbayïe de son frère en commande de Charles VIII, ainsi qu'en 1495 l'évêché de Chartres en considération des services d'Illiers, son père, chambellan du Roi, qui s'étoit signalé à la levée du siége d'Orléans en 1429 et à la prise de Chartres en 1432, dont il fut gouverneur et bailly. Cet abbé fut reçu évêque de Chartres en 1495, malgré le chapitre, quoiqu'il remplaçât Milles d'Illiers, son oncle. Il mourut le 15 avril 1507 et fut enterré à l'abbaye de Sᵗ-Cheron, près Chartres.

C'est lui qui, le 10 octobre 1499, a dédié les églises de Notre-Dame et de Sᵗ-Sauveur de cette ville. C'est lui ou son frère qui a augmenté la maison abbatiale depuis la grosse tour jusqu'aux écuries, comme il paroît par l'écusson des armes de cette famille qui se voit au dedans et au dehors de tous les appartemens qui se trouvent dans cette augmentation. Il imita son frère en aliénant beaucoup de biens de son abbayïe, et, pour n'en être point inquiété par ses religieux, il fit faire le certificat que nous allons transcrire ci-après :

« A tous ceux qui ces présentes lettres verront, Jacques Thomas, licencié ès-loix, bailly d'Illiers et de Brou, pour très-haut et très-puissant prince monsieur le duc de Nemours, seigneur desdits lieux, salut; savoir faisons que, l'an de grâce 1502, le jeudi 30ᵉ et dernier jour de juin, en présence de Jean Vilain, tabellion-juré de ladite châtellenie, et de Pierre Aragot, aussi clerc tabellion-juré de Bonneval, pour messieurs les religieux, abbé et couvent dudit lieu, et garde des sceaux de la prévôté dudit Bonneval, appellé et requis de la partie de révérend père en Dieu monsieur M° René d'Illiers, par la permission divine et du St-Siége Apostolique, évêque de Chartres, commandataire et administrateur perpétuel de l'abbayïe de St-Florentin de Bonneval, de l'ordre de St-Benoît, au diocèse de Chartres, pour par lesdits jurés faire l'acte d'attestation sur lesdits sceaux de ce qui en suit. Vénérables et discrettes personnes messires Pierre Lesquillon, prêtre, curé de Cormainville, âgé de 50 ans ou environ ; Jean Reine, curé de Courbehaye, âgé de 50 ans ou environ ; Jean Turpin, curé de St-Michel de Bonneval, âgé de 52 ans ou environ ; Jean Couppé, prêtre, curé de St-Martin du Gros-Rouvre[1], âgé de 52 ans ou environ ; Benoist Garnier, marchand, demeurant audit Cormainville, âgé de 60 ans ou environ ; Mathurin de la Haye, laboureur, demeurant à Guillonville, âgé de 58 ans ; Guillaume Turpin, laboureur, demeurant à Ormoy, âgé de 48 ans ; Noël Potier, marchand, demeurant audit Bonneval, âgé de 57 ans ; Jean Brun, tourneur, âgé de 55 ans ; Pierre Hameline, maçon, âgé de 35 ans ; Pierre Verron, maçon, âgé de 30 ans ; Simon Foreau, maçon, âgé de 24 ans ; Fouquet Cahot, menuisier, âgé de 45 ans, et Thomas Lejeune, ferronier, âgé de 50 ans ou environ, demeurant audit Bonneval, et chacun d'eux concordialement et l'un comme l'autre de ce requis par honorable homme Pierre Gaultier, pour et au nom comme procureur général de nosdits sieurs abbé et couvent dudit Bonneval, et par lesdits tabellions-jurés, avons fait jurer solennellement ainsi qu'il est accoutumé de faire en pareil cas, de dire et déposer de vérité ; et bien au long sur ce interrogés, ont dit, attesté, rapporté et affirmé par serment que véritablement ils savent bien que dudit Bonneval au lieu et village de Cormainville, à quatre lieues ou environ, auquel village il y a un lieu appellé le Portail, en quel Portail la pluspart des revenus en grains de l'abbayïe du susdit Bonnéval doivent être portés par ceux qui les doivent et reçus par les abbés d'icelle abbayïe leur receveur ou autre, et que depuis cinq à six ans ou environ, il n'y avoit qu'un méchant grenier où on eut bien de la peine à loger un muid de grains, et étoit ledit grenier couvert de roseaux et de chaume, et y avoit plus de trous à rats que de murailles ; et révérend père en Dieu mon dit sieur

---

1. St-Martin du Péan, autrefois St-Martin *du Gros-Rouvre*.

évêque de Chartres, abbé commendataire de ladite abbayïe de Bonneval, a fait faire trois greniers de grosse maçonnerie et le plus de pierres de taille, tous parés, la charpenterie toute neuve et couvert de tuiles, et peuvent avoir coûté tels qu'ils sont la somme de mille cinq cents livres tournois et ne sauroient être faits pour moins, et ne savent point que là environ il y en ait nuls tels; avec et disent et attestent les ci-dessus attestans qu'ils savent bien que le lieu d'Ormoy est une maison abbatiale dépendante de ladite abbayïe de Bonneval, et que depuis 6 ou 7 ans ledit lieu étoit en total ruiné, et que mon dit sieur évêque de Chartres et commandataire de l'abbayïe de Bonneval l'a fait rééditier tout de neuf, la chapelle, maison, salle, cuisine, chambres, pressoir, étables, clôture, jardin, eaux, vignes et autres choses nécessaires, honnêtes, utiles et profitables pour ladite abbayïe, et pour ce faire a pu dépenser et exposer la somme de quatre mille livres tournois et plus, lesquelles réparations ne sauroient avoir été faites à moins, et en ce faisant a fait gagner charpentiers, maçons, tuiliers, cloutriers, menuisiers, chausonniers, vitriers et chartiers qui toujours en besognant ont été bien payés; et mêmement lesdits maçons, menuisiers, ferroniers, en ont été si bien payés, qu'ils et chacun d'eux de tous lesdits différens états n'en demandent aucune chose audit révérend père en Dieu, ne n'ont point ouï dire qu'il soit dû aucune chose desdites réparations, et outre ont lesdits attestans dit, attesté et affirmé que mon dit sieur l'évêque de Chartres a fait faire en ladite abbayïe le plaidoyer, le pressoir, les prisons de Bonneval et greniers tout de neuf couverts de tuiles, pareillement a fait réparer tout le corps et ailes de l'église de ladite abbayïe, de charpenterie et aussi la charpenterie du clocher qui étoit couvert de bardeau, et à présent est couvert d'ardoises, recouvert tout de neuf ladite église, tant le haut que les basses voûtes, fait rééditier les maçonneries de ladite église, aussi a fait faire ledit révérend père le clos de vignes clore à murs, et autres grandes réparations depuis quatre ou cinq ans, qui lui ont dû coûter ou coûteront à parachever et qui est jà commencé en ladite abbayïe, quatre mille cinq cents livres et plus, et que de jour en jour y a manœuvres comme maçons, couvreurs d'ardoises et tuiles et autres gens, jusqu'au nombre de vingt-cinq hommes et plus, et le savent lesdits attestans parce qu'ils ont toujours fréquenté et fréquentent les lieux ci-dessus, aussi ont vu faire les marchés desdites besognes, et payer la plupart desdits deniers, dont et desquelles choses dessus dites et attestées et chacune d'icelles, a par ledit Gaultier, pour et au nom que dessus être requis et demandé l'acte d'attestation aux dessus nommés tabellions, lesquels ont octroyé et baillé ces présentes pour servir au révérend père en Dieu commandataire de ladite abbayïe de Bonneval, en tems et lieu, ce que de raison; et fut fait en témoin de ce, sous les sceaux ès jour et an dessus (30 juin 1502), et est signé Pierre Aragot et Jean Vilain, avec paraphes. »

Ormoy[1], dont on vient de parler dans le certificat ci-dessus, est une dépendance de la paroisse de Courbehaye, dans laquelle il existait autrefois un couvent de Bénédictins dépendant de l'abbayïe de Bonneval et dont il était une espèce de succursale. L'abbé de Bonneval y en envoyait un certain nombre qui s'y occupait à défricher les terres incultes, et il en existait beaucoup dans cette contrée. Dans la suite, l'amélioration de la culture du pays et la réduction accidentelle et momentanée du nombre des moines du couvent de Bonneval, rendirent déserte cette succursale, qui ne devint pendant quelques siècles que la maison de campagne des abbés de St-Florentin.

Depuis l'abolition de la Pragmatique Sanction, les abbayïes tombèrent en commande, les abbés négligèrent alors leur maison d'Ormoy, même leur maison abbatiale de Bonneval qui, bâtie avec tout le luxe du tems, leur offrait toutes les commodités et les agrémens de la vie; ils les laissèrent tomber en ruine.

A l'époque où le petit couvent d'Ormoy fut occupé par des moines, Moronville, qui comme Ormoy dépend de la paroisse de Courbehaye, avait un château dont le seigneur s'appellait Morinville. Il fut souvent en procès avec les moines, tant à cause de la seigneurie de Courbehaye qu'il partageait avec eux qu'à cause de la chasse. Ce gentilhomme, fatigué de toutes les tracasseries que lui suscitaient ses voisins, résolut de s'en venger d'une manière bien singulière; il feignit pendant quelque tems de vouloir leur vendre sa terre. Les religieux, qui le croyaient de bonne foi, l'invitèrent plusieurs fois à venir manger chez eux. Il y alla sans laisser pénétrer son dessein : on parla de marché sans convenir de prix ; enfin il leur dit qu'il ne voulait conclure que chez lui. Les chefs de la communauté s'y rendirent avec confiance, mais à peine furent-ils

---

1. Depuis l'abbé Florentin jusqu'à l'abbé Lollin exclusivement, le manuscrit de dom Lambert, lacéré par le jardinier du couvent, a été restitué par M. Lejeune. Ce passage sur Ormoy paraît avoir été ajouté par lui. — V. B.

entrés dans le château que le seigneur de Moronville & ses gens, qu'il avait appostés, firent main basse sur les moines, s'en saisirent et les enfermèrent dans la cave. Il fut bientôt obligé de les relâcher, de s'enfuir lui-même et de s'expatrier pour ne pas s'exposer à être emprisonné à St-Antoine. Son bien resta à ses deux frères, et Moronville fut toujours pour les religieux de Bonneval une pierre de scandale.

CHAPITRE IX

*Des Abbés pendant le XVI*ᵉ *siècle.*

---

§ I.

GUILLAUME DE LA VOUE, 26ᵉ ABBÉ.

APRÈS la mort de René d'Illiers, qui arriva en 1507, les religieux élurent, suivant leur ancien usage, pour leur abbé, Guillaume de La Voue, religieux profès de leur couvent, et qui en étoit prieur claustral dans le tems de son élection, en 1507. Il fit une transaction avec Mathry Robin, curé de Montharville, qui reconnut que les dîmes et champarts de la Haye de Saumeray, qui étoit de la paroisse de Sᵗ-Michel, appartenoient à son couvent & renouvella à Jean et Étienne Legrand pour trois vies & 59 ans le bail de la métairie du Portail de Cormainville, aliéné par son prédécesseur en 1504. Il obtint des lettres royaux pour casser le bail à vie qu'il avoit fait de Poireux, comme trop médiocre, et il en fit un nouveau qu'il augmenta beaucoup, et il donna pour cinq livres de rente et deux deniers de cens pour 59 ans, à Gervais Fresne, la maison du four à ban appellé le Four-des-Étaux, situé proche les halles.

En 1514, il obtint une sentence contre Pierre David, pour avoir payement de la somme à laquelle il avoit été abonné pour vendre et distribuer du vin en détail en la ville de Bonneval, durant le ban de ladite année qui est à Noël, aux Brandons, à la Pentecôte, et trois semaines en suivant chacune desdites fêtes, durant lequel tems nul ne pouvoit vendre audit Bonneval sans congé ou être abonné au sieur abbé, sous peine de confiscation de vin et d'amende.

En 1518, Pierre Reine (?) et ses consorts reconnurent qu'ils tenoient de lui la métairie de Villeneuve-sur-Conie, contenant neuf muids de terre, et chargée envers son abbaÿie de quinze setiers de bled froment & de quinze setiers d'avoine, comme il étoit porté dans un bail fait à leurs ancêtres en 1476 par l'abbé Louis d'Illiers. Cette même année, qui fut celle de sa mort, il se démit de son abbaÿie en faveur de son frère, qui fut béni à Bonneval et fit son entrée dans cette ville en 1518.

§ II.

ODARD DE LA VOUE, 27ᵉ ABBÉ.

Odard de La Voue fut abbé après son frère en vertu de sa démission, qui fut acceptée à Rome par le pape Léon X, aux conditions suivantes : 1° qu'il conserveroit la première place au chœur et dans les autres lieux réguliers immédiatement après l'abbé ; 2° qu'il auroit l'ancien logis abbatial avec la troisième partie des cellules, des écuries, caves et jardins du monastère ; 3° la quatrième partie de tous les bois, prés et rivières qui dépendent de ladite abbaÿie, en quelque lieu qu'ils soient ; la maison d'Ormoy avec ses circonstances & dépendances ; la moitié des champarts, censives et autres revenus dudit lieu ; la maison et la grange du portail de Cormainville, avec la moitié des dîmes, champarts, avenages, cens, taille et autres revenus ; la moitié de la métairie de Chauvreux, avec tout ce qui en dépend ; la moitié de la métairie de Guillonville, des champarts et dîmes dudit lieu ; le tout pour en jouir pendant sa vie comme il le jugera à propos, même la présentation de certains bénéfices. Toutes lesquelles conditions ayant été acceptées et agréées en cour de Rome, le Souverain-Pontife en fit expédier au mois de juin 1518 la bulle suivante :

« Ego episcopus, servus servorum Dei, venerabili fratri episcopo Carnotensi, salutem et apostolicam benedictionem ; hodie monasterio Sancti Florentini Bonævallis ordinis Sancti Benedicti diocesis Carnotensis tunc ex eo abbatis regimine destituto, quod dilectus Guillelmus, qui nuper ipsius monasterii abbas regimini et administrationi illius tunc præerat, in manibus nostris sponte et libere cessit, nosque cessionem ipsam duximus admittendam ; de persona dicti filii Odardi de Lavoüe ipsius monasterii abbatis, nostris et fratribus nostris, ob suorum exigentiam monachorum accepto de eorumdem fratrum consilio, apostolica authoritate, providimus, ipsumque illi præfecimus in abbatem, curam, regimen, administrationemque ipsius monasterii, sibi in spiritualibus plenarie commitendo et temporalibus, prout in nostris inde confectis litteris continetur ; cum igitur ut dictus Odardus, in commissa sibi cura dicti monasterii, quod tibi ordinarie jure subesse dignoscitur, commodius proficere valeat, tuus favor sibi fore noscatur plurimum opportunus, fraternitatem tuam hortatam attente per apostolica scripta mandantes, quatenus eumdem Odardum abbatem et monasterium suæ curæ commissum habens, pro nostræ et Sedis Apostolicæ reverentia propensius commendatis, in ampliandis et conservandis viribus suis, sic eos tui favoris præsidio prosequens, quoad ipse Odardus abbas, tuo auxilio, dicti monasterii regimen possit utilius exercere, tuque divinam misericordiam et nostram, et Sedis Apostolicæ benedictionem et gratiam valeas promereri. Datum Romæ apud Sanctum Petrum anno Incarnationis Domini, &ᵃ, sexto decimo calendarum junii, pontificatus nostri septo, 1518 (16 juin 1518). »

« Nous, évêque, serviteur des serviteurs de Dieu, à notre vénérable frère évêque de Chartres, salut et bénédiction apostolique ; le monastère de Sᵗ-Florentin de Bonneval, de l'ordre de Sᵗ-Benoît, du diocèse de Chartres, manquant aujourd'hui du gouvernement d'un abbé, parce que notre bien-aimé Guillaume, dernièrement abbé de ce monastère, s'est volontairement et librement démis entre nos mains du gouvernement et administration de ce monastère qu'il gouvernoit ci-devant et que nous avons jugé à propos de recevoir sa démission ; il nous a présenté la demande des religieux de ce couvent, et après avoir pris l'avis de ces mêmes frères, de notre autorité apostolique, nous avons pourvu et donné aux moines de ce monastère la personne de notre dit fils Odard de La Voue, qui en étoit déjà abbé, et nous l'en établissons abbé, en lui confiant pleinement le soin, le gouvernement et l'administration de ce monastère, tant pour le spirituel que pour le temporel, ainsi qu'il est contenu dans nos lettres et provisions faites en conséquence ; c'est pourquoi, afin que ledit Odard puisse mieux faire du profit dans le gouvernement qui lui est confié dudit monastère qui est connu dépendre de vous, et être sous votre juridiction, et puisque votre faveur lui est très-nécessaire, nous exhortons vivement votre fraternité, par nos lettres apostoliques, de traiter favorablement ledit Odard, abbé, et le monastère commis à ses soins, qui vous sont recommandés avec beaucoup d'attention, suivant le respect à nous dû et au Siége Apostolique, en les aidant tellement du secours de votre protection pour augmenter et conserver leurs forces, que ledit Odard, abbé, appuyé de votre secours, se puisse plus utilement exercer dans le gouvernement dudit monastère qui lui est confié, et que vous puissiez mériter la divine miséricorde et la nôtre, et la bénédiction et la grâce apostolique. Donné à Rome, auprès de St-Pierre, l'an 1518 de l'Incarnation de Notre-Seigneur, le 17e des kalendes de juin et le septième de notre pontificat. »

L'évêque de Chartres donna son visa sur ces lettres le 29 décembre 1518, et Odard de La Voue, qui peu après prit possession de son abbayïe, fut béni et fit son entrée à Bonneval en 1520.

Jean Guerard, curé de Dancy, lui donna un acte par lequel il reconnoissoit que, quoiqu'il eût joui plusieurs années des dîmes de sa paroisse, elles appartenoient à l'abbayïe.

En 1525, lui et ses religieux obtinrent de François Ier des lettres pour faire cesser le bail à vie de la ferme de Pertuiset, fait par Louis d'Illiers, parce qu'ils y étoient manifestement lésés. Cet abbé mourut cette année 1525; il est le dernier abbé régulier, car à sa mort le concordat de Léon X et de François Ier s'exécuta dans la personne de son successeur.

§ III.

CHARLES DE LA CHAMBRE, 28e ABBÉ.

Charles de La Chambre, de la famille des de La Chambre, princes d'Orange, comtes de La Chambre et vicomtes de Maurienne, évêque de Mont-Dovi en Piémont, et aumônier du Roy, fut nommé par Sa Majesté à l'abbayïe de Bonneval après la mort d'Odard de La Voue, en vertu du concordat. Les religieux, s'imaginant que le concordat ne les regardoit pas et ne pouvoit donner aucune atteinte à leur ancien droit, s'opposèrent fortement à sa nomination. Il fut ordonné après quelques procédures disant qu'ils produiroient leurs titres. Ils les représentèrent à M^r le chancelier Duprat qui, sans daigner les lire, les jetta au feu en présence de celui des religieux qui les lui présentoit, et par ce moyen ils furent obligés de recevoir malgré eux pour leur abbé le sujet nommé par le Roy.

Sous cet abbé, la ville de Bonneval, après un long procès au sujet des avenages dus par chaque maison, transigea avec les moines en 1529 et s'obligea de leur payer quatre sous pour chaque setier d'avoine qu'ils se faisoient payer pour droit d'avenage.

En 1533, cet abbé et les religieux obtinrent un arrêt contre les officiers de la Prévôté pour plusieurs entreprises qu'ils avoient faites sur leur justice, qui leur accorda la provision des choses contestées et renvoya les parties pour le fonds à un autre tems.

En 1533, le 9 may, ils obtinrent encore un autre arrêt contre les mêmes officiers, Madame Renée de France et M^r le procureur général du Roy, qui avoient saisi sur eux la justice de la ville & celle de tous les environs, prétendant qu'elle appartenoit à ladite dame Renée, duchesse de Chartres, qui leur donna main-levée de toutes les choses saisies et qui ordonna que tous les revenus, profits et émolumens qui avoient été perçus desdites saisies leur fussent rendus provisoirement. Les officiers de la Prévôté, prétendant que cet arrêt ne regardoit point la justice de Bonneval, formèrent une opposition à son exécution. Mais il intervint, le 6 septembre 1538, un autre jugement qui déclara que la main-levée donnée par l'arrêt de 1533 s'étendoit à tous les droits de la ville & fauxbourgs de Bonneval.

Il paroît, par un acte de 1535, que le prieur de St-Calès-sur-Aigre, près Cloyes, dépendoit alors de l'abbayïe de Bonneval, puisque frère François Secan, prieur claustral du dit couvent, et frère René Duchaumont, qui en étoit titulaire, donnèrent le four à ban dudit St-Calès à bail à vie.

En 1536, Jean de La Voue, chanoine de Notre-Dame de Chartres et prieur de Thymer, dépendant du couvent de Bonneval, paya aux abbé et religieux dudit couvent les frais d'un procès intenté contre lui à la Table-de-Marbre de Paris pour des bois qui appartenoient à la dite abbayïe, & qu'il prétendoit être de son prieuré.

En 1538, frère Marin Breton, Pierre Leclerc et Nicolas Boisdonnier, prêtres et religieux profès du prieuré de St-Sauveur-sur-Bray, dépendant de ladite abbayïe, donnèrent une attestation devant notaire à Claude

Mathieu, comme il avoit fait en qualité de novice tous les devoirs de religieux et fort exactement, & qu'il étoit de bonnes mœurs et le croyoient capable d'être reçu à profession. Il avoit été conduit au couvent de Bonneval par le frère Marin Breton, pour y prendre l'habit et y faire profession, et il demanda à l'abbé de nommer un grand-vicaire pour recevoir chez eux, à St-Sauveur, à profession, les novices qu'ils auroient, parce qu'il falloit faire trop de frais pour les amener faire profession à Bonneval.

En 1539, Madame Renée de France, sœur de François Ier et duchesse de Ferare à cause d'Alphonse d'Est, son époux, et duchesse de Chartres, ayant voulu s'emparer de tous les droits seigneuriaux, justices, cens, avenages & tailles que le couvent de Bonneval possédoit, tant dans la dite ville et banlieue que dans les lieux environnans, St-Maur, Jupeau, Frecot, Moriers, &^{a}, et les ayant fait saisir sur les Bénédictins, ces derniers obtinrent contre ladite dame Renée de France un arrêt des plus importans qui débouta cette princesse de ses prétentions, régla tous les droits de justice et autres, revendiqués par le couvent; nous regrettons que sa trop grande étendue ne nous permette pas de le rapporter ici.

En 1542, la même princesse eut encore une affaire avec les abbé et religieux relativement à la justice de Jupeau ; ils obtinrent un arrêt de la Cour du Parlement de Paris, qui condamna la princesse à la 4e partie des dépens.

En 1549, le receveur de l'abbé afferma les dîmes et champarts de Cormainville pour 30 muids de bled froment et autant d'avoine, mesure de Patay.

Le 8 février 1550, l'abbé de La Chambre mourut; on ignore le lieu de sa mort et celui de sa sépulture.

§ IV.

JEAN DE LA LANDE, 29e ABBÉ.

Jean de La Lande, seigneur de Lamothe & de la Lande, chanoine de l'église collégiale de St-Crapas, diocèse d'Agen, fut pourvu de l'abbayïe de Bonneval après la mort de l'abbé de La Chambre. En 1559, frère Charles Lemaître, religieux bénédictin du couvent de S*t*-Florentin & prévôt en dignité de ladite abbayïe, fit arrêt entre les mains du receveur dudit abbé pour avoir le payement de la nourriture d'un cheval et de la pension d'un homme dont il avoit besoin pour le panser et qui lui étoient dus à cause de son dit office.

En 1563, Aignan Blanquet, grand-prieur claustral, François Beroy, prieur de Cormainville, Jean Lemaréchal, aumosnier, Jacques Regnard, prieur de Magny, Jean Convers, infirmier, Étienne Barne, Leger Berny, chambrier, Parquier Vaubelle, Descodres, Jacques Bourgery & Charles Lemaître prévost, tous religieux profès de cette abbayïe, et en faisant la plus grande partie, intentèrent un procès contre leur abbé pour avoir payement de plusieurs arrérages qui leur étoient dus pour leurs pensions conformément à la transaction qui avoit été faite entre ledit sieur abbé et eux le 23 août 1552. Il fut terminé moyennant 500 livres que l'abbé leur paya pour tout ce qui leur étoit dû.

Au mois de may 1565, M*r* Valérien Levassor, bailly de Bonneval, obtint des lettres patentes pour la suppression du nom de prévôt de l'abbayïe de Bonneval, suivant l'arrêt qui avoit été donné par Charles IX en 1563, pour la réduction des justices des seigneurs à un seul degré. Voici cet arrêt :

« Charles, par la grâce de Dieu roi de France, à tous présens et à venir, salut; comme les religieux prieur et couvent de Bonneval nous eussent présenté requête en notre conseil privé, tendante à ce que l'option par eux faite du prévost, suivant l'édit par nous rendu pour la réduction des justices subalternes à un seul degré de juridiction, sortît son effet nonobstant les lettres obtenues par un nommé Valérien Levassort, bailly de Bonneval pour lesdits religieux, par lesquelles sur l'option prétendue avoir été faite par le sieur abbé du nom et titre de bailly, étoit fait défense audit prévôt d'exercer davantage, &*a*, vu l'avis des gens de notre conseil, avons, suivant l'option faite, éteint et supprimé, et aboli, éteignons, supprimons & abolissons le nom et titre de prévôt de l'abbayïe de Bonneval, et en ce nous avons prohibé et défendu audit prévôt religieux de plus dorenavant exercer ladite prévôté, demeurant toujours le prévôt royal en pareil droit qu'il étoit auparavant pour le regard des cas à lui réservés; si donnons, &*a*. »

Le 18 décembre de la même année, sur ce que ledit Valérien Levassor, en vertu des lettres ci-dessus, prétendoit faire instituer les actes de notaire en son nom et que l'office de prévôt étoit entièrement éteint et supprimé tant pour les droits qui appartenoient audit office que pour sa juridiction contentieuse, dom Charles Lemaître, qui étoit pour lors pourvu de cet office, obtint du Conseil une commission pour y faire assigner ledit Levassor et autres, et pour voir dire que le prévôt demeureroit titulaire et officier de l'abbayïe, avec droit de faire intituler les actes de notaires en son nom, et en outre qu'il jouiroit des défauts, amendes, greffes et autres droits appartenant à son dit office, excepté la juridiction contentieuse. Sur cette contestation, intervint le règlement qui suit :

« Charles, par la grâce de Dieu, roy de France, à nos amis et féaux conseillers les gens tenant notre Cour de Parlement, salut. Notre bien-aimé frère Charles Lemaître, docteur en droit canon, nous a fait exposer qu'il a été canoniquement et duement pourvu du bénéfice et office claustral de la prévôté de l'abbayïe de Bonneval, par la résignation du frère Charles Dugrenier, et à ses prédécesseurs depuis huit cents ans, que depuis aucun tems sur l'exécution de l'ordonnance par nous faite pour la réduction des justices subalternes à un seul degré de jurisdiction, sur l'option qui a été faite du bailly, et par nos lettres patentes du 3 du mois de may de l'an 1565, avions ordonné que le nom de prévôt et titre seroit supprimé, que ledit exposant tenoit comme bénéfice et office claustral et duquel il étoit vrai titulaire ecclésiastique, seroit supprimé, et défenses leur seroient faites de plus dorenavant exercer ladite prévôté, et en laissant l'exercice de la justice audit bailly, duquel exercice le lieutenant commis par ledit exposant pour l'exercice s'en est abstenu; encore bien que notre intention portée par notre dit édit ne fût que pour ôter un degré de jurisdiction et non pas éteindre un office claustral fondé en divers droits ni aucune chose réservée d'iceux, ce néantmoins sous couleur de ladite suppression de jurisdiction, doutant ledit suppliant qu'on ne lui veuille dénier les alimens, pension, vestiaire et autres droits de tout tems à lui appartenant à cause de son dit office et bénéfice, hors l'exercice de la justice, il nous fait supplier humblement et requérir lui vouloir pourvoir sans cela. Nous, à ces causes, voulant conserver ledit Lemaître ès droits appartenans audit office et bénéfice de toute anciènneté, n'ayant égard que par la suppression de ladite justice, l'intention de notre dit édit être accomplie, avons dit et déclaré par l'avis de notre Conseil, disons et déclarons que par ladite suppression et extinction du nom et titre de prévôt de l'abbayïe de Bonneval, nous n'avons pas entendu comme encore ne l'entendons l'avoir supprimé, seroit en ce qui concerne l'exercice seulement de la justice, et pour relever nos sujets d'un degré de jurisdiction, et non pas en ce que ledit prévôt est un office et bénéfice claustral, &^{a}. Donné à Paris le 21 octobre 1566. »

Cependant le prévôt de l'abbayïe de Bonneval a toujours joui des droits et honneur dont il jouissoit auparavant, à l'exception de l'exercice de la justice contentieuse dont il s'est abstenu. Plusieurs actes faits dans la suite l'ont prouvé. Le dénombrement de ceux qui doivent assister à la chevauchée qui se fait tous les ans le jour de St Gilles, entre autres le rôle fait en 1567, offre pour premier nom celui de dom Charles Lemaître, prévôt de l'abbayïe, honorable homme Valérien Levassor, bailly, ensuite honorable Marcellin Guérineau, licencié ès-lois, procureur fiscal, &^{a}. Suivent les noms des sergens. Les rôles des années qui suivent consacrent les mêmes qualités. D'autres actes faits depuis ce tems portent le même intitulé : au nom du prévôt de l'abbayïe de Bonneval pour les abbé, religieux et couvent; entre autres celui qui fut fait en 1567, pour le four à ban situé rue aux Prêtres, par le procureur de l'abbé de La Lande, à Depouilly, boulanger à Bonneval.

Le 15 novembre de cette même année, mourut ledit Sr Jean de La Lande, comme il paroît par l'acte passé au mois de juillet 156... par-devant les notaires de la ville d'Agen, entre Mr Clément de La Lande, chanoine de l'église de St-Crapas, au diocèse d'Agen, son frère et héritier universel, et dame Gabrielle de Verdun, douairière de François seigneur et baron de Fumel, pour régler le différend qu'ils avoient touchant la succession dudit S^r de La Lande, qui avoit donné à ladite dame tout le revenu de son abbayïe pendant qu'il vivoit, et même tous les arrérages dus par ses fermiers et autres débiteurs de ladite abbayïe.

§ V.

ANTOINE DE LOLLIN, 30e ABBÉ.

L'abbayïe aïant vacqué par la mort de Jean de La Lande, elle fut donnée à Antoine de Lollin, conseiller et aumônier du Roy. Quoique nous ne sçachions pas au juste s'il fut nommé incontinent après la mort de son prédécesseur, à cause des troubles qui étoient pour lors dans toute la France & particulièrement dans la Beauce, pendant lesquels l'abbayïe de Bonneval fut pillée et brûlée par les Calvinistes, qui mirent le siége devant la ville de Chartres, il est certain cependant qu'il en étoit abbé en 1570, comme il paroît par la déclaration que Martin Thoier (ou L'hoier), laboureur, donna aud. Sr de Lollin, abbé, pour deux septiers de terre entre Mezières et Moriers, qu'il tenoit en fief de l'abbayïe.

L'an 1573, dom Charles Lemaître eut un différend avec led. S^r abbé touchant la nomination du sergent des quatre villes dépendant de l'office de prévôt, qui fut terminé par une transaction faite entre Me Louis Danes, porteur de procuration dud. S^r abbé et led. Lemaître. Ledit Danes y reconnoît que la nomination et revenu attaché audit office de sergent appartient aud. Lemaître et à ses successeurs prévôts. Le 13 septembre de la même année, les provisions de sergent des quatre villes furent données à Martin des Marais, à la nomination dud. Lemaître, prévôt, avec le droit de le révoquer quand il lui plairoit.

L'an 1577, Me Martin Mercier, praticien, demeurant à Brou, seigneur du fief de Mezières à cause de sa femme Cyprienne Gaultier, reconnut et avoua tenir en fief à foi et hommage de R. P. en Dieu Mr Antoine de Lolin, conseiller et aumônier du Roy, abbé de l'abbayïe et monastère de Bonneval, un lieu et manoir assis à Mezière, avec environ 20 septiers de terre.

Il ne nous reste rien davantage de ce qui s'est passé sous cet abbé, quoiqu'il ait peut-être encore vécu quelques années après; car nous n'avons rien de certain de son successeur avant l'an 1582.

§ VI.

MARTIN DE BEAUNE, 31e ABBÉ.

Comme ceux qui ont fréquenté la Cour depuis l'établissement du concordat ont eu bonne part aux bénéfices, il n'y a pas lieu de s'étonner si, après la mort d'Antoine de Lolin, Martin de Beaune, conseiller du roy Henri III, et chancelier de la Reine mère, obtint en commende l'abbayïe de Bonneval.

Il étoit originaire de Tours & quatrième fils de Guillaume de Beaune, baron de Semblançay, dont les ancêtres s'étoient distingués dans les finances sous les rois précédens. Nous ne sçavons pas précisément en quel tems il fut pourvu de cette abbayïe, et nous n'avons rien de certain de lui avant l'an 1582, qu'Étienne Thoïer (ou Lhoyer), laboureur, demeurant à Mezières, paroisse de Pré-Saint-Évroult, confessa tenir en fief à foi et hommage, rachat et cheval de service, de R. P. en Dieu Mr Martin de Beaune, conseiller du Roy en son privé Conseil, chancelier de la Reine mère et seigneur abbé de Bonneval, une mine de terre faisant partie de demi-muid situé au terroir d'entre Mezière et Moriers.

L'an 1584, il fit faire une saisie sur les détenteurs de la métairie des Billards, située à Moriers, pour avoir payement d'onze septiers de froment et 7 septiers d'avoine faisant partie de plus grande rente.

La même année, Martin de Beaune présenta une requête au Roy, par laquelle il fait voir l'établissement de la prévôté et des officiers royaux dans la ville de Bonneval, et le tort que causent au public les différends qui s'élèvent tous les jours entre lesdits officiers et ceux de l'abbayïe. C'est pourquoy il supplie Sa Majesté de vouloir supprimer lesd. officiers, offrant d'assigner à la recette de Chartres autant ou même plus de revenu qu'elle n'en retire, et d'indemniser lesd. officiers de ce qu'ils avoient déboursé. Cette requête fut répondue de la manière qui suit :

« Henry, par la grâce de Dieu, roy de France et de Pologne. A nos amés et féaux conseillers, avocats et procureurs généraux de notre Parlement de Paris, salut. Nous vous renvoyons la requête cy attachée sous notre contre-scel, et nous vous mandons et commettons par ces présentes, que vous ayez à vous informer et envoyer votre avis sur la commodité que nous et nos sujets recevons..... pour ladite information vue en notre Conseil, ordonner ce que de raison. Donné à St-Germain-en-Laye, le 4 décembre de l'an 1584. »

L'année suivante, le 14 juin, ledit Sr Martin de Beaune fit faire de rechef une saisie sur les détenteurs de la métairie des Billards, et mourut peu de tems après, ayant été nommé à l'évêché du Puy, et laissant l'abbayïe de Bonneval à Renaud de Beaune, archevêque de Bourges, son frère, dont nous allons parler.

Il faut que Morery se soit trompé, ou qu'il y ait une faute d'impression, lorsqu'il fait mourir Martin de Beaune dès l'an 1565, puisqu'il vivoit encore en 1585, comme on voit par les actes précédens.

§ VII.

RENAUD DE BEAUNE, 32ᵉ ABBÉ.

 Après la mort de Martin de Beaune, l'abbayïe de Bonneval ne sortit point de cette famille, puisqu'elle fut donnée à Renaud de Beaune, archevêque de Bourges. Il étoit le 2ᵉ fils de Guillaume de Beaune, dont nous avons déjà parlé, et par conséquent aîné de son prédécesseur. Outre sa naissance, il étoit d'un mérite si distingué, qu'après avoir été conseiller et président au Parlement de Paris, ensuite maître des requêtes et chancelier de François, duc d'Anjou, frère unique du roy Henri III, ayant embrassé l'état ecclésiastique, il fut fait d'abord évêque de Mende et ensuite transféré à l'archevêché de Bourges, où il étoit lorsqu'on lui donna l'abbayïe de Bonneval.

 Il ne tarda pas à prendre possession de cette abbayïe après la mort de son frère, puisque le 4 janvier 1586 on donna à sa requête un exploit aux détenteurs de la métairie des Billards, située à Moriers, pour passer une nouvelle reconnoissance.

 L'an 1587, Renaud de Beaune, archevêque et patriarche de Bourges, primat d'Aquitaine, conseiller du Roy en son Conseil d'État privé, et abbé de Bonneval, ayant repris une instance commencée par son prédécesseur pour contraindre les détenteurs de la métairie ci-dessus de l'abandonner, il fit une transaction avec eux, par laquelle il leur permet de jouir à toujours mais de ladite métairie, à la charge de payer solidairement les cens et rentes, et acquitter les autres devoirs portés par l'ancien bail; et en outre, à raison que l'église d'icelle abbayïe a été brûlée et ruinée par les guerres civiles, à la levée du camp de devant Chartres l'an 1568, que ledit seigneur avoit espérance de faire rebâtir, et même qu'il avoit fait marché avec plusieurs ouvriers, maçons, charpentiers et couvreurs, jusqu'à la somme de deux mille écus; qu'en considération de la grâce qu'il leur accordoit de continuer leur bail à toujours mais, ils payeroient aux susdits ouvriers trois écus d'or par chaque septier de terre, et en donneroient déclaration toutes fois qu'ils en seroient requis. Ce qui fut accordé.

 L'an 1588, la métairie de la Chaise fut donnée pour toujours par cet abbé à un nommé Claude Baudouin, à la charge de réédifier les bâtimens et d'y employer jusqu'à la somme de 1500 écus; de continuer [1] les cens et rentes que payoient ceux qui la tenoient auparavant, et en outre moyennant la somme de quatre mille écus pour être employés à réparer l'église, cloître, dortoirs et autres lieux réguliers du couvent qui avoient été ruinés par les Huguenots en 1568. Le père ou l'ayeul de ce seigneur gentilhomme de Beauce et qui portoit le même nom, avoit été emmené par Yvon d'Illiers, père de deux de nos abbés, en 1428, au siége d'Orléans assiégée par les Anglais. Elle a été possédée par cette même famille jusqu'environ au milieu de l'autre siècle que messire Claude Beaudouin de La Chapelle en a été dépossédé par l'abbé et les religieux; voici comment le fait est rapporté par Mr Beaupère, curé de Bonneval et auteur de l'*Histoire de Bonneval* :

Un ancien domestique de ce gentilhomme avoit passé de son service à celui des moines de Marmoutiers; il travaillait au chartrier; le bail emphytéotique de cette ferme lui tomba par hazard entre les mains. Ayant encore plus d'inclination pour son ancien maître que pour les nouveaux, il le mit secrètement dans sa poche pour le lui remettre; il le lui apporta effectivement; mais, quand il lui en parla, il fut si mal reçu de monsieur de La Chapelle, qui s'en croyoit possesseur incommutable, que sur le champ il le porta au couvent de Bonneval où il fut mieux accueilli et où il reçut une récompense qui excédoit beaucoup celle qu'il croyoit devoir espérer de M^r de La Chapelle. Les moines, munis de cette pièce importante, qu'ils n'auroient pu recouvrer sans cela, attaquèrent le possesseur de la Chaise, qui en fut bientôt évincé, et qui fut obligé de venir finir ses jours malheureux & mener une vie languissante dans une très-petite ferme qu'il avoit à Pullois, maudissant tous les jours le moment où il avoit rebuté son domestique qui avoit voulu lui conserver la possession de la Chaise et la perpétuer dans sa famille, qui n'a jamais pu se relever de ce désastre. Je ne prétends pas

---

1. L'écriture de dom Lambert cesse à ce mot, au bas de la page 82 de son manuscrit: il continua cependant la chronique jusqu'à l'abbé de Thou, exclusivement, comme le dit une note de M. Lejeune, qu'on lira plus loin. Mais celui-ci, au lieu de copier fidèlement le manuscrit de dom Lambert, y mêle des récits empruntés à l'*Histoire de Bonneval*, que le curé Beaupère rédigeait en même temps que dom Lambert l'*Histoire abrégée* de son abbaye; ils puisaient aux mêmes sources, mais ils ne voyoient pas de la même manière. Et c'est ce mélange à dose inconnue, opéré par M. Lejeune, qui produit de singulières dissonances dans la narration des faits que dom Lambert est censé avoir rédigés tels quels. — V. B.

approuver pour cela la conduite de ce domestique qui violoit les loix de la justice en voulant remettre ce titre à d'autres qu'à ceux auxquels il appartenoit légitimement, et que M^r de La Chapelle ne pouvoit recevoir en conscience, mais qu'il auroit accepté néantmoins et sans scrupule s'il eût pensé que cette pièce eût été capable de lui faire transférer ailleurs son domicile. Il mourut à Pullois et fut enterré dans le chœur de l'église de St-Sauveur, du côté de l'épître.

Ce même abbé, en 1590, adressa une commission au prieur de St-Sauveur-sur-Bray, pour recevoir à profession un novice qui avoit fait son noviciat chez lui, et l'exempta de venir au couvent de Bonneval pour lui faire prendre l'habit et faire faire profession aux novices dudit prieuré. Il lui permit de leur donner lui-même l'habit et de les recevoir à profession.

Sous lui, en 1591, il y eut affaire entre le bailly de Chartres et le substitut du procureur-général du Roy à Yenville pour la jurisdiction des cinq baronnies du Perche et la ville de Bonneval. En 1593, il obtint un arrêt du Conseil d'État tenu à Chartres, par lequel son receveur à Bonneval fut déchargé des tailles et autres contributions auxquelles les habitans l'avoient imposé et déclaré que tous ceux qui demeureroient au château abbatial pour son service en seront exempts par la suite et qu'il en seroit de même de l'imposition qui lui avoit été appliquée.

En 1601, le bailly du Houssay fut entrepris par cet abbé pour avoir exercé un acte de justice dans cette ville ; le seigneur du Houssay, qui intervint dans cette affaire, déclara qu'il n'avoit à Bonneval aucun droit de justice et que son bailly avoit agi dans un siége emprunté à cause de maladie. Enfin, en 1605, cet abbé et les religieux obtinrent un arrêt qui les déclara seigneurs de Bonneval, conformément à l'arrêt de 1539.

Regnaud de Beaune mourut en 1606.

CHAPITRE X

Des Abbés pendant le XVIIe siècle.

---

§ I.

PHILIPPE HURAUD OU HURAULT, 33e ABBÉ.

PHILIPPE Hurault fut le successeur de Regnaud de Beaune, il étoit évêque de Chartres et aumônier du Roy. On est incertain s'il prit possession de son abbaye, les notions historiques du tems sont muettes sur ce point. Sacré évêque de Chartres en 1607, il fit sans beaucoup de cérémonie son entrée dans cette ville le 28 août 1608. Il ne conserva pas longtems le titre d'abbé de Bonneval dont il paroît s'être démis dès avant ou au commencement de 1610; car des chartes de cette année prouvent que l'abbaye étoit vacante : 1° le 26 septembre 1610, M. Spifanie fit aux religieux de l'abbaye de St-Florentin une sommation tendante à ce qu'ils eussent à conférer le prieuré de Thimer, vacant par la mort de messire Louis Seguier, conseiller clerc au Parlement de Paris, à frère Pierre Mazeau, religieux bénédictin qui avoit son indult, auquel ils avoient nommé dès le 15 septembre 1610 frère Guillaume Chevallier; cette nomination, qui prouve qu'à cette époque les religieux avoient le droit de nommer aux bénéfices pendant la vacance de l'abbaye, étoit en latin. Nous allons en donner ici la traduction :

« Les religieux, prieur et couvent du monastère abbatial de St-Florentin de Bonneval, ordre de St-Benoît, du diocèse de Chartres, le siège abbatial étant vaquant, et notre bien-aimé frère Guillaume Chevalier, religieux profès dudit monastère, à vous présent et acceptant comme suffisant, capable et   nous vous avons conféré et donné, nous vous conférons et donnons le prieuré de St-Pierre de Thymer, situé dans ledit diocèse et dépendant de notre dit monastère, dont la collation, la provision et toute autre disposition, lorsqu'il vaque, nous appartient à cause de notre dit monastère, ledit siège abbatial vacant regarde et nous appartient de plein droit, et nous vous en avons pourvu et nous vous en pourvoyons avec ses droits, fruits et toutes ses dépendances, vous investissant par la tradition même de ces présentes, et vous enjoignant de vous acquitter et remplir fidèlement les charges et fonctions qui sont attachées à la dignité dudit prieuré. Suppliant tous notaires apostoliques, prêtres et personnes publiques, de vous mettre en corporelle, réelle et actuelle possession, ou en la personne de votre procureur ou fondé de votre procuration. Donné au chapitre dans notre monastère de Bonneval, le siége de ladite abbaÿie étant vacant, sous nos seings et sceau et le contre-seing de Me Jacques Mandot, notaire public et immatriculat, demeurant à Châteaudun, pris par nous pour notre secrétaire, l'an de Notre-Seigneur 1610, le quinzième jour de septembre, en présence de M^{tres} Julien Belloche, Christin Beauldry, prêtres, et d'Étienne Girard, clerc, étant de présent dans ladite abbaÿie, témoins pris et priés à cet effet, et plus bas étant du mandement de mon dit sieur prieur, chapitre et couvent, signé MANDOT et scellé du sceau dudit couvent et insinué au greffe des insinuations à Chartres, le 31 octobre 1610. »

C'est ici que se termine la continuation de l'*Histoire abrégée de l'Abbaye de Bonneval* par dom René Lambert, bénédictin, sous-prieur du couvent. La table des abbés qui se trouve en tête de ce manuscrit sorti de la plume de dom Lambert comprend bien les nom et prénoms du successeur immédiat de Philippe Hurault au siége abbatial, François-Auguste de Thou; mais il ne rédigea pas l'article qui devoit concerner ce dernier [1].

---

1. Cette note, intercalée dans le texte, écrite de la main de M. Lejeune, comme d'ailleurs tout le reste de l'*Histoire abrégée,* depuis l'abbé Renaud de Beaune jusqu'à la fin; cette note, dis-je, indique que la suite est empruntée à un autre chroniqueur. Maintenant, ce n'est plus qu'un extrait de l'histoire manuscrite de Bonneval, du curé Beaupère, jusqu'en 1766, époque de sa mort. — V. B.

LE CURÉ BEAUPÈRE

§ II.

JACQUES-AUGUSTE DE THOU, 34ᵉ ABBÉ.

Jacques-Auguste de Thou, fils de Christophe de Thou, premier président du Parlement de Paris, conseiller au Parlement et président aux requêtes, fut pourvu de l'abbaye vers l'an 1612, par la démission de son prédécesseur Philippe Hurault ou Huraud, évêque de Chartres. Il étoit frère de Mʳ de Thou, seigneur de Meslay-le-Vidame, auquel en 1615 les héritiers de Mʳ Devienne, seigneur propriétaire de Mémillon, cédèrent la seigneurie de Bonneval que leur parent avoit par engagement.

Les moines exigeoient annuellement des habitans de Bonneval, propriétaires de vignes, une dîme de 7 pintes et chopine par poinçon de leur récolte. Il s'éleva entre le monastère et les habitans une difficulté sur le payement de cette dîme. Le 13 juin 1615, cet abbé termina ce différend par une transaction qui fixa cette redevance en argent à deux cent cinquante livres tournois, à raison de une livre tournois par arpent. Le terroir vignoble, y compris celui de la paroisse de Sᵗ-Maurice, fut arpenté, et sa contenance superficielle fut fixée à 250 arpens.

Il ne prit aucune part au procès que le Sʳ Jubin, curé de Notre-Dame, eut en 1620 avec les religieux de son abbaye, mais il en eut un personnellement avec lui en 1623, touchant les limites de sa paroisse, et dans lequel il succomba le cinq avril 1623.

Mᵉ Christin Baudry, curé de Sᵗ-Sauveur, ayant demandé à cet abbé et à ses religieux une augmentation de son gros et pension à prendre sur les dîmes de sa paroisse qui appartenoient à sa mense abbatiale et ayant essuyé des refus qui avoient donné lieu entre eux à un procès, cette difficulté se termina par un acte sous seing privé, arrêté à Bonneval le 14 avril 1628, entre ledit seigneur de Thou et le curé de St-Sauveur, et il en résulta, au profit du dernier, une augmentation de gros ou pension de 10 setiers de bled méteil, mesure de Bonneval, qui lui furent payés pendant le cours de sa vie seulement sur les revenus de la mense abbatiale, et reversible, en cas de permutation, sur le permutant.

En 1639, Me Jean Le Pitre, curé de la paroisse de St-Michel de Bonneval, demanda à l'abbé de Thou une portion congrue à prendre sur la dîme de sa paroisse, qu'il recevoit et s'approprioit tout entière sans lui accorder, tant pour lui que pour son vicaire, une rétribution quelconque pour cause de la desserte de sa paroisse. Une sentence par défaut rendue à Paris le 31 août 1639 condamna l'abbé de Thou à payer annuellement au sieur Le Pitre, curé de St-Michel de Bonneval, tant pour lui que pour son vicaire, une portion congrue de trois cents francs. Le vingt-trois décembre 1639, il y eut sur requête appel de la sentence ci-dessus par l'abbé de Thou, qui fut condamné à payer au curé de St-Michel Me Le Pitre une portion congrue annuelle de 200 fr. dans le cas où il n'auroit point de vicaire et 300 fr. dans celui où il en auroit un. Enfin, Mr de Thou, voulant se débarrasser de toutes les tracasseries du curé de St-Michel, lui abandonna la dîme de sa paroisse par compensation de sa portion à lui accordée par la sentence ci-dessus. Cet abandon fut signé à Paris devant l'un des notaires de cette ville par Mr de Thou le 16 décembre 1641.

Le 16 avril 1641, Me Étienne Denis, curé de St-Sauveur de Bonneval, reconnut au titre de curé de cette paroisse être tenu, envers MM. les les vénérables religieux du chapitre et couvent de l'abbaye de St-Florentin de Bonneval, une pitance d'harengs frais modérée et évaluée à la somme de 10^s tournois par chacun an payables aux Avents de Noël et la veille de la Conception de la Vierge, laquelle pitance ses prédécesseurs avoient reconnu et confessé être tenus payer envers ledit couvent et abbaye par chacun an audit jour, ainsi qu'il appert de diverses reconnoissances passées par plusieurs curés de cette paroisse, et entre autres par Me Philippe Bauldry, curé de ladite paroisse de St-Sauveur, suivant acte reçu par Daniel Arrault, notaire royal à Bonneval, le 3 septembre 1599. Cette rente étoit due également par la paroisse de Notre-Dame, suivant acte devant Coyau, notaire à Bonneval, en 1641, et par celle de

S*t*-Michel de la même ville, d'après une reconnoissance de M*e* Louis Baron, curé de cette paroisse, passée devant Jean Coyau, notaire à Bonneval, le cinq juin 1643. Cette rente, dont le plus ancien titre datoit de 1489, les curés des trois paroisses de la ville de Bonneval refusèrent de la payer en 1740, et depuis cette époque il n'en fut plus question. On ne connoît pas trop son origine. L'époque de la mort de cet abbé paroît se fixer en 1643, puisqu'il existe des actes de son successeur en 1644.

§ III.

CHARLES LE PRÉVOT, 35e ABBÉ.

Charles Le Prévôt, mort conseiller en la Grande Chambre du Parlement de Paris, obtint après Jacques-Auguste de Thou le siége abbatial du monastère de S*t*-Florentin de Bonneval, ordre de S*t*-Benoît, dont il prit possession le 3 juillet 1644. En 1645 et 1648, il eut aussi des difficultés à soutenir contre M*e* Le Pitre, curé de S*t*-Michel de Bonneval, relativement à la dîme due à sa cure et à une rente de vingt setiers de bled métail due au prieur de Lanneray par les moines et l'abbé de Bonneval, mais à prendre sur les dîmes des paroisses de S*t*-Michel de Bonneval et de Saumeray.

A l'époque de l'avénement de M*r* Le Prévôt à la dignité d'abbé du couvent de Bonneval, il paroît que cette maison étoit dans un assez grand désordre, que la règle de S*t* Benoist avoit cessé d'y être observée, que les moines qui composoient le monastère, au lieu de vivre en commun avec cette austérité commandée par leurs statuts primitifs, existoient isolés les uns des autres dans de petites habitations particulières construites en face au midi et au levant du grand corps de bâtiment tel qu'il étoit à l'époque de la Révolution et tel qu'il est encore aujourd'hui; ces cellules avoient toutes chacune un petit jardin qui leur appartenoit exclusivement et qui servoit de passe-temps aux religieux qui l'occupoit [1]. En un mot, les moines n'y vivoient plus cloîtrés, et un tel ordre de choses étoit trop

---

1. Le lieu où elles existoient fut converti par suite en verger et charmilles; pour l'établir, on fit quantité de fouilles qui mirent à découvert les fondations de toutes ces cellules. — L.

en opposition avec la règle primitive et l'esprit de l'institution de l'ordre auquel ils appartenoient, pour qu'un relâchement aussi étrange ne trouvât pas bientôt un terme que réclamoient la sagesse et le bon ordre. Cet avantage étoit réservé à Charles Le Prévôt, qui fut assez heureux pour faire arriver à ce but les conférences et les pourparlers qui s'étoient établis depuis quelque tems entre les religieux de ce couvent et plusieurs de ceux de la Congrégation de St-Maur qui désiroient se réunir aux premiers par un acte d'union qui les assujettissoit à la même règle en les fixant dans le même cloître. Alors il devenoit nécessaire d'associer les moines de la Congrégation de St-Maur à tous les droits et à toutes les prérogatives du monastère de St-Florentin ; un acte solennel et authentique devoit consacrer une cession aussi importante, et ce concordat entre les anciens bénédictins du monastère de St-Florentin et les moines de la Congrégation de St-Maur eut lieu sous l'influence et la direction de Charles Le Prévôt, qui le fit rédiger par acte notarié, à Paris, le 3 octobre 1645. Nous allons en donner la teneur :

« Pardevant Étienne Corrozet et Nicolas Le Boucher, notaires gardes-notes du Roi, notre Sire, en son Châtelet de Paris, soussignés, furent présens en leurs personnes, messire Jacques Le Prevost, conseiller du Roy en la Cour de Parlement, abbé de St-Florentin de Bonneval, ordre de St-Benoist, diocèse de Chartres, et Révérend Père dom Valentin Chevallier, religieux profès de la Congrégation de St-Maur, ordre de St-Benoist, résident de présent en l'abbaye de St-Germain-des-Prés-lès-Paris, au nom et comme ayant charge de Très-Révérend Père dom Tarisse, supérieur général de ladite Congrégation, par lequel ledit dom Chevallier promet faire ratifier et avoir pour agréable le présent concordat et en fournir acte de ratification valable audit sieur abbé dans huit jours prochains : d'autre part disant lesdites parties, même ledit sieur abbé, qu'ayant pris possession de ladite abbaye le troisième jour de juillet 1645, il auroit trouvé en icelle dom Jacques Coriasse, prieur, Charles Thiboust, armoirier, Hugues Bulté, infirmier, Jean Dugué, sacristain, Louis Brice, aumônier, Marc-Antoine Beaudouin, prévôt prêtre, et l'abbé Jean-Jacques Martin, chambrier, au lieu duquel depuis peu de tems dom Beaudouin, religieux profès de Marmoutier, a pris possession dudit office de chambrier, tous officiers claustraux et religieux profès en icelle, demeurans en maisons particulières, sans que ès lieux réguliers d'icelle il y eût aucuns religieux cloîtriers vivans en commun, gardant la régularité et cloître, au moyen de quoi lesdits lieux réguliers se trouvent déserts et abandonnés; et ayant depuis appris que par concordat fait entre les abbés et religieux de ladite abbaye le 3 août 1642, confirmé par transaction du 2 novembre 1643, sur les conclusions dudit Coriasse, prieur, auroit été ordonné que ladite communauté seroit rétablie, et enjoint auxdits religieux de garder leur règle, et que d'avantage, dès le 30 décembre 1639, lesdits officiers claustraux et autres religieux lors étant en ladite abbaye auroient proposé certains articles auxdits religieux de la Congrégation de St-Maur pour unir ladite abbaye à ladite Congrégation pour le service de Dieu et édification du prochain.

« A ces causes ledit S^r abbé considérant que ladite union est le plus prompt moyen d'y rétablir la régularité, remplir le nombre des religieux porté sur ledit concordat et transaction pour le service de Dieu et édification du prochain, il auroit fait entendre aux religieux de ladite Congrégation son intention être de sa part de consentir à ladite union, lesquels désirant de leur part contribuer aux bonnes intentions dudit seigneur abbé en vertu du pouvoir octroyé à ladite Congrégation par Nos Très-Saints Pères les Papes Grégoire XV et Urbain VIII et des lettres patentes de Sa Majesté, homologuées ès cours souveraines de ce royaume, après lecture faite en ladite abbaye par lesdits religieux de ladite Congrégation, dans plusieurs conférences avec ledit sieur abbé, avoir calculé et supputé le revenu de ladite abbaye duquel ledit dom Valentin Chevallier a pleine et entière connoissance, en étant religieux profès et ayant été prévost et sacristain et prieur l'espace de trois ans, ont fait et font par ces présentes les traités, accords et conventions qui s'en suivent :

ARTICLE Ier.

« *Primo*. Que ladite Abbaÿe de Bonneval demeurera unie et aggrégée à ladite Congrégation de St-Maur, sans diminution toutes fois au changement de la dignité abbatiale, soit pour ce qui regarde la nomination du Roy, soit pour ledit sieur abbé ses successeurs tant au spirituel qu'au temporel, collation & présentation des bénéfices dépendant de ladite abbaye, nomination et provision d'offices, droits de châtellenie et seigneurie sur toutes ses dépendances, qu'autres droits, prérogatives et prééminences dedans et dehors d'icelle, et tous autres droits domaniaux, seigneuriaux et honorifiques en l'Église ou dehors et autres générales quelconques qui demeureront audit seigneur abbé en leur entier et comme ils étoient avant ces présentes.

ARTICLE 2ᵉ.

« Et au regard des offices claustraux au nombre de 7,' c'est à savoir : *Prieuré, Aumônerie, Infirmerie, Armoirerie, Chambrerie, Sacristie et Prévosté*, quand ils viendront à vacquer, soit par résignation, mort, démission ou autrement en quelque façon que ce soit, ils demeureront unis et incorporés à la mense conventuelle desdits religieux de ladite Congrégation avec les logemens, domaines, droits et revenus en dépendans, dont lesdits officiers jouissent à présent, et acquiteront les charges desdits officiers. A cet effet et condition ledit abbé départ de son droit de collation, consent qu'il demeure éteint et en être privé en faveur de ladite union le tems pour l'amortissement de la mense conventuelle, sans laquelle convention ledit seigneur abbé ne se seroit départi de son droit de collation ; ce qu'il fait, et encore suivant ès conditions portées étant dans les bulles des papes Grégoire quinzième et d'Urbain huitième.

ARTICLE 3ᵉ.

« L'entière direction du chœur et service divin, à l'exception toutes fois portée par le premier article, appartiendra auxdits religieux de ladite Congrégation pour le dire et célébrer aux heures et avec les cérémonies accoutumées en leurs autres monastères, feront tous les signes pour les commencer et finir, auxquels assisteront lesdits officiers claustraux, qui seront tenus s'y conformer, sans apporter aucun changement, empêchement ou dissonnantes ; seront néantmoins lesdits religieux de ladite Congrégation tenus faire et observer les solennités et fêtes locales des patrons de ladite abbaye et y célébrer même les dévotions, fondations et obits particuliers.

ARTICLE 4ᵉ.

« Les fonctions qui regardent le Service Divin et l'Église auxdites conditions et exceptions ci-dessus dudit premier article, seront exercées par lesdits religieux de ladite Congrégation, même acquitteront les tours des messes dudit seigneur abbé, et lesdits officiers claustraux acquitteront aussi à leur égard les charges de leurs offices, comme ils sont tenus et obligés, si mieux n'aiment s'en accommoder à l'amiable.

ARTICLE 5ᵉ.

« Sera aussi délaissé auxdits religieux de ladite Congrégation la garde des saintes reliques qui sont en ladite abbaye : argenterie et ornemens de l'église et de tous les titres desdits offices claustraux, revenu du petit couvent et autres qui sont à présent en la sacristie ès mains et en la possession desdits officiers claustraux, desquels sera fait inventaire en présence dudit seigneur abbé ou de telle personne qu'il lui plaira commettre, dont lui sera donné un double pour être mis en son trésor, sauf à icelui récapituler et augmenter à fur et mesure que lesdits religieux de ladite Congrégation seront saisis des titres qui ne se trouveront pas à présent dans le dépôt commun.

ARTICLE 6ᵉ.

« Tous les lieux réguliers, à l'exception et condition toutes fois du premier article, à savoir l'église, sacristie, cloître, chapitre, réfectoire, cuisine voisine occupée par dom Louis Brice, cour prochaine, petite maison en icelle, caves et celliers voisins étant proches, et sous l'escalier du dortoir vieilles cuisines et four en ruine, excepté les matériaux et partie de là s'il en convient pour quelqu'accommodement, salles basses sous les greniers du couvent et chambre voisine à iceux, dortoir, chambre voisine sur ladite cuisine, ladite chambre étant entre ledit dortoir & lesdits greniers dudit couvent, le reste du même corps de logis étant en ruine et la mazure voisine qui servoit de chapelle, avec le petit jardin appelé le jardin de la communauté ou dudit couvent, appartiendront auxdits religieux de ladite Congrégation.

ARTICLE 7ᵉ.

« Auront lesdits religieux de ladite Congrégation pour leur nourriture et entretennement la jouissance du premier jour de juillet dernier la portion monachale accordée aux religieux de ladite abbaye par ladite transaction du 23ᵉ août 1642, et consistante en dix-huit muids six setiers de bled froment, mesure de Bonneval, et onze cent dix livres en argent, plus les vestiaires des religieux cloistiers mentionnés en ladite transaction, montant à trente livres, plus les quinze livres pour les tours des messes dudit seigneur abbé ci-dessus mentionnés, et sept livres pour le voyage de Bagnolet[1] qu'ils acquitteront aussi.

ARTICLE 8ᵉ.

« Pour toutes lesquelles choses et sommes montant à 1162 l., ledit sieur abbé consent payer la somme de 1200 l. outre ledit bled, et encore 500 fagots de la grosseur ordinaire et accoutumée audit Bonneval pour le gros bois promis auxdits cloîtriers par ladite transaction du 23ᵉ août 1642; encore qu'il n'ait accoutumé d'être payé, le tout payable aux clauses, termes, lieux, charges et conditions portés par ladite transaction.

ARTICLE 9ᵉ.

« Plus, les revenus du petit couvent à la charge d'en acquitter toutes charges, obits et fondations.

ARTICLE 10ᵉ.

« Et moyennant ce que dessus, en cas qu'il soit jugé appartenir auxdits officiers claustraux qui sont à présent en ladite abbaye portion monachale, outre le revenu de leurs offices, ou qu'il en soit convenu avec eux par lesdits religieux de ladite Congrégation, ils seront tenus d'en acquitter ledit seigneur abbé dudit premier jour de juillet dernier, sauf à eux à souffrir la réunion du revenu desdits offices à leur mense ou la décharge desdites pensions ainsi qu'ils verront être à faire.

ARTICLE 11ᵉ.

« Et d'autant que Philbert Pilverdier, religieux profès de ladite abbaye, à présent fugitif il y a quatorze ans, étant vivant, pourroit revenir en icelle et y prétendre la pension, seront tenus lesdits religieux de ladite Congrégation en acquitter ledit sieur abbé et de celles de tous les autres religieux profès en celle, si aucuns y revenoient, sauf à eux à les soutenir non recevables, ou les envoyer à Sᵗ-Sauveur ou ailleurs, ainsi qu'ils verront être à faire.

---

1. Pèlerinage à Sᵗ-Sébastien de Bagnolet. Le couvent de Bonneval y envoyait un religieux et un prêtre de Notre-Dame; *idem*, Sᵗ-Jacques d'Illiers, Patay, Toury, Sᵗ-Valérien et Sᵗ-Jean de Châteaudun. Le prieur de Bagnolet dépendait de Bonneval : il avait échangé la seigneurie avec ses droits de haute justice en 1633. — V. B.

ARTICLE 12ᵉ.

« A condition expresse et sans laquelle le présent concordat n'eût été fait, seront tenus entretenir en ladite abbaye dès à présent le même nombre de religieux selon le revenu duquel ils jouiront, à raison de trois cents livres pour chacun religieux prêtre de chœur et de deux cents livres pour chaque convert qu'ils augmenteront à fur et mesure que le revenu accroîtra.

ARTICLE 13ᵉ.

« Et aussitôt qu'ils seront en jouissance du revenu desdits offices claustraux de ladite abbaye, ils seront tenus entretenir continuellement en ladite abbaye le nombre de quinze religieux de chœur et deux frères converts, et trois oblats pour remplir celui porté ès dits concordats du 23ᵉ août 1642 et transaction du 29 novembre 1643.

ARTICLE 14ᵉ.

« Comme aussi seront tenus lesdits religieux de ladite Congrégation payer par chacun an les décimes ordinaires et extraordinaires, taxes imposées ou à imposer et autres charges, selon que les officiers claustraux et religieux de ladite abbaye seront ci-devant payés même depuis l'assemblée du clergé tenue à Mantes en 1642.

ARTICLE 15ᵉ.

« Et pour par ledit seigneur abbé donner moyen auxdits religieux de ladite Congrégation à mettre, dès à présent et aussitôt l'homologation du présent concordat en la cour de Parlement, un plus grand nombre de religieux en ladite abbaye, il accorde par ces présentes leur payer par chacun an, outre ce que dessus, aux termes de Noël et de Sᵗ-Jean par moitié, premier payement au jour de Noël prochain la somme de cinq cents livres jusqu'à ce que lesdits religieux de ladite Congrégation ayent deux mille livres de rente chacun, & lorsqu'ils auront et posséderont ainsi rangément, lesdites deux mille livres de rente, ledit sieur abbé sera déchargé du payement de ladite somme de cinq cents livres.

ARTICLE 16ᵉ.

« Et en cas que ci-après il arrivât quelques contestations, débats ou procès en exécution du présent concordat, circonstances et dépendances, lesdites parties ont consenti procéder aux requêtes du Palais et par appel au Parlement nonobstant tous priviléges, évocations générales ou particulières obtenues ou à obtenir, auxquelles dès à présent elles renoncent.

ARTICLE 17ᵉ.

« Et a été arrêté que ce présent concordat sera homologué en la Cour de Parlement, et pour consentir ladite homologation au greffe de ladite Cour et partout où besoin sera, lesdites parties ont fait et constitué leur procureur, le porteur des présentes auquel donnent pouvoir de ce faire et d'en requérir acte.

ARTICLE 18ᵉ.

« Et encore promet ledit dom Chevallier faire ratifier aussi le présent concordat par le premier chapitre général de ladite Congrégation, et délivrer de ladite ratification l'expédition en bonne forme aux dépens de ladite Congrégation en cette ville de Paris audit sieur abbé dans trois ans d'huy prochain.

« Car ainsi a été accordé et convenu entre lesdites parties promettant &ᵃ, obligeant &ᵃ chacun endroit soi, ledit Père dom Chevallier audit nom renonçant &ᵃ; fait et passé en la maison dudit seigneur abbé au cloître de l'église de Paris, le 3ᵉ jour d'octobre avant midi, l'an 1645; & ont signé la minute des présentes, demeurée vers ledit Leboucher, l'un desdits notaires soussignés. Ces présentes sujettes au scel dans trois mois à peine de l'amende de 20 l. suivant l'édit, déclaration et arrêt. Ainsi signé en l'original : CORROZET, LE BOUCHER, notaires. »

RATIFICATION DU GÉNÉRAL DE Sᵗ-MAUR.

« Frère Grégoire Tarisse, humble supérieur général de la Congrégation de Sᵗ-Maur en France, ordre de Sᵗ-Benoist, ayant vu et mûrement considéré le susdit concordat passé pardevant Étienne Corrozet et Nicolas Le Boucher, notaires et garde-notes du Roi notre sire au Châtelet de Paris, entre messire Charles Le Prévost, conseiller du Roy en la Cour de Parlement, abbé de l'abbaye de Bonneval, ordre de Sᵗ-Benoît, et le Père dom Valentin Chevallier, prêtre religieux de ladite Congrégation, comme ayant charge expresse de nous afin d'introduire la réforme dans ladite abbaye de Bonneval, jouxte et suivant les conditions y mentionnées, le tout bien examiné, avons approuvé et ratifié ledit concordat, l'approuvons et ratifions par ces présentes, voulons et entendons qu'il sorte son plein et entier effet selon les formes, clauses et teneurs; en foi de quoi nous avons signé les présentes, fait contresigner à notre secrétaire, et apposé le scel de notre office. Fait dans le monastère de S‍t-Denis en France, le 13 octobre 1645. Ainsi signé sur l'original : frère Grégoire Tarisse, et plus bas : par le commandement du révérend Père supérieur général, frère dom Martin Deliesne, secrétaire, et scellé, &ᵃ. »

On remarque dans cet important concordat que les religieux bénédictins qui composoient alors la communauté de Bonneval, n'y parlent en aucune manière encore bien qu'ils y soient dénommés, et que cet ordre les regardât personnellement et bien plus directement que leur abbé qui y joue le principal rôle sans qu'il soit dit qu'il est le fondé de pouvoir des religieux du monastère. On y fixe à quinze le nombre des religieux de chœur, à deux celui des frères convers et à trois les oblats qui doivent composer la nouvelle communauté. On y détermine la dépense de chacun d'eux et les revenus dont ils jouiront. Toutes fois cette clause ne fut jamais exécutée jusqu'à la réunion du prieuré de S‍t-Sauveur et il n'y eut jamais que sept religieux.

L'abbé Le Prévost rendit un grand service à la ville de Bonneval par son crédit auprès de Louis XIV, dont il étoit frère de lait. Les habitans avoient laissé évader des prisonniers espagnols confiés à leur garde; pour les punir de cette coupable négligence, on avoit envoyé en cantonnement à la charge de la ville une compagnie de cavalerie; les habitans, forts du crédit de l'abbé du monastère de S‍t-Florentin, réclamèrent son intervention auprès du monarque pour obtenir le départ de la troupe; le succès fut complet, la troupe reçut assez promptement l'ordre de quitter la ville.

Ce prélat augmenta l'étendue du bailliage du couvent en achetant les charges de la prévôté le 5 juin 1659. Il saisit très-avantageusement cette occasion pour la dépouiller de ses titres et de la plus grande partie de sa jurisdiction. Si le tems lui eût permis d'exécuter ses desseins, il l'auroit tout à fait anéantie.

Il fit tous ses efforts pour acheter le domaine que les ducs de Chartres avoient à Bonneval. Le lieutenant-général favorisa son dessein autant qu'il le put par un certificat qu'il délivra le 18 août 1659 et par lequel il assura qu'il n'y avoit pas beaucoup de risque de traiter avec lui. On ignore ce qui fit échouer un projet d'une telle importance et qui auroit rendu les moines les maîtres absolus du pays. Cet abbé mourut en 1660.

§ IV.

CÉZAR-AUGUSTE DE CHOISEUIL, 36ᵉ ABBÉ.

Cézar-Auguste de Choiseuil, comte du Plessis-Praslin, chevalier de Malthe, lieutenant-général des armées du Roy, gouverneur pour Sa Majesté des pays et évêché de Toul, premier gentilhomme de la chambre de Monsieur, frère unique du Roy, de la famille des Choiseuils qui ont occupé les premières dignités de l'État, fut pourvu de l'abbaye de Bonneval après le décès de l'abbé Le Prévost.

Cet abbé, dont le caractère étoit tout martial et qui traitoit toutes les affaires militairement, n'eut pas plutôt pris possession de son abbaye, qu'il obligea les religieux à lui bâtir ces grandes écuries voûtées qui se trouvent à main gauche en entrant dans la cour abbatiale (aujourd'hui elles servent de granges[1]), à la place de celles qu'y avoit fait bâtir en l'abbé de [2]   , qui réédifia une partie du palais abbatial. Les religieux lui représentèrent en vain que la grande dépense à laquelle il les contraignoit lui étoit purement personnelle et qu'elle ne seroit d'aucune utilité pour ses successeurs qui pourroient ne pas être comme lui officiers généraux ; fâché de semblables observations, il leur répliqua militairement que, s'ils ne hâtoient pas la construction de ces écuries, il mettroit ses chevaux dans leur réfectoire. Cette réponse les détermina à accélérer la construction de ce bâtiment, qu'il employa pendant tout le tems qu'il fut abbé à faire rafraîchir ses chevaux à la fin de ses campagnes. Cet abbé étoit aussi colonel d'un régiment de cavalerie qui portoit son nom, puisque, le 9 juin 1669, il y avoit en quartier à Bonneval la compagnie du sieur de Beaurepaire, capitaine de cavalerie au régiment du Plessis.

En 1676, il passa quelque tems dans son abbaye, et comme pendant ce séjour il trouvoit la vue et l'étendue de son château trop bornés par le jardin de l'abbé Pyetre, sis sur la place de la Grève, à droite en allant à l'abbaye (jardin ayant appartenu à Mʳ de Moussonvilliers et depuis à la famille Bourgot), il s'imagina sur un faux rapport qui lui avoit été fait par ses religieux que ce jardin lui appartenoit, et, pour en avoir de suite

---

1. Ces granges, construites en 1666, furent démolies en 1828.
2. Il s'agit probablement de l'évêque de Chartres, abbé de Bonneval, René d'Illiers, qui réédifia l'abbatiale à la fin du XVᵉ siècle. — V. B.

la jouissance, il en fit abattre les murs du côté de son abbatiale, et cela de son autorité privée. L'abbé Pyetre ne fut pas plutôt informé de cette expédition militaire qu'il attaqua l'abbé de Choiseuil, qui fut débouté de toutes ses prétentions sur son jardin, et condamné à en rétablir les murs. Les religieux prétendoient à tout avoir donné autrefois ce jardin à bail emphytéotique aux auteurs de l'abbé Pyetre. Ce jardin étoit autrefois une dépendance du château des comtes de Chartres et de Dunois, dont il existe encore quelques mazures dans le fond de la Grève, sur le bord de l'eau, et il avoit été abandonné aux auteurs du sieur Le Pyetre pour 2^s 6^d de cens, ainsi qu'il paroît par les anciens comptes rendus à la tour de Chartres et entre autres par celui de 1549, f° 143. Néantmoins, les religieux l'ayant porté dans leur déclaration à terrier en 1685, art. 115, le sieur Charmois, commis-procureur à la confection des terriers de Chartres, conclut que ledit jardin, qui fait partie de l'ancien château des ducs de Chartres, fût rayé de la déclaration de l'abbé de Bonneval pour les raisons susdites, et que d'ailleurs il y avoit une instance entre le duc de Chartres et les abbé et religieux pour lesquels ledit abbé étoit intervenu pour eux dans ladite instance[1].

En 1688, cet abbé obligea son receveur à payer au sieur Langlois, curé de Notre-Dame, 120 l. par an pour sa portion congrue conformément à la transaction sous signature privée faite entre eux le 15 janvier 1678 et ratifiée par devant notaire le 26 janvier 1678 à St-Germain-en-Laye. Cet abbé n'exista pas longtems après cette transaction, puisqu'il eut un successeur en 1682.

§ V.

LOUIS DELAVERGNE, 37e ABBÉ.

Louis Delavergne Monteynard de Tressan, évêque du Mans et premier aumônier de Monsieur, frère unique du Roy, succéda en l'abbaye de Bonneval à Monsieur de Choiseuil. Cet abbé, qui n'étoit pas d'une famille riche, quoique très-ancienne, fit bien de mauvaises manœuvres, tant dans son évêché que dans son abbaye, pour se soutenir. Il fut convaincu de concussion dans son évêché. Il leva pendant plusieurs années 40 mille livres au-delà de l'imposition dont son diocèse étoit frappé

---

1. Voir, pour cette contestation, les actes passés avec Thibault, en 1131, par l'abbé Arnauld, et avec Catherine, en 1210, par l'abbé Girard. — V. B.

pour les décimes. Un curé du Mans qui n'avoit pas sujet d'être content de lui, découvrit cette malversation en réunissant des copies des décimes de tous ceux qui en payoient dans son diocèse. Il eut aussi l'adresse d'obtenir la permission d'abattre tous les bois de son abbaye, sous prétexte d'y faire de grandes et grosses réparations qu'il n'y fit point; ou du moins il y en fit très peu, comme nous le disons ci-après. Il est le seul avec l'abbé Prévôt qui ait fait du bien à la ville de Bonneval, tous ses prédécesseurs comme ses successeurs ne s'étant appliqués qu'à la tourmenter par l'exigence trop rigoureuse de leurs différens droits. On peut leur appliquer ce vers d'Ovide :

« *Nos numeri sumus, fruges consumere nati.* »
« Nous ne servons que de nombre et nous sommes nés pour dévorer la substance de nos sujets. »

Malgré ses défauts, qui ne firent jamais de mal à la ville de Bonneval, sa mémoire y vivra éternellement. Dès le moment de sa prise de possession, la ville ne fut plus sujette au passage des troupes, dont il obtint l'exemption par son crédit. Il ne partageoit pas l'opinion de ses religieux sur les droits qu'ils exerçoient sur la chaircuiterie, qu'il restreignit au seul droit de langayage qui étoit l'unique établi dans l'origine, mais dont on abusa tellement dans la suite qu'il finit par s'étendre sur toute la chaircuiterie en général.

Ce fut ce prélat qui fit à la tour de Chartres la déclaration de tous les biens de l'abbaye et du couvent, telle que nous la transcrivons ici :

« *DÉCLARATION & DÉNOMBREMENT des fiefs, terres et seigneuries, biens et droits appartenans à Messieurs les abbé et religieux, prieur et couvent de St-Florentin de Bonneval, de fondation royale, présentée par Messire Louis Delavergne de Monteymard de Tressan, conseiller du Roy en ses Conseils d'État et privés, premier aumônier de Monsieur, frère unique du Roy, duc d'Orléans, frère unique du Roy, à cause du duché de Chartres, dont il jouit par appanage, à Mr de Lestrée, conseiller du Roy en ses Conseils, grand-maître des eaux et forêts de France au département d'Orléans, commissaire député par Sa Majesté pour la confection du terrier et reconnoissance du domaine de l'appanage de Son Altesse Royale mondit Seigneur. Laquelle déclaration ils font sans préjudice de leurs droits et privilèges accordés par les Rois au clergé de France, et spécialement à l'abbaye de St-Florentin de Bonneval, aux protestations de la pouvoir augmenter ou diminuer quand besoin sera.*

ARTICLE 1ᵉʳ.

« L'église de ladite abbaye, cloître, chapitre, dortoirs, réfectoire, jardins, cour, caves, greniers et plusieurs autres corps de logis, la maison abbatiale, ses appartenances, moulins, rivières, terres labourables, prés, bois, hautes et basses garennes ; le tout compris dans l'enclos de ladite abbaye fermée de murailles et fossés, contenant le tout environ, avec deux arpens de vignes, cinquante arpens ou environ.

ARTICLE 2ᵉ.

« *Item*, à cause de ladite abbaye, sont seigneurs temporels et spirituels de ladite ville de Bonneval, faubourg et banlieue, seigneurs châtelains, tels déclarés par arrêt de la Cour de Parlement, ayant haute, moyenne et basse justice, bailly, procureur fiscal, greffier, notariat, scel et contrats, et tous autres minutes de justice, non compris toutes fois en ladite justice les quatre cas baillés au prévôt royal de Bonneval par l'arrêt dessus déclaré, et dans ladite ville et banlieue d'icelle, ont droit de fiefs, rentes, cens portant lots grands, ventes et amendes suivant la coutume de Chartres, amendes de justices, droits de police et maîtrise, taille de mi-carême, poitevine et avenages, droits d'aubaine, confiscations, successions des bâtards, fours bannaux, droit de ban, hallage, étalages, langayage, adjuts et aunage.

ARTICLE 3ᵉ.

« *Item*, leur est dû dix livres huit sols quatre deniers de cens et rentes à prendre par chacun an sur le lieu et place du vieux château du duc de Chartres et sur le droit du marché, foire, péages et travers dudit Bonneval, ci-devant concédé audit comte par ledit abbé de Bonneval.

ARTICLE 4ᵉ.

« *Item*, leur appartient les dîmes de vignes ès environs dudit Bonneval, avec les dîmes et champarts en grain des paroisses de Sᵗ-Sauveur, de Notre-Dame, Sᵗ-Michel dudit Bonneval, Sᵗ-Maurice, Dancy, Moriers, Pré-Sᵗ-Martin, Sᵗ-Maur, la Jouannière, Fosse-Testa & Frécot.

ARTICLE 5ᵉ.

« *Item*, la quantité de six cent soixante-quinze arpens de bois-taillis, tant à la Touche, Sᵗ-Maur, Jupeau, qu'ès bois de la Croix-l'Abbé, Étançon, Poireux, Saumeray, Montharville et Frécot.

ARTICLE 6ᵉ.

« *Item*, les rivières depuis la rivière d'Alluye, Frécot, jusqu'aux Étabots de Rouvray, et depuis le pré Beauvilliers jusqu'au gué de Crève-Cœur.

ARTICLE 7ᵉ.

« *Item*, les prés du Grand-Pré de Sᵗ-Martin-du-Péan, contenant dix arpens ou environ, le grand pré le long de la rivière des Basses-Garennes avec le petit pré de la Clochette, le petit pré derrière le château, le pré Gallereau, le pré du Baignon, le pré du Colombier, le pré aux Liens, le pré de la Noue-Plisson, le pré du Gué-Léger, le grand pré du Baignon, contenant huit arpens et pâtures situées en la paroisse de Sᵗ-Maur, le pré de l'Isle-Legrand et pâtis de Picherot, sis en la paroisse de Courbehaye, le pré de la fontaine de Sᵗ-Florentin avec celui du moulin du Pont, le grand pré de Frécot, noues en dépendant, le pré de la fontaine de Montfaucon, le pré des Fenardières, les prés dépendans du moulin de Couture, le pré de la Fontaine et le pré Goislard.

ARTICLE 8ᵉ.

« *Item*, les moulins de Couture, Croteau et Montfaucon, avec les prés, pâtures et terres en dépendans, sis ès perons de Sᵗ-Sauveur et Sᵗ-Michel de Bonneval.

ARTICLE 9ᵉ.

« *Item*, la métairie de la Chaise, sise en la paroisse de Sᵗ-Sauveur de Bonneval, se consistant en maisons, granges, écuries, étables, bergeries, cours, jardins et autres aisances, colombier ; le tout clos de murs, avec la quantité de trente muids de terre labourable avec trois minots de pré ou environ, en plusieurs pièces et réages.

ARTICLE 10ᵉ.

« *Item*, la métairie de Villemorin, sise en la paroisse de Sᵗ-Sauveur, contenant dix muids de terre labourable ou environ, avec un arpent de pré.

ARTICLE 11ᵉ.

« *Item*, la métairie de la Jouannière, contenant trente arpens de terre labourable en plusieurs pièces sises en la paroisse de Sᵗ-Michel de Bonneval.

ARTICLE 12ᵉ.

« *Item*, la métairie des Fenardières, sise en ladite paroisse de Sᵗ-Michel de Bonneval, consistant en six ou sept muids de terre labourable et prés.

ARTICLE 13ᵉ.

« *Item,* les mazures et fossés du vieux château de Poireux, avec la grande et petite métairie dudit Poireux, sis en ladite paroisse de Sᵗ-Michel, consistant en maison, écurie, granges, étables et bergeries, et environ quatorze muids de terre, tant labourable que bois.

ARTICLE 14ᵉ.

« *Item,* la métairie de Gérinville, sise en la paroisse de Pré-Sᵗ-Évroult, se consistant en maison, écurie, granges, étables et bergeries, avec six muids de terre labourable ou environ, en plusieurs pièces.

ARTICLE 15ᵉ.

« *Item,* la métairie de la Coudrelle, sise en la paroisse de Sᵗ-Maurice, contenant six à sept arpens de terre labourable.

ARTICLE 16ᵉ.

« *Item,* la métairie de Pré-Sᵗ-Martin, sise en ladite paroisse, se consistant en mazures, cours et jardins, avec neuf muids et six setiers de terre labourable, en plusieurs pièces et réages.

ARTICLE 17ᵉ.

« *Item,* la métairie et seigneurie de Jupeau, sise en la paroisse de Sᵗ-Maurice-sur-Loir, où il y a droit de justice, cens et rentes, avec sept muids de terre labourable et prés en domaine.

ARTICLE 18ᵉ.

« *Item,* les moulins, prés et rivière du Rouvre, sis en la paroisse de Sᵗ-Maur, baillés à longues vies avec autres terres sises audit lieu.

ARTICLE 19ᵉ.

« *Item,* la châtellenie, terre et seigneurie de Sᵗ-Maur, où il y a haute, moyenne et basse justice, cens et menues rentes en dépendantes, tant audit Sᵗ-Maur et La Touche, Givais, Massuère, qu'au Rouvre.

ARTICLE 20ᵉ.

« *Item,* la seigneurie de Moriers, où il y a toute justice, droits de cens, avenages et sigances(?), avec la grande métairie dudit lieu, consistant en mazures et vingt-deux muids de terre labourable ou environ, en plusieurs pièces et réages.

ARTICLE 21ᵉ.

« *Item*, la métairie des Billards, sise audit lieu de Moriers, consistant en maison, terres labourables, vignes, contenant quatre muids de terre labourable aliénés.

ARTICLE 22ᵉ.

« *Item*, les dîmes, champarts, cens, avenages, taille de Mi-Carême de Cormainville, avec la métairie dudit lieu, consistant en maison, grange, grainier, cour et jardin, avec la quantité de dix-neuf muids neuf setiers de terres labourables ou environ, en plusieurs pièces et réages.

ARTICLE 23ᵉ.

« *Item*, la seigneurie de Bouville, où il y a justice ressortissante à Alluye par appel, avec le droit de cens, rentes, dîmes et champarts dudit lieu & du Bois de Feugères.

ARTICLE 24ᵉ.

« *Item*, les dîmes et champarts de Rouvray-Sᵗ-Florentin ; les cens, rentes et avenages dudit lieu, à partager avec le marquis d'Alluye.

ARTICLE 25ᵉ.

« *Item*, la métairie de Courbehaye, consistant en six muids de terre et les dîmes de ladite paroisse.

ARTICLE 26ᵉ.

« *Item*, une métairie, sise audit lieu de Bouville, baillée à longues vies aux nommés Les Mignons.

ARTICLE 27ᵉ.

« *Item*, la métairie de Bercy, sise en la paroisse de Sancheville, consistant en hébergement, vignes, six à sept muids de terres labourables, baillées à longues vies.

ARTICLE 28ᵉ.

« *Item*, les dîmes et champarts de Bazoches-sur-Conie avec les cens et taille de Mi-Carême sur plusieurs terres sises audit lieu, avec la métairie contenant environ trois muids de terres labourables en plusieurs pièces et réages.

ARTICLE 29ᵉ.

« *Item*, le lieu, terre et métairie d'Ormoy, avec le droit de justice, baronnie et châtellenie, droits de cens, rentes, avenages, champarts et autres droits seigneuriaux, avec le manoir et métairie dudit lieu, consistant en maison, granges, étables, bergerie, colombier, cour, jardin, garenne, prés, rivière et terres labourables, le tout contenant seize muids de terre avec le bois.

ARTICLE 30ᵉ.

« *Item,* le champart, cens, avenages et mêmes rentes avec les dîmes de la paroisse de Bagnolet.

ARTICLE 31ᵉ.

« *Item,* deux arpens et demi de terre, sis à Fontenay-sur-Conie, partie en vigne, partie en *gast* (ou terre inculte).

ARTICLE 32ᵉ.

« *Item,* la métairie de Villepereux, sise en la paroisse de Courbehaye, consistant en mazures et douze muids de terres labourables en plusieurs pièces et réages.

ARTICLE 33ᵉ.

« *Item,* la métairie de Guillonville, consistant en maison, granges, étables, cour, jardin et quatorze muids de terre labourable.

ARTICLE 34ᵉ.

« *Item,* la métairie de Chauvreux, sise à Gaubert, paroisse de Guillonville, & consistant en mazures et douze muids de terre labourable.

ARTICLE 35ᵉ.

« *Item,* les dîmes, champarts, cens et avenages dudit Gaubert, de la dite paroisse de Guillonville.

ARTICLE 36ᵉ.

« *Item,* la métairie de Prenville, contenant, tant en mazures que terres, environ onze muids avec les cens et taille de Mi-Carême, sis audit lieu.

ARTICLE 37ᵉ.

« *Item,* les champarts de Bourneville, donnés à bail emphitéotique au seigneur dudit lieu, avec les cens et rentes dudit lieu.

ARTICLE 38ᵉ.

« *Item,* la métairie de Villeneuve-sur-Conie, consistant en mazures et neuf muids de terre labourable, et les dîmes et les champarts de ladite paroisse.

ARTICLE 39ᵉ.

« *Item*, la métairie de Ligaudry, sise en la paroisse de Neuvy-en-Dunois, consistant en cinq muids deux setiers de terre aliénés de ladite abbaye.

ARTICLE 40ᵉ.

« *Item*, la métairie de Pertuis, sise en la paroisse de Bazoches et consistant en maison, terres labourables, prés, rivières et pâtures.

ARTICLE 41ᵉ.

« *Item*, la métairie de Villesard, sise en la paroisse de Marboüé et consistant en mazures, granges, terres labourables, bois et pâtures contenant 13 ou 14 muids de terre.

ARTICLE 42ᵉ.

« *Item*, la métairie d'Oyseaux, sise à Moisy, et consistant en maison, granges, étables, bergeries, cour et jardin, avec la quantité de cinq muids cinq setiers de terre labourable, dîmes et champarts dudit lieu, cens, rentes et avenages.

ARTICLE 43ᵉ.

« *Item*, les cens, rentes, avenages, dîmes, champarts et terrages du lieu de la Gahandière, la Colombe, le Merville, Villetellier, Brevainville et autres lieux et terres circonvoisines.

ARTICLE 44ᵉ.

« *Item*, cent sols de rente, à prendre sur le revenu du domaine du Dunois, pour le droit de ban.

ARTICLE 45ᵉ.

« *Item*, vingt-neuf livres à prendre sur l'Hôtel-de-Ville de Paris.

ARTICLE 46ᵉ.

« *Item*, le déjeuner ou boire du matin dû par chacun an aux jours de Sᵗ Gilles et de Sᵗ Loup, en la maladrerie de Bonneval, par le maître et administrateur de ladite maladrerie, audit abbé, officiers et sergens qui vont faire l'ouverture de la foire.

ARTICLE 47ᵉ.

« *Item*, les avenages de Pullois, Villancien, Meroger, le Glandin, Marchemart, le Bois-de-Noues et Givais.

ARTICLE 48ᵉ.

« *Item*, la métaire du Perruchay, sise en la paroisse du Houssay, aliéné de ladite abbaye à longues vies, contenant trente-quatre setiers de terre.

ARTICLE 49ᵉ.

« *Item*, le fief de Vouvray, contenant hébergemens et mille mines de terre, où il y a un moulin à deux roues, maison, cour et jardin. Et, en domaine, près de onze journées d'homme pour faucher le foin banal dudit Vouvray, avec trois maisons manables et quelques portions de rivière, un muid de terre et trois vassaux qui en dépendent, avec la petite justice ressortissante par appel devant le bailly de Bonneval.

ARTICLE 50ᵉ.

« *Item*, le fief de Sᵗ-Maurice, contenant en domaine cinq muids de terre, avec les vassaux et censives qui en dépendent.

ARTICLE 51ᵉ.

« *Item*, le fief du Bois-de-Noues, contenant sept muids de terre.

ARTICLE 52ᵉ.

« *Item*, le fief de Guibert, contenant six muids de terre ou environ.

ARTICLE 53ᵉ.

« *Item*, le fief de Bouville, qui fut aux Sachets, consistant en hébergemens et domaines, six autres muids de terre.

ARTICLE 54ᵉ.

« *Item*, un autre fief, sis audit lieu de Bouville, que tenoient les Blondeaux, contenant, en hébergemens et domaines, six autres muids de terre.

ARTICLE 55ᵉ.

« *Item*, le fief de Jean Cocq, du Boullay, contenant dix-huit setiers de terre ou environ.

ARTICLE 56ᵉ.

« *Item*, le fief de Louis Guillaumin, contenant un setier de terre.

ARTICLE 57e.

« *Item*, le fief de Guillot Guillaumin, contenant, en domaine, six setiers de terre.

ARTICLE 58e.

« *Item*, le fief de la Frileuse, contenant neuf à dix muids de terre ou environ.

ARTICLE 59e.

« *Item*, le fief des Halles-Frévault, dont est tenu Rosay, et ne contenant que le lieu principal qui se poursuit en un minot de terre et un vassal appellé Rosay; cette place est dans Bonneval, derrière les écuries de l'hôtel de l'Image au Nord et au Couchant.

ARTICLE 60e.

« *Item*, les fiefs de Pré-St-Evroult, qui furent à Jean Coulon, contenant quinze setiers et mine de terre, et les vassaux qui en dépendent.

ARTICLE 61e.

« *Item*, le fief de Villemorin, qui fut aux Gonteils, que tiennent les ayant-cause de Louis Delavoue, contenant, en domaine, sept muids de terre ou environ.

ARTICLE 62e.

« *Item*, le fief des Seiches, appartenant aux dessus-dits Delavoue, qui contient dix-huit setiers de terre ou environ.

ARTICLE 63e.

« *Item*, le fief des Cartes, contenant environ un muid de terre.

ARTICLE 64e.

« *Item*, le fief des Brizons, dans la paroisse de St-Évroult, contenant trente-six setiers de terre ou environ, avec les vassaux qui en dépendent.

ARTICLE 65e.

« *Item*, le fief de Chavenay, près Bazoches, que tenoient les Papions, contenant cinq muids et demi de terre.

ARTICLE 66e.

« *Item*, le fief de Ligaudry, appellé Jambe-de-Fer, que tenoit Yvonne Maugars, contenant cinq muids deux setiers de terre.

ARTICLE 67ᵉ.

Item, le fief des chanoines de la Sainte-Chapelle de Châteaudun et de Guillaume Guyot, et de la dîme d'Ormoy qui contient huit muids de terre ou environ.

ARTICLE 68ᵉ.

« *Item,* le fief de Cousant, sis à Ormoy, que tenoient Bellamy, Martin Clouet, Geuffroy, Martin et autres, qui contient environ dix-huit setiers de terre, tant en labour que prés.

ARTICLE 69ᵉ.

« *Item,* le fief Pellé, assis au Perruchay, contenant dix-huit setiers de terre, baillé à 25 s. tournois de rente, et les vassaux et cens qui en dépendent.

ARTICLE 70ᵉ.

« *Item,* le fief de Gilles Courté, aussi au lieu dudit Perruchay, contenant en domaine treize setiers de terre, et les vassaux qui en dépendent.

ARTICLE 71ᵉ.

« *Item,* le fief de Pré-Sᵗ-Martin, contenant, en domaine, dix-huit setiers de terre ou environ.

ARTICLE 72ᵉ.

« *Item,* le fief de Luton, contenant deux setiers de terre, avec les vassaux qui en dépendent.

ARTICLE 73ᵉ.

« *Item,* le fief Iaac de Bonneval, situé rue du même nom, contenant une maison, un jardin et deux arpens de terre.

ARTICLE 74ᵉ.

« *Item,* la châtellenie de Frécot et la seigneurie, consistant en justice haute, moyenne et basse, scel à contrats, greffe et tabellioné, défauts, amendes, cens et rentes, et le circuit dudit, contenant, en terre labourable et garenne, dix-huit setiers de terre labourable ou environ.

ARTICLE 75ᵉ.

« *Item,* le fief de la Grande-Pichardière, en la paroisse de Frétigny, qui contient six vingt arpens tant terre que prés et noues.

ARTICLE 76ᵉ.

« *Item,* le fief de la Petite-Pichardière, contenant deux muids six setiers de terre ou environ.

ARTICLE 77ᵉ.

« *Item,* le fief de la Grande-Brière, contenant six muids ou environ en terres et noues.

ARTICLE 78ᵉ.

« *Item,* le fief de la Bigottière, qui contient quatorze setiers de terre ou environ.

ARTICLE 79ᵉ.

« *Item,* le fief de la Mabilière, près Brou, dépendant de la châtellenie de Frécot.

ARTICLE 80ᵉ.

« *Item,* outre que dessus, au terroir de Vilars, il y a vingt-deux setiers cinq boisseaux de terre tenus féodalement par les ayant-cause de la Vᵉ Brossard, et la moitié des dîmes dudit lieu féodalement dépendans de la seigneurie de Frécot, suivant la coutume du Perche-Gouet, avec le censif qui se reçoit le jour de la Chandeleur : avances, sigances et pain d'hôtellage au lieu de Châteaudun. Au jour de la Sᵗ-Rémy est dû, par plusieurs personnes de la Brouaize, Orsonville et autres lieux circonvoisins, à la recette dudit seigneur abbé de Bonneval, la somme de cent sols tournois avec les avenages dudit Orsonville, Jallans et autres lieux circonvoisins.

ARTICLE 81ᵉ.

« *Item,* est dû audit seigneur abbé au jour de Sᵗ Rémy, le censif du puits de la Chaîne, sis devant le cimetière de Sᵗ-Sauveur de Bonneval, à l'entrée de la rue de la Vicomté.

ARTICLE 82ᵉ.

« *Item,* le censif dû le jour de Sᵗ Jean-Baptiste au lieu de Montfaucon et le jour de Sᵗ Martin d'été au lieu de Meroger.

ARTICLE 83ᵉ.

« *Item,* les chanoines de Sᵗ-André de Châteaudun doivent à la recette de l'abbaye six livres tournois de censif abonné, pour lequel on est en procès.

ARTICLE 84ᵉ.

« *Item*, la métairie des Chesniaux, proche Jallans, fait à l'abbaye six livres tournois.

ARTICLE 85ᵉ.

« *Item*, le grand pré de Sᵗ-Martin-du-Péan, sis en ladite paroisse, contenant dix arpens.

ARTICLE 86ᵉ.

« *Item*, les moulins au bout du Pont-Marboüé, sis en ladite paroisse, aliénés de ladite abbaye, avec leurs appartemens et dépendances. [Les religieux étoient rentrés en possession de ces moulins depuis 1730, ils les ont redonnés en 1753 à bail emphitéotique pour 60 l. de rente, ils sont encore rentrés en 1764 moyennant 6,000 l. ou 4,000 l., qu'ils ont payées au fermier pour les améliorations ou augmentations [1].]

ARTICLE 87ᵉ.

« *Item*, la rente de Vaudrenet, qui est de cinq mines de bled et de cinq mines d'avoine à prendre sur des terres sises aux environs de Sᵗ-Maurice-sur-Loir, omises dans ledit aveu et dont ils se sont fait servir en 1766.

TEMPOREL DES OFFICES CLAUSTRAUX.

ARTICLE 88ᵉ.

« *Item*, la métairie du Boullay et seigneurie, sise en la paroisse de Sᵗ-Évroult, consistant en maison, granges, bergeries, étables, cour, jardin et vignes, contenant 16 muids de terre ou environ, avec le droit de cens, rentes et fiefs qui en dépendent, qui sont le fief aux Guillaumins, contenant huit muids de terre, et le fief de Jean, contenant dix-huit setiers, et le fief de la Martinière, consistant en une maison et environ trois minots de terre, sont et appartiennent au grand prieuré de ladite abbaye.

ARTICLE 89ᵉ.

« *Item*, à l'office de chambrier appartiennent :

---

1. Annotation de M. Lejeune ou de M. Beaupère, mêlée au texte. L'un ou l'autre a restitué entièrement l'article 87. On verra aussi quelques remarques dans les articles suivants. — V. B.

« 1° Les moulins situés dans l'enclos de ladite abbaye, avec trois minots de pré y joignant.

« 2° Cinquante sous à prendre sur le moulin de Croteau, sur les moulins du Pont-Gate et prés desdits moulins, et 10ˢ à prendre sur les moulins de Montfaucon qui ne subsistent plus et 10ˢ à prendre sur quatre setiers de terre.

« 3° Le moulin de Frécot, sis sur la rivière d'Ozanne, avec onze setiers de terre labourable ou environ.

« 4° Les menues dîmes de Cormainville, Bouville, Sᵗ-Maurice, Sᵗ-Sauveur, Notre-Dame & Sᵗ-Michel de Bonneval.

ARTICLE 90ᵉ.

« *Item*, à l'office d'infirmier appartient la métairie de Dancy, consistant en maison, granges, bergeries, étables, cour et jardin, et quatre muids de terre labourable ou environ, en plusieurs pièces et réages, avec un muid de froment, un muid de bled méteil et deux muids d'avoine à prendre sur les dîmes et champarts dudit Dancy, un setier d'avoine, six deniers de cens et une poule à prendre sur une maison sise à Massuère, paroisse dudit Dancy.

« 2° Douze livres et un sol à prendre sur le pré Duchêne, sis en la paroisse de Sᵗ-Maur, joignant la rivière du Loir d'une part et d'autre au bois de ladite abbaye.

« 3° Dix livres dues par le vicaire perpétuel de Notre-Dame de Bonneval, pour les offrandes et oblations de ladite église.

ARTICLE 91ᵉ.

« *Item*, à l'office d'armoirier appartient la justice de Mézière, en la paroisse de Sᵗ-Évroult, ressortissant par appel devant le bailly de Bonneval, avec les cens, avenages et rentes, tant audit lieu de Mézière que Pré-Sᵗ-Évroult, avec un muid de terre labourable audit terroir de Pré-Sᵗ-Évroult.

ARTICLE 92ᵉ.

« *Item*, à l'office de sacristain appartient :

« 1° La métairie de Milsay, paroisse de Trizay, consistant en une maison, granges, bergeries, étables, cour et jardin, avec environ cinq muids de terres, tant labourables que prés et buissons.

« 2° La métairie de Gérainville, paroisse de Pré-Sᵗ-Évroult, consistant en maison, granges, bergeries, étables, cour, jardin, colombier et douze muids de terre labourable, avec les dîmes des environs de Gérainville.

« 3° La métairie des Caquetières, sise en la paroisse de St-Martin-du-Péan, consistant en maison, granges, étables, avec quarante sols de menus cens et rentes dus par différens particuliers dudit lieu, avec cinq muids de terre labourable, prés et pâtures, et un setier de bled méteil sur la noue de Frécot, trente sols sur la maison du travail et les marnières de la Jouannière, avec cinq jonchées sur plusieurs prés.

ARTICLE 93e.

« *Item*, à l'office d'aumônier appartient :

« 1° Un lieu sis à St-Martin-du-Péan, clos de murs, consistant en une maison, étable, cuverie, cour, jardin, colombier, vignes et bois, contenant cinq setiers de terre ou environ, avec un arpent et demi de pré, situé audit lieu, appellé le Pré-de-l'Aumônerie.

« 2° Les grosses et menues dîmes de la paroisse de Lolon, la métairie dudit lieu consistant en maison, granges, étable, bergeries, cour et jardin, avec sept muids de terre labourable et trois arpens de pré au Baignon, et pâtures en dépendantes.

« 3° Quarante sols à prendre sur des maisons et boutiques sises à Orléans, ouvrant d'un bout sur la Croix-Morin et d'autre côté la porte St-Jean, d'autre bout la maison de la Sirène et d'autre côté sur la rue de la Porte-Madeleine.

ARTICLE 94e.

« *Item*, à l'office de prévost appartient six setiers de bled méteil et six setiers d'avoine, à prendre sur les dîmes et champarts de Bouville, Rouvray-St-Florentin et Moriers, avec la nomination des sergens des quatre villes.

PETIT COUVENT.

ARTICLE 95e.

« *Item*, le Petit Couvent a droit de prendre chacun an sur plusieurs maisons et héritages sis en la ville de Bonneval, comme étant de l'ancienne fondation, dotation et augmentation de ladite abbaye, et amortis par l'accensement des Rois de France, la somme de cent cinquante livres sept sous.

« *Item*, lui appartient la métairie de Migaudry, paroisse de St-Maurice-sur-Loir, consistant en maison, grange, étables, bergeries, cour et jardin, et sept muids deux setiers de terre en divers réages.

« *Item*, huit muids de terre labourable ou environ, sis dans la paroisse de Dancy, appellés la grande et petite Baurrerie.

« *Item*, dans la paroisse de St-Sauveur et St-Michel de Bonneval, au terroir de l'Evrau, Ingré et Vauquiton, la quantité de trente setiers de terre labourable, et six arpens trois minots de vigne en divers endroits. [On prétend que ces terres ont été données pour le pain des prisonniers.]

« *Item*, dans la paroisse de Sandarville, un muid de terre appellé la Terre-Blanche, et en la paroisse de Voves un autre muid de terre en plusieurs pièces & réages.

« *Item*, la métairie de la Terre-Noire, sise à Moriers, consistant en maison, granges, étables, bergeries, cour et jardin, et six muids et demi de terre labourable en plusieurs pièces et réages.

« *Item*, la métairie de Champigny, en la paroisse de Conie, consistant en maison, granges, étables, bergeries et neuf muids de terre labourable en plusieurs pièces & réages.

« *Item*, la petite métairie de Guillonville, contenant une maison, granges, étables, cour et jardin, et deux muids trois setiers ou environ de terre labourable.

« *Item*, la rivière depuis les Basses-Garennes jusqu'aux étabots de Vouvray, et douze livres de rentes sur les rivières du Couvent, depuis le gué du moulin de Meuves jusqu'au moulin de La Voie.

« *Item*, cinquante setiers de terre ou environ, sis aux Hayes de Saumeray, paroisse de St-Michel de Bonneval, proche Montharville.

« *Item*, la maison du Cheval-Blanc, sise en la ville d'Orléans, rue Ste-Catherine, vis-à-vis l'église de Ste-Catherine [1].

« *Item*, un jardin sis en la ville de Bonneval, au lieu appellé la Grève, possédé par la demoiselle Hubert [Bourgot en 1820], chargé de 15^s tournois de rente et deux deniers de cens envers ledit Petit Couvent. [Ce jardin faisoit partie du terroir abandonné aux ducs de Chartres pour y construire le château dont quelques ruines existent encore.]

---

[1]. Dans un acte plus ancien, cette maison du Cheval-Blanc est dite *située en face du portail de l'église de Saint-Pierre en....* Le mot laissé en blanc serait Sentlé ou Santelet : Saint-Pierre-en-Santelet. — V. B.

« Plus, ledit sieur abbé doit par chacun an une rente de cent livres au domaine de Chartres, payable à la Mi-Carême & dont il n'est dû aucun arrérage.

« Laquelle déclaration ledit seigneur abbé de ladite abbaye de St-Florentin de Bonneval certifie être véritable aux protestations qu'il fait d'augmenter ou diminuer à ladite déclaration et qu'il conviendra, et en cas qu'il ait omis quelques biens et droits, il proteste que l'omission ne pourra nuire ni préjudicier à ladite abbaye ; en foi de quoi il a signé la présente déclaration le 6 juillet 1686, à St-Germain-en-Laye, et est ladite déclaration signée Louis, évêque du Mans, abbé de Bonneval. »

Il est à remarquer ici que l'abbé n'a aucune part dans les bénéfices ou offices, suivant ou conformément au concordat fait entre le sieur Charles Le Prévost, abbé de Bonneval, et les religieux de la Congrégation de St-Maur, le 3 octobre 1645. Ici, dans les revenus du Petit Couvent, ainsi qu'il est porté à l'article 9e dudit concordat, page   , par quel motif l'abbé auroit-il ainsi abandonné aux religieux tout le revenu du Petit Couvent, qui est assez considérable. D'après les religieux, cet abandon n'auroit été fait à leur profit parce que ces biens étoient de l'ancienne fondation, dotation et augmentation de ladite abbaye. Il étoit facile de leur répondre : les biens de l'abbaye appartenoient à l'une ou à l'autre origine ; si les abbés n'avoient pas droit sur les biens de la fondation, par quel motif se trouveroient-ils exclus de l'augmentation ? L'abbé n'a-t-il pas commis une omission préjudiciable à ses intérêts ?

Le 19 août 1686, Pierre l'Allemant de l'Etrée, chevalier, vicomte de Villeneuve, conseiller du Roy et de Monseigneur, frère unique de Sa Majesté, en leurs Conseils, maître des eaux-et-forêts de France au département d'Orléans, et général réformateur des terriers, commissaire député pour Sa Majesté pour la confection du papier terrier et reconnoissance générale des domaines de Son Altesse Royale, reçut la déclaration ci-dessus faite par M. l'abbé Delavergne, l'inscrivit aux registres des biens ecclésiastiques et gens de main-morte du duché de Chartres, sous la réserve, au nom de Sa Majesté : 1º de tous les officiers en leurs fonctions et droits de justice royale en la ville de Bonneval et ses dépendances (la prévôté), ainsi qu'il est accoutumé ; 2º du droit de se transporter annuellement au lieu de la Maladrerie de St-Gilles, conjointement avec les officiers de ladite abbaye, pour y faire l'ouverture de la foire et donner aux marchands les permissions nécessaires ; 3° du droit d'aubaine réservé à Sa Majesté et à Son Altesse Royale sur toute l'étendue des terres de ladite abbaye ; 4° de la mouvance du fief Isaac, de la Martinière et de St-Évroult, censives et justices qui en dépendent au duché de Chartres. L'acte en fut dressé à Paris, et l'expédition qui en fut délivrée fut transcrite au greffe du bailliage et siége présidial de Chartres le 24 avril 1720.

M. le procureur du Roy de la Commission des papiers terriers et reconnoissance des domaines de l'appanage de Son Altesse Royale, dans ses blâmes et contredits sur la déclaration ci-dessus, demanda la ratification des religieux dont leur abbé s'étoit fait fort; voulut que la qualité de seigneur temporel de Bonneval en fût rayée parce que le Roy et Monseigneur le duc d'Orléans en étoient seigneurs ; que le jardin situé sur la grève et qui faisoit partie du château des comtes qui y existoit, fût retranché de ladite déclaration, parce que les ayant-cause desdits comtes en avoient toujours été en possession ; que le déjeuné aubain du matin dû et fourni par les administrateurs de la Maladrerie de St-Gilles aux officiers qui alloient faire l'ouverture de la foire, et réclamé exclusivement par ceux du couvent de St-Florentin de Bonneval, seroit partagé entre eux et ceux de Son Altesse Royale, ainsi que le droit d'aller tous les ans audit lieu de la Maladrerie pour y ouvrir la foire et donner aux marchands le droit de vendre leurs marchandises; que les fiefs Isaac et de la Martinière, &^a, n'appartiennent point audit couvent, mais au Roy et à Son Altesse Royale, et relevant de leur grosse tour de Chartres; que, &^a.

Une déclaration du Roy du 3 février 1686 ayant porté les portions congrues de 200 l. à 300 l., il en résulta beaucoup de procès entre le seigneur abbé et les congruistes. L'abbé augmenta les gros de plusieurs parts, les portions congrues de quelques-uns et abandonna la dîme à d'autres. Le curé de Notre-Dame de Bonneval perdit à cette époque les 200 fr. de portion congrue qu'il recevoit de l'abbé.

Au mois de janvier 1687, le feu fut mis à une tourelle d'Ormoy et y causa des dommages considérables. M. l'abbé Delavergne, dans la mense duquel étoit cette ferme, obtint le dix-huit février 1687 un arrêt du Conseil d'État du Roy qui ordonna que le sieur Delaumery, grand-maître des eaux-et-forêts au département de l'Isle-de-France procéderoit à la visite et estimation des bois dépendans de ladite abbaye et que les bâtimens seroient visités par Mr Jacques Nicole, lieutenant de la ville de Chartres. Cet arrêt fut enregistré au Parlement le premier septembre 1687.

Le 28 août 1687, cet abbé obtint des lettres patentes de Sa Majesté, qui lui permettoient de faire couper et abattre tous les balivaux, tant anciens que modernes, qui étoient sur les 666 arpens de bois-taillis dépendans de son abbaye, à la charge que la vente en seroit faite par le sieur Delaumery en la manière accoutumée, que les deniers en provenans seroient mis ès mains d'un notable bourgeois de Bonneval, qui donneroit caution et certification, pour être employés sans aucun divertissement aux réparations à faire dans la ferme d'Ormoy, suivant les procès-verbaux de visite et estimation qui en ont été faites, dont les baux et marchés seront faits et adjugés au rabais par le lieutenant-général de Chartres; que ledit impétrant seroit tenu de rapporter six mois après la réception desdits ouvrages les quittances des ouvriers au greffe de la maîtrise de Dourdan et que le surplus desdits deniers, si aucun y a, seroit employé en acquittement de fonds et au profit de ladite abbaye dont les actes d'emploi seroient pareillement rapportés au greffe de ladite maîtrise, et que par ledit sieur Delaumery il seroit incessamment procédé au choix et désignation du quart desdits bois dans le meilleur fonds pour être réservé et croître en futaye, conformément à l'ordonnance sur le fait du mois d'août 1669. Lesquelles lettres patentes furent enregistrées au Parlement le premier septembre 1687, au rapport de Mr Étienne Dauret, conseiller, registré le 23 janvier 1688.

En conséquence de l'enregistrement de ces lettres patentes, Me Jacques Nicole, lieutenant-général de Chartres, accompagné de son greffier, se transporta à Ormoy le 6 octobre 1687 pour nommer des experts et faire ladite visite; celle qu'il avoit faite le 13 mars 1687 en vertu de l'arrêt du Conseil d'État du Roy du 8 février 1687 ayant été regardée nulle parce qu'elle avoit été faite avant l'enregistrement de ces lettres patentes, qui n'eut lieu que le 1er septembre 1687.

L'exécution de toutes ces formalités employoit beaucoup de tems; l'abbé s'en ennuya et fit commencer les réparations à Ormoy. Il obtint le 1er juin 1688 un arrêt qui ordonna que le montant de sa dépense lui seroit remboursé et qu'il n'y auroit de marché au rabais que pour celles qui restoient à faire, et que ce marché seroit publié et donné devant le juge royal de Bonneval en la manière accoutumée.

Le 26 mars 1688, après avoir rempli les formalités d'usage, l'adjudication de la réserve des balivaux, tant anciens que modernes, fut faite dans l'audition de la prévôté royale de Bonneval par Mr Étienne Lelarge de Roy, avocat en Parlement, conseiller du Roy et de Monseigneur, frère unique du Roy, lieutenant en la maîtrise des eaux-et-forêts de Dourdan, commissaire en cette partie, à Mr Jean Coyau, procureur au bailliage de ladite ville, pour la somme de 12,357 fr. 10 s., outre le sol pour livre montant à la somme de 617 l. 10 s., faisant au total 12,967 l. 10 s., en présence du Père sous-prieur et du Père procureur de ladite abbaye.

Le lendemain 27 mars 1688, M. Coyau déclara que cette adjudication étoit pour et au profit de Louis Polle, marchand, bourgeois de Paris, qui donna pour caution Barthélemy Dubois, aussi marchand de Paris, et pour certificateur Louis Dollemont, marchand, demeurant à Bonneval.

Le 17 avril 1697, en l'hôtel du Cigne, à Bonneval, devant Me Charles Gissay, conseiller du Roy, lieutenant en la maîtrise des eaux-et-forêts de Dourdan, en présence du procureur du Roy, de ladite Commission et du garde-marteau, d'une part, et de Me Jacques Dugué, prêtre, curé d'Yvrée-Lesvêque, diocèse du Mans, sindic du clergé dudit diocèse, au nom et comme fondé de la procuration générale et spéciale de Messire Louis Delavergne Monteynard de Tressan, premier aumônier de Monseigneur le duc d'Orléans, évêque du Mans et abbé de l'abbaye de St-Florentin de Bonneval, d'autre part ; Mr Jacques Lenoir, maire perpétuel de la ville de Bonneval, receveur de l'abbaye dudit lieu, nommé par Me Pierre Lambert, procureur en la prévôté de Bonneval, par acte passé devant Coyau, notaire royal à Bonneval, le 17 mars 1688, dépositaire des deniers qui devoient provenir de la vente et adjudication des balivaux du bois de l'abbaye, rendit compte de l'emploi de la somme de 12,967 fr. 10 s., produit de ladite vente. La dépense en réparations faites à la ferme d'Ormoy se monta à la somme de 4,856 l. 11 s., les frais de visite, d'expertise, de recolement et autres, s'élevèrent à neuf cent soixante livres dix-neuf sous ; de sorte que le receveur n'eut pour tout reliquat à présenter que 150 l., qui, du consentement de toutes les parties, furent remis entre les mains dudit procureur de l'abbaye, qui s'en chargea au nom de ladite abbaye, moyennant 7 l. 10 s. de rente que le Couvent s'obligea de payer audit abbé.

Cependant on prétendit que l'abbé n'avoit pas dépensé la somme de 11,856 l. 11 s. portée par le receveur dans son compte, le montant des mémoires des fournisseurs et ouvriers ne s'élevant qu'à 4,251 l. 11 s., et qu'il s'étoit approprié le surplus, ce qu'il n'avoit pu faire qu'en s'entendant à cet égard avec Mr Lenoir, et cette opinion s'appuya sur les pièces, qui furent ensuite examinées et calculées d'après les soupçons qui s'étoient élevés. Toutes fois aucune difficulté n'en fut faite dans la suite à Mr de Tressan.

A l'époque où le sieur Lenoir étoit receveur de l'abbaye de Bonneval, les huissiers du bailliage étoient obligés de se trouver aux processions générales, afin d'y mettre le bon ordre & d'empêcher la confusion. Cette corvée leur valoit annuellement 7 l. 10 s. que leur payoit le receveur de l'abbaye. Cet usage subsista jusqu'en 1730, époque à laquelle les religieux se firent escorter par leurs gardes-chasses en habits d'uniforme et le fusil sur l'épaule. On ne vit dans ce changement que de l'orgueil et de l'ambition. Les moines cherchoient à s'affranchir de toute espèce de charge et ne vouloient être entourés que des leurs à qui ils avoient le droit de commander en maîtres ; en cela ils voulurent imiter les seigneurs de village qui ne paroissoient dans les cérémonies publiques qu'avec une semblable escorte. Ces gardes devinrent d'une insolence qui plus d'une fois occasionna des désordres scandaleux. Ils portèrent leur audacieuse ambition jusqu'à prétendre avoir le pas sur les troupes de Sa Majesté le jour de la Fête-Dieu en 1764. La compagnie de cuirassiers en garnison à Bonneval assista en grande tenue à la procession générale du St-Sacrement : quatre brigadiers d'après l'ordre de leur chef vinrent se placer aux quatre coins du dais; les gardes des religieux qui y étoient déjà refusant de se retirer au moment où ils se présentèrent, les cuirassiers veulent les y contraindre. Le célérier dit hautement que c'étoit là leur place. Le major, qui l'entendit, repartit aussitôt : « Ce sont aussi les nôtres, et s'ils ne se retirent à l'instant, je les fais bourrer. » Il fallut céder honteusement. Il est difficile de porter l'orgueil plus loin et d'une manière aussi scandaleuse.

L'intérêt, qui souvent divise les hommes dans le monde, n'étoit pas étranger au cloître et se faisoit de tems en tems remarquer par des procès plus ou moins scandaleux qui s'élevoient entre les abbés et les religieux. Ces derniers n'aimoient se soumettre ni aux usages ni aux réglemens, ni aux lois qui régissent l'administration forestière. Ils faisoient abattre dans leurs bois et même dans ceux de l'abbé tout ce qui leur convenoit, et sans demander ni obtenir de permission soit du propriétaire, soit de l'administration forestière. En 1689, l'abbé de Tressan leur intenta un procès pour avoir fait abattre un orme dans les bois de

Poireux. Il dressa contre eux une plainte au Parlement de Paris, et un arrêt rendu à la Table de marbre du Palais, le 1ᵉʳ avril 1689, l'autorisa à suivre ses informations contre eux pour cause du délit. Les religieux, irrités de la conduite de leur abbé, s'exhalèrent contre lui en menaces dont il ne fit aucun cas.

L'abbé étoit tenu de distribuer une aumône dans la ville de Bonneval, les moines voulurent lui contester ce droit en 1689 et se l'approprier. Dans la même année, ils firent aussi couper les bardeaux des bois de leur abbé pour leur propre compte.

La justice de Lolon appartenoit au seigneur de Meslay-le-Vidame. L'abbé de Tressan voulut lui contester ses droits sur ce point et s'en emparer en 1689. Cependant elle resta toujours attachée au comté de Meslay.

En 1691, les religieux voulurent s'emparer de la rivière située depuis le moulin de Croteau jusqu'à celui de Couture, qui étoit de la mense abbatiale; le 10 septembre 1691, l'abbé de Tressan fut obligé d'en écrire au prieur.

En 1690, le sieur Lenoir, maire de la ville de Bonneval et receveur de l'abbaye dudit lieu, ayant trop surchargé de grains le grenier des grandes écuries [aujourd'hui les granges], les voûtes qui sont en plein cintre poussèrent au vide, et les piliers contreforts se trouvant trop faibles pour résister aux efforts de cette poussée, on fut obligé de les étayer [ainsi qu'on le voit encore aujourd'hui par les trous faits en dehors de chaque pilier]. On eut besoin pour cela d'abattre quatre ormes qui étoient dans la cour abbatiale; les moines voulurent s'y opposer parce que l'ombre de ces arbres leur étoit agréable et utile; mais l'abbé de Tressan, n'ayant aucun égard à leur réclamation, s'en empara parce qu'ils étoient sur sa propriété.

En 1686, l'abbé de Tressan fit une transaction avec le curé de Sᵗ-Maurice, relativement à sa dîme; les moines prétendirent qu'elle avoit bien été faite à son nom, mais qu'il ne l'avoit jamais ratifiée; mais, le 28 mars 1691, il ordonna à Mʳ Lemoine, son receveur, de la lui payer.

Nous avons déjà vu que l'abbaye de Bonneval étoit tenue de distribuer annuellement dans la ville de Bonneval, et à titre d'aumône, une certaine quantité de bled; en 1693, la misère fut tellement grande que Paul des Godets, alors évêque de Chartres, s'adressa à l'abbé de Tressan, évêque du Mans, pour l'inviter à le seconder dans les charités publiques. Cet abbé accueillit de la manière la plus gracieuse la demande de l'évêque de Chartres, et, le 24 juin 1693, il écrivit à son receveur de distribuer deux muids de bled aux pauvres et de prendre à cet égard les ordres de Monseigneur l'évêque de Chartres, à la disposition duquel il les mettoit.

Ce fut sous cet abbé qu'il y eut entre la ville de Bonneval et les moines un procès relativement à la réparation et à l'entretien des bâtardeaux de la ville dont le dépérissement entraînoit une perte d'eau dans la grande rivière, ce qui tournoit nécessairement au détriment de leur meunier. Par suite de cette difficulté, le 20 avril 1698, il y eut devant Florent Daguet, notaire à Bonneval, entre les maire et échevins d'une part, et les religieux de l'autre, une transaction portant qu'aux frais des dits religieux le bâtardeau de la tour du Roy seroit bâti et entretenu à la hauteur du gougeon de fer qui est au bas de ladite tour, et qu'il y auroit à 7 pouces du fond de la rivière un couleau destiné à fournir continuellement de l'eau aux fossés de la ville, et que celui de la grève appartiendroit à la ville, qui le rétabliroit si bon lui sembloit, à ses frais, sans donner à l'eau d'autre cours que celui qu'elle avoit, et qu'ils payeroient 130 l. aux religieux et à leur meunier, ponr frais de visite et dommages et intérêts, et 25 l. à Fougerances, leur procureur à Chartres.

En cette même année 1693, la ville de Bonneval fut imposée à une certaine taxe nommée *Ustensille;* le receveur de l'abbé se trouva pour sa quote-part comme les autres habitans imposé au rôle ; il s'en formalisa et s'en plaignit à l'abbé qui s'imagina que la ville lui avoit manqué dans la personne de son receveur. Il voulut s'en faire exempter parce qu'il étoit, disoit-il, le seigneur de la ville, mais ses réclamations furent inutiles, il ne put rien obtenir sur ce point.

Le 16 may 1694, mourut dans la maison des bénédictins dom Hugues Bullé, bénédictin non réformé, un de ceux qui en 1645 avoient cédé le couvent de Bonneval aux bénédictins de la Congrégation de St-Maur. On voyoit dans son épitaphe, placée sur le mur qui faisoit face à la chapelle de St-Mandé, que ce fut lui qui fit bâtir la chapelle de la Vierge telle qu'elle étoit au moment de la destruction du couvent, et qui donna l'aigle en cuivre qui servoit de pupitre dans leur chœur. Il étoit riche en bénéfices, et depuis que les religieux de la Congrégation de St-Maur étoient entrés dans la maison, il s'appliquait à faire un bon usage de ses revenus. Un article de l'acte de cession du couvent aux religieux de St-Maur portoit qu'à la mort des anciens bénédictins, tous leurs biens appartiendroient au couvent. Aussi ce vénérable religieux n'eut pas plutôt rendu le dernier soupir qu'ils se jettèrent sur son mobilier avec une avidité remarquable, croyant trouver un trésor. Ils se trompèrent de lieu. Ce bon moine l'avoit placé dans le sein des pauvres honteux de la ville, qu'il avoit constamment à leur insçu garantis de la misère. Ces moines si bien désappointés dans leur avidité firent peser leur dépit sur le respectable confesseur de leur confrère, M. Lemillard, curé de St-Maurice, que dom Bullé avoit comblé de ses bienfaits pendant sa vie, qu'ils accusèrent bien injustement de s'être emparé de la bourse du défunt. Le bénéfice de la cure de St-Maurice étoit très-modique. Dom Bullé, qui le savoit et qui étoit le maître de disposer de sa fortune, avoit bien pu, sans que ses confrères eussent le droit de condamner son action, exercer sa générosité envers un homme qui possédoit sa confiance intime et dont les moyens d'existence étoient modiques. La réputation du pasteur de St-Maurice resta intacte, et les moines en furent pour leurs clabauderies. Dom Hugues Bullé fut le dernier bénédictin non réformé qui décéda dans le couvent de Bonneval et y fut enterré.

Après la mort de dom Hugues Bullé, il ne resta plus dans le couvent de Bonneval qu'un seul religieux de l'ancienne Congrégation non réformé : dom Louis Brice. Ce moine qui n'avoit pas la même fortune que dom Bullé, avec lequel il avoit toujours vécu jusqu'à sa mort, se trouva alors dans la nécessité de se mettre en pension chez ceux qui occupoient son couvent. Il devint bientôt à charge aux religieux de la Congrégation de St-Maur, qui, n'ayant pas grand chose à espérer de lui après sa mort, lui firent éprouver de si mauvais traitemens qu'il prit le parti de sortir de chez eux. Mais comme il n'avoit pas de quoi se conduire dans le lieu où il vouloit se retirer, il s'avisa d'enlever toute l'argenterie du couvent, à laquelle il croyoit encore avoir quelque droit pour frayer à la dépense de son voyage ; en quittant le couvent, il se retira chez M^r le curé de St-Michel, mais à peine y fut-il arrivé que ses persécuteurs, qui s'étoient apperçu de l'enlèvement qu'il avoit fait, y entrèrent, s'emparèrent de lui sans autre formalité, l'emmenèrent de force chez eux en plein jour et le renfermèrent dans une espèce de prison dont l'entrée étoit sous la porte cochère de la première entrée du couvent [ou de la maison abbatiale], à main droite en sortant de l'abbaye. Ce malheureux moine resta longtems dans ce lieu infect et obscur, où il éprouva tout ce que la dureté de ses confrères put inventer de plus cruel. Il n'en sortit que par le plus grand hazard du monde. Un jour, pendant que l'on chantoit les vêpres, un fermier de l'abbé ayant amené du bled au couvent, les portefaix de la ville qui le montoient au grenier faisant beaucoup de bruit, furent entendus de ce pauvre captif qui implora leur secours d'une voix si lamentable qu'il leur perça le cœur. Ils enfoncent la porte de cet antre ténébreux, en retirent le religieux qui prend la fuite et disparoît pour toujours. Ses geôliers, qui n'avoient plus rien à craindre pour leur argenterie, s'inquiettant peu de cet infortuné, ne firent et n'ordonnèrent aucune recherche de sa personne, qu'ils abandonnèrent tout à fait.

RECONSTRUCTION DU GRAND CORPS DE BATIMENS QUI EXISTE AUJOURD'HUI.

En 1698, il y avoit pour procureur au couvent de Bonneval dom Jean Fourquemin, homme hardi et entreprenant. Ce religieux oublia totalement que la Congrégation n'étoit entrée dans cette maison que pour y mettre la réforme. Ce fut lui qui fut chargé par sa communauté de jetter les fondemens du grand corps de bâtiment qui forma la maison conventuelle jusqu'à la Révolution et qui existe encore aujourd'hui. Il ne put exécuter ses plans qu'en faisant détruire tous les anciens sur l'emplacement desquels il avoit à construire.

En 1697, l'abbé, à la sollicitation de ses religieux, fit la dépense d'un tambour pour les annonces du bailliage, qui n'en avoit point encore eu jusqu'alors.

En 1709, le Roy envoya en quartier à Bonneval une compagnie de dragons du régiment de l'Épinay. La ville, ne pouvant loger les chevaux, demanda les écuries de l'abbaye. L'abbé les accorda gracieusement.

Quelque tems après, Sa Majesté frappa la ville d'une imposition pour l'ustancile de ses troupes : personne n'en fut exemt, le bailly et le procureur fiscal furent portés au rôle, malgré les pressantes sollicitations de l'abbé, qui devinrent inutiles.

Ce fut sous cet abbé, et pendant que dom Fourquemin étoit procureur du monastère, ainsi que nous l'avons déjà dit, que le grand corps de bâtimens dont se compose le couvent, fut rebâti. Les fondemens en furent posés vers 1698, et la construction s'en termina vers 1710, car pendant la récolte de cette année, qui étoit très-abondante, il s'éleva un vent du midi tellement violent, que les bleds qui étoient encore sur pied en furent totalement égrenés, et qu'on en perdit une grande partie.

Cette foudre renversa la charpente du grand comble du bâtiment du monastère, qui venoit d'être montée et n'étoit qu'à demi-couverte, une grande partie des ardoises fut brisée, et les débris emportés par le vent jusque dans le faubourg St-Sauveur.

Louis Delavergne, abbé du couvent de St-Florentin de Bonneval et évêque du Mans, mourut en 1710.

CHAPITRE XI

Des Abbés pendant le XVIIIe siècle.

---

§ I.

LOUIS DELAVERGNE, 2e DU NOM, 38e ABBÉ.

APRÈS la mort de Louis Delavergne de Monteynard de Tressan, premier du nom, abbé du couvent de Bonneval, Louis Delavergne de Monteynard de Tressan, son neveu, étant comte de Lion, et aumônier de Monsieur le duc d'Orléans, qui depuis a été le régent de France, obtint en 1711 l'abbaye de Bonneval. Il devint successivement évêque de Vannes, de Nantes, et archevêque de Rouen ; le duc d'Orléans, dont il avoit été aussi aumônier, le nomma pendant sa régence à l'archevêché et le fit receveur de l'économat. Ses liaisons trop intimes avec le prince et le cardinal Dubois ne firent pas beaucoup d'honneur au clergé.

Voici ce qui se passa dans son abbaye pendant qu'il vécut :

La ville de Bonneval lui rendit à son entrée les mêmes honneurs qu'à son oncle, auquel il venoit de succéder dans le gouvernement de l'abbaye. On forma une compagnie de cavalerie ayant à sa tête un trompette, et on fut ainsi au-devant de lui jusqu'à moitié chemin du bois de Fougères. Il ne fut pas à même de rendre à la ville des services aussi importans que ceux qu'il avoit reçus de son oncle. Cependant il lui accorda tous ceux qui dépendoient de lui. Tant qu'il fut abbé de Bonneval, la ville eut la faculté de loger dans ses écuries les chevaux de la cavalerie qui y étoit envoyée en quartier et les choses se firent ainsi pendant tout le tems qu'il afferma les revenus à des séculiers; mais dès l'instant où les moines devinrent ses fermiers, ils firent enlever des écuries les auges et les râteliers, afin de priver la ville d'un avantage qui lui étoit précieux. Depuis cette époque, ce grand corps de bâtiment ne servit plus qu'à loger des grains, et on lui donna le nom de grandes granges.

Les halles qui existoient sur la place du marché de la ville de Bonneval, en face la porte latérale de l'ouest de l'église de Notre-Dame, appartenoient à l'abbé. Dans la charpente, on avoit pratiqué une espèce de chambre qui servoit pour les assemblées de la ville et étoit en même tems l'auditoire de la prévôté où les officiers royaux rendoient la justice.

La justice de l'abbaye, qui s'exerçoit encore le 13 septembre 1662 dans la maison abbatiale, commença à ladite époque à se rendre dans l'auditoire des officiers royaux sous les halles. Les officiers du bailliage d'Yenville s'y opposèrent inutilement, et dans la suite ceux de l'abbaye retournèrent dans la maison abbatiale, où ils tinrent leurs audiences jusqu'en 1712. A cette époque, les religieux et leurs officiers s'avisèrent de vouloir chasser la prévôté de la chambre pratiquée sous les halles pour y rétablir le siége de leur justice; ils appuyèrent cette prétention sur la propriété du bureau et des siéges qu'ils revendiquaient, et cette prétention auroit donné lieu à un procès entre les uns et les autres, si les officiers de la prévôté n'eussent retrouvé heureusement un titre qui prouvoit que le bureau et les siéges appartenoient à la prévôté; on s'arrangea à l'amiable, et la prévôté, sur le réquisitoire de Mr Daguet, procureur fiscal, par considération pour M^r l'abbé, ainsi qu'il avoit été consenti au même titre le douze octobre 1662 sous M^r l'abbé Duplessis-Praslin, permit au bailliage de l'abbaye de tenir ses audiences dans la salle de la prévôté royale sous les halles, sans que les officiers dudit bailliage puissent empêcher ceux du Roy de faire audit lieu ce qui conviendra pour l'entier et libre exercice de leur juridiction. Ce lieu étant devenu inhabitable, la ville en 1766 loua une chambre dans une maison particulière pour y transporter les siéges de la prévôté, du bailliage et la tenue des assemblées des habitans.

Dès le 14 novembre 1712, l'abbé de Tressan, par bail fait devant Jean-B^{te} Janvier, notaire royal à Bonneval, avoit affermé au sieur Pierre Perrineau et à Jeanne Macé, son épouse, tous les revenus de son abbaye, moyennant une somme de 5,000 l., sur laquelle il percevoit 2,100 l. net, toutes charges payées dans ce bail; tous les bois appartenans à l'abbé ne se trouvèrent compris que comme bois-taillis sans aucune exception, ce qui donna lieu à un procès avec la maîtrise des eaux et forêts de Dourdan, à cause des réserves que ce receveur fit abattre sans s'y être fait autoriser suivant les règlemens. Il étoit fait une réserve du quart de tous les bois, et la réserve de celui appellé le bois de la Croix-l'Abbé, situé sur le chemin de Bonneval à Brou, comprenoit sous ce rapport soixante-huit arpens trois quarts réservés le 18 avril 1697. Les agens forestiers de la maîtrise de Dourdan s'y transportèrent en 1717, constatèrent par procès-verbal du 21 et 22 may ce qui avoit été induement abattu. L'abbé, par une sentence rendue par la maîtrise de Dourdan le 29 may 1717 et scellée audit lieu le 15 juin suivant, fut condamné à trois mille francs d'amende et à des dommages-intérêts montant au quadruple du prix des baliveaux coupés dans la réserve. Le sieur Périneau demanda d'être mis hors de cause sous le prétexte que la réserve avoit été coupée de la même manière par ses devanciers. Le procureur du Roy s'étant opposé à cette demande, il fut condamné personnellement le 11 juin 1717. Le 24 septembre 1723, le sieur Perrineau dénonça à l'abbé de Tressan, alors archevêque de Rouen, toutes les poursuites dirigées contre lui par la maîtrise de Dourdan. L'abbé, qui cherchoit à traîner cette affaire en longueur, se laissa attaquer plusieurs fois tant par le procureur du Roy que par la veuve du sieur Périneau, qui, voyant que la santé de l'abbé périclitoit de jour en jour, sentoit le besoin de faire terminer pendant son existence une affaire aussi importante pour elle, et dans laquelle le grand crédit dont jouissoit l'abbé devoit être du plus grand avantage. La veuve Perrineau s'étant décidée, pour en finir, de mettre en cause les héritiers du sieur Florent Daguet, qui, receveur de l'abbé avant son mari, s'étoit rendu coupable du même délit, et l'abbé sentant que ces derniers alloient ainsi lui tomber sur les bras, se décida enfin à se débarrasser de toutes ces tracasseries, en arrangeant cette affaire de concert avec les officiers de la maîtrise de Dourdan, avec la protection du duc d'Orléans; et l'abbé, voulant dans cette circonstance protéger la veuve et les héritiers de son receveur, eut l'adresse de faire retomber sur les religieux du couvent une partie des frais qui s'éleva à trois mille livres. Cet arrangement eut lieu en 1728, et les héritiers du sieur Perrineau, qui n'étoit aucunement répréhensible dans cette affaire, en furent quittes pour leurs faux-frais.

Dans la même année 1728, les bois de la Touche, paroisse de
Sᵗ-Maur-sur-Loir, furent mis en réserve. Le sieur Legros du Colombier
qui avoit pris la recette de l'abbé à l'expiration du bail du sieur Perrineau, moyennant la somme de cinq mille cinq cents livres, ayant
inquiété un braconnier qui avoit chassé sur les terres de l'abbé, cet
homme, pour éviter les poursuites que l'on dirigeoit justement contre
lui, se transporta à Dourdan, où il exposa aux officiers de la maîtrise
quelques dégâts commis par les religieux et ledit sieur Legros dans les
bois de l'abbé. La maîtrise s'y transporta pour en faire la visite, qui fut
coûteuse seulement aux religieux, et mit non-seulement en réserve le
bois de la Touche, qui comprenait 168 arpens trois quarts environ,
mais ordonna encore que les bois-taillis de ladite abbaye qui se cou-
poient tous les neuf ans ne se couperoient plus désormais que tous les
vingt-cinq ans, et régla suivant ce nouveau plan toutes les coupes des
bois de l'abbé, opération qui entraîna beaucoup de vacations dont les
frais ne retombèrent que sur les religieux. Mʳ de Tressan, en ôtant
en 1724 la recette à la dame Perrineau, qui lui en faisoit cinq mille
livres, crut trouver un grand avantage en l'affermant au sieur Michel
Legros pour cinq mille cinq cents livres. Il se trompa d'une manière
bien étrange, car ce dernier, pendant six années qu'il fut son receveur,
non-seulement ne lui paya rien, mais encore le constitua dans des frais
énormes par le grand nombre de procès qu'il lui suscita, et le plus
important fut celui qui lui fut intenté à l'occasion de ses bois, dont le
quart avoit été mis en réserve en 1728.

Le sieur Legros, qui n'avoit ni le moyen ni l'envie de payer, saisit
avec empressement cette occasion de se tirer d'embarras, il demanda à
cet abbé quarante mille livres pour dédommagement de cette partie de
bois qu'il ne pouvoit plus exploiter et pour ceux dont la coupe étoit
remise à vingt-cinq ans. L'abbé mourut avant la décision de ce procès,
et à sa mort le sieur Legros fut obligé de renoncer à toutes ses prétentions justes ou injustes, parce que les héritiers de l'abbé furent obligés
de renoncer à la succession de ce dernier. Toutefois, le sieur Legros
profita de six années de revenu de l'abbaye, qui étoient de 33,000 l.
sur le pied de son bail ; il put en retirer davantage parce que, pendant
tout le tems qu'il eut cours, le bled fut toujours cher. Il fit perdre
24 muids de bled aux pauvres de Bonneval, à cause de l'aumône générale qu'il n'avoit point faite pendant deux années, quoique les Bénédictins
l'eussent poursuivi à cet égard et fait condamner au Parlement.

Il demeura insolvable, & M^r le marquis de Montboissier le fit condamner pour avoir chassé dans le bois de Richièvre qui dépendoit de la seigneurie de Vouvray.

En 1725, il fut chanté à l'abbaye un *Te Deum* à l'occasion du mariage du Roy. Dom Garnier, alors prieur, ayant chargé dom Pelet, sous-prieur, d'aller inviter les curés des trois paroisses de se rendre à la cérémonie, et celui-ci, au lieu de se présenter chez le curé de St-Michel, lui ayant envoyé un huissier pour cet objet, le curé de St-Michel refusa de s'y rendre, parce que l'invitation ne lui avoit pas été adressée d'une manière convenable.

Dans le même tems, dom Jean Le Brun, procureur de la communauté, intenta un procès contre Mr de Mailly, seigneur de Mémillon, pour un plat de poisson que le sieur Simon, vicaire de Notre-Dame, avoit pêché dans la rivière des religieux, et que ledit seigneur, d'après les conseils du sieur Boeste, curé de Notre-Dame, prétendit lui appartenir. Ce procès coûta 30,000 l. à Mr Demailly.

Dom Garnier, qui étoit de Chartres, avoit des mœurs pures et une conduite très-exemplaire, et eut beaucoup à souffrir comme prieur de la conduite de la plus part des religieux de sa communauté. Dom Bourgeois, l'un d'eux, ayant insulté une femme de la paroisse de St-Michel, le prieur n'en fut pas plus tôt instruit qu'il demanda son *obédience* et le fit passer dans une autre maison.

Dom François Pelet, sous-prieur, et dom Piat Expacin se battirent publiquement un jour de l'octave du St-Sacrement à la distribution des petits gâteaux, chacun d'eux en voulant avoir pour en donner à ses connoissances [1].

Dom François Tetillon, natif de Villevillon-au-Perche, trompa d'une manière étrange la vigilance de son prieur. Il étoit chargé de gouverner le vin, d'en faire la distribution dans le couvent. Ce religieux, qui ne s'oublioit pas, voulant avoir son magasin personnel, imagina de placer pendant la nuit un poinçon vide dans un petit réduit situé dans l'église, proche la chapelle des corps saints, et dans lequel on renfermoit les cierges. Cruchée à cruchée, ce bon père parvint insensiblement à rem-

---

1. J'ai cru devoir conserver ces petites médisances et bien d'autres qui suivent dans le texte de M. Beaupère, réduit en extrait fidèle par M. Lejeune. Rien ne fait mieux voir les sentiments de jalouse hostilité qui attaquaient alors de tout côté la puissance monacale, dont la persistance n'avait plus de raison d'être. On ne peut juger les idées d'une époque qu'avec ces chroniques intimes. Je dis intimes ; cependant M. Beaupère écrivait pour le public : cette prétention est nettement énoncée dans son manuscrit. — V. B.

plir sa futaille, qui le dispensait d'aller souvent à la cave pour satisfaire ses petits besoins. Le père Garnier, s'étant apperçu plusieurs fois pendant les vêpres que ce religieux étoit échauffé et chantoit beaucoup plus fort qu'à la messe, se crut obligé de l'observer particulièrement. Comme il le voyoit entrer souvent dans ce petit réduit, il soupçonna qu'il renfermoit quelque chose qui y attiroit aussi fréquemment le bon père. Il lui en demanda la clef et découvrit le mystère.

Sous l'abbé Louis Delavergne, second du nom, le grand corps de bâtiment du couvent composé de l'aile gauche située au nord-est et de la grande façade du sud-est qui avoit été reconstruite sous Louis Delavergne, son oncle, premier du nom, reçurent de grands perfectionnements. Les travaux du réfectoire et de la grande salle furent terminés de 1715 à 1720. L'aile droite, qui se composoit par bas du cabinet de recette du procureur et du pressoir, fut élevée [1] sur le même plan que le surplus, en 1725, par les soins de dom Garnier.

Ce bon père Tetillon, dont le petit caveau échauffoit de tems en tems l'imagination, donna une certaine nuit une alerte diabolique à tout le couvent. Le prieur, à l'approche de la vendange, avoit fait acheter une vache pour la nourriture du grand nombre de personnes qu'on y employoit ordinairement. Afin de l'engraisser, on la laissait paître dans le jour dans les cloîtres, dans le contour des bâtimens du couvent qui ne comprenoient alors qu'un terrain vague et en pâture. Les domestiques chargés de la renfermer dans une petite étable qui lui étoit destinée, oublièrent un soir de l'y conduire, on avoit négligé de fermer les portes du cloître et de l'église. Cette vache, en se promenant, passe du cloître dans l'église, et va se placer dans le chœur, entre la stalle de l'abbé et celle du prieur, à la porte qui conduisoit sous le jubé. Le père Tetillon, chargé ce jour-là de sonner le premier coup de matines, et portant sans doute de visiter son tonneau, en entrant dans le chœur pour tirer la corde de la cloche, apperçut, à la lueur de la lampe qu'on entretenoit continuellement, cet animal domestique qui lui présentoit les cornes, et qu'il prit pour le diable. Tout effrayé et hors de lui d'une telle vision dans le chœur de l'église du couvent, il court droit à la cellule du prieur et à celle des autres moines, leur annonce que le démon s'est emparé de leur église et les assure qu'il l'a vu avec

---

1. D'un étage. Mais ce qui est désigné par M. Beaupère et M. Lejeune comme le pressoir, avait été probablement autrefois le réfectoire des moines, au XIIe siècle et suivants. On admire encore la belle conservation de ses voûtes et de ses piliers. — V. B.

ses cornes en face du lutrin, occupant l'espace qui séparoit la stalle de l'abbé de celle du prieur. Tout le couvent, réveillé en sursaut par la narration étonnante du sommellier, descend précipitamment à la sacristie, et là, sans aucune réflexion, s'empare de la croix, de la bannière et surtout de l'eau bénite, et marche en corps pour chasser d'un lieu qu'il profanoit horriblement cet ennemi cruel du genre humain. Le cortége s'avançoit en tremblant vers le gîte de cet animal, lorsque, près des marches du chœur, un religieux met par hazard le pied dans l'ordure que la vache avoit répandue dans sa route; il en prévint ses confrères, qui reconnurent aussitôt l'espèce de diable qu'ils alloient exorciser. Alors ces bons pères sortent de leur stupeur et vont hardiment droit au diable, qu'ils prennent sans crainte par les cornes pour le conduire à son écurie. Cette plaisante aventure s'étoit répandue à la pointe du jour avec une rapidité si étonnante, qu'elle mit en goguette toute la ville qu'elle égaya beaucoup.

Dom Garnier mourut au couvent le vingt juin 1726, regretté de sa congrégation et de ses religieux, auxquels il laissoit de pieux et honorables souvenirs; il excita les regrets de toute la ville de Bonneval qu'il avoit beaucoup édifiée par sa régularité et la rigidité de ses mœurs pendant les deux séjours qu'il avoit faits au couvent en qualité de prieur.

En 1726, dom Jean Loyer remplaça dom Garnier dans la qualité de prieur du couvent. Il étoit aussi petit de caractère qu'il étoit grand de corps & de caractère. Sous l'habit religieux, il affecta les airs et les manières du cavalier le plus galant. Pendant les trois années qu'il séjourna à ce titre dans le couvent de Bonneval, il donna de belles fêtes aux dames de la ville et des environs, il les invita chaque année aux vendanges de St-Martin, où il leur fit servir des collations remarquables par une profusion étonnante. Un jour entre autres, dans un repas qu'il donnoit à plusieurs d'elles, il fit placer sous leurs serviettes des bouquets magnifiques qu'elles furent obligées, pour lui en éviter le soin, de placer à leurs corsets, malgré le peu de goût qu'elles avoient pour les fleurs. Il aimoit tellement la société des femmes qu'il dépensa des sommes considérables au couvent pour les traiter et leur faire des présens en confitures et sucreries de toute espèce. Toutes fois, la rigidité des mœurs monachales n'eut point à lui reprocher d'avoir formé ni entretenu des liaisons avec aucune de toutes celles qu'il se plaisoit à inviter et qu'il recevoit. Se trouvant logé trop à l'étroit dans la cellule de ses prédécesseurs, il s'en fit établir une que la vanité rendoit remarquable par le goût qui présidoit à sa disposition et dont l'ameublement choqua la simplicité de ses religieux. Jusqu'à lui, les prieurs n'avoient fait étalage d'aucun faste ; pour couvrir ses folles dépenses, il prit la résolution de bâtir un côté des cloîtres du couvent, mais cette construction, qui étoit de mauvais goût et pas conforme au style de l'architecture de la masse de la maison conventuelle, fut détruite presque aussitôt pour faire place à la belle architecture du cloître qui existe encore aujourd'hui, et dont les travaux furent dirigés par Mr Toufer, architecte à Châteaudun. La communauté, ayant reçu sur ce point important le blâme du visiteur pour avoir donné aussi légèrement son consentement à l'entreprise d'un ouvrage autant inutile que coûteux, répondit qu'elle n'avoit agi ainsi que pour faire voir combien il étoit peu propre à la dignité où on l'avoit élevé. Cette malice porta un coup si funeste à dom Loyer, qu'au chapitre de 1730 il fut transféré au couvent de Préau, et qu'en 1733 il fut déposé et mourut simple religieux quelques années après.

En 1730, dom Gilles Vallée, qui étoit procureur à Leslay depuis vingt-cinq ans, fut nommé prieur en place de dom Loyer. En arrivant dans le couvent de Bonneval, il déposa dom Jean Le Brun, ancien procureur de la communauté, qui avoit été conservé par son prédécesseur, et il lui substitua dom François Chaumont. Ce prieur ne jouit pas longtems de sa nouvelle dignité, puisqu'il mourut le 23 avril 1731. Il avoit apporté du couvent de Leslay beaucoup d'argent, dont pourtant celui de Bonneval ne profita pas ; le trésor de ce bon père fut partagé entre dom Jean Lefèvre, qui lui succéda et devint ensuite le premier assistant du père général, et dom François Chaumont, sous-prieur et procureur. Dom Lefèvre en employa, dit-on, une partie pour retirer des galères un de ses beaux-frères qui y avoit été condamné pour fait de chasse. Dom Chaumont, dit-on, conserva son lot, qu'il partagea avec ses amis.

En 1731, dom Jean Lefèvre, nommé à la dignité de prieur, ne garda pas longtems cette place, que le peu d'union qui régnoit dans son couvent le força d'abandonner après la tenue du chapitre de 1733. Dom de St-Pry, son sous-prieur, qui n'aimoit pas dom Chaumont, procureur, porta des plaintes contre lui au sieur Meliant, substitut du procureur général du Roy à Bonneval, en l'assurant qu'il tenoit contre le Roy de très-mauvais discours, et qu'entre autres choses il avoit dit que Sa Majesté n'étoit pas capable d'être garde-chasse de l'abbaye de St-Florentin de Bonneval. Le procureur du Roy ayant rendu compte de l'objet de cette dénonciation à Mr le cardinal de Fleury, pour lors ministre, qui en parla au général de la Congrégation de St-Maur, celui-ci fit retomber tout le mal de ce rapport sur le sous-prieur, qu'il regarda comme un cerveau brûlé à qui tout portoit ombrage. On le considéra comme perturbateur de la paix du couvent, et tous ses supérieurs et ses confrères le considérèrent comme un faux frère à l'égard de dom Chaumont, qui pouvoit avoir tenu les propos qu'on lui imputoit, mais qui se retira de ce mauvais pas par une dénégation positive. Son dénonciateur, objet du mépris de tous ses confrères, se trouva, par le fait, condamné à mener une vie errante et pénible dans tous les couvens de sa province, où il fut obligé de dévorer son déshonneur et sa honte, aucun prieur ne voulant l'avoir auprès de lui.

Le visiteur ne pouvant résoudre dom Jean Lefèvre, qui étoit de Nogent-le-Rotrou, à reprendre le gouvernement de la communauté de Bonneval, envoya pour le remplacer dom Charles Dubosc, prieur de St-Évroult, qui avoit longtems occupé cette dernière dignité. C'étoit un homme d'une régularité exemplaire, à qui l'on ne reprocha que deux choses : trop d'attachement aux biens de la vie et son opposition à la doctrine de la bulle *Unigenitus*. Il ne fut pas plus tôt établi à la tête de la communauté de Bonneval, qu'il y attira tous les plus grands et les plus entêtés jansénistes ; de sorte que Mr de Mérinville, évêque de Chartres, qualifioit le couvent de Bonneval de Petite-Genève ; il n'y arrivoit effectivement que des *Appellans*, des *Réappellans* à la cause de Mr Loussen, évêque de Senez. On n'y entendoit parler que de jansénisme, et on n'y lisoit que des livres composés en faveur de ce sistème religieux. Ce couvent devint le bureau d'adresse des nouvelles ecclésiastiques, qui n'en sortoient que pour être répandues dans tout le canton, on y adressoit toutes les annonces qu'on faisoit pour les Appellans et exilés ; et tous les ans un auditeur des comptes de Paris les y venoit recueillir à Bonneval ; on l'appelloit : *le collecteur de la boëte à Perette*.

Quoique les Appellans obtinssent la préférence dans cette maison, le prieur néantmoins recevoit bien tous ceux qui venoient le visiter ; il vivoit bien avec tous les habitans de la ville, et malgré la différence de ses opinions avec celles du clergé, il l'invitoit souvent à manger au couvent, et ils vivoient cordialement les uns avec les autres, parce qu'on n'y parloit jamais des matières du tems. On ne put jamais reprocher à ce prieur qu'un amour immodéré pour l'économie, qui le porta quelquefois à faire des choses indignes de sa place et de son caractère.

Peu de tems après que dom Dubosc fut placé à la tête de la communauté de Bonneval, il reçut une lettre de dom Jean Le Brun, ancien procureur de son couvent et retiré à Blois, sa patrie. Ce père lui annonçoit qu'une parente qu'il avoit à Paris faisoit présent à la sacristie de l'abbaye de Bonneval d'un ornement complet de damas blanc fleuri. Dom Dubosc, qui savoit bien que la famille de dom Le Brun n'étoit pas en état de faire de pareilles largesses, ne put s'empêcher de dire que cet ancien procureur restituoit à la maison ce qu'il lui avoit volé. Telle est l'idée que l'on s'est toujours faite de tous les procureurs bénédictins.

Mr Louis Delavergne de Tressan, archevêque de Rouen et abbé du monastère de la Congrégation de St-Maur de Bonneval, mourut subitement à Guillon, maison de plaisance des archevêques de Rouen, au mois de juin 1733, en présence de deux de ses grands vicaires qui, faute de savoir la formule de l'absolution (?), le laissèrent mourir sans la lui donner, le vicaire de Guillon qu'ils avoient envoyé chercher pour l'absoudre n'étant arrivé qu'après sa mort.

On lui fit au couvent de Bonneval un service solennel auquel les Bénédictins invitèrent tout le clergé et les corps de la ville qui y assistèrent; il s'étoit montré bienveillant envers eux. Il se prêta volontiers à solliciter pour eux des lettres patentes qui leur permettoient de travailler à l'union du prieuré de St-Sauveur-sur-Bray à leur abbaye et couvent, & cette réunion se seroit opérée du vivant de l'abbé de Tressan si le prieur eût voulu y consentir. Il refusa son adhésion qu'il avoit promise à cette réunion, dès qu'il sut que la moitié du receveur de son prieuré devoit tomber, suivant le projet concerté, à l'archevêque de Rouen; la raison qu'il donna de son dédit fut que l'abbé de Bonneval, qui possédoit déjà, contre les règles de l'Église, deux cents bénéfices, n'avoit pas besoin de la moitié du sien.

§ II.

MESSIRE JEAN-JOSEPH LA CHAPELLE DE JUMILHAC DE SAINT-JEAN, ARCHEVÊQUE D'ARLES, PRIMAT, PRINCE COMMANDEUR DE L'ORDRE DU SAINT-ESPRIT, 39ᵉ ABBÉ.

Ce fut dans les fêtes de Noël de 1733 que messire Jean-Joseph La Chapelle de Jumilhac fut nommé par le Roy à l'abbaye de Bonneval pour succéder à Mr de Tressan. L'abbé de Jumilhac étoit arrière-petit-fils de Jean Chapelle, fileur de laine à Magnac en Limoge. La misère l'ayant chassé de sa patrie, il alla servir Mr de Jumilhac, gentilhomme limousin, demeurant à Brive-la-Gaillarde, et qui étoit l'aîné de sa famille. Après avoir demeuré quelque tems chez ce gentilhomme, il le força à lui donner sa fille unique en mariage, et de ce mariage naquirent deux enfants mâles : le père de Mr de Jumilhac, qui fut commandant des mousquetaires gris et comme l'aîné eut la plus grande partie des biens de sa mère, et le père de l'abbé, qui en eut une très-mince portion. L'abbé de Jumilhac, qui n'étoit que le cadet d'un cadet, ne pouvoit être riche, il ne possédoit que cent cinquante écus de rente et se glorifioit bien plus de son nom de famille que de sa fortune; cependant celui de Jumilhac, qu'il rattachoit à celui de Chapelle, qui étoit celui de sa véritable origine et de son bisayeul, qui n'étoit rien moins que gentilhomme, ne lui venoit que du côté des femmes. Toutes fois, cet abbé fit une belle fortune dans l'Église. Après avoir fait ses humanités au collège de Pont-le-Vaux, dans l'évêché de Blois, il vint à Paris faire sa philosophie et sa théologie au séminaire de Saint-Nicolas-du-Chardonnet, où il n'avoit d'autre distinction au-dessus des autres séminaristes que la place de préfet de chœur et celle de premier maître du chant.

Madame de Menan, dame de Prunay-le-Gillon, près Chartres, qui avoit marié sa fille à Mr de Jumilhac, commandant des mousquetaires gris, et qui dans sa jeunesse avoit été extrêmement liée avec le cardinal de Fleury, le prit sous sa protection d'une manière toute spéciale. Dès qu'il eut pris le bonnet de docteur, elle lui fit obtenir une pension de 1,200 l. sur une abbaye et elle le plaça grand vicaire à Chartres, où il obtint bientôt un canonicat dans la cathédrale de ce diocèse, dont il fut fait grand archidiacre dans les fêtes de Noël 1733. Il obtint, par le même canal, l'abbaye de Bonneval, devenue vacante par la mort de messire Louis Delavergne de Tressan, archevêque de Rouen. Les Bénédictins lui ayant avancé les bulles après qu'il leur eut affermé son abbaye, il en prit possession par procureur au mois d'avril 1734, pour éviter une dépense indispensable en pareil cas, et M^r le curé de Notre-Dame de Bonneval fut chargé de sa procuration.

En 1742, il fut pourvu, toujours par la même protection, de l'évêché de Vannes, à la place de Mr Fagon, qui en mourant avoit laissé à ses successeurs son évêché tout meublé, son argenterie et sa bibliothèque, ce qui étoit d'un très-grand avantage pour Mr Chapelle de Jumilhac, qui n'étoit pas en état de faire la dépense de se meubler.

Pendant qu'il étoit à Vannes, il eut des affaires avec le Parlement de Rennes, à l'occasion d'un mandement qu'il avoit envoyé dans son diocèse avant ses visites. Dans ce mandement, il ordonnoit à ses curés de lui dénoncer tous ceux qui vivoient scandaleusement, afin qu'il les rappellât à leur devoir. Le Parlement, qui pensoit qu'il usurpoit ses droits, le cita à lui venir rendre compte de sa conduite, il obéit, et dans l'interrogatoire qu'on lui fit subir, il osa dire que l'on ne traitoit pas ainsi un homme de sa qualité! Ce propos lui attira une mystification plus grande que ne l'étoit le mauvais traitement dont il se plaignoit, on lui répliqua sans ménagement qu'un homme de sa qualité, connu comme il l'étoit en Bretagne, ne méritoit pas beaucoup d'égards. Sa basse extraction étoit connue dans ce pays. Cette affaire engagea le Roy à le retirer de la Bretagne, et il le pourvut en 1748 de l'archevêché d'Arles.

Lorsque dom Dubosc entra comme prieur dans la communauté de Bonneval, il y trouva procureur dom François Chaumont, toulousain, qu'il conserva dans son office. Dom Chaumont, avant d'être procureur, avoit été très-ardent janséniste et avoit composé un grand ouvrage sur l'Écriture-Sainte. Il ne fut pas plus tôt pourvu de cet office, qu'il abjura le jansénisme et devint un zélé partisan de la constitution *Unigenitus*, au grand regret de ses confrères, qui le regardoient comme un puissant appui. Ils attribuèrent sa conversion à l'ambition de devenir prieur, dignité à laquelle pourtant il ne parvint pas. Le prieur, qui le soupçonnoit avec raison d'avoir une partie du trésor de dom Gilles Vallée, le pressa longtems, mais inutilement, d'en faire part au couvent. Dom Chaumont, fatigué de ses importunités, entreprit de rétablir l'étang de Poireux, où il employa sept à huit mille livres sans aucun succès.

Dom Chaumont, exténué du travail extraordinaire auquel il s'étoit livré dans le chartrier du couvent, fut à Chartres pour s'y faire traiter par des médecins; mais le mal étoit sans remède et il mourut entre leurs mains vers l'an 1742. Dès que dom Dubosc eut appris sa mort, il fit l'inventaire dans sa cellule, où il espéroit trouver de l'argent. Ses recherches furent vaines et l'on ne sçut pas ce qu'étoit devenu celui que l'on supposoit à l'ex-procureur.

Il existoit de très-beaux chênes dans les bois de la Croix-à-l'Abbé, sur la lisière du bois, du côté de la terre de Poireux; ces arbres étoient d'une grosseur et d'une hauteur prodigieuse. Les religieux, qui ne vouloient jamais se soumettre aux règlemens de l'administration forestière, les firent abattre et enlever pendant la nuit; il n'en resta que les souches que l'on prit le soin de couvrir de terre. Un homme, qui avoit été témoin de cette opération et qui fut pris quelque temps après dans ce même bois commettant quelque délit, fut attaqué par le couvent. Cet individu, voulant profiter de la connoissance qu'il avoit de l'enlèvement furtif fait par les moines, fut trouver dom Dubosc et lui déclara que, s'il ne cessoit pas les poursuites qu'il avoit commencées, il se rendoit sur le champ à Dourdan pour y dénoncer le fait qui étoit à sa connoissance; les Bénédictins, qui ne vouloient pas s'exposer à un procès qui ne pouvoit que leur faire déshonneur, suspendirent l'attaque dirigée contre le braconnier. C'est qu'en déviant de la ligne droite ces bons pères se mettoient dans le cas de ne pouvoir réclamer contre l'injustice.

Quelque tems avant le décès de dom Chaumont arriva celui de dom François Tetillon, qui avoit été somellier du couvent et dont nous avons eu l'occasion de parler ci-dessus. Depuis son aventure découverte par le prieur, ce dernier le traitoit mal et lui refusoit même le nécessaire, au point que ce religieux étoit réduit à mendier des messes pour se procurer les petits secours qui lui manquoient de la part de ses supérieurs. Dom Dubosc lui donna, dans ses derniers moments, des marques d'un intérêt bien sordide et prouva jusqu'où pouvoit aller la passion de l'argent; il s'étoit persuadé, malgré les apparences, que ce malheureux moine avoit pu faire des économies, & il le força, quelques heures avant sa mort, de lui remettre les clefs de sa chambre. Cette action barbare fut pour lui un avertissement que sa dernière heure étoit sonnée, on s'apperçut sur son visage de l'impression qu'elle lui avoit causé et il rendit le dernier soupir après avoir éprouvé un sentiment bien pénible.

Dom Dubosc ayant reçu de son général, au mois de septembre 1744, des ordres de faire des réjouissances particulières pour la convalescence du Roy, les exécuta d'une manière remarquable. Il invita toutes les personnes les plus distinguées de la ville et les commandans des compagnies bourgeoises qui avoient été formées pour les réjouissances de ville à assister au *Te Deum* qui fut chanté dans l'église de son abbaye, où se trouvèrent réunies sous les armes les compagnies de la ville et une composée des fermiers de l'abbaye et du couvent. A la suite du *Te Deum* on alla processionnellement allumer, sur la place de la Grève, le feu de joie qui y avoit été préparé; pendant la cérémonie, ces compagnies firent plusieurs décharges. Deux fontaines de vin coulèrent pour le peuple sous la porte d'entrée de la maison abbatiale. On introduisit ensuite tous les fusiliers des compagnies dans le grand grenier qui règne sur les écuries de l'abbé, ils y trouvèrent une table où la bonne chère et le vin ne furent point épargnés, et, malgré la confusion presque inséparable de ces grandes réunions, il y régna l'ordre le plus parfait. Sur les sept heures du soir, le clergé et la bourgeoisie se rendirent dans la grande salle du couvent où on avoit dressé trois grandes tables délicatement servies, et où toute la communauté se mêla avec ses convives. Les Bénédictins, qui s'étoient partagés à chacune d'elles, en firent admirablement les honneurs et prouvèrent par une joie franche combien ils étoient sensibles au rétablissement de la santé du Monarque. Ce fut la première fois que l'on utilisa ce vaste appartement qui jusque là avoit paru inutile [1]. Le monastère y donna encore un grand repas à Mr de Fleury, évêque de Chartres, et à tous les curés de la banlieue, lorsque ce prélat vint donner la confirmation dans l'église de leur monastère, en 1756; quelques jours avant, il avoit confirmé, dans l'église de Notre-Dame, les trois paroisses de Bonneval et celle de Dangeau.

Ce prieur, dont la conduite personnelle étoit très-régulière, exerça continuellement envers ses religieux une grande sévérité; il leur refusoit la permission d'aller dîner en campagne chez leurs amis, il prétendoit qu'un moine à qui il auroit accordé un pied en auroit pris trois. Malgré cette sage surveillance de la part d'un tel chef, ils trouvoient encore le moyen de s'émanciper. Dom Alexandre lui fut enlevé par une lettre de petit cachet pour avoir tenu de mauvais propos contre Mr de Merinville, évêque de Chartres, et conduit au Mont-St-Michel. Dom Aublain, pour lequel il avoit obtenu une obédience parce qu'il avoit quelques liaisons avec une dame de la ville, lui causa beaucoup de chagrin. Le jour qu'il devoit partir pour sa destination, dès cinq heures du matin, son cheval étoit prêt et cependant il ne le monta qu'à huit heures,

---

[1]. La grande salle du côté du Nord-Est. Voici, d'ailleurs, la disposition d'alors de ces vastes salles. A partir du Nord : 1º le chapitre; 2º la bibliothèque; 3º la grande salle de réception. Au Sud-Est : 1º le réfectoire; 2º l'office; 3º la cuisine. A l'Ouest : 1º l'escalier de l'abbé; 2º les bureaux du receveur ou procureur; 3º le pressoir. Au Nord : l'église. — V. B.

parce qu'il alla déjeuner avec cette dame. Le prieur fut sur le point de lui retirer son obédience. Dom Lefort, à qui il avoit confié le soin de la cave, abusa de sa confiance et en fit un mauvais usage. La continence étoit un des principaux articles de la règle ; hors le réfectoire, un moine ne devoit rien prendre. Cependant il arriva qu'un jour, après le dîner du couvent, dom Lefort vint faire une visite chez M^r le curé de Notre-Dame, qu'il trouva à table. M^r le curé lui ayant offert quelques raffraîchissemens, il accepta ; on lui donna un couvert et un verre. A peine fut-il entré que dom Dubosc, qui soupçonnoit quelque chose et l'avoit suivi de près, vint sonner à la porte ; vite on enlève le couvert, mais dans la précipitation on oublie le verre. Dom Dubosc, qui s'apperçut de l'indiscrétion de son religieux, l'emmena sous prétexte que l'heure des vêpres approchoit, et, depuis ce moment, ce religieux ne sortit du couvent que pour aller fixer son domicile dans une autre maison. Il avoit pour procureur dom Guillaume Lucas, dont la conduite lui étoit fort suspecte, mais à laquelle son changement de maison ne lui permit pas de remédier.

Le grand âge de ce vénérable religieux lui donnoit lieu de croire qu'on lui laisseroit finir paisiblement ses jours dans le monastère de Bonneval, lorsqu'on l'en retira pour aller rétablir le bon ordre dans le couvent de Cesalbenoist. Il avoit beaucoup compté pour cela sur la protection de Mr de Jumilhac, son abbé, à qui il avoit avancé ses bulles et beaucoup d'argent, et qui lui avoit en conséquence beaucoup d'obligation ; mais un événement fit oublier toutes ces choses à l'abbé de Bonneval. Depuis la fin de 1744 jusqu'au commencement du mois de may 1745, deux compagnies de Sienne, qui étoient restées en quartier d'hiver à Bonneval, avoient abattu tous les baliveaux des deux coupes de bois de la Croix-à-l'Abbé, et en avoient en même tems saccagé tout le taillis. Dom Dubosc, à qui on avoit, dans cette circonstance, conseillé de faire abattre tous ces bois à coupe nette, s'étoit pourvu auprès de l'administration des eaux et forêts de Dourdan, et en avoit obtenu la permission ; en conséquence, il fit adjuger pour quinze cents livres ces coupes qui devoient appartenir au couvent en dédommagement des deux qui devoient appartenir aux religieux comme fermiers de leur abbé. Mais Mr de Jumilhac, qui préféroit ses intérêts à ceux des religieux, revendiqua cette somme en dédommagement des baliveaux qui lui appartenoient. Dom Dubosc lui représenta inutilement que la moitié de la somme devoit au moins appartenir au couvent à cause du bois-taillis. L'abbé refusa de se rendre à ces justes réclamations et se trouva tellement choqué de la conduite du prieur qu'il demanda son changement au chapitre de 1745, qui l'envoya au couvent de Cesalbenoist, situé dans une solitude affreuse et tellement enfoncée dans les bois que les bêtes fauves venoient boire dans les bénitiers de l'église du couvent. Dom Dubosc, affaibli par son grand âge et n'ayant pu s'accoutumer à un tel climat, y termina promptement sa carrière.

Sous ce même prieur, dom N. Mesange, religieux de cette maison, vécut et mourut en odeur de sainteté le 1er février 1745. Dès que la nouvelle de sa mort fut répandue dans la ville, tout le monde courut en foule au couvent, non par le sentiment d'une vaine curiosité, mais pour l'invoquer comme un saint et avoir de ses reliques, chacun s'étant muni de ciseaux pour avoir des morceaux de sa robe, qui fut ainsi coupée jusqu'au moment où il fut mis dans le tombeau. Il y avoit environ 12 ans qu'il demeuroit dans le couvent de Bonneval, et pendant ce tems il mena une vie très-exemplaire; il ne sortoit jamais du couvent, ne voyoit jamais ses confrères qu'à l'église et au réfectoire où il n'entroit jamais qu'une fois le jour, et surtout pendant le Carême et l'Avent. Il ne prit jamais part aux affaires temporelles de la maison. Il étoit chargé de l'office d'infirmier, & quand il y avoit des religieux malades, il ne les quittoit qu'aux heures des offices, leur prodiguant toutes espèces de soins & tous les secours imaginables. Dom Dubosc se plaignant un jour à lui qu'il faisoit trop de dépenses à l'infirmerie, il lui répondit que leurs biens n'étoient destinés qu'à cet usage, & que, quand leurs fonds seroient épuisées, il faudroit vendre les vases sacrés pour le soulagement des infirmes. Ces sentimens pieux ne s'accordoient guère avec les vues d'intérêt de son prieur. Quand on vouloit trouver ce bon religieux, on ne le cherchoit pas ailleurs que dans l'église, où il adoroit continuellement le Saint-Sacrement. Toutes fois, on regretta qu'une si belle vie eût été ternie par ses appel et réappel de la constitution *Unigenitus* et son adhésion à la cause de Mr l'évêque de Senez. La vie et la mort de dom Mesange offrirent un exemple bien rare dans le couvent de St-Florentin de Bonneval, où les mœurs des religieux ne furent pas toujours d'une aussi grande piété.

Mr de Jumilhac fut l'un des archevêques qui présidèrent à l'assemblée du clergé de 1755. La Cour, le connoissant d'une humeur pacifique, voulut qu'il assistât à celle de 1760. Dans cette dernière, il y eut deux différens partis : l'un vouloit qu'on exigeât des billets de confession conformément au système de Mr de Beaumont, archevêque de Paris, et l'autre, d'un avis contraire, vouloit que l'on n'inquiétât personne sur cet article. L'abbé de Bonneval étoit de ce dernier sentiment, ce qui le rendit encore plus agréable au Roy, qui montra pour lors le regret qu'il avoit de ce que l'on s'étoit opposé à ce qu'il le nommât à l'archevêché de Paris à la mort de Mr de Ventimille, Sa Majesté sentant qu'il n'aurait pas, comme Mr de Beaumont, mis tout Paris et même toute la France en combustion.

En 1765, l'abbé de Jumilhac fut encore appelé à l'assemblée du clergé dans laquelle on établit un bureau pour les portions congrues, sur lesquelles on ne décida rien autre chose que de demander au Roy de remettre l'assemblée à l'année suivante afin de prendre des mesures efficaces pour les portions congrues, parce que le clergé qui avoit eu beaucoup d'autres affaires n'avoit pu s'en occuper sérieusement. En effet, il avoit travaillé à des actes qui furent envoyés gratis par la poste à tous les curés de la France. Ces écrits, qui causèrent encore beaucoup de troubles, étoient accompagnés de mandemens des évêques dont plusieurs furent condamnés par le Parlement de Paris; et plusieurs curés qui les avoient publiés ayant été entrepris et décrétés, ces actes mêmes furent déférés au Parlement comme contenant des propositions fausses et furent condamnés sans que le clergé se mît en devoir de les défendre. Voici l'une de ces propositions :

Le clergé, voulant prouver que la puissance temporelle ne devoit rien entreprendre sur la puissance spirituelle, avoit avancé cette proposition : « Deux puissances sont établies pour gouverner les « hommes, l'autorité sacrée des Pontifes et celle des Rois; l'une et « l'autre viennent de Dieu, de qui émane tout pouvoir bien réglé sur « la terre. » Pour prouver le dernier membre de cette proposition, il se servoit d'un passage de St Paul aux Romains, chapitre XII, verset 1er, en transposant une virgule. Le texte est ainsi dans les meilleures éditions de la *Vulgate* et dans le texte grec : « *Quæ autem sunt potestates,* « *a Deo ordonnatæ sunt.* » Ce qui est ainsi traduit par tous les meilleurs auteurs : « Il n'y a point de puissance qui ne vienne de Dieu, et c'est « lui qui a établi toutes celles qui sont sur la terre. » Et dans les assertions du clergé on copie ainsi ce passage : « *Non est enim potestas* « *nisi a Deo; quæ autem sunt a Deo ordinatæ sunt.* » Ce qui donne occasion de dire que l'une et l'autre puissance viennent de Dieu, de qui émane tout pouvoir bien réglé. Ce qui offre un sens bien différent. St Paul nous enseigne que tout pouvoir bien réglé ou non vient de Dieu, pour quoi St Pierre veut que nous soyons soumis à nos maîtres, non-seulement à ceux qui sont bons et doux, mais même à ceux qui sont rudes et fâcheux : « *Servi subditi estote in omni timore dominis, non « tantum bonis et modestis sed etiam dyscolis* » (1re ép. de St Pierre, chap. II, verset 18). Et le clergé dit positivement qu'il n'y a que le pouvoir bien ordonné qui vienne de Dieu[1].

De cette proposition bien opposée à la doctrine de l'apôtre, on peut tirer des conséquences terribles, disoit au Parlement l'avocat général; et il les supprima à cause de la circonstance des tems. On les sentit bien, quoiqu'il ne les exprimât pas : s'il n'y a que le pouvoir bien ordonné qui vienne de Dieu, celui des mauvais princes et des tyrans n'en vient donc point, donc il est permis de ne pas leur obéir et même de s'en défaire. Ainsi, en suivant à la lettre la doctrine du clergé de France, le régicide se trouvoit établi; mais l'avocat général, qui ne doutoit point que l'intention du clergé n'avoit pas été d'établir une telle morale, faisoit bien sentir dans sa dénonciation que le clergé avoit signé imprudemment des assertions fabriquées et dirigées par un jésuite qui lui faisoit adopter l'affreuse doctrine de son corps, sans avoir pesé et examiné ce qu'il signoit et vouloit établir comme principe.

Dès que Mr de Jumilhac eut pris possession de son abbaye, il en afferma les revenus à ses religieux, auxquels il en fit bonne composition, soit politiquement, soit par reconnoissance de ce qu'ils lui avoient avancé ses bulles. Ensuite il fit faire la visite de la maison abbatiale en même tems que des murs de clôture des Basses-Garennes; les expers reconnurent que l'un et l'autre n'étoient susceptibles d'aucune réparation. On seroit tenté de croire que cette déclaration ne fut qu'un acte de pure complaisance pour l'abbé, dont l'intention étoit d'abandonner sa maison abbatiale, dont la construction trop vieille et le goût trop gothique ne s'accorderoient guère avec ses habitudes, pour se fixer dans l'intérieur du couvent, dont les grandes constructions venoient de se terminer sous l'abbé de Tressan, son prédécesseur immédiat. La distribution plus moderne, l'ordonnance plus conforme aux usages du tems, réunis à la vue agréable et pittoresque dont on jouissoit au pavillon du

---

1. La différence du sens et du texte semble plutôt venir ici de la différence des mots *rdonnatæ* et *ordinatæ*, que d'une virgule mal placée. Mais j'avoue que c'est trop subtil. Enfin, c'était le jeu de l'époque entre casuistes et philosophes, en attendant 93. — V. B.

sud-ouest, lui firent adopter cette position charmante pour son habitation. Dom Jacques Viot, alors prieur du couvent, fit faire dans cette partie du couvent de magnifiques appartemens qu'il meubla richement. On appela ce beau logement *l'appartement de l'abbé,* en dépit des moines, à qui ce voisinage déplaisoit beaucoup à cause de l'énorme dépense qu'il leur occasionnoit; en effet, l'abbé, qui trouvoit d'immenses avantages à fixer sa maison dans l'intérieur du monastère, y fit de fréquens et de longs séjours. Au commencement de l'année 1748, en attendant ses bulles pour l'archevêché d'Arles, il y séjourna quatre mois entiers avec tous ses domestiques, et occasionna aux religieux une dépense de plus de dix mille livres pendant cet espace de tems. Son cuisinier, qui dans sa cuisine se montroit indocile aux avis économiques que le dépositaire de la maison venoit journellement lui donner, sembloit mettre à plaisir de la profusion dans tout, en conformité des intentions de son maître, qui le laissoit parfaitement libre sur ce point. Il avoit obtenu du général la permission de faire gras chez eux; et, les jours maigres, il disoit sans crainte au dépositaire : « Je suis las de votre poisson de rivière, il faut envoyer à Chartres chercher de la marée pour ma table; » ce qui s'exécutoit ponctuellement et constituoit le couvent dans de grands frais. Les simples religieux, qui n'étoient jamais invités à sa table, en furent si mécontens qu'ils délibérèrent plusieurs fois de le prier de se retirer de chez eux parce qu'ils n'étoient pas en état de subvenir à la dépense énorme qu'ils étoient obligés de faire pour l'entretien de sa table. Mais le prieur dom Viot, qui avoit des raisons pour faire sa cour à l'archevêque, détourna ses religieux d'un projet aussi peu galant. Les repas de l'archevêque, qui mangeait gras, se servoient dans la grande salle à manger; les officiers de la maison qui y étoient ordinairement admis suivoient sans scrupule son exemple ; il n'y en avoit qu'un seul, nommé dom La Rivière, qui s'y faisoit servir du maigre.

Dom Viot, qui, contre le gré de ses religieux, avoit établi de si riches appartemens dans l'intérieur du couvent et à dessein de s'y loger, y mit le complément dans l'exécution du grand et beau sallon de réception où se trouvoient encore les portraits de la famille régnante. Tant de splendeur contrastoit, au dire de ses religieux, d'une manière évidente avec la modestie et la simplicité de leur état, mais toutes ces belles choses convenoient parfaitement à l'archevêque d'Arles, qui leur prouva, bien plus fréquemment qu'ils ne l'auroient voulu, combien il éprouvoit de jouissances de toute espèce dans un séjour aussi agréable & qui n'étoit pas comparable sous aucun rapport avec celui de sa maison abbatiale, dont la vue étoit bornée et qu'il laissoit à dessein se dégrader lentement par le tems ; elle étoit si mal entretenue, que l'un des planchers, tombé depuis longtems, ne fut jamais rétabli. A dater de cette époque, les abbés, ainsi que les religieux l'avoient craint et prévu, n'occupèrent plus dans la suite d'autre logement que celui que nous venons de décrire et auquel resta le nom d'*appartement de l'abbé;* la maison abbatiale ne servit plus que de buanderie, une salle y fut réservée pour les audiences du bailliage, et les greniers furent employés à recevoir les blés du couvent.

En 1748, les décimes furent considérablement augmentés, et les Bénédictins, comme fermiers de leur abbé, se trouvant dans le cas d'en payer une somme bien plus forte qu'auparavant, furent tellement effrayés de l'augmentation de leur taux, que la communauté, qui d'une part n'avoit rien gagné sur son bail depuis 1734, à cause du prix modique du bled depuis cette époque, et qui de l'autre avoit supporté les dépenses exorbitantes causées dans la maison conventuelle par le séjour que l'abbé y avoit fait, arrêta en chapitre, à la pluralité des voix, qu'il seroit adressé des remontrances à l'abbé pour lui exposer leur situation du moment et obtenir de lui une indemnité sur leur bail, en raison de cette augmentation des charges ; en conséquence, l'arrêté pris par le chapitre lui fut adressé.

L'archevêque d'Arles, qui ne se soucioit pas de porter atteinte aux douze mille livres[1] que lui payoient annuellement les moines de son abbaye, accueillit fort mal leurs réclamations : « Lorsque le bled étoit fort cher, leur écrivit-il, vous n'en avez pas augmenté le fermage de mon abbaye, je ne suis point la cause de l'augmentation des décimes et je ne supporterai rien dans cette surcharge du moment. » A la réception d'une semblable lettre, la plupart des religieux fut d'avis que l'on se déportât sur le champ de la recette de l'abbé, qui, jusque-là, avoit été plus nuisible que favorable aux intérêts du couvent. Mais le parti du prieur, qui étoit aveuglément dévoué à l'archevêque, l'emporta, et ce bail secret fut conservé dans l'espoir d'une chance plus heureuse pour l'avenir.

---

1. Dont il fallait déduire toutes les pensions qu'il servait aux ecclésiastiques et aux bénéficiaires laïques mentionnés dans les actes que nous avons rapportés à l'Introduction. — V. B.

Cependant, ce bail leur attira bien des mortifications, auxquelles ils se montrèrent constamment insensibles. Au commencement du mois d'octobre 1766, Mr Perrin de Cypierre, intendant d'Orléans, étant venu faire chez eux le département de l'élection de Châteaudun, les échevins de la ville lui représentèrent la misère des habitants, qui avoient cette année beaucoup de mort bois, surtout à cause du taux du fermier des dîmes de St-Sauveur, dont jouissoient alors les Bénédictins, qui néantmoins appuyèrent les réclamations des habitants, dont la requête fut favorablement accueillie par l'intendant, qui leur accorda un dégrèvement de trois cents livres. Puis, s'adressant aux religieux, il leur dit : « Vous jouissez donc, mes pères, des biens de M^r l'abbé ? — Oui, Monseigneur, lui répondirent-ils, en vertu de sa procuration générale. — Je vous comprends, répliqua l'intendant, je sais ce que signifient ces procurations générales. » Tous les assistans saisirent parfaitement le sens des paroles de l'intendant, qui démontroient clairement aux Bénédictins qu'il n'étoit pas dupe d'un bail frauduleux relativement au fisc, qu'ils enveloppoient du voile d'un pouvoir général.

L'abbé de Bonneval avoit le droit de nommer à beaucoup de bénéfices simples, c'est-à-dire qui ne pouvoient être possédés que par des religieux, à moins qu'il n'y eût dispense de la Cour de Rome, lorsqu'on les résignoit à des séculiers. On sait que l'abbé avoit un indult du Pape qui lui permettoit d'en pourvoir qui bon lui sembloit. Il y avoit aussi beaucoup de cures à sa nomination. Mr de Jumilhac, depuis qu'il étoit abbé de Bonneval, avoit constamment pourvu à la nomination tant de bénéfices simples qu'à charge d'âmes ; mais Mr de Fleury, ayant été nommé à l'évêché de Chartres en 1746, s'empressa de solliciter de M^r l'archevêque d'Arles l'abandon du droit de nommer à tous ses bénéfices ; l'abbé la lui ayant plusieurs fois refusée, l'évêque de Chartres eut recours à la Reine, dont il étoit premier aumônier. L'évêque, qui convoitoit surtout la nomination des cures de son diocèse qui appartenoient à l'abbé, obtint par le crédit de cette princesse tout ce qu'il voulut. Mr de Jumilhac, qui n'avoit cédé qu'à regret ses prérogatives, qui le privoient de l'avantage d'obliger ses amis particuliers et les personnes de Bonneval qui lui étoient attachées, et qui par cet abandon se trouvoit réduit à ne pourvoir que ses Bénédictins des bénéfices simples de son abbaye, ne tarda pas à solliciter de la Cour de Rome un indult qui lui fut accordé par le St-Père et qui lui donnoit le droit de présenter qui bon lui sembleroit. Cette démarche déplut fort aux Bénédictins, qui ne pouvoient voir avec indifférence qu'ils étoient exposés par là à perdre tous les jours les plus beaux bénéfices de leur couvent, entre autres le prieuré de Thimer, près Châteauneuf, auquel sans doute, s'il venoit à vacquer, il ne manqueroit pas de nommer son neveu, chanoine et dignitaire de la cathédrale de Chartres. Toutes fois, ils lui cachèrent politiquement leurs regrets, qui augmentèrent par l'enlèvement des prieurés de Cormainville et de Rouvray-St-Florentin, dont il pourvut l'abbé Roullon, fils de son procureur fiscal à Bonneval.

La réunion du prieuré de St-Sauveur-sur-Bray à l'abbaye et au couvent de Bonneval eut lieu en 1747. Pour la faire réussir, l'abbé de Jumilhac avoit cru devoir y nommer le père dom Lanau, général de l'ordre, espérant par ce moyen obtenir un succès plus prompt. Ce bon père, pendant tout le tems qu'il en fut titulaire, ne s'occupa qu'à en percevoir annuellement les revenus, sans faire aucune des réparations nécessaires aux bâtimens des fermes qui en dépendoient. Les Bénédictins, qui avoient payé des deniers du couvent dix-huit mille livres pour tous les frais et faux frais auxquels la réunion de ce prieuré avoit donné lieu, avoient tout lieu de croire que leur abbé viendroit à leur secours pour en rétablir les fermes; mais ils furent bien trompés dans leur attente, car, lorsqu'ils lui en parlèrent, Mr de Jumilhac leur répliqua avec cet air froid qui le caractérisoit : « Je suis surpris d'une semblable demande. Si un séculier eût joui de ce bénéfice, vous eussiez, conjointement avec moi, exigé de ses héritiers les réparations dont il avoit besoin. N'êtes-vous pas les héritiers de votre Père général, ou du moins votre Congrégation? Je suis donc en droit de les faire faire, soit à vous, soit à elle. Peu m'importe, je les ferai faire par l'un ou par l'autre, et je veux dès ce moment jouir de la moitié de ce prieuré, comme il me l'est accordé. Pourvoyez-vous contre qui vous voudrez. »

Il n'y eut pas moyen de résister et il fallut en passer par là et lui payer tous les ans la moitié du revenu de ce bénéfice sans aucune retenue des frais de la réunion et des réparations, qui s'élevoient au total à plus de trente mille livres. En conséquence de ces dispositions, les Bénédictins furent plus de cinq ans sans rien toucher du prieuré de St-Sauveur, & s'ils avoient pu prévoir que leur abbé en eût agi ainsi avec eux, ils n'auroient certes pas pressé autant cette réunion. Mr de Jumilhac, lors du décès du père Lanau, n'ayant pas encore son indult, auroit été obligé de nommer un bénédictin. Alors, aux dépens du revenu qu'ils auroient touché en entier, ils auroient fait peu à peu les réparations, et ils n'auroient travaillé à la réunion que lorsqu'elles auroient été terminées ; cette fois encore, le limousin se montra plus fin que tous les normands qui composoient la communauté.

Toutes fois les religieux ne montrèrent jamais à leur abbé aucun mécontentement de sa conduite, et ils ne s'appliquèrent jamais qu'à le combler d'égards et de politesse toutes les fois qu'il les honora de sa présence. Il aimoit beaucoup les promenades sur l'eau, et pour le mettre à même de satisfaire ses goûts pour ce genre d'amusement, sur la rivière qui baigne le pied de la côte sur laquelle se trouve leur garenne, ils lui firent faire un bateau d'une jolie construction. On le voyoit se promener souvent dans cette nacelle avec ceux qu'il admettoit dans sa société, et son plaisir étoit de les inonder dès que l'on étoit au beau milieu de la rivière. Le respect que l'on portoit à Son Éminence retenoit dans une grande réserve ceux qui se trouvoient honorés de l'invitation et qui étoient ainsi condamnés à se laisser mouiller avec leurs beaux habits pour les menus plaisirs de Monseigneur. Cependant il ne rencontra pas toujours des dupes complaisans. Un jour qu'il avoit invité à dîner avec lui Mr Beaupère, curé de St-Sauveur, il lui proposa après le repas, ainsi qu'aux autres convives, une partie de bateau. Mr Beaupère, qui connoissoit les goûts de Mr de Jumilhac et qui ne se soucioit pas de s'exposer à gâter ses habits, chercha à s'en excuser de la manière la plus respectueuse ; mais Monseigneur, qui paroissoit tenir à ce que le pasteur fût de la soirée, insista si vivement que Mr Beaupère ne put s'en défendre. Il accepta, mais à la condition que l'abbé ne jetteroit point d'eau, et que dans le cas où il ne pourroit se dispenser d'en jetter une goutte, alors il devoit déposer sa grandeur sur le rivage et s'attendre à en recevoir le double. Toutes choses ainsi convenues et arrêtées, Monseigneur se fait apporter sa redingotte par son valet de chambre, et toute la société met le pied dans la nacelle. A peine fut-on lancé sur le Loir, que l'abbé commença à faire jaillir quelques gouttes d'eau sur le curé au moyen d'une petite badine qu'il portoit à la main ; le prieur, à l'imitation de Mr de Jumilhac, en faisoit autant à un moine qui se trouvoit en face de lui. La plaisanterie continua au point que le curé se lassa et dit à son voisin : « Le pacte est rompu, servons-nous de nos armes pour nous défendre contre ces messieurs, usons de représailles. » Ces deux derniers avoient beau jeu armés chacun d'une rame pour gouverner le bateau, ils manœuvrèrent contre le prélat et le prieur avec un certain avantage. Mais le vin étoit versé et chacun appellé à le boire s'en donna de son mieux. Entre les combattans, se trouvoient deux grands-vicaires de l'archevêque qui, au milieu du combat, reçurent des ondées d'une abondance à faire plaisir ; la partie fut complette, aucun champion ne se montra au-dessous de son adversaire. Que l'on juge maintenant de l'état dans lequel se trouvèrent au sortir du bateau les combattans et ceux qui n'étoient que paisibles spectateurs de la mêlée. Le champ de bataille étoit étroit et on y eut bientôt de l'eau jusqu'à mi-jambes. Pourtant le résultat ne fut pas dangereux et chacun en fut quitte pour aller changer d'habits.

Au mois de may 1766, un chapitre général et extraordinaire de la congrégation de St-Maur, assemblé dans l'abbaye de St-Denis par l'ordre de Sa Majesté, fut dissous par un arrêt du conseil d'État du Roy du 5 may 1766.

Un autre arrêt du 6 juillet 1766 confirma les bulles et patentes de la dite congrégation et ordonna l'exécution provisoire de la déclaration sur la règle et les constitutions de la même congrégation. Il comprenoit quarante-deux articles.

Il détermina la manière dont on devoit procéder à la nomination des divers officiers des monastères de la congrégation de St-Maur et les règles de l'administration du temporel.

Le 8e article portoit que la résidence des religieux alors profès seroit arrêtée et déterminée par le définitoire du chapitre général et que leur distribution seroit faite de manière qu'il y auroit dans chaque monastère un nombre de religieux suffisant pour y former une conventualité de dix religieux au moins suivant les saints canons, arrêts et règlemens; sauf au supérieur général à se pourvoir ainsi qu'il appartiendra pour la réunion des maisons qui ne pourront soutenir ladite conventualité.

Il décida que tous les emplois de la congrégation seroient triennaux, que le général pourroit être continué six ans ainsi que les assistans, si le bien de la congrégation l'exigeoit; que les prieurs pourroient aussi être continués, soit dans le même monastère, soit dans un autre, sur la proposition du visiteur et des députés de la province au chapitre général.

Sa Majesté régla ce qui devoit être observé pour la tenue desdites provinciales, &^{a}.

Il fut arrêté que les chapitres généraux continueront d'être composés de 33 vocaux, de 4 députés, de 6 provinciaux; dont 12 conventuels.

On y refusa le vestiaire, on y défendit l'usage du gras et on voulut que l'office fût continué pendant la nuit.

Ici se terminent les notions historiques recueillies par Mr Beaupère, curé de St-Sauveur, qui mourut le 10 may 1767 [1].

Après le décès de Mr Beaupère, personne n'ayant tenu de notes de ce qui se passa tant dans l'intérieur du couvent que dans ses rapports avec la ville de Bonneval, il existera nécessairement dans la fin de cette histoire des lacunes qu'il nous sera impossible de remplir. Nous ne pouvons que tracer ici, d'une manière très-succincte, la suite des faits les plus remarquables dont nous avons saisi quelques traces jusqu'à l'époque de la suppression des couvens.

---

1. Il est certain que M. Lejeune n'a rien changé dans le résumé de la Chronique Beaupère, que la *personne* du verbe qui raconte. M. Beaupère avait écrit : « Je vois. » M. Lejeune transcrit : « M. Beaupère a vu. » Le récit et les réflexions sont bien à celui-ci. Maintenant, quant aux *traces* qui ont servi à M. Lejeune pour mener l'histoire de l'abbaye jusqu'à la Révolution, il y a d'abord sa mémoire et celle de ses contemporains ; mais on peut croire qu'il a pu consulter au moins quelqu'un des manuscrits qui manquaient lors de l'inventaire du couvent, car il connut intimement d'anciens religieux de Bonneval qui vivaient dans le pays, libres comme dom J.-J. Danne, ou exerçant le sacerdoce dans une paroisse. — V. B.

M. LEJEUNE

A dom Viot, prieur, succéda dom Michel-Denis Lecamus, qui étoit revêtu de cette dignité en 1770. Dom Pierre Cartault étoit alors sous-prieur, dom Isaac-Marin Le Roux, cellérier procureur, dom Guillaume Pradou, dépositaire. Les autres religieux qui habitoient le couvent étoient dom Claude Chandru et dom Louis-Henry Du Douy.

Le goût des prérogatives seigneuriales s'étant réveillé dans le couvent, le 22 avril 1771, Mʳ Jean-Louis Roullon, procureur fiscal de monseigneur l'archevêque d'Arles, patron et seigneur haut justicier des trois paroisses de la ville de Bonneval, demanda au nom dudit seigneur aux gagers et trésoriers de la paroisse de Notre-Dame, l'autorisation de faire placer un banc dans le chœur de cette église, demande qu'il restreignit à cause de l'exiguité du chœur, à ce que ce banc fût placé dans la nef, le premier à main gauche en entrant dans le chœur et attenant à sa clôture. Ce banc ne devant être ni plus long ni plus élevé que les autres et pouvant contenir l'espace de deux en largeur. La valeur de ce banc estimée cent francs.

Cette demande, faite en présence de dom Isaac-Marin Le Roux, procureur cellérier, revêtu des pouvoirs de l'abbé de Jumilhac, fut accordée par les gagers et trésoriers assemblés à la tablette de l'église, suivant acte reçu par Janvier, notaire à Bonneval.

Le cinq may 1771, Mʳ Morin, alors curé de Notre-Dame, donna communication de l'arrêté pris par les gagers le 22 avril précédent, aux habitans de la ville réunis en assemblée générale à la tablette de son église, et leur demanda leur avis. Cette décision prématurée fut contestée au milieu d'une grande rumeur. Mʳ le curé s'y opposa en réclamant les droits de Mʳ le duc d'Orléans, qui, dans la circonstance, se trouvoient en contact avec ceux de l'abbé, et par suite ceux de madame la vicomtesse de Montboissier, au titre de seigneur engagiste des domaines de Son Altesse Royale à Bonneval. Quelques habitans donnèrent néantmoins leur adhésion à cette décision, mais Mr le curé et la majeure partie protestèrent contre. Alors dom Le Roux se retira après avoir fait, au nom de l'abbé qu'il représentoit, toute réserve de ses droits ainsi que de son profond respect pour Son Altesse Royale. Quant aux réclamations faites au nom de madame la vicomtesse, il protesta contre purement & simplement, ainsi qu'il résulte de l'acte reçu par Mr Janvier, notaire à Bonneval.

Dom Lecamus, en arrivant à la dignité de prieur du couvent de St-Florentin de Bonneval, en avoit pris l'administration au milieu des désordres les plus effrénés. Ses mœurs et ses habitudes n'offrirent point les travers dont celles de son prédécesseur avoient donné l'exemple le plus tristement scandaleux[1] ; & quels que furent ses efforts pour rétablir le bon ordre dans le monastère, il ne put y parvenir entièrement, tant les vices honteux du chef de la maison avoient jetté des racines profondes & développé dans presque tous ceux qui l'habitoient les germes d'une dépravation sans exemple (!) Toutes fois, la licence s'y trouva un peu comprimée & fut circonscrite dans des bornes plus étroites, et l'on voila davantage les intrigues que l'on continua d'entretenir dans certaines maisons de la ville. Ce prieur quitta le couvent au mois de juillet 1772.

A dom Lecamus succéda dom Charles-François Verneuil, qui, au titre de prieur, signa son premier acte dans l'administration du couvent le premier août 1772. Il eut pour sous-prieur dom Pierre Cartault, et dom Isaac-Marin Le Roux pour procureur cellérier, qui possédoient tous deux ces mêmes charges sous dom Lecamus. Dom Guillaume Pradon, qui étoit dépositaire, eut pour successeur dom Jean-Jacques Danne qui, en cette qualité, signa son premier acte d'administration le 14 décembre 1772. Les autres Bénédictins qui, à cette époque, occupoient le couvent, étoient : dom Placide Deleris, dom Louis-François Lebrun, dom Alexandre-Joseph Dubocquet, dom Louis Bréqué, dom Michel-Nicolas-François Bause, dom F.-C. Rouelle, dom F.-Pierre Bourlier, dom F. Hebert.

---

1. Quels scandales ? De petites rivalités extérieures et intérieures comme il y en a partout où se trouvent des hommes dont les intérêts ne sont plus d'accord. — V. B.

Ces deux derniers n'y arrivèrent qu'au mois de décembre 1772.

Dom Chandru entra au couvent de Bonneval au mois d'avril 1773.

Le 6 de ce mois, par acte devant Janvier, notaire à Bonneval, Mr de Jumilhac, du consentement des religieux de son abbaye, vendit à Mr Rebeillard, propriétaire de la terre & seigneurie de Montguyon, paroisse de Marboë, le moulin à farine de Marboë, situé près le pont dudit lieu, avec toutes ses dépendances, moyennant une rente annuelle et non rachetable de dix-huit setiers de bled méteil mitoyen, à raison de quatre minots au setier, mesurés au minot de l'abbaye, ledit minot faisant la mine d'Orléans.

Il ne se passa rien de remarquable pendant l'année 1774. Le même prieur fut à la tête du couvent, et dom Le Roux en administra les biens comme procureur-cellérier. Ce dernier avoit un caractère prononcé, des connoissances dans le maniement des affaires contentieuses, et entendoit parfaitement l'économie. Sa sévérité et son air dur en-imposoient à tout le monde et inspiroient même la crainte autour de lui. Il parut avec avantage dans toutes les difficultés que l'on suscita à son couvent. Il se fit même, en ce genre, une réputation qui lui mérita un grand crédit. Non-seulement les autres communautés le chargèrent souvent du soutien de leurs intérêts dans les affaires difficiles, mais encore on vit plus d'une fois des laïcs réclamer ses bons offices, dans l'examen de causes importantes, auprès des avocats qui en étoient chargés dans les tribunaux supérieurs. Il remit en quelques années les finances du couvent dans un état prospère, et la lingerie se trouva bientôt, par ses soins, montée sur un pied extrêmement satisfaisant. Enfin, on put dire, avec justice, qu'il redonna la vie sur tous les points, au monastère, après les désastres de la honteuse dilapidation dont il avoit été accablé pendant tant d'années.

Tel étoit l'état des choses dans l'abbaye de St-Florentin de Bonneval lorsque son abbé commandataire, Mr de Jumilhac, mourut à Paris le 21 février 1775.

§ III.

M. N.... DE MARBŒUF, ÉVÊQUE D'AUTHUN, 40e ABBÉ.

Après la mort de Mr de Jumilhac, Mr de Marbœuf, évêque d'Authun, fut pourvu par le Roy de l'abbaye de St-Florentin, dont il fut le

40ᵉ abbé. Sa nomination fut postérieure au 17 juin 1775, puisque dom Le Roux, procureur cellérier du couvent, vendit, comme fondé de pouvoir de Mʳ le directeur des économats, la récolte des prés de l'abbaye de Bonneval, en ce qui touchoit les droits de Mʳ l'archevesque d'Arles, son dernier abbé commandataire. Cet acte fut reçu par Janvier, notaire à Bonneval.

Au 1ᵉʳ août 1775, dom Charles-Joseph Govard fut nommé prieur du couvent de Bonneval, en remplacement de dom Verneuil, & dom Louis Vanizac sous-prieur, au lieu de dom Pierre Cartault, qui resta dans le couvent avec dom Claude Chandru, entré au monastère en 1773. Dom Le Roux en fut encore le procureur cellérier et dom Jean-Jacques Danne le dépositaire ; mais, le 13 octobre 1775, dom Le Roux fut remplacé comme procureur cellérier par dom Jacques-Alexandre Legrand, et le premier quitta le couvent à cette époque.

Au 4 mars 1776, dom Govard étoit encore à la tête du couvent comme prieur, ayant dom Vanizac comme sous-prieur, dom Jacques-Alexandre Legrand comme procureur cellérier, et dom Jean-Jacques Danne comme dépositaire.

Les autres religieux qui habitoient la communauté étoient : dom Cartault, dom Chandru, dom Duvrai, dom Garnier, dom Poullain, dom Letellier.

Au 30 juin 1777, le couvent se composoit des mêmes dignitaires que l'année précédente, de dom Claude Chandru et de dom Pierre Cartault ; et les autres religieux qui avoient reçu leurs obédiences se trouvoient remplacés par dom Peigard, dom Charles-Jacques de Chamignon et dom Clément.

Au 22 avril 1778, le couvent étoit administré par les mêmes chefs, et dans les autres religieux de la communauté il n'y eut qu'un seul changement : dom Clément obtint une obédience et fut remplacé par dom Antoine Herman.

Au 7 juillet 1778, dom Govard, qui depuis trois ans occupoit la dignité de prieur dans le monastère de Sᵗ-Florentin, fut remplacé par dom Isaac-Marin Le Roux, qui en avoit si avantageusement administré les biens et remonté les finances pendant 6 à 7 années qu'il en avoit été le procureur cellérier, emploi qu'il n'avoit quitté qu'à l'époque de l'entrée de dom Govard au couvent. Sa nomination fut une bien juste et en même tems une bien douce récompense du bien qu'il avoit fait dans sa communauté. Son retour fut accueilli avec joie par tous ses confrères amis du bon ordre, et redouté par ceux qui n'aimoient pas sa sévérité. Les notables et les principales familles de la ville en témoignèrent franchement leur satisfaction. Pendant les trois années qu'il fut revêtu de cette dignité, il conserva comme sous-prieur dom Joseph Vanizac & pour procureur cellérier dom Charles-Alexandre Legrand, et dans la charge de dépositaire dom Jean-Jacques Danne; les autres religieux qui vivoient dans la communauté à cette époque étoient : dom Cartault, dom Chandru, dom de Chamignon et dom Piegard.

Le 14 septembre 1778, le couvent, sous dom Le Roux, prieur, se trouva composé des mêmes dignitaires et des mêmes religieux sénieurs, dont le nombre fut augmenté par dom Charles Alix, dom Jean Le Conte, dom Marin La Passée et dom Dequêne.

Mr de Marbœuf fut à la tête du monastère de St-Florentin de Bonneval pendant environ trois ans, puisque sa nomination, ainsi que nous l'avons dit, ne peut avoir eu lieu que postérieurement au 19 juin 1775, et qu'au mois de novembre 1778 il avoit un successeur. Il ne visita point son monastère pendant le tems qu'il en fut abbé commandataire, et on ne connoît de lui aucune acte d'administration. Il eut sans doute un fondé de pouvoir qui toucha ses revenus; mais il n'a laissé aucun acte qui prouvât sa gestion. On ignore l'époque du décès de cet abbé.

§ IV.

M. HENRY-ÉLÉONARD LE CORNU DE BULIVIÈRE, 41ᵉ ABBÉ.

A Mr de Marbœuf succéda Mr Henry-Éléonard Le Cornu de Bulivière, aumônier du Roy en cour, au titre d'abbé commandataire du monastère de St-Florentin de Bonneval, vers la fin de 1778, mais antérieurement au 9 novembre de ladite année. Il n'y eut sous lui aucun changement dans les dignitaires du couvent, qui fut habité par les mêmes religieux à quelques faibles changemens près.

Le 9 novembre 1778, Mr Le Cornu de Bulivière fit vendre par dom Le Roux, prieur du couvent et son fondé de pouvoir, la coupe de 19 arpens des bois de Poireux.

Au 17 mars 1780, tous les dignitaires du couvent étoient encore les mêmes ainsi que les religieux sénieurs. Dom Marin de la Passée, dom Lecomte et dom Dequêne avoient eu leurs obédiences et se trouvoient remplacés par dom Jean-Jacques Bellerve et dom Charles Lemaître.

Mʳ Le Cornu de la Bulivière ne fut pas longtems titulaire de l'abbaye de Bonneval, dont il avoit été pourvu vers le mois de septembre ou d'octobre 1778; il paroît qu'il décéda vers la fin de 1780, puisque son successeur fut connu à cette époque.

§ V.

M. PIERRE-AUGUSTIN GODARD DE BELBŒUF, 42ᵉ ET DERNIER ABBÉ.

A Mʳ Le Cornu de la Bulivière succéda dans la dignité de commandataire du monastère de Sᵗ-Florentin, Mʳ Augustin Godard de Belbœuf, évêque et baron d'Avranches, qui en fut pourvu par le Roy dans les derniers mois de 1780; il en fut le 42ᵉ et dernier abbé, puisque ce fut sous lui que fut décrétée par l'Assemblée Nationale la suppression de toutes les communautés religieuses de la France.

Au moment de l'avénement de Mʳ de Belbœuf à l'abbaye de Bonneval les dignitaires du couvent étoient : dom Le Roux, prieur; dom Jean-Louis-François Vanizac, sous-prieur; dom Jacques-Alexandre Legrand, procureur cellérier; dom Jean-Jacques Danne, dépositaire.

Les religieux sénieurs étoient : dom Cartault, dom de Chamignon, dom Levavasseur; dom Lemaître, dom Poullain et dom Bellerve avoient obtenu leurs obédiences pour d'autres communautés et se trouvoient remplacés seulement par dom Jean-Baptiste Petillon. Tels sont les religieux qui habitoient le couvent au 25 octobre 1780.

Au mois d'octobre 1781, M. de Belbœuf, abbé commandataire du monastère de Bonneval depuis environ un an, vint visiter son abbaye dans laquelle il passa quelques semaines, et son séjour ne fut pour le couvent que des momens de fêtes. Il y habita les appartemens dits *de l'abbé*, dont nous avons déjà parlé, et qui comprennent le premier du pavillon du Sud-Ouest.

A l'époque de la visite de cet abbé, il y avoit dans le couvent un cours de jeunes étudians profès.

Dom Louis-Henry Du Douy, qui avoit habité le couvent comme simple religieux en 1770, sous dom Lecamus, prieur, venoit de succéder dans cette dignité à dom Le Roux, qui habita encore le monastère plusieurs années avec le titre de doyen; dom Vanizac y resta sous-prieur et dom Legrand continua d'y exercer la charge de cellérier procureur; et dom Michel Alais fut le professeur du cours qui se composoit de sept à huit jeunes gens; enfin les religieux séniurs étoient : dom de Chamignon, dom Fayolle, dom Dauphin et F.˙. Brouquesault.

Nous observons, à l'égard de ce dernier, qu'il paroissoit avoir appartenu dans le monde à quelque société maçonnique, parce qu'il avoit l'habitude d'accompagner, dans sa signature, son nom de famille d'une F suivie de .˙., caractères qui appartiennent à l'ordre maçonnique.

Vers la fin de 1780 ou au commencement de 1781, dom Cartault, l'un des séniurs ou anciens religieux du couvent, mourut à l'abbaye de Bonneval. Sa vie y fut pieuse et exemplaire. Il avoit un petit atelier de menuiserie dans lequel il passoit ses loisirs, ainsi que dom de Chamignon. Ce dernier étoit jardinier fleuriste et aimoit beaucoup la décoration; la manière dont il illuminoit le chœur de l'église du couvent aux fêtes de Noël pendant la messe de minuit y attiroit à l'office une grande affluence de personnes; le chœur entre autres se trouvoit orné de deux rangs d'ifs assujettis dans des caisses semblables à celles qui contiennent des orangers, ils étoient garnis d'une grande quantité de petites bougies qui produisoient un bel effet.

Dom Cartault, qui aimoit beaucoup les promenades sur l'eau, avoit construit un très-joli bateau et une gare couverte pour le mettre à l'abri; il avoit formé une isle charmante au milieu du Loir, qui est large et profond, vers l'endroit où il sépare les hautes et basses garennes du couvent.

Il existe, au milieu de cette rivière et vers les limites qui divisent les hautes garennes du bois de Ruchèvre, un gros rocher dont le sommet domine toujours la surface de l'eau. Un aune qui avoit pris racine autour de cette énorme pierre et entre quelques autres qui l'accompagnoient, ayant acquis de la force, ombrageoit d'une manière fort agréable cette petite enceinte. Dom Cartault conçut l'idée d'en faire un lieu de plaisance en augmentant un peu la surface qu'elle présentoit, & il y parvint tellement qu'il trouva moyen de placer au milieu une petite table, des siéges & d'y réunir même des fleurs et quelques petits arbustes qui, pendant l'été, en faisoient l'ornement. Il s'y rendoit souvent avec son bateau et y conduisoit de la société à laquelle il y offroit des raffraîchissemens. Ce petit lieu d'agrément que l'art avoit créé avec une patience & des soins infinis, avoit besoin pour se soutenir de toute l'active surveillance de son auteur, dont la sollicitude constante réparoit toujours les dégradations causées par la crue ordinaire des eaux pendant l'hiver et la débâcle des glaces.

Après la mort de dom Cartault, cette isle qui lui avoit coûté tant de travail se mina faute d'entretien, & la débâcle de l'hiver de 1794 déracina et emporta jusqu'à Vouvray l'arbre qui en étoit l'âme et la vie. Depuis cette époque, ce rocher ainsi dépouillé n'offre plus à l'œil du voyageur que l'aspect de sa triste aridité.

La culture des fleurs paroissoit être, dans le même tems, la passion favorite de la majeure partie des religieux du couvent. Chacun y avoit son petit jardin particulier, l'ornoit et le meubloit de fleurs suivant ses goûts. On y trouvoit des collections d'œillets, de renoncules et de tulipes du meilleur choix et de l'espèce la plus rare, et celui du prieur qui étoit au bas et en face des appartemens de l'abbé, sur le bord de l'eau, se distinguoit des autres par un joli berceau en charmille.

Les religieux que nous avons précédemment nommés, soit en charge, soit simples profès, existèrent au couvent jusqu'à la fin de 1782. Le 20 may de cette année, les principaux d'entre eux donnèrent pouvoir à dom Isaac-Marin Le Roux, alors leur doyen, de se transporter à Paris ou ailleurs et partout où besoin seroit, auprès de Monseigneur de Belbœuf, abbé commandataire de leur abbaye, à l'effet de procéder aux partages à faire entre leur dit seigneur abbé et leur communauté, tant des domaines, rentes et droits appartenant à la masse commune de ladite abbaye, que de ceux dépendans du prieuré de St-Sauveur-sur-Bray, réuni à leurs menses respectives en vertu des décrets de 1747 et 1756, revêtus de 6 lettres patentes du Roy, homologuées en Parlement de Paris les 7 septembre 1748 & 19 may 1759.

Le 9 septembre 1782, dom Dauphin faisoit dans le couvent les fonctions de procureur cellérier en remplacement de dom Legrand, qui avoit obtenu son obédience et avoit quitté la maison conventuelle, où avoient été envoyés dom Soublière, dom Nourtier et dom Courbet.

Au commencement de 1783, dom Du Douy étoit encore prieur, dom Vanizac, sous-prieur, dom Le Roux, doyen, et dom Dauphin, procureur cellérier du couvent; les autres religieux étoient, au

5 février, les mêmes que ceux que nous venons de dénommer ci-dessus.

Nous avons dit plus haut combien dom Le Roux, pendant sa sage et sévère administration, avoit amélioré le mobilier du couvent et en avoit remonté les coffres. L'état de prospérité dans lequel il l'avoit placé le mit dans le cas de se livrer à une opération urgente, la construction de l'entrée de la maison conventuelle, commandée par le besoin de mettre en concordance cette partie essentielle de ce beau monastère avec l'ensemble des bâtimens qui le composoient, reconstruite par plusieurs parties depuis un siècle.

L'ancien parloir, qui formoit alors l'entrée de l'intérieur de la maison, étoit un vieux bâtiment sombre et triste, situé entre le pressoir et le moulin; il étoit contigu au grand pignon qui terminoit l'église à l'ouest. Sa porte extérieure étoit cintrée en ogive; on descendoit deux marches pour y pénétrer. Il se composoit d'un vestibule dans lequel se trouvoit l'entrée de deux cabinets, dont l'un à gauche étoit consacré à la réception des étrangers et l'autre étoit réservé pour le portier; à droite étoit un passage peu éclairé qui, longeant l'extrémité du pressoir, conduisoit au cloître.

A droite du parloir étoit une vieille porte cochère par laquelle on communiquoit au pressoir, dont l'entrée donnoit sur une basse-cour qui séparoit sur ce point le couvent du moulin.

L'église étoit située au nord du cloître, d'où l'on y pénétroit par deux portes pratiquées à chacune de ses extrémités sur cette ligne. L'une de ces portes, qui se trouvoit peu éloignée du chœur, du côté de la sacristie, servoit habituellement aux religieux et aux personnes attachées au service de la maison. La seconde, qui communiquoit dans le bas de la nef, étoit moins fréquentée, et ce fut en face de cette dernière que l'on projetta d'établir le vestibule du nouveau parloir, ce qui ne pouvoit s'exécuter sans abattre une partie de la nef qui, effectivement, fut détruite sur ce point.

Avant d'entrer dans le détail des travaux qui furent exécutés alors, il convient de donner une idée de l'état où se trouvoit à cette époque l'ensemble, tant à l'extérieur qu'à l'intérieur, de cette église, qui fut diminuée dans son extrémité inférieure et qui disparut ensuite tout à fait pendant notre Révolution.

Cette église étoit vaste, élevée, et sa nef se prolongeoit jusqu'au canal qui, aujourd'hui, conduit l'eau à la grande roue qui met en mouvement les mécaniques qui composent la manufacture établie dans les bâtimens du couvent depuis la suppression des communautés religieuses[1]. Elle avoit la forme d'une croix dont l'une de ses branches, celle qui s'étendoit vers le sud, s'appuyoit sur l'extrémité d'une aile du grand corps de la maison conventuelle, avec lequel elle communiquoit, et c'étoit sur ce point que se trouvoient établis le chapitre, le chartrier, les sacristies et les salles communes.

Le point de réunion des quatre branches de la croix formée par la toiture se trouvoit couronné par un énorme clocher qui étoit loin d'avoir la légèreté et la hardiesse de la belle flèche qui surmonte l'église de la paroisse de Notre-Dame de Bonneval; il n'offroit dans sa forme qu'une masse imposante qui pourtant s'accordoit parfaitement avec l'ensemble du monument dont il annonçoit au loin la religieuse et austère institution. Ce clocher renfermoit alors l'une des plus belles sonneries du diocèse après celle de la cathédrale de Chartres.

Cette église avoit, au nord, une porte latérale ouvrant sur la grande cour abbatiale, et par laquelle le public, jusqu'à cette époque, entroit pour assister aux offices du couvent; elle étoit pratiquée sous la voûte d'un ancien clocher renversé par la foudre vers la fin d'octobre 1690. Cette masse énorme écrasa dans sa chute toute la partie de la nef sur laquelle elle tomba. Le dommage que le couvent éprouva dans cette circonstance fut très-grand; les restes de cette vieille tour furent simplement couverts d'un toit de forme de pavillon carré surmonté d'une simple croix, et ils portèrent, jusqu'à leur destruction totale, le nom de *vieux clocher,* parce que dans le principe et avant les grandes et immenses réparations qu'une suite de désastres continuels imposa au monastère depuis sa fondation, il fut le premier clocher ou la première tour de son église.

Ce monument étoit flanqué de deux ailes ou bas-côtés qui, au levant, formoient le rond-point. Son intérieur étoit divisé par deux rangs de piliers liés par des arcades qui portoient les murs du grand comble, et ce double rang de piliers décrivoit pareillement à l'est le rond-point de l'enceinte du chœur clos dans lequel les religieux faisoient

1. Ceci fut écrit en 1823, lorsque la manufacture Dutartre était encore en pleine action. Le vieux parloir fut diminué et la porte cintrée fut murée par les religieux; cette porte n'avait plus de raison de subsister quand dom Le Roux eut fait le nouveau bâtiment qui existe encore. On voit, au bas de la façade, à droite, la date 1784. — V. B.

leurs offices. Ce chœur se terminoit à l'ouest par un jubé qui le séparoit de la nef, à l'alignement du mur de gauche du vieux clocher, en entrant par la cour abbatiale. On montoit à ce jubé par un escalier en pierre et pratiqué dans l'épaisseur du premier pilier de droite de l'enceinte du chœur; il étoit surmonté d'un grand crucifix et décoré de deux chapelles, dont l'une à droite et l'autre à gauche de la porte de cérémonie ou royale qui conduisoit au chœur, et c'étoit ordinairement à l'une de ces chapelles que se disoit la messe de six heures, tous les jours, pendant le carême.

Il n'y avoit plus de cintré en pierres que les bas-côtés et la portion du grand comble qui comprenoit le chœur jusqu'à l'alignement du jubé; le surplus n'avoit que des cintres en bois recouverts de planches depuis la chute de la vieille tour, et que divers incendies en avoient par trop calciné et affoibli les murailles, qui furent reconnues incapables de recevoir des voûtes en pierre dont le poids les eût fait écrouler infailliblement.

Plusieurs chapelles, dont les constructions isolées les unes des autres formoient autant de saillies au dehors de l'église, ornoient le pourtour du chœur. L'une d'elles, dédiée à la Vierge et plus richement décorée que les autres, occupoit le centre; elle avoit été rétablie, ainsi que nous l'avons déjà dit, par dom Bullé, le dernier des Bénédictins non réformés, qui mourut au couvent le 16 may 1694. Son autel, au milieu duquel se trouvoit placée une belle statue de la Vierge, en plâtre, étoit tout en marbre et orné de deux colonnes aussi en marbre avec des socles et des chapiteaux en cuivre doré; sur les côtés, on avoit sculpté des bas-reliefs en pierre tendre et représentant les actes les plus remarquables de la vie de la Mère de Dieu; son pavé et l'emmanchement qui portoit sa balustrade en fer qui en faisoit la clôture, étoit également en marbre blanc et rouge. Celle qui étoit spécialement consacrée au culte des reliques des saints, renfermées dans une châsse antique, se trouvoit établie sous l'arcade qui se trouvoit à main droite du perron par lequel on descendoit de la sacristie pour aller au chœur. Cette châsse étoit ordinairement déposée dans une cavité pratiquée dans le mur & qui lui servoit d'armoire pour la conserver.

On ne voyoit dans la nef, qui étoit longue, triste et extraordinairement humide, parce que le pavé étoit plus bas que le sol de la cour abbatiale qui la précédoit au nord, qu'une antique chaire à prescher extrêmement simple. A peu près en face, dans le pan du mur des bas-côtés, et à deux pieds et demi d'élévation, il existoit une niche oblongue et cintrée dans laquelle on remarquoit une statue couchée et assez grossièrement travaillée. Elle étoit en pierre dure ordinaire et représentoit un homme d'armes maillé jusqu'à la tête inclusivement et armé d'un bouclier sans pointe et sans écusson ; au-dessus, on lisoit cette inscription :

HIC JACET PIISSIMVS FVLCO DOMINVS BONÆVALLIS HVJVS MONASTERII FVNDATOR REGNANTE CAROLO CALVO, ANN. D. DCCCXLI.

Quelques personnes ont pensé, mais sans aucune espèce de fondement, que ce tombeau n'étoit pas celui du chevalier Foulques, fondateur du couvent, que cette inscription n'étoit due qu'à un mouvement de vanité monachale, et qu'il renfermoit plutôt les restes de quelque comte de Chartres et de Dunois, mort au château qu'ils avoient aux portes du couvent, dans un emplacement que l'on nomme aujourd'hui (1823) la Grève. Il est bien facile de combattre cette opinion et de démontrer qu'il appartenoit plutôt au chevalier Foulques qu'à un comte de Dunois. D'abord, parce que ce tombeau faisoit partie des constructions de l'église du couvent, puisqu'il se trouvoit incrusté dans le pan au nord de son mur de ceinture, et que cette bâtisse, malgré les grandes & fréquentes réparations que les malheurs des tems lui ont fait subir, paroissoit être encore la première qui eut lieu à l'époque où le couvent, après la mort de son fondateur, fut transféré de la rive gauche du canal du Loir [1], où il avoit été primitivement établi, sur la rive opposée et sur la pointe de l'isle dans laquelle se trouve la ville de Bonneval, et qu'enfin l'emplacement du tombeau du fondateur étoit tout naturel sur le point où ses restes avoient été déposés d'après l'inscription. Tandis qu'on ne peut guère supposer que les moines, qui, d'après tout ce que l'histoire nous a transmis, n'ont jamais vécu en bonne intelligence avec les comtes de Dunois, dont la juridiction qu'ils exerçoient dans la ville de

1. Je n'ai trouvé aucune trace de cette antique construction de l'autre côté du Loir. — Quant à la statue; voici ce qu'on lit, page 570, tome 1er, de la *Monarchie française* de Montfaucon, aux *Monuments d'Hugues Capet* : « La figure suivante (dessinée planche xxxiv) est tirée d'un tombeau qui est dans l'église de l'abbaye de Bonneval en Beausse, où il n'y a point d'inscription qui nous apprenne qui est ce seigneur ou chevalier. Il porte un casque et est maillé de pied en cap. Les mailles environnant son visage lui couvrent les pieds et les mains. Son grand écu n'a point de blason. Il est mort apparemment sous un des rois de la troisième race, au temps où il n'y avait pas encore d'armoiries. » L'inscription aurait donc été faite dans le cours du XVIIIe siècle, pour instruire les visiteurs ou les incrédules. — V. B.

Bonneval leur avoit toujours déplu, parce qu'elle étoit essentiellement envahissante de la leur, ayant placé dans leur église et avec une espèce d'apparat la tombe de l'un des seigneurs de Dunois que le hazard auroit fait mourir aux portes du couvent, dans un château dont ils ne faisoient point leur demeure habituelle, mais qui ne fut jamais pour eux qu'une espèce de pied à terre où ils venoient exercer les prérogatives d'un protectorat qu'ils n'avoient établi sur ce point que parce qu'il étoit dans leur intérêt personnel bien plutôt que dans l'intérêt particulier du couvent, dont les droits seigneuriaux furent toujours pour eux un objet d'ambition et de convoitise perpétuelle.

Revenons maintenant à notre description, que cette petite digression avoit un moment interrompue.

Deux grilles en bois, peintes en noir, fermoient au midi et au nord les deux entrées latérales du chœur établies sur la ligne milieu qui traversoit les deux branches de la croix que décrivoit la forme de l'église. Sa grandeur répondoit à celle de l'édifice, son sanctuaire étoit orné d'un autel magnifique exécuté en bois d'après les dessins les plus corrects et les plus riches. Quatre colonnes de l'ordre corinthien composite, et qui en faisoient le plus bel ornement, supportoient un fronton cintré. Sur l'entablement s'élevoit un dossier représentant des images parsemées de chérubins, et au milieu apparoissoit une Vierge en pied d'une belle exécution et portant l'enfant Jésus dans l'un de ses bras.

Aux pieds de cette Vierge, à droite et à gauche, se voyoient assises sur la courbe que décrivoit le fronton, deux statues de grandeur naturelle. Elles faisoient groupe avec l'image de la Mère de Dieu, et chacune d'elles, avec une pose et une expression différentes, sembloit s'en occuper spécialement : on eût dit que celle qui étoit posée du côté de l'Évangile l'indiquoit comme la protectrice et le soutien des chrétiens à celle qui, placée à l'opposé, lui répondoit par le signe de la conviction. Cependant ce groupe entièrement religieux, plus fait pour inspirer le recueillement et la piété que l'idée d'une mauvaise plaisanterie, ne fut pas exempt d'une application extrêmement triviale. Un sonneur, rapporte-t-on, s'avisa de dire à son camarade, qui comme lui examinoit l'ensemble de ces deux figures et cherchoit à s'expliquer cette allégorie : « Sais-tu ce que ces deux gaillards se disent là-haut? — Non, répondit-il. — Hé bien! l'un dit : Paye chopine, et l'autre lui répond : Je n'ai pas le sol. » Depuis, parmi le peuple, elles ne portèrent pas d'autres noms que *Paye chopine* et *Je n'ai pas le sol*. Il n'en fallut pas davantage pour faire un objet d'amusement de ce qui ne devoit être qu'un objet de respect.

De belles guirlandes composées de fleurs et de fruits, symboles de l'abondance et de la richesse, complettoient le décor de ce chef-d'œuvre de menuiserie et de sculpture. Deux de ces guirlandes d'une plus grande proportion que les autres, partant du dessous de l'entablement du fronton, et se trouvant, vers le milieu de la hauteur qu'elles parcouroient, relevées par un nœud, venoient couronner le dossier des deux crédences qui, à droite et à gauche, se terminoient en consoles.

Enfin, deux pieds d'estaux également d'ordre corinthien composite, placés à chacune des extrémités de cette boiserie, étoient surmontés des images de St Benoît et de St Florentin, patrons du monastère. Leurs chiffres entrelacés se trouvoient sculptés au milieu de chaque socle.

Un double rang de stalles hautes et basses meubloit le reste du chœur. Les deux principales, dont l'une étoit à droite et l'autre à gauche de la porte d'honneur placée sous le jubé, étoient surmontées chacune d'un dais en forme de couronne et supporté par deux cariatides. Leur travail, ainsi que celui des stalles, paroissoit sorti de la même main que celui de l'autel. L'une de ces deux stalles, distinguée des autres, étoit destinée à l'abbé, lorsqu'il venoit visiter son couvent, et l'autre étoit celle du prieur.

Dans le mur de ceinture du pourtour du chœur et du côté de l'Évangile, on voyoit dans une niche pratiquée dans l'épaisseur de ce mur une statue en pierre et grossièrement travaillée ; elle représentoit couché un prêtre coiffé de la mitre et revêtu d'habits pontificaux. Au-dessus, on lisoit cette inscription :

NICOLAVS ABBAS, ANNO 1310.

Nicolas, abbé de ce monastère, dont les cendres paroissent avoir été déposées dans ce lieu en 1310, est le seul abbé dont on ait trouvé le tombeau dans le couvent [1].

Les travaux de construction du bâtiment qui devoit former au nord la nouvelle façade du couvent commencèrent au mois de mars 1783.

---

1. Il parait qu'on a, depuis, fait des fouilles, et que, dans l'aile nord de l'église principalement, on a trouvé des tombeaux d'abbés encore revêtus de leurs ornements. — V. B.

Pour parer à une aussi grande dépense que celle qu'ils alloient occasionner, les moines s'adressèrent à la maîtrise des eaux et forêts de Dourdan, qui seule pouvoit les autoriser à la vente de leurs réserves. Alors celle du bois de la Touche fut mise en adjudication et vendue aux enchères.

Les travaux de cette bâtisse furent donnés au rabais à un Mr Danbroche, maître maçon et entrepreneur de bâtimens à Dourdan. Il ne fut dans cette affaire que le prête-nom des moines et le directeur des ouvriers, et tout se trouva à peu près terminé en deux ans.

Nous avons observé ci-dessus que, dans le pan du mur au nord de la nef de l'église, se trouvoit incrusté le tombeau de Foulques, fondateur du couvent. Lorsque les ouvriers arrivèrent à la démolition de cette partie, les moines recueillirent avec beaucoup de soin les faibles restes que conservoit encore sa tombe, ils les firent renfermer dans un cercueil de bois qu'ils déposèrent dans une tombe qu'ils lui firent construire dans le sanctuaire de leur chœur.

Lorsque ces grands travaux commencèrent, dom Du Douy, qui étoit encore prieur, avoit quitté le couvent avant le 6 octobre 1783, et il s'y trouva remplacé dans la même dignité par dom Jean-Baptiste Morenne, prieur titulaire du prieuré simple et régulier de Saint-Calais-du-Désert, ancien professeur de théologie et de philosophie en l'Université de Pau, et membre de l'Académie des sciences et des belles-lettres de Caen. Ce Bénédictin apporta au couvent des mœurs sans reproches, un caractère doux et des habitudes extrêmement polies et aimables. Il étoit littérateur et avoit beaucoup d'instruction, contraste pour lors assez frappant avec la plupart de ceux qui l'entouroient. Dom Le Roux, qu'il avoit trouvé dans le couvent où il vivoit depuis un certain nombre d'années en qualité de doyen, en sortit à la fin du mois d'octobre 1783, pour aller se fixer au couvent de St-Père de Chartres, qu'il ne quitta plus qu'à la Révolution, époque à laquelle il obtint la place d'économe de l'Hôtel-Dieu de cette ville, où il termina ses jours.

Le Roi, ayant par un édit ordonné la réunion d'un chapitre général de la Congrégation de St-Maur pour le 9 septembre 1783, dans le couvent de St-Denis près Paris, les six provinces monastiques de la France furent autorisées à nommer des députés pour les représenter. Les nominations se firent dans les assemblées conventuelles de chaque maison par des scrutins dressés devant deux notaires. Chaque religieux donna les siens, qui furent envoyés au ministère, et les députés des six provinces furent déclarés et nommés par trois religieux de St-Germain-des-Prés désignés par le Roi à cet effet, en présence de MM^{grs} Dilon, archevêque de Narbonne, et de Cicé, archevêque de Bordeaux. L'abbaye de St-Florentin de Bonneval procéda comme les autres à cette opération.

Cette convocation extraordinaire, faite dans une forme jusqu'alors inconnue, et la nature des questions de la plus haute importance qui devoient s'y traiter, sembloient annoncer une révolution dans l'ordre monastique, et alarmèrent singulièrement la majorité des membres de la Congrégation qui tenoient au maintien de la règle constitutive de l'ordre, dans toute son intégrité et sa pureté. La crainte d'une violation plus ou moins étendue et d'innovations redoutées depuis longtems, bouleversa les consciences timorées et échauffa les esprits de la plupart des religieux, et surtout de ceux qui depuis leurs statuts primitifs vouloient que l'on respectât sévèrement :

1° L'observance exacte du maigre, hors le cas d'infirmité, selon la règle de St Benoît.

2° L'assiduité aux offices du jour et de la nuit pour tous ceux à qui le droit naturel ou autres raisons équivalentes n'accordent point de dispenses.

3° La désapprobation qui ne permet aucun maniement d'argent ou de revenus de bénéfices, &^a, et qui exclut par sa nature tout projet de vestiaire donné en argent aux particuliers.

4° L'attachement scrupuleux à la matière, à la couleur, et encore plus à la forme monastique des habits dont on a été revêtu à la profession, sans aucune distinction ni singularité notable.

Tels étoient les points principaux qui fixoient particulièrement l'attention des esprits soupçonneux et sur lesquels toutes les craintes se portoient.

Au moment où les nominations s'opéroient et où ces mouvemens se préparoient, dom Morenne étoit prieur de l'abbaye du Bec, en Normandie. Il fut du nombre de ceux qui ne purent taire leurs alarmes, et il confia ses craintes à Monseigneur de Dilon, archevêque de Narbonne, l'un des présidens nommés par le Roi; mais il n'en obtint aucune réponse. Ce fut dans ces entrefaites qu'il reçut sa nomination de prieur du couvent de Bonneval, où il eut l'ordre de se rendre de suite.

Ce que ce religieux avoit prévu arriva : on vit se renouveler dans cette assemblée, au milieu des discussions les plus vives, les scènes tumultueuses et violentes du fameux chapitre de 1733, et cette réunion eut pour résultat des lettres de cachet obtenues contre un grand nombre de religieux qui s'y montrèrent les appuis fermes et inébranlables des lois monastiques et osèrent protester contre les décisions qui en étoient émanées.

De semblables événemens produisirent nécessairement un grand scandale et frappèrent la Congrégation d'un mal qui alloit toujours en croissant, puisqu'il ne faisoit que semer la discorde et fomenter la division entre les membres qui la composoient.

De semblables choses n'annoncent-elles pas combien se développoient dans toutes les branches de la société les germes de la terrible révolution qui éclata peu d'années après dans toute la France ?

L'entrée de ce nouveau prieur au couvent de St-Florentin en vit disparaître dom Vanizac, sous-prieur, dom Dauphin, cellérier, dom Brique, dom Nourtier et dom Broucquesault.

Avant le premier janvier 1784, ils furent remplacés par : dom Soulbieu, dom Pierre-Julien Ferrant, qui fut dépositaire, dom Pierre-Charles David, qui fut procureur cellérier, dom Jean-Nicolas Martel, dom Jean Lambert, dom Neveu, dom Louis-Charles Vavasseur, qui ne reçut jamais la prêtrise, et dom Blouet, qui étoit neveu de dom Morenne; mais ce dernier ne resta pas longtems au couvent : il eut avec son oncle une querelle très-forte, à la suite de laquelle il fut par lettre de cachet envoyé au Mont St-Michel.

Au premier septembre 1784, les novices qui composoient le cours étoient : dom Foulon, dom Brière, dom Audry, dom Roucher, dom Demares et dom Franke.

Au mois de janvier 1785, les mêmes dignitaires et les mêmes religieux habitoient le couvent; mais, au mois de décembre de la même année, dom David, qui étoit cellérier, et dom Martel, simple religieux, avoient obtenu leurs obédiences, et se trouvoient remplacés par dom Terret, dom Malherbe & dom Ferrant, qui occupa la place de procureur-cellérier que venoit de quitter dom David.

Dans le cours de l'année 1785, les religieux, qui, comme nous l'avons dit ci-dessus, avoient recueilli dans un cercueil de bois les restes trouvés dans le tombeau du chevalier Foulques, leur fondateur, qui avoit été détruit dans la démolition d'une portion de la nef de leur église, lui ayant fait maçonner une tombe dans le milieu de leur sanctuaire, place extrêmement convenable et qui appartenoit de droit aux fondateurs, y déposèrent ses cendres au milieu d'un cérémonial digne de la circonstance; elle fut recouverte d'une pierre de taille portant une inscription analogue à cette translation, qui se fit de la manière la plus solennelle.

Ce fut vers la fin de l'année 1785 que se termina la nouvelle construction de l'entrée principale du monastère. Il manqua à ce bâtiment, pour se trouver en concordance parfaite avec les anciens, auxquels il se rattachoit, d'avoir été élevé à la même hauteur, ce qui a toujours choqué l'œil de l'observateur. L'économie seule avoit arrêté sur ce point les religieux. Sa façade, qui, du reste, avoit de la régularité, se couronnoit par un fronton dans lequel se trouvoient sculptées les armes du couvent, qui se composoient d'un écusson portant trois fleurs de lis et trois gerbes de bled entremêlées et enveloppées de deux palmes.

Le vestibule en étoit beau, et sa porte d'entrée correspondoit avec celle du cloître. A gauche, en entrant par la cour, étoit un logement commode pour le portier, ainsi que l'escalier qui conduisoit au premier. A droite, un parloir convenable communiquoit à une grande et belle salle de réception pour les étrangers. Le premier se composoit du bureau de recette du procureur cellérier, placé au-dessus de la porte d'entrée principale, et d'une chambre à côté; à l'autre extrémité, touchant à l'église, étoit le logement du géographe du couvent.

Les travaux de cette bâtisse coûtèrent au monastère soixante mille francs.

En 1786, il n'y eut aucun changement dans les dignités et les charges du couvent, qui fut habité par les mêmes religieux qu'en 1785.

En 1787, dom Levavasseur, homme extrêmement emporté, violent, insociable et vivant presque toujours seul, chercha querelle à dom Malherbe, dont le caractère et l'humeur n'étoient pas en harmonie avec lui; il porta la fureur jusqu'à lui déchirer son scapulaire. Dom Morenne, qui avoit déjà beaucoup à se plaindre de lui et qui étoit bien aise de trouver une occasion de s'en débarrasser, demanda et obtint sans difficulté une lettre de cachet pour le faire renfermer au Mont St-Michel, où il fut conduit en chaise de poste. Il voulut opposer quelque résistance à l'exécution de cet ordre, mais il fut contraint d'y obéir.

Dom Jean-Jacques Danne, qui pendant plusieurs années avoit déjà été le dépositaire du couvent de Bonneval, y rentra au mois d'avril 1787.

En 1788, dom Morenne, prieur du couvent, eut encore avec lui : dom Ferrant, procureur cellérier, dom Soulbieu, dom J.-J. Danne, dom Hébert, dom Malherbe, dom Blondel et dom Jean-Jacques Obelin, qui y arriva pour la première fois et n'y séjourna que peu de tems.

Le *triennium* de ce prieur touchant à sa fin, il fut remplacé dans le mois de janvier 1789 par dom Hommeril, qui quitta le couvent dès le commencement du mois suivant.

Dom Morenne resta dans la communauté avec le titre de doyen; dom Soulbieu en fut le sous-prieur; dom Petit, arrivé en même tems que le nouveau prieur, fut créé procureur cellérier; dom Malherbe fut le secrétaire du chapitre; dom Bras-de-Fer remplaça dom Lambert, qui passa dans un autre couvent. Les autres religieux furent les mêmes.

Le premier juin de la même année, dom Le Tellier vint remplacer dans la dignité de prieur dom Hommeril, qui ne l'avoit occupée qu'environ deux mois. A cet avénement, la charge de procureur cellérier passa de dom Petit à dom Bras-de-Fer, qui l'exerçoit au 27 juillet 1789.

Le tocsin de la Révolution avoit sonné, le cri d'émancipation de tous ceux qui habitoient les communautés religieuses de la France retentissoit sur tous les points du royaume. Alors, l'esprit de liberté inspiré par les circonstances s'insinuant dans tous les couvens et s'emparant de toutes les têtes, vint briser dans un clin d'œil les barrières de la discipline monastique, et bientôt ces retraites austères ne présentèrent plus que des habitations dans lesquelles des prêtres, revêtus d'un costume différent de celui des séculiers, vivoient en commun.

Le 12 février 1790, un décret de l'Assemblée Constituante supprima les maisons religieuses de chaque ordre en France; le 12 du même mois, dom Le Tellier, prieur, dom Morenne, comme doyen, dom Soulbieu, sous-prieur, dom Bras-de-Fer, en qualité de procureur cellérier, dom Petit, dom Hébert et dom Blondel, habitoient encore le monastère de Bonneval. Et le 8 may suivant, les mêmes, excepté dom Hébert, qui avoit quitté le couvent, firent à André Guedou bail du moulin de Frécot, paroisse de Trizay; et ce fut le dernier qui fut passé au nom du couvent.

Le 14 juin suivant, Mr L. Boucher, greffier en chef de la prévôté de Bonneval, comme fondé de pouvoirs de Mr Godard de Belbœuf, abbé commandataire du couvent, fit faire la dernière adjudication des prés qui dépendoient de la mense abbatiale. Le 18 du même mois, le même fit au même nom la vente par adjudication des coupes à faire pour les ordinaires de 1789 et 1790, dans les bois de la réserve de la Touche.

Le 21 juin 1790, dom Guillaume-Gabriel-Samuel Bras-de-Fer, procureur cellérier du couvent en vertu des décrets de l'Assemblée Nationale, vendit par adjudication la récolte du Pré-Goualard, situé commune de Trizay. Le même, le 5 juillet suivant, vendit de la même manière et en vertu des mêmes décrets les dixmes grosses et menues, de quelque nature qu'elles fussent, et à prendre sur les paroisses de St-Maurice et St-Sauveur de Bonneval.

Dans les derniers jours de juillet et au commencement d'août 1790, la révolte de la garnison de la ville de Nancy, qui se composoit de quatre bataillons du régiment du Roi, de deux bataillons suisses (Châteauvieux), et de Mestre-de-Camp cavalerie, ayant, au milieu de scènes sanglantes, inséparables des séditions, entraîné le massacre d'un grand nombre d'habitans, il fut ordonné alors de célébrer dans toutes les églises de France des services funèbres pour ces malheureuses victimes de notre Révolution, et celui de la ville de Bonneval eut lieu dans l'église du couvent de St-Florentin. Le clergé des trois paroisses s'y rendit, et le cérémonial qui fut observé fut digne d'un événement aussi déplorable. Le célébrant fut le prieur dom Le Tellier, qui prononça un discours analogue à la circonstance. Il avoit dom Malherbe pour diacre & dom Hebert pour sous-diacre.

Enfin, le 27 septembre 1790, dom Bras-de-Fer exerça, au nom du couvent, son dernier acte d'administration comme procureur cellérier en faisant vendre par adjudication la récolte d'environ 10 arpens de vignes que le couvent possédoit tant à Bonneval que dans les environs.

Dans les mois de septembre et d'octobre de la même année, l'Assemblée Constituante fixa définitivement par divers décrets l'état civil et politique de tous les religieux de la France.

Le 11 mars 1791, un décret de l'Assemblée Constituante prononça l'abolition des costumes de tous les ordres religieux en France.

Mirabeau (Honoré Riquetti comte de), l'un des génies les plus étonnans de notre Révolution et dont la puissante éloquence sera longtems admirée, tombé malade le 28 mars 1791, mourut le 2 avril suivant. L'Assemblée Nationale, dont il étoit membre, lui fit rendre des honneurs presque divins, que l'enthousiasme seul du jour toléra. Un deuil général fut ordonné à l'occasion de la perte de ce moderne Démosthène. Dans chaque commune de France on lui fit un service funèbre; on lui érigea un catafalque à Bonneval. Cette cérémonie n'eut pas lieu, comme pour les victimes de l'affaire de Nancy, dans l'église du couvent, mais sur la promenade du Mail, à l'extrémité de laquelle (au nord) on érigea un autel. Le curé de la paroisse de St-Sauveur, Mr Pichon, célébra l'office, et l'éloge funèbre fut prononcé par M. Faux, notaire et procureur de la commune.

Le 4 janvier 1792, la même Assemblée, par un de ses décrets, ordonna et régla les travaux pour la confection des catalogues & autres indications des livres provenant des bibliothèques des maisons religieuses & autres établissemens supprimés.

Le 17 août de la même année, un décret de la même Assemblée ordonna l'évacuation et la vente de toutes les maisons occupées par les religieux et religieuses de la France.

Les 27 et 28 septembre 1792, un décret de la même Assemblée ordonna la levée des scellés apposés sur les meubles des maisons religieuses et qu'il en seroit fait inventaire.

Enfin, les 22 & 24 octobre suivant, la même autorité ordonna la vente de tout le mobilier trouvé dans les maisons religieuses, et celle des meubles qui appartenoient à l'abbaye de Bonneval eut lieu le

Dans cet état de choses, chaque religieux dut songer à soi et s'occuper de son avenir. Les scellés mis sur les meubles du couvent n'y avoient pas été apposés avec une telle rigueur que chaque moine ne pût facilement se composer un petit mobilier pour se retirer dans le monde d'une manière un peu convenable. Toutefois, ils ne purent partager entre eux que le linge, dans ce qu'il y avoit de meilleur, et l'argenterie. Quant à l'argent monnoyé, la bâtisse qu'ils venoient de faire ne leur avoit pas laissé sur ce point de grandes ressources.

La bibliothèque, qui, sous le rapport des ouvrages anciens & de quelques manuscrits, étoit assez nombreuse et pouvoit offrir des avantages à quelques curieux & à des hommes instruits, comprenant peu d'ouvrages modernes, ne fixa guère l'attention de ceux qui restoient et qui, d'ailleurs, ne portèrent leur choix que sur ces derniers.

Les religieux, après avoir réuni le peu qu'ils pouvoient emporter, se retirèrent chacun de son côté. Dom Morenne, alors doyen, fixa son séjour à Montboissier, où il loua une maison dans laquelle il termina ses jours. Dom Malherbe, qui desservit pendant quelque tems la cure de Lolon, la quitta pour se retirer dans son pays, où il administre encore aujourd'hui, 1823, une paroisse fort agréable.

Dom Bras-de-Fer, comme procureur cellérier, ayant à rendre les comptes de sa gestion aux administrateurs du district de Châteaudun, fut le dernier religieux qui quitta le couvent. Les domestiques seuls restèrent jusqu'au moment de la vente.

La bibliothèque étoit ouverte à tout le monde. Aucun commissaire ne se présentant au nom de l'Autorité, en vertu des décrets de l'Assemblée Nationale qui ordonnoient un inventaire et un choix dans les objets qui la composoient, les derniers habitans du couvent ne se faisoient aucun scrupule d'y prendre, comme vieux papiers, les écrits qu'ils trouvoient sous leur main. Ce fut dans cette occurence que Mʳ Couppé, notaire à Bonneval, trouva chez le jardinier du monastère et dans le cabinet où il déposoit ses outils, le manuscrit de l'*Abrégé de l'Histoire de l'Abbaye de Bonneval,* par dom Thiroux & dom Lambert [1], dont il arrachoit de tems en tems des feuillets pour envelopper les graines qu'il recueilloit. Il le lui demanda et sauva ainsi du naufrage les restes de cet ouvrage auquel nous avons été assez heureux de pouvoir rattacher les passages détruits et que nous avons conduit jusqu'à la clôture du couvent.

Les grandes solennités qui se pratiquoient dans l'église de ce monastère étoient : 1° les fêtes de Sᵗ Benoist et de Sᵗ Florentin, patrons du couvent; 2° la cérémonie du lavement des pieds après l'office du Jeudi-Saint; 3° la fête des Corps Saints, à l'occasion de laquelle s'étoit établie dans la cour abbatiale et sur la place dite *la Grève* une assemblée considérable, le 4ᵉ dimanche d'après Pasques; 4° enfin, comme ils présidoient aussi à l'ouverture de la foire de Sᵗ Gilles, le premier septembre de chaque année, nous allons dire un mot sur chaque objet.

1° La fête patronale des SS. Benoist et Florentin se faisoit avec tout l'appareil religieux convenable et se passoit entièrement dans l'intérieur de la maison.

2° Tous les ans, les Bénédictins choisissoient dans les trois paroisses de la ville 13 pauvres qu'ils réunissoient après l'office du Jeudi-Saint dans la nef de leur église; douze d'entre ces enfans représentoient les 12 apôtres, et le 13ᵉ Judas; ils leur lavoient les pieds avec un cérémonial convenable; ils recevoient, avant de se retirer, chacun vingt sols et un pain de 9 l. Judas avoit toujours double ration.

---

1. ..... continué par M. Beaupère et par M. Lejeune, celui-ci faisant un extrait de la chronique de l'autre; et le tout formant le manuscrit de Chartres qui constitue cette histoire. — V. B.

3° Nous avons vu que le couvent, à l'époque de la fondation, avoit reçu de Rome des reliques de plusieurs saints, & que les religieux qui avoient, au neuvième siècle, été à S*t*-Martin-d'Ainay de Lyon rétablir l'ordre dans ce monastère abandonné, en avoient apporté pour prix de leurs travaux & de leur zèle plusieurs reliques des SS. Florentin & Hilaire en grande vénération et qu'ils réunirent aux premières. Ces moines ne remirent ce religieux dépôt à leur couvent que dans les derniers jours de la quinzaine de Pasques. On leur fit une réception solennelle, et, pour consacrer cette époque mémorable, on établit en l'honneur des reliques de ces saints martyrs une fête annuelle sous le vocable des Corps-Saints, et la solennité en fut fixée au 4e dimanche d'après Pasques. Ces reliques, dont une grande partie se perdit dans les tems de calamités dont le monastère fut constamment la victime dans les premiers siècles de sa fondation, étoient renfermées dans une châsse antique recouverte de lames de cuivre et ornée de figures en même métal des saints dont elle renfermoit les restes. Pour porter cette châsse il s'établit parmi les gens de la ville et des faubourgs une confrairie appelée la *Confrairie des Frères de la Châsse des Corps-Saints ;* tous ceux qui en faisoient partie la portoient exclusivement dans les processions dont elle étoit l'objet principal; ces frères étoient vêtus de soutanes noires et d'aubes ; la procession de cette fête mémorable se faisoit ordinairement, et toutes les fois que le tems le permettoit, dans les paroisses de S*t*-Sauveur et de S*t*-Michel ; on entroit la châsse dans chacune de ces églises et on y récitoit quelques prières analogues à la fête. Cet honneur étoit rare pour l'église de Notre-Dame. Cette procession se composoit de la réunion du clergé des trois paroisses qui se rendoit à l'église du couvent. L'affluence des voyageurs qui arrivoient en dévotion à cette pieuse cérémonie fut longtems des plus considérables. Ces reliques restèrent pendant bien des siècles l'objet constant de la vénération des fidèles, et le sentiment de dévotion qu'elles avoient inspiré s'étendit au loin. Dans le cours du chemin que parcouroit la procession, on établissoit des tables ou points de repos pour soulager les six frères qui portoient la châsse. A chaque station, ceux qui étoient venus en dévotion et un grand nombre d'enfans se mettoient à genoux sur un rang à partir de la table sur laquelle reposoient les reliques, et les frères, portant alors la châsse à bras, faisoient ainsi passer dessous toute la ligne de ceux qui s'étoient dévotieusement prosternés. Ce pèlerinage se prolongea longtems encore après la destruction des reliques et la démolition de l'église. On vit même, au fort de la Révolution, des gens pieux venir de très-loin se prosterner et prier sur ses décombres. Les Corps-Saints était la seconde fête du monastère ; le jour où elle tombait il y avoit toujours grand gala dans la maison.

4° Les Bénédictins avoient le droit d'envoyer un de leurs officiers (leur prévôt) à l'ouverture de la foire de St Gilles, qui se tenoit dans la plaine les 1er et 2 septembre, autour d'une ancienne maladrerie, à une demi-lieue et au nord-est de la ville. Ils s'y firent constamment représenter tant qu'ils existèrent et jusqu'à l'époque de l'abolition des droits seigneuriaux et la fermeture du couvent. Cette foire fut transportée en 1790 tant dans l'intérieur qu'autour de la ville, où elle a continué de se tenir depuis cette époque.

Ainsi cessa d'être, après neuf siècles et demi d'existence, un monastère fameux qui fut honoré de grandes prérogatives & posséda des biens considérables, qui jaloux de ses droits les disputa pied à pied et d'une manière opiniâtre avec tous ceux qui voulurent y porter atteinte et l'en spolier. Les hommes puissans, leurs abbés mêmes, avec lesquels ils eurent souvent des querelles, n'en imposèrent jamais à ces religieux tourmentés par l'ambition la plus orgueilleuse, ils restèrent toujours impassibles dans l'arène chaque fois qu'il fallut maintenir dans leur mense conventuelle les prérogatives seigneuriales qu'elle tenoit de Foulques, son fondateur, qui étoit toparque ou gouverneur militaire de la contrée dont la ville de Bonneval étoit le chef-lieu et le centre.

Après la fermeture du cloître et la vente des meubles du couvent, tous les bâtimens qui le composoient, étant devenus la propriété de l'État, furent mis en vente par l'administration du district de Châteaudun qui les adjugea le   à Mr Julien Balleux, ancien maître de la poste aux chevaux et propriétaire à Bonneval, et celui-ci en fit la revente à M. Pierre Dutartre, négociant à Paris, qui vint y établir une filature de coton en 1793.

Le nouveau propriétaire de cette immense maison ne trouvant pas moyen d'utiliser, dans l'établissement qu'il y formoit, l'église dont l'entretien lui eût été d'ailleurs très-coûteux, prit le parti de la faire abattre, espérant trouver dans les matériaux qui en proviendroient de grandes et utiles ressources pour les constructions particulières que sa filature exigeoit. Alors il fit don à la paroisse de Notre-Dame de

Bonneval du bel autel qui ornoit le chœur de l'église de l'abbaye et de tous les accessoires qui lui appartenoient. Plus tard, la même église reçut de lui deux grands tableaux qui se trouvoient placés aux deux extrémités du réfectoire des moines; l'un d'eux représentoit le miracle de la multiplication des pains, et l'autre la Cène; les tableaux des chapelles furent aussi déposés dans la même église, où on les voit encore aujourd'hui. Ensuite il fit venir des ouvriers des carrières de Berchères, près Chartres, pour miner et démolir cette église et son clocher. Cette opération se fit dans le cours de l'année 1793. Ainsi cet antique et grand édifice, qui avoit été plus d'une fois la proie des incendies et des ravages inséparables des guerres malheureuses dont la ville de Bonneval fut trop souvent le théâtre et la triste victime, s'écroula avec fracas sous la main de quelques hommes chargés de le faire disparaître pour toujours.

Les bâtimens qui composoient la mense abbatiale, abandonnés et négligés depuis longtems, avoient besoin à l'intérieur de quelques réparations pour les utiliser dans le nouvel établissement qui se formoit; au lieu d'en tirer le parti qui convenoit, l'imprévoyance les condamna à être détruits, et ils subirent le même sort que l'église.

Dans une telle occurrence et au milieu de toutes ces destructions, la bibliothèque, ouverte à tout le monde et abandonnée dans les bâtimens du monastère, attendoit toujours les commissaires du district qui devoient en dresser l'inventaire, y faire un choix et procéder à son enlèvement. Lorsqu'enfin des agens de l'administration se présentèrent & y furent introduits, ce dépôt de quelques siècles qui, malgré les pillages et les incendies du couvent & un grand nombre de mutilations dont il avoit été frappé, conservoit encore des objets précieux, reçut enfin le coup fatal que lui destinoit le vandalisme du jour. Les ignorans à qui le soin de régler toutes ces dispositions importantes se trouva confié, au lieu d'y procéder avec tout l'ordre qu'elles réclamoient, trouvèrent bien plus simple de précipiter pêle-mêle par les fenêtres dans le jardin les livres comme ils leur tomboient sous la main, ainsi que l'on jette des platras dans une démolition. Les choses se passoient ainsi lorsque le propriétaire [1], averti par le bruit que causoit un tel déménage-

---

1. N'est-ce pas que ce bon bourgeois révolutionnaire est complet? Il fait venir des mineurs de Berchères pour faire sauter avec de la poudre l'église et l'abbatiale, et il s'indigne de voir des livres sauter par la fenêtre d'un rez-de-chaussée. O sabre de M. Prudhomme! — V. B.

ment, indigné d'une conduite aussi inconcevable, les menaça d'en instruire l'administration qui les avoit délégués. Alors ils prirent le parti de les descendre dans des corbeilles pour les déposer dans la voiture destinée à les recevoir. Ils furent ensuite entassés dans les magasins du district, d'où une partie disparut pour passer dans quelques boutiques d'épiciers; le surplus, ainsi que nous le pensons, fait aujourd'hui partie de la bibliothèque de la ville de Châteaudun.

L'établissement de la filature ayant nécessité des fouilles dans la grande cour abbatiale, pour la construction du canal qui conduit l'eau des fossés de la ville à la grande roue destinée à mettre en mouvement la plus grande partie des méchaniques qui le composent, ces fouilles mirent à découvert plusieurs tombes, espèces d'auges en pierre dure du pays. Elles renfermoient, avec les ossemens de ceux qui y avoient été déposés, deux petits pots de terre cuite pleins de charbon et placés des deux côtés de la tête, ce qui indique que dans les sépultures anciennes on exposoit les morts à la vue du public et que pendant cette exposition on brûloit du parfum.

Plus tard, on découvrit dans le sanctuaire le tombeau dont nous avons déjà parlé, dans lequel avoient été transférés les restes du chevalier Foulques, fondateur du couvent. Malgré la précaution que l'on avoit prise d'isoler le cercueil qui les renfermoit en le plaçant sur 3 barres de fer qui le tenoient exaucé du fond, on ne trouva plus alors que quelques parcelles des planches dont il avoit été formé.

FIN.

ARRÊT DU PARLEMENT DE PARIS[1]

DU 18 AOUT 1539

Jugeant des Droits de seigneurie relatifs à Bonneval et sa banlieue, Moriers, St-Maur, Frécot, Jupeau, usurpés par Renée de France, & revendiqués avec succès par l'Abbaye.

INCIDEMMENT

Le Bailly de Chartres est déclaré juge incompétent vis-à-vis la Jurisdiction de l'Abbaye qui relève du bailliage d'Orléans, par le tribunal d'Yenville-au-Scel.

 Quoique l'arrêt de 1539 soit fort long, nous allons en donner icy une traduction, car il est en latin, afin qu'on voie tout ce qui y est adjugé à nos abbé et religieux :

FRANÇOIS premier, Roy des François, par la grâce de Dieu, à tous ceux qui ces présentes lettres verront, salut ; sçavoir faisons que comme à la requeste de notre procureur général ou de son substitut au bailliage de Chartres, et en vertu des lettres expédiées sur les rappel et réunion à notre domaine, les prévôtés, bailliages, tabellionnies, droits de cens, l'avénage, taille de Poitevines, de Bonneval, & la justice de Frécot, & autres choses aiant été saisies et mises en notre main, auxquelles saisies nos bien-aimés les religieux, abbé et couvent de l'abbaye et monastère de St-Florentin de Bonneval, s'étant opposés pour la conservation de leur droit, firent que dans notre Cour de Parlement plusieurs faits, raisons et moiens commis et délégués sur le fait de la révocation et réunion à notre domaine, nous fussent dits et proposés ; c'est à sçavoir que, l'an 1110, deffunt le roy Louis régnant, d'heureuse mémoire, à la requeste de l'abbé actuel de Bonneval, avoit déclaré que ladite abbaye avoit été fondée par les bienfaits des Roys et par la protection du roy Lothaire, d'illustre mémoire, ainsi qu'il en avoit été informé, et qu'à l'exemple dudit roy Lothaire, il avoit pour les siècles à venir pris sous sa sauvegarde ledit monastère et surtout la ville de Bonneval, en déclarant qu'elle appartenoit

---

1. Cette pièce est extraite du manuscrit de M. Beaupère, qui en avait pris copie dans le chartrier des moines. Elle est donnée exactement, sans réflexion ; on y verra les prétentions des deux parties. Je me permettrai seulement d'appeler l'attention du lecteur sur la généalogie de Thibault-le-Tricheur.

en propre auxdits religieux et abbé, qu'il avoit ratifié une amende honorable que la comtesse de Chartres & de Blois avoit faite à l'occasion de la taille usurpée à laquelle les habitans dudit lieu n'osoient résister, depuis qu'elle se repentoit de l'avoir levée et perçue et prise dans le bourg dudit lieu de Bonneval, comme par le moien de taille et par vengeance ; que pour cette taille lesdits religieux paioient encore pour les habitans dudit lieu chaque année à la recette de Chartres cent livres tournois, et non pour autre droit ordinaire, lequel cependant les comtes de Chartres avoient remis audit monastère ; par lesquelles déclarations desdits Roys ladite ville de Bonneval étoit le propre desdits moines, et conséquemment la boulangerie de la ville et fauxbourgs, qu'ils avoient pour gens et sujets les habitans, & qu'ils leur faisoient des baux particuliers pour bâtir des maisons, des jardins & d'autres domaines, et qu'en faisant des baux ils avoient pu imposer des cens, des revenus et des avénages, les tailles de poitevines et d'autres droits paiables audit monastère. En approuvant les choses susdites, l'an 1131, Thibault, comte de Chartres, avoit déclaré par les lettres patentes, qu'il n'avoit dans ladite ville de Bonneval aucune maison ny aucune terre propre sur laquelle il eût pu en faire et bâtir une ; c'est pourquoi l'abbé et les moines de Bonneval, mus par ses prières continuelles, lui avoient accordé une place proche leur grange à côté de la ville, pour et moiennant quatre sols et obole tournois de cens, paiable tous les ans audit monastère, le lendemain de la Nativité de Notre-Seigneur.

L'an 1210, Catherine, comtesse de Blois et de Clermont, par lettres patentes, reconnoissoit que Louis, son époux, et ses prédécesseurs comtes, avoient dans ledit lieu de Bonneval, sur le terrein desdits moines, proche de leur abbaye, élevé un bâtiment pour lequel ils étoient tenus de paier tous les ans audit monastère quatre sols et obole de cens ; et parce qu'elle-même n'avoit pu étendre, accroître et augmenter ledit bâtiment, *sans la volonté et le consentement* desdits moines, à cause duquel bâtiment elle augmente ledit cens, et parce que de leur consentement elle en avoit augmenté et étendu les murs, à cause de quoi elle avoit augmenté ledit cens de deux sols tournois, de sorte qu'elle-même et ses prédécesseurs avoient reconnu qu'ils devoient audit monastère six sols et obole tournois de cens annuel, pour le lieu déjà nommé, qui dès ce moment et par la suite a été nommé la Salle du Comte et à présent la Salle du Roy, à cause que le comté de Chartres étoit tombé entre les mains de nos prédécesseurs Roys de France.

C'est pourquoi, l'an 1212, Thibault, comte de Chartres, consentant auxdites lettres patentes, les avoit approuvées ; et à cause de cela il paroissoit que ce que lesdits comtes de Chartres et Nous, leur successeur dans ledit comté, avions eu, et avions dans ledit lieu de Bonneval, desdits droits de censive et de vengeance, n'étoit venu et sorti que du bail et de la donation desdits religieux, en signe de quoi on paioit tous les ans auxdits religieux sur la recette de Chartres les mêmes cens et les deux sols d'avénages pour un autre bienfait accordé par lesdits religieux aux susdits comtes, qui ensemble montoient jusqu'à huit sols quatre deniers obole, et pareillement on paioit tous les ans auxdits religieux sur ladite recette dix livres tournois pour le droit du marché dudit lieu de Bonneval, lequel droit de marché cy-devant pris et arresté sur lesdits religieux par Étienne, comte de Blois et de Chartres, pour ladite somme de dix livres tournois ; et de même il avoit été déclaré et reconnu par Thibault, fils dudit comte Étienne, par ses lettres patentes de l'an 1218, datées sous le règne de Louis, fils de Philippe, que ce qu'il avoit à Bonneval il le tenoit des moines, parce que ladite ville étoit tellement dans la libre, tranquille et absolue possession desdits moines de Bonneval, qu'il n'étoit permis à personne d'y faire quelque condition, ny aucune capture, ny d'y exercer aucune justice, si ce n'étoit seulement aux moines, et qu'à l'occasion du marché établi par la concession desdits abbé et couvent, ny les droits de liberté et franchise de leur monastère ne seroient point diminués, ny inquiétés; on ne doutoit point que toute la justice, qui dans ce même marché concernoit tant les étrangers qui y venoient que ceux qui demeuroient dans ladite ville de Bonneval n'appartenoit ny au même comte, ny à ses officiers dans ladite ville de Bonneval, qui comme auparavant seroit et demeureroit auxdits religieux; il a été aussy cy-devant dit par ledit Thibault que lesdits religieux lui avoient accordé la justice du meurtre ou de l'homicide, du rapt & de l'incendie, qui pourroit arriver par la suite, du thrésor trouvé et autres cas dont la connoissance et le jugement appartenoient incontestablement auxdits religieux, ils prouvoient aussi qu'il avoit été reconnu par le même comte, qu'il avoit été établi dans sadite maison et dans la salle du prévôt, sans qu'auparavant dans ledit lieu de Bonneval il y eût eu de prévôt ou d'autres officiers dans la même Cour ou ailleurs pour le même comte.

Et l'an 1275, Jean de Châtillon, pour lors comte de Chartres, et lesdits religieux de ladite abbaye, sur les différends élevés entre eux et leurs officiers à l'occasion desdits droits du marché & de sa jurisdiction, firent un accord entre eux, et en ce faisant ledit comte, en approuvant les choses susdites, avoit reconnu que toute la ville et la justice et la banlieue de Bonneval, les cens, les terrages, le four à ban et les autres domaines appartiendroient auxdits religieux et couvent, et que, dans toutes ces choses, il n'avoit rien autre chose que les susdits cas spéciaux ainsy qu'il l'avoit reconnu dans les lettres patentes, dans lesquelles il étoit spécialement fait mention de la charte dudit comte Thibault, cy-dessus mentionnée, en l'approuvant, et le contenu en icelle. Accord de de Châti avec les m

Et outre cela, sçavoir l'an 1131, sur les différends élevés dans ce tems-là pour raison desdits droits, et la jurisdiction entre les officiers desdits comtes et lesdits religieux, par arrêt de notre Cour de Parlement, lesdits droits, les justices du tabellionné et des scels des contracts, avoient été adjugés aux susdits, et il avoit été ordonné au Roy régnant pour lors, qui étoit au lieu dudit comte, de le faire mettre à exécution; lesdits opposans auroient dit de plus que la chose, la terre et les domaines de Frécot, de Moriers, de Jupeau & de Saint-Maur les regardoient et leur appartenoient par la dot et augmentation de leur dite abbaye; qu'ils avoient acquis eux-mêmes, sçavoir : la terre de Jupeau, l'an 1202, & la terre de Frécot l'an 1282, & au regard des terres de Bouville & de Moriers & de leurs justices, elles ressortissoient de la baronie d'Alluye, dont les appellations se portoient au siège d'Yenville, comme il paroissoit par l'accommodement fait avec Yolande de Flandre, depuis longtemps dame dudit lieu, et que pour la justice du Bois-de-Fugère, ils la tenoient eux-mêmes par l'augmentation à eux faite par un certain Bovins, seigneur de Meslay; par conséquent lesdits religieux et couvent de Bonneval disoient de ce que nous avions amorti, l'an 1502, moiennant certaines sommes de deniers auxquelles les personnes ecclésiastiques avoient composé avec nous pour vingt-quatre mille livres tournois ou une autre grosse somme de laquelle les mêmes religieux, abbé et couvent, en avoient paié en partie une certaine somme, et dès là ils étoient compris dans ledit amortissement étant acquitté, parce qu'auparavant et depuis si long-tems ils en étoient tellement paisibles possesseurs que nulle mémoire d'hommes ne pouvoit prouver le contraire. Lesdits religieux, abbé et couvent de Bonneval disoient encore, de toutes les choses susdites, le onzième ou douzième jour du mois d'avril 1532 passé, que le substitut de notre dit procureur général au bailliage d'Orléans, en vertu de la commission expédiée par notre bailly d'Orléans, ou son lieutenant, se disant dans son bailliage commissaire des lettres de notre édit rendu sur le fait de la révocation de notre domaine, avoit fait saisir & mettre en notre main le temporel, la justice & les jurisdictions de ladite abbaye de Bonneval, qui étoient du ressort du bailliage d'Orléans au siège du bailliage d'Yenville, où les appellations desdites justices ressortissoient, pour les réunir à notre domaine dans le duché d'Orléans. Lesdits religieux s'opposèrent à cette saisie, ainsy qu'il a été dit; et il leur avoit été assigné un certain jour pour déduire leurs moiens d'opposition, en présence de nos commissaires nouvellement nommés à cet effet, mais malgré cela néantmoins dans la suite ledit bailly, en vertu desdites justices et jurisdiions, avoit nommé en notre nom des commissaires particulièrement parmi les officiers qui les avoient exercées. Cependant, sans s'en embarrasser, le quinzième jour du même mois, le lieutenant du bailly de Chartres, nonobstant les remontrances à lui faites par le procureur de ces mêmes religieux, abbé et couvent, avoit saisy et mis en notre main en faisant sur cela quelques ordonnances & deffenses, lesdits droits de cens, d'avénages, des tailles poitevines, des fours à ban, des justices & jurisdiions, que lesdits religieux, abbé & couvent avoient coutume de lever & de percevoir dans ladite ville ; même les terres et domaines de Frécot, Moriers & de Saint-Maur, situées proche ladite ville de Bonneval, les justices, les jurisdiions, les domaines, les cens et revenus, les bois et autres revenus, et les appartenances et dépendances de ces mêmes domaines, pareillement les justices et les jurisdiions des prieurés de Bouville et de Givès, membres dépendans de la même abbaye. Me Jean Hardy, procureur desdits religieux, abbé & couvent, s'étoit à la vérité opposé à cette saisie & autres exploits, & avoit appellé à notre dite Cour de ces mêmes ordonnances & deffenses, dans laquelle son appel aiant été duement relevé sur son opposition, comme en l'admettant, un jour précis lui avoit été assigné en présence desdits commissaires nouvellement nommés ; et ensuite, un certain jour après, la justice et la jurisdiion du prieuré de Bagnolet furent comprises par ledit lieutenant dans la saisie existante ; & dans la suite lesdits nos commissaires de cette sorte avoient été révoqués, & les autres affaires de notre domaine avoient été renvoiées par nous à la connoissance de notre dite cour, & comme on ne voioit par lesdites saisies qu'elles appartiennent aux duchés de Chartres, d'Orléans et à d'autres parties de notre domaine, qu'au contraire elles étoient du propre héritage et domaine de ladite église et monastère de Saint-Florentin de Bonneval, et que ce même monastère avoit été honorablement fondé avant le règne dudit roy Clotaire [1] dans le comté de Dunois, qui anciennement étoit du ressort du bailliage d'Orléans, et que le même Clotaire avoit pris en sa sauvegarde ledit monastère et tous ses biens et ses revenus, & que le comté de Dunois, les fiefs et toutes les terres qui y sont et les vassaux et fiefs ont toujours été et sont dépendans immédiatement du comté de Blois et non du duché d'Orléans et aucunement du ressort du bailliage d'Orléans auquel comme au siége de Yenville les appellations des choses saisies ressortissoient ; c'est pourquoi lesdits moiens, raisons et autres causes plus amplement déclarées dans ledit procès, aiant été produites, lesdits religieux, abbé et couvent, demandent qu'il intervienne un arrêt de notre dite cour par lequel il soit dit & déclaré que lesdites saisies et main mise, faites comme il a été dit, ont été mal et injustement faites et ordonnées, et que lesdits religieux se sont bien et justement opposés, et que notre main mise sur lesdits droits de censive, avénages, justices et jurisdiions des mêmes religieux, fut levée et éloignée pour leur utilité en joüissant par eux-mêmes ou par leurs officiers des choses saisies, comme ils en joüissoient avant lesdites saisies & main mise, en deffendant à nos officiers sous de grandes peines de troubler, d'empêcher dans la joüissance desdites choses lesdits religieux opposans ou leurs officiers, en leur imposant un perpétuel silence ; et que les fruits, émolumens et revenus desdites choses saisies qui leur avoient été saisies sous notre nom leur fussent restituées, ou que telles conclusions qu'il conviendroit faire leur fussent adjugées, les dépens, dommages et intérêts réservés contre ceux auxquels il appartiendroit.

---

1. Lothaire.

Et qu'à l'égard de maître Louis Sureau, soy disant prévôt de Bonneval, autant qu'il agiroit en matière de fraction de la main de justice desdits religieux, abbé et couvent, pour raison du tirement de leurs mains, de même que de l'exécution de la haute justice des mêmes opposans, étant défenseur d'un criminel malfaiteur, qui pour les délits par lui commis avoit été condamné à être fouetté par quatre différens jours de marché de Bonneval, fut condamné à une amande honorable, au gré de notre même Cour, et en cinquante livres parisis d'amande envers lesdits religieux, abbé et couvent, et de plus à remettre ledit malfaiteur dans les mains de la justice des officiers de ladite abbaye de Bonneval, pour parfaire par eux l'exécution de la punition des cas et crimes commis par ledit malfaiteur, selon la sentence du bailly de ladite ville de Bonneval, & qu'il lui fût défendu de toutes façons comme prévôt de la salle de Bonneval, dans toutes les choses, qu'il conviendroit d'empêcher lesdits religieux, abbé et couvent, et leurs officiers, dans l'exercice de la haute, moienne et basse justice de Bonneval, et de la banlieüe d'icelle ville, sous de grandes peines qu'il plairoit à notre même Cour d'ordonnance, et qu'à l'égard de la qualité de prévôt de Bonneval, que ledit Sureau avoit voulu s'attribuer, il fut dit & déclaré que mal à propos et injustement il veut prendre ladite qualité et qu'il peut seulement se nommer prévôt de la salle de Bonneval, et condamne aux fins des dépens, dommages et intérêts qu'ils avoient demandé, et auxquels ils avoient conclu.

Et notre dit procureur général, & notre chère sœur Renée de France, duchesse de Chartres, & à cause de son dit duché de Chartres se disant dame de ladite ville de Bonneval, jointe avec notre procureur général, aiant au contraire fait dire et proposer que ladite ville et châtellenie de Bonneval et ses appartenances étoit du comté de Chartres anciennement, que nous et nos prédécesseurs Roys de France, leurs enfans et leurs descendans, auxquels il avoit été donné tant en partage qu'en appanage, avoient joüi desdites villes et châtellenies comprises ensemble, comme notre sœur Renée de France, qui en est à présent duchesse, en joüit, et de là ils disoient plus notre procureur général & son adjointe, que, l'an 918 ou environ, Louis le Fainéant avoit donné en appanage à Thibault, son fils, les comtés de Champagne, de Chartres et de Blois, duquel étoient descendus deux fils, sçavoir Eudes ou Odon, qui avoit possédé lesdits comtés de Champagne, Chartres & Blois, et Robert, qui avoit été évesque de Ledit Eudes avoit eu aussi deux fils : Thibault, qui avoit été comte de Chartres et de Tours, et Étienne, qui eut pour son partage les comtés de Brie et de Champagne, et parce que ledit Thibault étoit mort sans enfans, il avoit eu pour successeur ledit Étienne, son frère, qui par sa succession avoit été hérité dudit comté de Chartres; et ledit Étienne étant mort, eut pour héritiers ses deux fils : Thibault, comte de Champagne & Étienne, comte de Chartres, qui dans la suite fut roy d'Angleterre et mourut sans laisser d'enfans, et auquel ledit Thibault, son frère, avoit succédé dans ledit comté de Chartres; & ledit Thibault eut deux enfans, sçavoir : Henry, comte de Champagne, et Alix, qui avoit été mariée à Louis sept, notre prédécesseur, auquel Louis ledit Thibault avoit donné ledit comté de Chartres pour dot de sa sœur Alix, qui tous de leur tems avoient joüi dudit comté et de ses membres, & principalement desdites ville & châtellenie de Bonneval, dans toute la justice haute, moienne et basse, tant civile que criminelle, sur tous les habitans d'icelles et sur tous ceux qui existoient dans lesdites ville et châtellenie, pour et à raison de leurs héritages.

De plus, lesdits notre procureur et adjoints disoient que de Louis sept et de ladite Alix, son épouse, d'heureuse mémoire, le comté de Chartres avoit passé à Philippe-Auguste, notre prédécesseur, dudit Philippe-Auguste à Louis huit, de Louis huit à saint Louis, son fils, de saint Louis à Philippe trois, surnommé le Hardy, de Philippe trois à Philippe le Bel, qui avoit donné ledit comté de Chartres audit Charles, son frère, en appanage avec les comtés de Valois, du Perche et d'Alençon; et l'an 1287, ou vers le milieu de la même année, ledit Charles joüissoit desdits comtés et surtout dudit comté de Chartres; après la mort de ce Charles, lesdits comtés tombèrent à Philippe, son fils, qui s'appelloit de Valois, qui dans la suite fut roy de France; et les trois fils de ce Philippe le Bel, qui descendoient de lui, moururent sans enfants masles, et ainsi ledit comté de Chartres fut uni à la couronne de France, conséquemment les mêmes notre procureur et ses adjoints disoient que les receveurs qui avoient été commis et ordonnés tant de fois par nos prédécesseurs susdits comtes dudit comté, recevoient les fruits, revenus, et les autres droits desdites ville et châtellenie de Bonneval, et paioient les gages du prévôt et des autres officiers qui y étoient établis tant par nous que par nos prédécesseurs comtes de Chartres; et même de tout tems les baillis de Chartres ou ceux qui tenoient leur place ou leurs lieutenants, tenoient et avoient coutume de tenir une fois ou deux fois chaque année les assises dans ladite ville de Bonneval, en présence des avocat et procureur de nos dits prédécesseurs ou des comtes de Chartres, et tant dans le tems de ces assises que hors le tems d'icelles, lesdits baillis ou leurs lieutenants connoissoient et jugeoient par des lettres d'anticipation des appellations interjettées du prévôt ou des officiers de Bonneval.

De là il paroissoit plus clair que le jour que ledit domaine de Bonneval étoit des dépendances et des membres dudit comté de Chartres, qui anciennement étoit du domaine de la couronne de France, et qu'ainsy il n'avoit pu en être aliéné. Outre cela, nous et nos prédécesseurs comtes de Chartres ou leurs officiers, et même notre sœur duchesse de Chartres, adjointe, depuis le tems que ce même duché lui a été donné pour dot et en appanage, joüissoient de plusieurs droits, prééminences et revenus dans lesdites ville et châtellenie de Bonneval, même au-delà des droits de la justice cy-dessus mentionnée, et entre autres choses dans ladite ville de Bonneval d'un château fort qui étoit à nous et à nos prédécesseurs, et par conséquent à ladite duchesse de Chartres, dans lequel il paroissoit y avoir eu jadis un grand édifice, lequel cependant par le laps des tems, l'incursion des guerres, et pour d'autres causes, menaçoit ruine, et il y avoit aussi anciennement les prisons du Roy; ladite ville de Bonneval étoit fermée de remparts, de tours et de murs de tous côtés; les armes du Roy étoient sculptées sur les portiques ou portes et lieux de ses entrées, et pareillement dans les places publiques qui y sont et les éminences: d'où il paroissoit évidemment que ladite ville de Bonneval étoit et appartenoit à nous et à ladite duchesse, qui est en nos droits; pareillement il y a dans ladite ville un gouverneur établi pour nous et par nous, qui a la garde des clefs et du fort de ladite ville, qui y est commis et envoyé par nous sous le titre de gouverneur par nous et nos prédécesseurs les comtes de Chartres, et enfin par ladite duchesse; c'est pourquoy il n'appartenoit qu'à nous et à nos prédécesseurs les comtes de Chartres et ensuite à ladite duchesse adjointe, et non à aucun autre, de faire son entrée dans la dite ville comme son seigneur et sa dame, privilége dont nous et nos prédécesseurs avons toujours joüi; d'ailleurs les échevins, le procureur & receveur de cette ville y ont toujours été créés et élus sous nos nom et authorité, toutes les fois qu'il a fallu y en élire, c'est-à-dire de deux ans en deux ans. Pareillement toutes les assemblées d'habitans, et les autres actes de seigneur, s'y font par l'authorité du Roy ou de la même duchesse adjointe, et les échevins, procureur et receveur de la même ville, quand ils ont été élus, sont tenus de rendre leur compte et d'en païer les reliquats des deniers communs dans l'hôtel commun de la ville, en présence de nos prévôt et officiers.

Pareillement lesdits notre procureur & son adjointe disoient que, dans les ville et châtellenie de Bonneval, le scel aux contracts et tabellionnage nous appartenoit et à ladite adjointe duchesse de Chartres, et que nous y avions, et que notre sœur, qui est en nos droits, y avoit les péages, les traverses, les coutumes, les amendes, les foires, les marchés et d'autres droits qui avoient coutume d'être reçus et levés par les receveurs des comtes de Chartres. Pareillement que nous avions dans la même ville et châtellenie de Bonneval le portique et les fourches patibulaires hors la ville de Bonneval, ainsy que ladite adjointe, toutes ces choses prouvoient que la souveraineté, l'usage et la possession de la justice étoient à elle ; et à l'égard desdits religieux, abbé et couvent de Saint-Florentin de Bonneval, qu'ils n'ont jamais eu et n'avoient pas dans la ville et châtellenie de Bonneval le domaine ou l'exercice de la justice, ou du moins universellement dans tout son territoire, et ce qui étoit encore plus évident, c'est que lesdits opposants paioient tous les ans à la my-carême cent livres de taille à nous et à nos prédécesseurs les comtes de Chartres et à notre sœur duchesse de la même ville, à laquelle taille tous et chacun leurs héritages et biens étoient affectés et hypothéqués ; c'est pourquoi ces moiens et ces causes aiant été clairement exposés et d'autres aiant été plus amplement déclarés et allégués par les mêmes notre procureur général et notre sœur Renée, duchesse de Chartres, ils auroient demandé et requis que, par un arrêt de notre Cour, lesdits religieux, abbé et couvent de Saint-Florentin près Bonneval, opposants, fussent dits et déclarés s'être opposés témérairement et injustement auxdites saisies et main mise, et par conséquent avoir demandé et requis à tort main levée et décharge des jurisdictions et saisies autres choses cy-dessus déclarées, et qu'ils fussent déboutés tant de leur opposition que de la main levée et délivrance par eux requise et pareillement de toutes et chacune leurs conclusions et requestes par eux sur reprises, en déclarant que lesdites jurisdictions et les autres dits droits saisis comme étant de l'ancien domaine de la couronne de France, fussent réunis au domaine dudit duché de Chartres, et châtellenie de Bonneval, pour notre profit et celui de notre dite sœur, et condamnés aux dépens, dommages et intérêts envers notre dite sœur adjointe.

Sur toutes ces choses et autres controverses et disputes élevées entre maître Louis Sureau, prévôt de Bonneval dans ledit lieu de Bonneval, et ensuite entre notre dite sœur ; prenant le fait et cause dudit Sureau & de ses autres officiers et les échevins de ladite ville d'une part ; et lesdits religieux, abbé et couvent de Bonneval, d'autre part ; tant pour raison de la visite sur les boulangers des dite ville et fauxbourgs de la prise de leurs semblables et d'autres exploits, que sur le fait de la police de la même ville et sur l'entreprise de la justice et jurisdiction dans ladite ville et châtellenie de Bonneval pour la cause et punition d'un certain prisonnier arrêté pour vol fait en plein jour le jour de la feste de saint Gilles et de saint Loup auprès de la maladrerie dudit Bonneval, où se tenoit la foire l'an 1537, et sur la réintégration de ce même prisonnier dans les prisons de l'abbaye et sur les dommages et intérêts respectivement demandés, pour raison de ces choses qui étoient encore indécises dans notre Cour après certaines appellations respectivement interjettées ; pareillement sur la qualité de prévôt de Bonneval que ledit Sureau avoit voulu prendre et sur les conclusions prises de part et d'autre par les mêmes parties dans lesdites instances, aïant été ouïes ; déjà notre Cour par son arrêt du 9e may 1533, donné entre autres choses à l'égard de ladite principale saisie, aiant admis notre dite duchesse de Chartres à se joindre avec notre dit procureur général pour les droits prétendus par elle en cette partie, et parce qu'il avoit ordonné que les productions des religieux, abbé et couvent lui fussent communiquées en accordant aux mêmes notre procureur général et notre sœur la duchesse de Chartres de répondre, dire et produire tout ce que bon leur sembleroit, et à l'égard des instances cy dessus déclarées & des appellations interjettées respectivement par lesdites parties, & qui ne sont pas encore décidées, notre dite Cour, le onzième de may 1538, du consentement des parties, après que lesdits religieux, abbé et couvent de Bonneval avoient offert de prendre le fait et la cause pour les dits boulangers qui, avec lesdits religieux, étoient appellans desdites taxes, et auroit ordonné en faisant droit sur lesdites appellations que les mêmes religieux produiroient leur procédure par forme d'avertissement, et qu'ils produiroient en huit jours tout ce qu'ils jugeroient à propos sur lesdites appellations, circonstances et dépendances faites par eux, contenant le fait de ladite boulangerie, en appointant les parties au Conseil, et toutes les choses différentes et le procès principal des mêmes parties aiant été joints ensemble, en renvoiant le tout dans notre même Cour dans la grande chambre des enquêtes, dans laquelle, comme il a été cy devant dit, nous avions commis la connoissance de la réunion de notre domaine susdit, et auroit aussi fait une ordonnance sur la plus haute qualité que ledit Sureau avoit voulu prendre, ce qui auroit été empêché par lesdits religieux, abbé et couvent de Bonneval; notre même Cour, en faisant droit sur le même incident, aurait appointé lesdites parties au Conseil, et à écrire par avertissement et à produire tout ce qu'ils aviseroient être bon, en jugeant par cette production cet incident uni audit principal procès.

Et enfin notre dit procureur général et notre dite sœur Renée de France, duchesse de Ferrare et de Chartres, conjointe, s'étant portés demandeurs dans notre dite Cour en matière de la saisie et main mise faite, pour raison de la prévôté du bailliage, du tabellionnage, du scel aux contracts et de la justice haute, moienne et basse de la ville et banlieue de Bonneval, et des droits de cens, avénages, poitevines, taille de my-caresme dudit lieu de Bonneval, et encore des terres et domaines de Frécot, Moriers, Saint-Maur et Jupeau, assis proche la même dite ville, et des justices et jurisdictions de ces mêmes lieux, d'une part; et lesdits religieux, abbé et couvent des abbaye et monastère de Saint-Florentin dudit Bonneval, deffendeurs et opposans à ladite saisie et main mise; et requérant pleinement et purement que main levée desdites choses saisies leur fût faite tant contre notre dit procureur général que contre notre dite sœur Renée de France, et aux fins des dépens d'icelle; d'autre, et encore lesdits religieux, abbé et couvent appellans en plusieurs instances de la connoissance prise par ledit Me Louis Sureau, prévôt pour nous à Bonneval, sur le fait de la police des boulangers dudit lieu de Bonneval & de ses faubourgs, & notre dite sœur Renée ou son procureur, deffenseurs dans lesdites appellations, d'une part; et lesdits religieux, abbé et couvent, appellans de la saisie desdites choses faite par les officiers du bailliage de Chartres, comme de juges incompétens, d'une autre part; et ladite Renée intimée; d'autre part, ou les procureurs des mêmes parties, & les deux saisies desdites choses aiant été vûes par notre dite Cour, sçavoir une faite par les officiers du bailliage d'Orléans au siège d'Yenville, et l'autre faite par les officiers de Chartres; les deux arrêts de notre même Cour, le premier en date du 9e jour de may 1533, rendu entre lesdites parties, par lequel et par manière de provision, le procès pendant, et jusqu'à ce qu'il en eût été autrement ordonné, il avoit été dit : lesdits religieux, abbé et couvent, auroient main levée des choses saisies sur eux, et que les fruits, revenus et émolumens pris et perçus après ladite saisie leur seroient rendus et restitués, les dépens requis par lesdits religieux, abbé et couvent, contre notre dite sœur Renée de France, réservés jusqu'à la fin du procès. Et le second, du sixième jour de septembre de la même année, entre lesdits religieux, abbé et couvent, d'une part, et notre dite sœur Renée de France, par lequel dit arrêt il avoit été formé et teneur : les deux incidents, le premier sur ce que lesdits religieux, abbé et couvent, avoient fait deffense à Me Louis Sureau et à ses successeurs dans son dit office, de prendre la qualité de prévôt pour nous dans la salle de Bonneval, à quoi notre dit procureur général, notre dite sœur Renée de France, et ledit Sureau s'étoient opposés; et le second sur les dépens demandés par notre dite sœur Renée, pour raison de ce que les dits religieux, abbé et couvent, avoient donné leurs raisons de leur double opposition dans ladite matière de saisie; certaine pétition, en demande faite par les mêmes religieux, abbé et couvent, contre ledit Sureau, pour raison d'un certain voleur par lui arraché et tiré, l'an 1537, des mains de l'exécuteur de la haute justice, en faisant foüetter et exécuter ledit voleur, qui avoit été condamné par sentence des officiers de la dite abbaye; les avertissemens, les productions et les réponses desdites parties produites tant au principal et incidens qu'en appellations; les appointemens en droit, et après avoir considéré tout ce qui devoit l'être, et qui pouvoient et devoient mouvoir la même Cour en cette partie.

 Notre dite Cour, par son arrêt, faisant droit sur ledit incident et qualité dudit Sureau, a ordonné et ordonne que ledit Sureau et les successeurs dans la charge prendront la qualité de prévôt pour nous dans ledit lieu de Bonneval, mais quant aux dépens requis par notre dite sœur pour raison desdites deux causes de l'opposition produites par lesdits religieux, abbé et couvent, notre dite Cour a déclaré et déclare expres qu'elle n'est point tenüe à ce regard.

 Et quant au principal, notre dite Cour a fait et fait auxdits religieux, abbé et couvent de Bonneval, main levée desdites choses saisies purement et simplement, en la manière qui suit, sçavoir desdites prévôté et bailliage, les scels aux contracts, cens, avénages, poitevines et taille de Bonneval, ensemble la justice haute, moienne et basse de ladite ville et banlieüe, excepté dans les cas du meurtre ou de l'homicide, du vol avec fracture, du thrésor trouvé et recelé, de la sauvegarde enfreinte, de la tradition des mesures du bled dans les foires et marchés du même lieu de Bonneval, desquels cas la connoissance nous appartiendra ou à notre prévôt dans ledit lieu de Bonneval.

 Pareillement notre dite Cour a donné et donne main levée desdites terres et domaines de Saint-Maur, de Frécot, Moriers et Jupeau, & de la haute, moienne et basse justice de ces dits lieux de Saint-Maur et de Frécot, et de telle autre dont lesdits religieux, abbé et couvent, joüissoient avant ladite saisie dans ledit lieu de Moriers; en condamnant notre dite sœur Renée en la moitié des dépens envers lesdits religieux, abbé et couvent, au sujet desdites fautes, et après la jonction faite par elle audit procès, et pour l'autre moitié des dépens faits et raison de la saisie sur lesdites et domaine de St-Maur, Frécot, Moriers & Jupeau, en réservant auxdits religieux, abbé et couvent, leurs actions pour raison de l'autre moitié contre les officiers qui ont fait faire ladite saisie, et à eux leurs deffenses au contraire.

 Et quant à la justice dudit lieu de Jupeau, notre même Cour, avant qu'il soit procédé à un jugement définitif, a ordonné et ordonne que lesdites parties informeront tant par titres que par témoins, après avoir appellé ceux qui doivent l'être, avec l'adjoint, pour le jour de la feste de Saint-Martin d'hyver prochainement venant sur les faits contenus aux dits procès et en dépendans, et concernant ladite justice dudit lieu, & qu'elles produiront plus amplement, si elles le jugent à propos, afin que, l'information faite, et le tout rapporté dans notre dite Cour, elle ordonne ce que de raison, réservant les dépens de cette information jusqu'à fin de procès.

 Er sur les appellations interjettées par lesdits religieux, abbé et couvent de la connoissance prise par ledit Sureau sur la police de la boulangerie dudit lieu de Bonneval et de ses fauxbourgs, notre même dite Cour a aussi déclaré et déclare que ledit Sureau l'a prise mal à propos, a mal ordonné et exploité, et que lesdits appellans ont bien appellé, & que la connoissance de ladite police est due et appartient auxdits appelans & à leurs officiers, en condamnant notre dite sœur Renée aux dépens à ce regard.

 Et quant aux conclusions prises par lesdits religieux, abbé et couvent, pour raison du voleur enlevé ou éloigné, notre dite Cour a déclaré et déclare encore que ledit Sureau à mal exploité, intercepté et exécuté, et pour réparation dudit cas et pour la contravention auxdits arrêts de notre même Cour faite par lui, notre dite Cour l'a condamné en son propre et privé nom en quarante livres parisis d'amende envers lesdits religieux, abbé et couvent, et pareillement en tous les dépens faits à cette occasion, jusqu'au jour que notre dite sœur s'est jointe avec lui pour raison dudit cas, et notre dite sœur et ledit Sureau chacun en la moitié des dépens faits après ladite jonction.

<small>Les religieux déclarés être de la ... d'Yenville.</small>

Et quant à l'appellation interjettée par lesdits religieux, abbé et couvent, de ladite saisie en vertu de la commission émanée du bailly de Chartres et de son lieutenant, comme de juge incompétent, notre dite Cour a déclaré pareillement et déclare que ledit bailly et son lieutenant ont mal enseigné et que leurs officiers ont mal exécuté, n'étant point juges compétens et que lesdits appelans ont bien appelé, et que ces mêmes appelans seroient et étoient du ressort et de la jurisdiction du bailly d'Orléans au siège d'Yenville et non du bailliage de Chartres, et en condamnant notre dite sœur à la moitié des dépens, à cet égard depuis son adjonction faite, la taxe de tous lesdits dépens réservés à notre dite Cour, en foy de quoy nous avons fait mettre notre scel à ces

<small>de cet arrêt 4ᵉ aoust 1539.</small>

présentes lettres; donné à Paris, en notre Parlement, le 14ᵉ jour du mois d'août, l'an 1539, & de notre règne le 25ᵉ; et ainsy est signé sur le repli, par arrêt de la Cour : BERRUYER.

<small>du Harlay commis ... l'exécution ...udit arrêt ptembre 1739.</small>

Messire Christophe Du Harlay, conseiller en la première Chambre des enquêtes, fut commis pour l'exécution dudit arrêt, et pour cela il se transporta icy, et y dressa le présent procès-verbal.

L'an 1539, le 28ᵉ jour de septembre, Nous, Christophe Du Harlay, conseiller du Roy notre sire, en la Cour de Parlement, et commissaire député en cette partie par la grande Chambre des enquêtes d'icelle Cour, commissaire et ordonné par le Roy notre dit seigneur sur le fait de la réunion & révocation générale de son domaine, de la partie des religieux, abbé et couvent de Saint-Florentin de Bonneval, a été présenté certain arrêt donné par ladite Cour, en ladite Chambre, le 14ᵉ août dernier passé, entre le procureur général du Roy, madame Renée de France, duchesse de Chartres, avec lui demandeurs en nature de saisie et main-mise, d'une part, et lesdits religieux, abbé et couvent d'autre; et encore entre lesdits religieux, abbé et couvent, d'une part, appellans en plusieurs instances de la connoissance entreprise par Mᵉ Louis Sureau, prévôt pour le

<small>le charge de cette mmission.</small>

Roy, à Bonneval, de la police des boulangers dudit lieu & fauxbourgs d'icelle, d'une part, et ladite dame Renée ou son procureur, intimés, es-dites appellations, d'autre, et exécutoire de ladite Cour à nous adressant pour icelui mettre à exécution, nous requérant qu'en voulussions prendre la charge, ce que nous leur avons accordé, et pour ce faire, à leur requeste, avons décerné nos lettres de commission adressante au premier huissier de ladite Cour ou autre sergent royal sur ce premier requis, pour faire les ajournemens requis en ladite matière.

<small>cès-verbal e transport Bonneval tobre 1539.</small>

Et le mardy septième jour du mois d'octobre audit an, de la partie desdits religieux, abbé et couvent, ou procureur pour eux, nous été remontré qu'en vertu de nos dites lettres de commission ils auroient fait ajourner et donner assignation audit procureur général, dame Renée de France ou à son procureur, audit Sureau et plusieurs autres, pour être et comparoir pardevant nous au vendredy dixième dudit mois d'octobre, au lieu de Bonneval, à la principale porte de l'église de Notre-Dame dudit lieu; comme ils nous ont fait apparoir par les exploits et relations des sergents qui auroient fait lesdits ajournemens, desquels arrêt, commission et exploit la teneur sera insérée à la fin du présent notre procès-verbal, et nous a été requis que eussions à nous transporter par ledit lieu pour y être à l'heure de ladite assignation; ce que nous lui avons accordé, et pour ce faire, sommés, ledit sept[e] octobre après midy, partis exprès de cette ville de Paris.

La lecture du procès-verbal eut lieu le 10 octobre, devant la grande porte de Notre-Dame de Bonneval, en présence des officiers de l'abbaye et de la prévôté du Roi. Je ne rapporterai que les premières lignes de ce document, où les noms des assistants sont relatés avec leurs qualités.

Et le vendredy dix[e] jour desdits mois et an, heure de neuf heures, attendant dix heures, pardevant nous étant audit lieu de Bonneval, au devant de la principale porte de l'église de Notre-Dame, ont comparu lesdits religieux, abbé et couvent, demandeurs en exécution dudit arrêt, par Me Jean Halgrin leur procureur, et Me Jean Le Coq, leur conseil, d'une part; & Me Gilles Coulon pour le procureur général, soi disant substitut d'icelui, ensemble, et au nom et comme procureur de ladite dame Renée, et ledit Me Louis Sureau en personne, Me Médéric Sureau, son lieutenant; Jean Rigault, greffier et tabellion pour le Roy et ladite dame Renée audit lieu; Etienne Pichard, Philippe Brebion, Garnon, Fillon, sergens audit lieu de Bonneval pour le Roy et ladite dame; Jacques Chevallier, Julien Bouchier et Laurent Le Roy, échevins de ladite ville de Bonneval, d'autre, &c.

PIÈCES A CONSULTER

Le Manuscrit de M. Bordas, curé d'Ymonville au dernier siècle. Il contient une petite notice supplémentaire, relative à toutes les paroisses importantes du Dunois. Celles qui touchaient de loin ou de près à l'abbaye de Bonneval sont notées avec des remarques curieuses. — In-folio, 800 pages.

Le Manuscrit de M. Beaupère, curé de Saint-Sauveur de Bonneval au dernier siècle. Malgré l'hostilité de parti pris de l'auteur contre les moines, ses seigneurs, son ouvrage contient une foule de documents intéressants. Il est regrettable que la Bibliothèque de Châteaudun ne le possède pas comme celui de M. Bordas. — In-folio, 700 pages.

V. B.

ERRATA

INTRODUCTION

Page XXIII, ligne 33, *au lieu de :* il fallait mourir, *lisez :* il fallut mourir.
Page XXVI, ligne 11, *au lieu de :* Césaire, *lisez :* Hilaire.
Page LXXVIII, avant-dernière ligne, *au lieu de :* cour carrée, *lisez :* tour carrée.

TABLE

INTRODUCTION

	Pages
Première Partie. *Du Rôle civilisateur des Monastères et de celui de Bonneval en particulier*.	I
Deuxième Partie. *Chronique et Chroniqueurs de l'Abbaye de Bonneval*. . . .	LI
Troisième Partie. *De la Juridiction temporelle de l'Abbaye de Bonneval* . . .	XCI
Quatrième Partie. *De la Prévôté royale à Bonneval*.	CIX
Cinquième Partie. *Aumône de l'Abbaye*.	CLIX
Topographia Abbatiæ, avec une explication de l'état présent des ruines du couvent : une planche.	CLXIX

ABRÉGÉ DE L'HISTOIRE DE L'ABBAYIE DE BONNEVAL

	Pages
Table des Abbés de Bonneval	3
Préface, par D. Thiroux	7
Chapitre Ier. *Des premiers commencemens de l'Abbayïe de Bonneval, où l'on montre qu'elle est de fondation royale* (D. Thiroux).	9
Chapitre II. *Des premiers Abbés de Bonneval, depuis 841, jusqu'à environ la fin du IXe siècle* (D. Thiroux).	19
Chapitre III. *Histoire de l'Abbayïe et des Abbés pendant le Xe siècle* (D. Thiroux).	33
Chapitre IV. *Histoire de l'Abbayïe et des Abbés pendant le XIe siècle* (D. Thiroux). — *Suite du XIe siècle*, par D. Lambert.	39 / 47
Chapitre V. *Des Abbés pendant le XIIe siècle* (D. Lambert)	51
Chapitre VI. *Des Abbés pendant le XIIIe siècle* (D. Lambert).	81
Chapitre VII. *Des Abbés pendant le XIVe siècle* (D. Lambert).	111

	Pages
CHAPITRE VIII. *Des Abbés pendant le XVe siècle* (D. Lambert).	127
CHAPITRE IX. *Des Abbés pendant le XVIe siècle* (D. Lambert).	137
CHAPITRE X. *Des Abbés pendant le XVIIe siècle* (D. Lambert).	151
— Suite du XVIIe siècle, par le curé Beaupère	153
CHAPITRE XI. *Des Abbés pendant le XVIIIe siècle* (le curé Beaupère). . . .	191
— Suite et fin, par M. Lejeune.	217

PIÈCE JUSTIFICATIVE

Arrêt du Parlement du 18 août 1539. 243

PIÈCES A CONSULTER

Manuscrit Bordas. 255
Manuscrit Beaupère 255

FIN

Imprimé à Châteaudun
PAR
HENRI LECESNE
POUR LA
SOCIÉTÉ DUNOISE

HISTOIRE ABRÉGÉE

DE L'ABBAYE DE

SAINT-FLORENTIN

DE BONNEVAL

DES RR. PP. DOM JEAN THIROUX ET DOM LAMBERT
CONTINUÉE
PAR L'ABBÉ BEAUPÈRE ET M. LEJEUNE

PUBLIÉE SOUS LES AUSPICES DE LA SOCIÉTÉ DUNOISE

PAR LE DOCTEUR V. BIGOT

Directeur-Médecin de l'Asile public d'Aliénés de Bonneval

CHATEAUDUN

IMPRIMERIE HENRI LECESNE

RUE D'ANGOULÊME, 21

www.ingramcontent.com/pod-product-compliance
Lightning Source LLC
Chambersburg PA
CBHW050904230426
43666CB00010B/2018